1988: SEGREDOS DA CONSTITUINTE

LUIZ MAKLOUF CARVALHO

1988: SEGREDOS DA CONSTITUINTE

1ª edição

EDITORA RECORD
RIO DE JANEIRO • SÃO PAULO
2017

CIP-BRASIL. CATALOGAÇÃO NA PUBLICAÇÃO
SINDICATO NACIONAL DOS EDITORES DE LIVROS, RJ

C325m Carvalho, Luiz Maklouf
1988: segredos da Constituinte. Os vinte meses que agitaram e mudaram o Brasil / Luiz Maklouf Carvalho. – 1ª ed. – Rio de Janeiro: Record, 2017.
il.

Inclui bibliografia e índice
ISBN: 978-85-01-10911-8

1. Brasil. Assembleia Nacional Constituinte (1987-1988). 2. História constitucional – Brasil – Entrevistas. 3. Brasil – Política e governo – 1964-1985 – Entrevistas. I. Título.

17-40039

CDD: 320.981
CDU: 94(81)'1964/1985'

Copyright © Luiz Maklouf Carvalho, 2017

Todos os direitos reservados. Proibida a reprodução, armazenamento ou transmissão de partes deste livro, através de quaisquer meios, sem prévia autorização por escrito.

Texto revisado segundo o novo Acordo Ortográfico da Língua Portuguesa.

Direitos exclusivos desta edição reservados pela
EDITORA RECORD LTDA.
Rua Argentina, 171 – Rio de Janeiro, RJ – 20921-380 – Tel.: (21) 2585-2000.

Impresso no Brasil

ISBN 978-85-01-10911-8

Seja um leitor preferencial Record.
Cadastre-se em www.record.com.br e receba informações sobre nossos lançamentos e nossas promoções.

Atendimento e venda direta ao leitor:
mdireto@record.com.br ou (21) 2585-2002.

Para Xuts (Mary Elizabeth Maklouf Carvalho Barros).

Transcrição e primeira edição das entrevistas:
Luiza Marçal Maklouf Carvalho.

Sumário

Apresentação | 15
Cronologia | 27
Organograma de reconstrução histórica da Constituinte | 32
Comissões e subcomissões temáticas | 35

Entrevistas

O PRESIDENTE E O GENERAL

    José Sarney | 45
    "Se não fosse a minha intervenção, a Constituição não teria saído."

    General Leônidas Pires Gonçalves | 63
    "Tive muita influência na escolha do relator."

MINISTROS DA FAZENDA

    Luiz Carlos Bresser-Pereira | 69
    "Cheguei no meio da crise, com a Constituinte querendo gastar."

    Maílson da Nóbrega | 79
    "O poder, na prática, era do Ulysses, não do Sarney."

Relatores

Bernardo Cabral | 97
"O que o Centrão fez foi pulverizar o comando, na mão de dois ou três."

Carlos Eduardo Mosconi | 105
"Fui até ameaçado, mas criamos um sistema de saúde universal."

Fernando Henrique Cardoso | 111
"O Covas estava desconectado do momento constitucional."

Flávio Bierrenbach | 135
"O povo é que deveria ter escolhido que Constituinte queria."

Francisco Rossi | 141
"A verdade é que eu sofria, em segredo, da síndrome do pânico."

José Fogaça | 145
"O carro da Constituinte só tinha farol traseiro."

José Serra | 151
"O Centrão não era a direita, o Centrão era o atraso."

Líderes e Vice-Líderes

Antônio Britto | 171
"O Planalto partiu pra guerra. E Sarney liberou os buldogues."

Euclides Scalco | 179
"O Covas não confiava no Sarney. Por isso vetou o parlamentarismo."

José Lourenço | 181
"A Constituinte foi uma guerra. Reagimos quando tivemos tropa."

Nelson Jobim | 197
"A revolta do Centrão foi justa. E a saída foi a ambiguidade."

Presidentes

Benito Gama | 223
"A barganha política ficava com o ministro Antônio Carlos Magalhães."

Delfim Netto | 231
"Foi um milagre ter terminado. E saiu melhor do que esperávamos."

Francisco Dornelles | 241
"O ACM me segurou pela gravata: 'Você é um traidor!'"

Oscar Corrêa Júnior | 249
"Criamos o Centrão por um instinto de sobrevivência."

Vice-presidentes

Aécio Neves | 257
"Os votos não eram meus, eram do presidente Tancredo."

Luís Roberto Ponte | 265
"Se viesse aquela Constituição que a esquerda queria, seria uma loucura."

Maria de Lourdes Abadia | 269
"O ACM me ofereceu uma rádio para votar nos cinco anos. Não aceitei."

Juristas e assessores

Carlos Ary Sundfeld | 277
"É uma Constituição chapa-branca, que beneficiou as corporações."

João Gilberto Lucas Coelho | 285
"A Constituinte não teve meios para checar as emendas populares"

Joaquim Falcão | 291
"O mais importante foi garantir os direitos sociais."

Miguel Reale Júnior | 297
"Sarney cooptou a Constituinte com o mensalão de rádios e TVs."

Sérgio Ferraz | 311
"Encaixei as emendas do senador atrás dos livros da estante."

Funcionários

Adelmar Sabino | 319
"Teve invasão de sem-terra, nego de foice, gente pulando da galeria."

Mozart Vianna | 327
"Virávamos noites, sábado, domingo. Não vi nem meu filho nascer."

Lobistas

Fernando Ernesto Corrêa | 335
"A moeda de troca era a cobertura do sujeito na região dele."

Jair Meneguelli | 347
"Os cartazes com 'traidores do povo' assustavam os deputados."

Outros constituintes

Eduardo Jorge | 353
"PT viu o processo com mau humor. Votamos contra,

59

eduzir o mandato do Sarney para quatro anos."

foi a inovação mais importante."

Jorge Bornhausen | 367
"A Constituinte foi aviltada pela discussão do mandato do Sarney."

Jorge Hage | 375
"O Centrão foi patrocinado pelo governo Sarney."

Luiz Alfredo Salomão | 381
"O Sarney conseguiu cinco anos de mandato subornando deputados."

Marcelo Cordeiro | 387
"Não divulguei a fraude para não prejudicar a Constituinte."

Michel Temer | 391
"A Constituição tem princípios do liberalismo e do socialismo."

Raquel Cândido | 401
"A Constituinte foi uma história de amor, de ódio e de esperança."

Roberto Jefferson | 409
"A CUT me colocava nos postes e cartazes como traidor do povo."

Sandra Cavalcanti | 417
"Teve muita batalhazinha de minhoca, de catar pulga."

Theodoro Mendes | 423
"Ganhei uma rádio, mas sem vender o voto."

Bibliografia consultada | 427
Notas | 435
Índice onomástico | 491

Apresentação

A melhor forma de contar uma história inúmeras vezes já contada — e tão poucas o foram como a do Congresso Constituinte de 1987-1988; lá se vão trinta anos — é descobrir o que dela restou, por inédito ou mal contado.

Restou, por exemplo, que o ex-presidente José Sarney resolveu abrir o jogo sobre os vinte meses em que terçou armas com a Constituinte — metade do tempo acossado, a outra metade acossando. O ex-presidente Fernando Henrique Cardoso, constituinte de escol, também falou sem papas na língua — "Quem me escolheu relator do regimento foi o dr. Ulysses, autoritariamente" —, sem nenhuma condescendência com o amigo já falecido Mário Covas, líder do PMDB na Constituinte.

Se os leitores quiserem escolher o cristo do livro, Covas é um forte candidato. É citado muitas vezes, entre outros motivos, por sua pinimba com o constituinte maior, o deputado e "tripresidente" (do Congresso, da Constituinte e do PMDB) Ulysses Guimarães. Ou, muito mais grave, por ter se recusado a concordar com uma proposta que mudaria o rumo da história e da Constituinte: o parlamentarismo, com cinco anos de mandato, que Sarney autorizou o senador José Richa (PMDB-PR) a levar ao dr. Ulysses. Até aqui era uma história incompleta. Com o depoimento dos principais protagonistas vivos — Sarney, Fernando Henrique, José Serra, Euclides Scalco, Nelson Jobim —, ela fica inteira. Os quatro últimos culparam Covas — sem piedade. Poderiam ter culpado a si próprios — afinal, majoritários. Sarney ficou esperando a resposta "até hoje", como disse.

O tri-ex-ministro (da Justiça, do Supremo e da Defesa) Nelson Jobim, qualificado amanuense do agitado e problemático conclave, contou até que precisava de um codinome — "dr. Ricardo" — para atender o dr. Ulysses na frente de Mário Covas, que morria de ciúmes. Jobim reconheceu, quase trinta anos depois, baseado em sua implacável lógica matemática, que a rebelião de centro-direita do Centrão não só tinha justos motivos, como foi decisiva para que a Carta finalmente viesse à luz. Centrão muito mais do atraso do que da direita, dirá o hoje ministro José Serra, outro ex-expoente daquela assembleia.

O atual vice-governador do Rio de Janeiro, Francisco Dornelles, abriu um segredo que guardou por quase trinta anos: apanhou, literalmente, do ministro das Comunicações, Antônio Carlos Magalhães, por se recusar a votar no mandato de cinco anos para o presidente José Sarney. Na pressão, junto com ACM, estava o presidente das organizações Globo, Roberto Marinho. Nem de madrugada o dr. Roberto deixou Dornelles em paz. O jornalista-empresário também não gostava de Mário Covas. "Esse é comunista", disse a Fernando Henrique Cardoso, vetando qualquer possibilidade de vir a eventualmente apoiá-lo em uma disputa presidencial.

A Globo também esteve presente na Constituinte — não só na cobertura de seus diversos veículos de mídia —, mas como corporação empresarial. É o que conta o advogado Fernando Ernesto Corrêa, que atuou naquele momento como um dos lobistas da Associação Brasileira de Emissoras de Rádio e Televisão (ABERT). Segundo Corrêa, parte do capítulo constitucional dedicado à Comunicação foi ele mesmo quem escreveu, em parceria com outro gaúcho que também pesou na balança, o então deputado e hoje empresário Antônio Britto, constituinte pela popularidade que lhe deu ser porta-voz do presidente Tancredo Neves naquelas semanas de agonia. Volta e meia um ou outro entrevistado o lembrará.

Começando pelo neto, o hoje senador Aécio Neves. Na época, parlamentar de primeira água, ouviu estupefato a Constituinte esquecer de citar seu avô na sessão solene de abertura dos trabalhos, em 1º de fevereiro de 1987. Protestou no dia seguinte, pedindo um minuto de silêncio em homenagem ao "mártir da Constituinte". Revelou, também, num átimo de maldade, que a escalação do então deputado Luiz Inácio Lula da Silva para o jogo de futebol dependia dele, técnico do time, que às vezes deixava o líder sindical entrar só no finalzinho do segundo tempo, e somente se estivesse ganhando, "porque ele era muito ruim" [gargalhadas]. Como o ex-presidente Lula recusou-se a falar, fique-lhe a pecha de perna de pau.

Até aqui (junho de 2016), Lula foi o quarto constituinte que chegou a presidente da República. O primeiro foi Itamar Franco, depois Fernando Henrique Cardoso, Lula e Michel Temer, outro a aqui prestar seu depoimento.[1] Uma das histórias que contou foi a sugestão, aceita, de acrescentar ao artigo 2º que os três poderes da República deveriam ser independentes e harmônicos entre si.[2] Na confusão que reinou na segunda fase, o detalhe, crucial em um regime presidencialista, fora esquecido.

Há novidades, também, em outra recorrente história da Constituinte: a derrama das concessões de rádios e televisões, pilotada pelo ministro Antônio Carlos Magalhães, em troca de votos que interessavam ao governo Sarney. Alguns deputados contarão que receberam concessões. Outros, que ajudaram o governo a dá-las. O "é dando que se recebe", frase histórica do constituinte Roberto Cardoso Alves, o Robertão, carimbou para sempre a briga de foice no escuro daqueles tensos e intermináveis meses.

Quatro ou cinco anos de mandato devem ser as palavras mais repetidas deste livro. A discussão dominou a Constituinte — do começo ao fim. Ou aviltou-a, como preferiu dizer o ex-senador Jorge Bornhausen. O presidente Sarney ganhou a fama de querer mais um ano. A verdade é que tinha direito a seis, garantidos pela Constituição da ditadura. Um belo dia, resolveu propor um a menos, em pomposo pronunciamento na TV. Nunca explicou publicamente o porquê da generosidade — até a longa e reveladora entrevista que abre este livro. Até o general Ernesto Geisel entra na história. Como se sabe, ele foi o penúltimo presidente do regime que a dissidência (ou traição) de Sarney ajudou a derrubar.

Também abriu a arca o relator da Constituinte — ou da Comissão de Sistematização da Constituinte —, o advogado Bernardo Cabral. Esclareceu e revelou — sem se furtar de dar o troco ao seu amigo e depois desafeto maior, o advogado Saulo Ramos, amigo e consultor-geral da República de

Sarney. É quase unânime, no calhamaço que segue, que sem a flexibilidade de Cabral teria sido muito mais difícil parir Mateus. Flexibilidade, no caso, no bom e no mau sentido. Cabral era um velho amigo do general Leônidas Pires Gonçalves, ministro do Exército de Sarney. O general contou que pesou na balança para que o amigo fosse o relator da importante e longa confusão que jogou a pá de cal na ditadura. Contou, também, que foi de firme inflexibilidade quando Cabral balançou para o lado errado (na visão do general, que há pouco partiu). Ainda o ouço, enérgico, em seu apartamento do Leblon:

"O senhor é de esquerda?"

"Não se preocupe com isso, general, falemos da Constituinte."

A entrevista é gravemente curta, como cabe a um homem de armas.

Marcelo Cordeiro (PMDB-BA), primeiro-secretário da mesa da Constituinte e responsável por todo o aparato de divulgação — TV, rádios e jornais —, resolveu contar que suas câmeras flagraram dois deputados fraudando votos, motivo, até, para a cassação dos mandatos. Com o assentimento do dr. Ulysses, resolveu abafar o caso e sumir com as gravações, "para preservar a Constituinte", como argumentou.

Já disse, aí por cima, que o Congresso Constituinte começou com seus 559 integrantes no primeiro dia de fevereiro de 1987 — um domingo —, em sessão solene presidida pelo presidente do Supremo Tribunal Federal, José Carlos Moreira Alves. Estavam na mesa, entre outros, o presidente da Constituinte, deputado Ulysses Guimarães, e o da República, José Sarney (nessa ordem de importância, naquele momento). As manchetes dos quatro principais jornais trazem a história de volta: "Brasil escreve sua nova Constituição" (*O Estado de S. Paulo*), "Crise marca abertura da Constituinte" (*Folha de S.Paulo*), "Constituinte se instala em clima de polêmica" (*O Globo*), "Sarney se diz traído e PMDB recua" (*Jornal do Brasil*).[3]

Dos 559,[4] eram 487 deputados[5] e 72 senadores.[6] Desses, 23 haviam sido eleitos em 1982 — ainda tinham, portanto, quatro anos de mandato. O PMDB — lotado de ex-arenistas e/ou pedessistas — fez a maior bancada, de 298 deputados (53,3%), numa eleição em que o partido ganhou de lavada, no último suspiro do Plano Cruzado, elegendo 26 de 27 governadores. A segunda bancada, com 133 parlamentares, era a do PFL — o aliado da Aliança Democrática que levara à eleição indireta de Tancredo e Sarney, em 15 de janeiro de 1985. O PDS vinha em terceiro, com 38, seguido de: PDT, 26; PTB, 19; PT, 16; PL, 7; PDC, 6; PSB, 2; PCB, 7; e PCdoB, 7.

Do total, 274 eram calouros, apenas 26 eram mulheres,[7] e 217 tinham passagem pela Arena e/ou PDS, partidos de apoio à ditadura (1964-1985). A idade média era 48 anos, e 486 (86,9%) tinham curso superior, a maioria bacharéis em Direito (243) e médicos (49).

Dois levantamentos dão ideia aproximada do perfil ideológico do Congresso Constituinte. No da *Folha de S.Paulo*: 32% eram de centro; 24%, centro-direita; 23%, centro-esquerda; 12%, direita; 9%, esquerda. No da assessoria Semprel: 35% eram do campo liberal-conservador; 25%, direita; 21%, liberal-reformista e 12%, esquerda. Contando-se apenas PT, PSB, PCB e PCdoB, a esquerda somava 32 constituintes.

O primeiro movimento do jogo — de xadrez, com abertura do peão da rainha — foi o questionamento sobre a participação com direito a voto dos 23 senadores de 1982, que obviamente não foram eleitos para nenhuma Constituinte.

A questão já estava resolvida, a rigor, desde 27 de novembro de 1985, dia em que o Congresso aprovou, com poucas modificações, e por maioria, a convocação limitada proposta pelo presidente José Sarney, que absurdamente ungia os senadores de 1982 como constituintes de pleno direito.[8] Houve contrariedades acirradas, mas foi aprovada, assim como o formato proposto — não uma Constituinte exclusiva, mas um Congresso Constituinte, em que a Câmara e o Senado continuariam funcionando normalmente.

Perdida a parada em 1985 — contada em detalhes inéditos na entrevista do jurista Flávio Bierrenbach, primeiro relator da proposta de Sarney —, a esquerda tentou reeditar a discussão, no começo da festa. Foi a primeira votação a ser realizada, no dia da abertura solene. Uma coesa maioria soterrou o protesto e convalidou a participação dos 23.[9]

Vale contar, logo, pela excelência do exemplo, um caso único entre esses 23 — o do senador Fábio Lucena, do PMDB do Amazonas. Eleito em 1982, com 186.448 votos, Lucena não quis ser constituinte biônico — e concorreu novamente ao cargo na eleição de 1986. Foi ainda mais votado: 239.048, segundo os registros do Tribunal Superior Eleitoral, e chegou à Assembleia de carteirinha nova. Ex-bancário e ex-jornalista, algumas vezes processado durante a ditadura, começou na política como vereador, no ainda MDB. Nas primeiras semanas da Constituinte, Lucena dedicou-se a implicar com a checagem do quórum, em questões de ordem sempre introduzidas por alguma citação bem-humorada, histórica ou literária. Conhecido por gostar de álcool (além da conta), Lucena foi o primeiro morto da Constituinte:[10] suicidou-se, no meio de uma crise depressiva, em 14 de junho de 1987. O então senador Fernando Henrique Cardoso, que carregou o caixão, dirá algumas palavras sobre o colega, de quem gostava. Ficou, no folclore de Lucena, o "causo" de uma pergunta que lhe fizeram, algum dia, a bordo de um voo Brasília—Manaus:

"Sabe quantas horas vai demorar?"

"Horas não. Mas sei que são cinco doses de uísque."

A chamada "Comissão dos Notáveis" foi outro questionamento preliminar do Congresso Constituinte — e também teve a ver com uma iniciativa do presidente José Sarney (que sobre ela falará). Em 18 de julho de 1985, antes mesmo de mandar a convocatória para o Congresso, Sarney criou, como pretendia Tancredo Neves, a Comissão Provisória de Estudos Constitucionais,[11] encarregada de elaborar um anteprojeto para a nova Carta. Teve cinquenta integrantes[12] — dois deles aqui entrevistados —, entre juristas e especialistas nas diversas áreas, e foi presidida pelo medalhão Affonso Arinos de Mello Franco, então com seus 84 anos. Egresso dos tempos de Getúlio Vargas, o do segundo mandato, açulou a crise que levaria o presidente ao suicídio, em agosto de 1954. Dez anos depois, apoiaria o golpe que derrubou João Goulart (como de resto o dr. Ulysses, para ficar apenas nos dois decanos).

A Comissão Affonso Arinos, como também ficou conhecida, trabalhou até setembro de 1986. Sarney recebeu o anteprojeto — que instituía a figura do "defensor do povo" — em cerimônia solene no Palácio do Planalto e mandou publicá-lo no Diário Oficial da União.[13] Quatro meses depois, quando a Constituinte chegasse, o ponto de partida já estaria pronto. Mas qual! O dr. Ulysses e todos os que pesavam na balança resolveram partir do zero.

Para dizer com as palavras do deputado Gastone Righi (PTB-SP) na reunião de partida: "[Somos] a figura do navio que zarpa de um porto sem ter plotada a sua rota, sem rumo estabelecido e sequer destino escolhido."[14] Ou, como o próprio Affonso Arinos, então com seus 85 anos, senador eleito pelo PFL do Rio de Janeiro, e presidente da comissão mais importante do conclave, disse, nessa mesma reunião, usando metáfora semelhante: "Nós estamos navegando na bruma, estamos criando nosso próprio caminho no meio da névoa. Não temos aqueles aparelhos que indicam que a névoa está para se dissipar ou que ela pode ser vencida, como têm os aeronautas. Estamos sendo aeronautas a pé." Complementou, com ímpar sinceridade: "Não tenho planos para o futuro, não tenho planos para o trabalho da nossa comissão." E pediu, humildemente, que os constituintes pelo menos "namorassem escondido" com o anteprojeto da comissão que presidira meses antes — o que de fato aconteceu, para gáudio do professor e constitucionalista José Afonso da Silva, um de seus maiores formuladores.

Majestosamente sem planos, nossa sexta Constituinte republicana[15] foi, nos nada menos dos vinte meses que durou, um rodeio de fortes emoções. Começou pela discussão do regimento. A primeira proposta apresentada pelo relator Fernando Henrique Cardoso — relator pelo voto único do dr. Ulysses — teve, para se ter uma ideia, 949 emendas. A deputada Sandra Cavalcanti (PFL-RJ) lembrará, em sua entrevista, que comparou o conteúdo da proposta com o Ato Institucional nº 5. FHC e sua entourage — onde se destacava o deputado estreante Nelson Jobim (PMDB-RS) — apresentaram um substitutivo que acalmasse os ânimos. Ele ainda provocou 693 emendas. O regimento só foi aprovado em 24 de março de 1987,[16] quase dois meses depois de iniciada a discussão.

Ficou decidido, então, pelo regimento, que a Constituição seria feita, na primeira etapa, por oito comissões temáticas,[17] cada qual com três subcomissões,[18] nas quais os 559 constituintes se dividiriam, por indicação dos líderes partidários. Na segunda etapa, as propostas decididas nas 24 comissões seguiriam para a Comissão de Sistematização, composta por 93 parlamentares. O projeto aprovado iria a plenário, em dois turnos de votação. Respeitados os prazos do regimento, a Constituição estaria pronta lá para novembro de 1987.

O senador Mário Covas ganhou muito espaço na formatação desse começo. Primeiro por ter vencido, na disputa peemedebista para líder da Constituinte, o deputado Luiz Henrique da Silveira, ungido pelo todo-poderoso Ulysses Guimarães. Disputa emocionante — como alguns dos entrevistados irão assinalar, entre eles o ex-presidente José Sarney, admitindo, pela primeira vez, que mandou sua turma votar em Covas, para enfraquecer o dr. Ulysses. Depois, já como líder, Covas deu as cartas na escolha dos relatores das diversas comissões, a maioria com viés à esquerda.

Na comissão mais importante — a de Sistematização —, o vetusto Affonso Arinos foi escolhido presidente por aclamação. Assim deveria ter sido com o relator, como contava e almejava o senador Fernando Henrique. Ocorreu, entretanto, em mais uma rodada imprevista, que o senador Bernardo Cabral (PMDB-AM) se apresentasse à refrega, como contará. Primeiro derrotou Fernando Henrique; depois, o deputado Pimenta da Veiga (PMDB-MG). Tornou-se relator.

Em sua primeira fase, a Constituinte foi uma festa cívica. As comissões temáticas ouviram, em audiências públicas, perto de mil depoentes: de ministros a índios (muitos índios); de governadores a representantes de minorias organizadas (dezenas deles); de sindicalistas a intelectuais da academia. Algumas das subcomissões mandaram comitivas a diversas regiões do Brasil. E todas elas, de muitos rincões socialmente organizados, encheram a Constituinte de povo — cada segmento levando e querendo garantir a inclusão de suas reivindicações.

A novidade, introduzida no regimento, é que a Constituinte podia receber emendas populares, desde que subscritas por no mínimo 30 mil eleitores, em listas organizadas por pelo menos três entidades. A mobilização popular levou 122 delas à Constituinte, com 12 milhões de assinaturas estimadas. As dezenove consideradas regulares chegaram à Comissão de Sistematização, foram defendidas por representantes e parte de algumas delas foi absorvida pela Constituição.

As primeiras batalhas — algumas com sentido literal — ocorreram, entre abril e 26 de junho, nas comissões e subcomissões. Até com revólver na mão, para quem quiser acreditar no que conta o ex-deputado José Lourenço, então líder do PFL. Nas que discutiram direito de propriedade, jornada de trabalho, direito de greve, regime de governo, tempo de mandato presidencial, reforma agrária, estabilidade no emprego, fundamentos econômicos, o clima foi de guerra. Uma das comissões, a de Família, Educação, Cultura, Esportes, da Ciência e Tecnologia e da Comunicação, nem ao menos conseguiu concluir uma proposta, tal o impasse.

Com tudo na mão, e ajambrando a proposta não entregue, Bernardo Cabral apresentou à Comissão de Sistematização o primeiro anteprojeto, com 501 artigos. Ganhou o apelido de "Frankenstein". A arena, agora, era a Sistematização, com seus 93 integrantes, incluídos os relatores de todas as comissões e subcomissões (o que fazia a balança pender para a esquerda). Para dar conta da tarefa, que incluía o afluxo contínuo de milhares de emendas, Cabral designou sub-relatores, para ele e para a própria comissão, a fim de acelerar o ritmo devagar quase parando com que Arinos administrava o barulho.

Dois projetos e muita confusão depois, e sob os holofotes de toda a mídia, a Comissão de Sistematização encerrou as votações em 18 de novembro. Muito além do que previa o regimento, com um anteprojeto consideravelmente mais à esquerda do que a média da Constituinte e, talvez principalmente, com a aprovação do parlamentarismo e de quatro anos de mandato para os presidentes da República, incluído Sarney. O descontentamento, que já vinha engordando, desembocou no chamado Centrão.

O alvo central da revolta foi o regimento — aquele mesmo que quase todos tinham aprovado no começo do processo, havia quase um ano. Ficou claro, então, como Nelson Jobim explicará didaticamente, que as regras estabelecidas lá atrás dificultavam sobremaneira, matematicamente falando, mudanças que quisessem fazer, em plenário, no projeto aprovado pela

Sistematização. O regimento dizia que era necessária maioria absoluta (280 votos) para rejeitar o que a Comissão de Sistematização havia aprovado com no máximo 93 votos.

Em uma fantástica história de virada de mesa — tema de grande parte das entrevistas deste livro —, a articulação conservadora do Centrão apresentou, no dia 10 de novembro, 314 assinaturas,[19] mais do que suficientes para reivindicar a mudança do regimento, decidida em 3 de dezembro, com a inversão do ônus do quórum. No mesmo dia em que o Centrão apresentou as assinaturas, o então presidente da OAB, Márcio Thomaz Bastos, um dos mais ativos não Constituintes, alertou para o "golpismo de direita".

O maior número de descontentes estava entre os constituintes que ficaram à margem do processo — durante os quase quatro meses de atuação da Comissão de Sistematização. Muitos foram incentivados pela forte intervenção do presidente Sarney e de seus ministros, entre eles Antônio Carlos Magalhães, das Comunicações, às vezes à custa do "é dando que se recebe", para repetir a frase famosa. Em sua entrevista, Sarney atribuirá tudo isso à força dos muitos amigos que tinha no Congresso.

A partir da mudança do regimento, decidida em 3 de dezembro, o projeto prioritário para ir a plenário passou a ser o do Centrão — elaborado à parte. Para alterá-lo, com acréscimos, substituições ou cortes, só a maioria absoluta — invertendo, portanto, o ônus do quórum.

Com novas regras, em pleno andamento do jogo, o segundo tempo da partida — a votação, em plenário — começou em 27 de janeiro de 1988. O Centrão manteve a maioria em questões do interesse do governo — como os cinco anos de mandato e o presidencialismo, e em algumas outras na área econômica — mas não muito mais do que isso. O que prevaleceu, na maioria das 1.020 votações, foi empate em cima de empate, os chamados "buracos negros". Foram resolvidos à custa de conchavos e negociações, principalmente pelo colégio de líderes, em busca da maioria possível, que fizesse o processo andar. Aprovada finalmente em 2 de setembro de 1988, ainda passou pela Comissão de Redação, acusada de fazer alterações de conteúdo. Em 5 de outubro foi finalmente promulgada, com 245 artigos e mais setenta do "Ato das disposições constitucionais transitórias".

A pequena contribuição deste livro, como claro já ficou, é contar essa história pela voz de seus próprios participantes diretos — constituintes ou não — um pouco na linha documental da história oral, consolidada por pesquisadores da Fundação Getulio Vargas, sem nenhuma pretensão de comparação. Meu trabalho de repórter que nunca botou os pés na Constituinte consistiu em pesquisa demorada sobre aqueles vinte meses — na literatura a respeito (citada na bibliografia), nos anais da Constituinte (disponíveis on-line), na imprensa do período e em dezenas de entrevistas. Esse conjunto de informações possibilitou perguntas circunstanciadas — e ajudou a vitaminar a memória dos entrevistados sobre episódios que já vão longe. Muitas perguntas serão parecidas — pela recorrência dos temas —, mas, por óbvio, e felizmente, nenhuma resposta será igual.

São 44 entrevistas — a maioria com constituintes. Dois ministros da Fazenda de Sarney — Bresser-Pereira e Maílson da Nóbrega — falaram sobre o outro lado do balcão e sobre o esforço que fizeram para conter excessos. Dois graduados funcionários da Câmara — Adelmar Sabino e Mozart Vianna — contaram detalhes sobre o apoio logístico que a Constituinte recebeu. Em uma tarde calorenta de sábado, Vianna fez a gentileza de me apresentar a Constituinte propriamente dita, inteira e de corpo presente, em 2.710 caixas que ocupam seis alas, cada qual com dez estantes, no piso inferior do Arquivo e Centro de Documentação da Câmara dos Deputados. Tomavam conta do tesouro, à época da visita, os chefes Manoel Carneiro da Fontoura e Jacinta Luiza dos Santos Diz Y Alvarez.

Entre juristas e assessores estão Carlos Ari Sundfeld, Flávio Bierrenbach, João Gilberto Lucas Coelho, Joaquim Falcão, Miguel Reale Júnior e Sérgio Ferraz. Um lobista de ótima memória, Fernando Ernesto Corrêa, fez revelações sobre a atuação das empresas de comunicação, principalmente a TV Globo. Outro, o presidente da CUT, Jair Meneguelli, relembrou os cartazes com os "traidores do povo", que assustavam ou aterrorizavam os deputados, como o constituinte Roberto Jefferson (PTB-RJ) igualmente lembrará, ainda com indignação.

Os ainda não citados são os constituintes Benito Gama (PTB-BA), Carlos Mosconi (PMDG-MG), Delfim Netto (PDS-SP), Eduardo Jorge

(PT-SP), Francisco Rossi (PTB-SP), Heráclito Fortes (PMDB-PI), Ibsen Pinheiro (PMDB-RS), Jorge Bornhausen (PFL-SC), Jorge Hage (PMDB--BA), José Fogaça (PMDB-RS), Luiz Alfredo Salomão (PDT-RJ), Maria Abadia (PFL-DF), Raquel Cândido (PFL-RO), Sandra Cavalcanti (PFL-RJ) e Theodoro Mendes (PMDB-SP). A eles e aos demais entrevistados, só tenho a agradecer. Se consegui tirar mais do que pretendiam contar — e assim estimo — foi mais pela generosidade de cada um. Me esforcei para evitar o juridiquês, a chatice e a minudência de questões muito específicas, como a tramitação das propostas e das emendas ou mesmo o detalhamento das seções ou artigos. Acrescentei, antes da sequência de entrevistas, subsídios necessários para entender o contexto. Prevaleceram as histórias dos bastidores — que ajudam a acender mais uma luz em uma história que já é solar.

Todos os entrevistados dirão, cada qual a seu modo, e a par das críticas, que a Constituição de 1988 melhorou o Brasil — seja por ter sepultado a ditadura sob sete palmos, vade retro, seja por ter acolhido, como cláusulas pétreas, conquistas democráticas e direitos sociais que apontam para um futuro melhor. O mais é avançar, como se diria naqueles tempos.

Cronologia

Antecedentes (Fonte: Câmara dos Deputados)[1]

1971: Carta Política pela Constituinte, documento lançado no Encontro Nacional do MDB.

1977: Manifesto do MDB pedindo convocação da Constituinte.

1980: A VIII Conferência Nacional da OAB pede convocação de uma Assembleia Nacional Constituinte (ANC).

1984: O "Compromisso com a Nação", manifesto da Aliança Democrática, estipula a convocação da Constituinte.

7 e 8 de dezembro de 1985: Plenárias do Movimento Pró-Constituinte.

28 de junho de 1985: Na Mensagem nº 330, de 28 de junho de 1985, o presidente José Sarney encaminha ao Congresso a proposta de convocação da Assembleia Nacional Constituinte.

18 de julho de 1985: Criação da Comissão Provisória de Estudos Constitucionais para elaborar anteprojeto de Constituição.

27 de novembro de 1985: Emenda Constitucional nº 26, de 27 de novembro de 1985, determina que os membros da Câmara dos Deputados e do Senado Federal reunir-se-ão, unicameralmente, em Assembleia Nacional Constituinte, livre e soberana, no dia 1º de fevereiro de 1987, na sede do Congresso Nacional.

Fevereiro de 1986: Lançamento do Plano Cruzado e declaração de moratória dos juros da dívida externa.

11 a 14 de março de 1986: Caravana a Brasília para entrega de abaixo-assinado com 19.214 assinaturas pela Constituinte.

26 de setembro de 1986: Publicação do Anteprojeto Constitucional da Comissão Provisória de Estudos Constitucionais, presidida por Affonso Arinos.
15 de novembro de 1986: Eleição dos deputados federais e de dois terços dos senadores que comporão a Assembleia Constituinte. Primeira eleição do Congresso Nacional em que o direito de sufrágio se estende aos analfabetos, garantido pela Emenda Constitucional nº 25, de 1985.

1987 (Fonte: Câmara dos Deputados)[2]

1º de fevereiro: Instalação da Assembleia Constituinte.
2 de fevereiro: Eleição do presidente da Assembleia Constituinte.
Ao longo do mês de fevereiro: Decide-se que não haveria anteprojeto. O texto será construído a partir dos trabalhos das 24 subcomissões. Sugestões populares já somam mais de 40 mil.
3 de fevereiro: Delegação do Movimento Pró-Participação Popular na Constituinte entrega proposta de inclusão da "iniciativa popular".
19 e 20 de fevereiro: Reunião, em Brasília, de plenários, comitês e movimentos pró-participação popular na Constituinte.
10 de março: Aprovação do Regimento Interno da Assembleia.
27 de março: Eleição da Mesa Diretora da ANC.
27 de março a 6 de maio: Recebimento de 11.989 sugestões apresentadas por constituintes e entidades da sociedade civil.
1º de abril: Instalação das oito comissões temáticas, divididas em 24 subcomissões.
7 de abril: Instalação das subcomissões e eleição de seus presidentes e relatores.
7 de abril a 25 de maio: Subcomissões temáticas realizam 192 audiências públicas, com os mais variados grupos sociais.
9 de abril: Instalação da Comissão de Sistematização. Eleição da presidência e relatoria. Senador Affonso Arinos: presidente; deputado Bernardo Cabral: relator.
25 de maio: Conclusão dos trabalhos das subcomissões com aprovação dos primeiros 24 relatórios parciais.
28 de maio: Início das discussões dos 24 relatórios das subcomissões pelas oito comissões temáticas.
12 de junho: Final dos trabalhos das comissões temáticas com a aprovação dos relatórios e dos anteprojetos de cada título da Carta.

15 de junho: Encaminhamento dos relatórios das comissões temáticas para a Comissão de Sistematização.

16 de junho: Lançamento da campanha nacional de apoio às emendas populares.

26 de junho: O relator entrega o primeiro anteprojeto de Constituição, com 501 artigos distribuídos em cerca de 2.600 dispositivos.

11 de julho: Marcha sobre o Congresso, organizada pela UDR.

15 de julho a 13 de agosto: Apresentação de 20.791 emendas ao anteprojeto de Constituição, entre as quais 122 populares. Início da discussão do projeto em Plenário.

17 de julho: Dia nacional de mobilização para a coleta de assinaturas das emendas populares, coordenado pela Articulação Nacional de Entidades para a Mobilização Popular na Constituinte.

12 de agosto: Ato público, em Brasília, para a entrega das emendas populares.

13 de agosto: Fim do prazo para a apresentação de emendas.

23 de agosto: Fim da primeira discussão do anteprojeto em Plenário, voltando à Comissão de Sistematização.

26 de agosto: O relator apresenta o segundo anteprojeto de Constituição, um substitutivo com 305 artigos. Nesse momento, a Constituição registrava 380 discursos em 214 horas e 30 minutos de gravação, 37.961 emendas nos períodos das comissões temáticas e 20.791 emendas na fase de emendas de plenário.

26 de agosto: Início da defesa das emendas populares, em Plenário, da Comissão de Sistematização, por representantes da sociedade civil.

28 de agosto a 5 de setembro: Prazo de apresentação de emendas ao substitutivo, com o recebimento de 14.320 emendas.

19 de setembro: Conclusão do segundo substitutivo, o terceiro anteprojeto da Comissão de Sistematização.

25 de setembro: Início da votação do anteprojeto na Comissão de Sistematização, dos substitutivos do relator e das emendas parlamentares.

27 de outubro: Reunião da Mesa da Constituinte e das lideranças de vários partidos altera calendário da Constituinte, concedendo o prazo de 30 de novembro para votação na Comissão de Sistematização.

4 de novembro: Início das sessões da Assembleia Nacional Constituinte para votação em Plenário do substitutivo do relator. Primeiras manifestações do Centrão, com lançamento do documento do grupo.

18 de novembro: Término da votação na Comissão de Sistematização, que realizou 509 votações e apreciou 2.612 pedidos de destaque para emendas.
19 de novembro: Início das discussões sobre mudança do regimento interno da Assembleia Nacional Constituinte.
24 de novembro: Entrega do projeto aprovado na Comissão de Sistematização, com 335 artigos, em ato solene.
26 de novembro: Início da discussão, em Plenário, do projeto aprovado.
3 de dezembro: Mudança no regimento interno da ANC garante possibilidade de se oferecer emendas a todos os dispositivos do projeto de Constituição votado pela Comissão de Sistematização.

1988 (Fonte: Câmara dos Deputados)[3]

5 de janeiro: Aprovação da Resolução nº 03/88, que consagra a reforma regimental do Centrão.
7 a 13 de janeiro: Prazo para apresentação de emendas ao projeto de Constituição. Foram recebidas 2.045 emendas, entre as quais 29 coletivas (apoiadas por 280 assinaturas). O Centrão apresenta substitutivo por meio de dez emendas coletivas.
21 de janeiro: Apresentação do parecer do relator sobre as emendas.
23 a 25 de janeiro: Prazo para apresentação de emendas.
27 de janeiro: Início de votação em primeiro turno em Plenário.
4 de fevereiro: Protesto contra as modificações do Centrão abraça o Congresso Nacional.
Fevereiro: O governo anuncia novo plano para redução do déficit público e contenção de gastos. A inflação chega a 300% por ano.
23 de fevereiro: Início da votação dos Direitos Sociais com a aprovação de pagamento de hora extra, férias remuneradas, igualdade de direitos entre trabalhadores rurais e urbanos; proibição de discriminação contra portadores de deficiência; definição da jornada de trabalho em 44 horas; licença-maternidade de 120 dias; licença-paternidade, entre outros.
7 a 13 de março: Aprovação do voto aos 16 anos e do direito de greve.
22 de março: Aprovação do presidencialismo.
Abril: Massacre dos índios Tikuna, com repercussões no Congresso e criação da Frente Parlamentar do Índio.

20 de abril: Instalação da Comissão de Redação, composta por dezenove membros.

26 a 28 de abril: Votação da ordem econômica, com temas polêmicos como a definição de empresa nacional, a exploração do subsolo e o monopólio do petróleo.

28 de abril: Aprovação da reserva de mercado às mineradoras nacionais, com a nacionalização de toda a exploração mineral e de energia hidráulica do país.

4 de maio: Início da votação dos dispositivos sobre a reforma agrária.

17 de maio: Votação da proibição da comercialização de sangue.

1º de junho: Fim da votação em primeiro turno e início da votação das disposições transitórias.

2 de junho: Aprovação do mandato de cinco anos para o presidente da República.

25 de junho: Fundação do PSDB.

30 de junho: Fim da votação em primeiro turno, resultando em projeto de Constituição com 322 artigos.

7 de julho: Início do prazo para recebimento de emendas ao projeto de Constituição.

21 de julho: Início da votação em segundo turno no Plenário.

26 de julho: Pronunciamento do presidente José Sarney em cadeia nacional de TV.

27 de julho: Resposta de Ulysses Guimarães ao presidente da República, em cadeia nacional de TV.

27 de julho: Aprovação do projeto de Constituição, ressalvados os destaques.

29 de agosto: Votação da reforma agrária.

30 de agosto: Votação do fim da censura.

2 de setembro: Fim da votação em segundo turno do projeto de Constituição, na madrugada deste dia. A Constituição está praticamente concluída, com 313 artigos.

21 de setembro: Publicado e distribuído o projeto de Constituição com a redação final.

22 de setembro: O Plenário aprova, em turno único, em votação global, a redação final, transformada em Constituição, com 315 artigos (245 disposições permanentes e setenta transitórias).

5 de outubro: Promulgada a Constituição da República Federativa do Brasil.

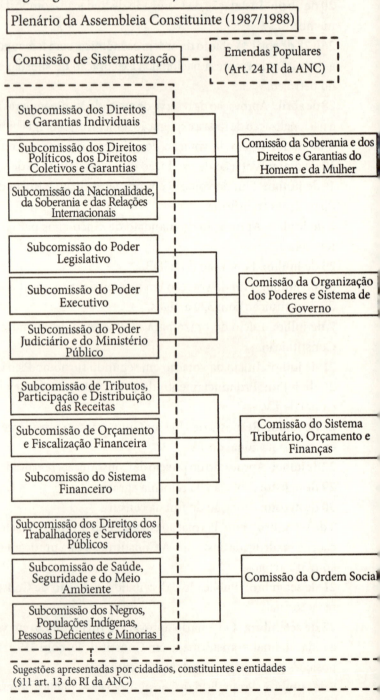

```
Comissão da Organização          ├── Subcomissão dos Estados
do Estado                        ├── Subcomissão dos Municípios
                                 │   e Regiões
                                 └── Subcomissão da União,
                                     Distrito Federal e
                                     Territórios

Comissão da Organização          ├── Subcomissão do Sistema
Eleitoral, Partidária e          │   Eleitoral e Partidos
Garantia das Instituições        │   Políticos
                                 ├── Subcomissão de Defesa
                                 │   do Estado, da Sociedade
                                 │   e de sua Segurança
                                 └── Subcomissão de Garantia
                                     da Constituição, Reformas
                                     e Emendas

Comissão da Ordem                ├── Subcomissão de Princípios
Econômica                        │   Gerais, Intervenção do Estado,
                                 │   Regime da Propriedade
                                 │   do Subsolo e da
                                 │   Atividade Econômica
                                 ├── Subcomissão da Questão
                                 │   Urbana e Transporte
                                 └── Subcomissão da Política
                                     Agrícola e Fundiária e da
                                     Reforma Agrária

Comissão da Família, da          ├── Subcomissão de Educação,
Educação, Cultura e Esportes,    │   Cultura e Esportes
da Ciência e Tecnologia e da     ├── Subcomissão da Ciência e
Comunicação                      │   Tecnologia e da Comunicação
                                 └── Subcomissão da Família,
                                     do Menor e do Idoso
```

Fonte: Organograma organizado por Mozart Vianna Paiva e cedido ao autor.

Comissões e subcomissões temáticas (com presidentes e relatores)*

Comissão de Sistematização

Presidente: AFFONSO ARINOS
Relator: BERNARDO CABRAL

I – Comissão da Soberania e dos Direitos e Garantias do Homem e da Mulher

Presidente: MARIO ASSAD
Relator: JOSÉ PAULO BISOL

a – Subcomissão da Nacionalidade, da Soberania e das Relações Internacionais

Presidente: ROBERTO D'ÁVILA
Relator: JOÃO HERMANN NETO

---

* A composição integral de cada uma com titulares e suplentes assim como as discussões e conclusões estão disponíveis em: <http://www2.camara.leg.br/atividade-legislativa/legislacao/Constituicoes_Brasileiras/constituicao-cidada/o-processo-constituinte/lista-de-comissoes-e-subcomissoes>.

b – Subcomissão dos Direitos Políticos, dos Direitos Coletivos e Garantias

Presidente: MAURILIO FERREIRA LIMA
Relator: LISÂNEAS MACIEL

c – Subcomissão dos Direitos e Garantias Individuais

Presidente: ANTONIO MARIZ
Relator: DARCY POZZA

II – Comissão da Organização do Estado

Presidente: THOMAZ NONÔ
Relator: JOSÉ RICHA

a – Subcomissão da União, Distrito Federal e Territórios

Presidente: JOFRAN FREJAT
Relator: SIGMARINGA SEIXAS

b – Subcomissão dos Estados

Presidente: CHAGAS RODRIGUES
Relator: SIQUEIRA CAMPOS

c – Subcomissão dos Municípios e Regiões

Presidente: LUIZ ALBERTO RODRIGUES
Relator: ALUIZIO CHAVES

III – Comissão da Organização dos Poderes e Sistema de Governo

Presidente: OSCAR CORRÊA
Relator: EGÍDIO FERREIRA LIMA

a – Subcomissão do Poder Legislativo

Presidente: BOCAIÚVA CUNHA
Relator: JOSÉ JORGE

b – Subcomissão do Poder Executivo

Presidente: ALBÉRICO FILHO
Relator: JOSÉ FOGAÇA

c – Subcomissão do Poder Judiciário e do Ministério Público

Presidente: JOSÉ COSTA
Relator: PLÍNIO DE ARRUDA SAMPAIO

IV – Comissão da Organização Eleitoral, Partidária e Garantia das Instituições

Presidente: JARBAS PASSARINHO
Relator: PRISCO VIANA

a – Subcomissão do Sistema Eleitoral e Partidos Políticos

Presidente: ISRAEL PINHEIRO FILHO
Relator: FRANCISCO ROSSI

b – Subcomissão de Defesa do Estado, da Sociedade e de sua Segurança

Presidente: JOSÉ TAVARES DA SILVA NETO
Relator: RICARDO FIUZA

c – Subcomissão de Garantia da Constituição, Reformas e Emendas

Presidente: FAUSTO FERNANDES
Relator: NELTON FRIEDRICH

V – Comissão do Sistema Tributário, Orçamento e Finanças

Presidente: FRANCISCO DORNELLES
Relator: JOSÉ SERRA

a – Subcomissão de Tributos, Participação e Distribuição das Receitas

Presidente: BENITO GAMA
Relator: FERNANDO BEZERRA COELHO

b – Subcomissão de Orçamento e Fiscalização Financeira

Presidente: JOÃO ALVES
Relator: JOSÉ LUIZ MAIA

c – Subcomissão do Sistema Financeiro

Presidente: CID SABÓIA
Relator: FERNANDO GASPARIAN

VI – Comissão da Ordem Econômica

Presidente: JOSÉ LINS
Relator: SEVERO GOMES

a – Subcomissão de Princípios Gerais, Intervenção do Estado, Regime da Propriedade do Subsolo e da Atividade Econômica

Presidente: DELFIM NETTO
Relator: VIRGILDÁSIO DE SENA

b – Subcomissão da Questão Urbana e Transporte

Presidente: DIRCEU CARNEIRO
Relator: JOSÉ ULISSES DE OLIVEIRA

c – Subcomissão da Política Agrícola e Fundiária e da Reforma Agrária

Presidente: EDSON LOBÃO
Relator: OSWALDO LIMA FILHO

VII – Comissão da Ordem Social

Presidente: EDME TAVARES
Relator: ALMIR GABRIEL

a – Subcomissão dos Direitos dos Trabalhadores e Servidores Públicos

Presidente: GERALDO CAMPOS
Relator: MÁRIO LIMA

b – Subcomissão de Saúde, Seguridade e do Meio Ambiente

Presidente: JOSÉ ELIAS MURAD
Relator: CARLOS MOSCONI

c – Subcomissão dos Negros, Populações Indígenas, Pessoas Deficientes e Minorias

Presidente: IVO LECH
Relator: ALCENI GUERRA

VIII – Comissão da Família, da Educação, Cultura e Esportes, da Ciência e Tecnologia e da Comunicação

Presidente: MARCONDES GADELHA
Relator: ARTUR DA TÁVOLA

a – Subcomissão da Educação, Cultura e Esportes

Presidente: HERMES ZANETTI
Relator: JOÃO CALMON

b – Subcomissão da Ciência e Tecnologia e da Comunicação

Presidente: AROLDE DE OLIVEIRA
Relator: CRISTINA TAVARES

c – Subcomissão da Família, do Menor e do Idoso

Presidente: NELSON AGUIAR
Relator: ERALDO TINOCO

Entrevistas

O Presidente e o General

JOSÉ SARNEY

Presidente da República (1985-1989)

"Se não fosse a minha intervenção,
a Constituição não teria saído."

O senhor tinha seis anos de mandato. E resolveu abrir mão de um — propondo cinco — em pronunciamento na televisão.[1] Por quê?

Sarney — Eles desencadearam uma campanha querendo reduzir para quatro anos. Essa campanha era do grande interesse dos candidatos à presidência da República, que eram muitos, e, quanto mais cedo, melhor pra eles. Eu achei que devia cortar essa campanha, reduzindo para cinco anos, e estabelecendo uma fórmula na qual eu demonstrava certo espírito público, não desejando jamais que a Constituinte derivasse para uma discussão secundária, sobre o tempo de mandato. Me baseei no general [Eurico Gaspar] Dutra [presidente da República entre janeiro de 1946 e janeiro de 1951], que tinha um mandato de seis anos pela Constituição do Estado Novo. E foi à Constituinte [de 1946] e disse: "Eu quero reduzir para cinco anos".[2] Eu conhecia isso. A Constituinte de 1946 achou que era um grande gesto e marchou sem essa discussão. Foi certa ingenuidade minha, que não podia ter tido, como um político com a experiência que já eu tinha.

Como é que o senhor teve essa ideia que tanta confusão provocou? Com quem conversou ou se aconselhou a respeito?

Sarney — Eu achei que a Constituinte teria a compreensão de que era um prazo razoável para o mandato. Mas aconteceu justamente o contrário. No fundo, o que esse grupo grande desejava era me tirar do poder. Logo de saída, saiu que eu não ficaria dois meses, que a eleição direta era inevitável, várias declarações de alguns muito responsáveis e grandes líderes. Eu, então, disse "Olha, acho que devo fazer como o Dutra fez". Só que não deu certo.

Quem apoiou o senhor, nessa decisão, entre os seus auxiliares diretos?

Sarney — Quem mais me apoiou foi o Zé Hugo [José Hugo Castelo Branco, ministro da Indústria e Comércio]. Ele disse: "Você, como presidente, vai à televisão e diz à nação que abdica de um ano do seu mandato e está resolvida a questão, acaba essa discussão."

Como é que o senhor vê essa decisão, quase trinta anos depois?

Sarney — Eu me arrependo de não ter seguido o conselho do Geisel [general Ernesto Geisel, presidente da República de 1974 a 1979]. Eu não tinha intimidade com o Geisel, mas ele tinha uma boa relação com o Ivan [de Souza Mendes, chefe do Serviço Nacional de Informações, SNI]. O Ivan estabeleceu essa ponte, e eu recebo um telefonema do Geisel.

O que é que ele disse?

Sarney — "Ô Sarney, eu quero lhe dar um conselho: não discuta o tempo do seu mandato. Entregue ao Supremo Tribunal, que ele decide com a Constituinte. Não se meta nessa discussão." Quer dizer: ele tinha muito mais sensatez e conhecia muito mais a Constituinte.

O que o senhor disse pra ele?

Sarney — Eu disse: "Olhe, general, eu já estou resolvido a estabelecer um mandato de cinco anos e fazer o que o Dutra fez, o que deu muito certo." Ele disse: "Você está equivocado. Isso não vai acontecer. Eles vão querer um único objetivo, que é lhe tirar do governo." Ele viu muito mais. Mas eu achei que era uma fórmula democrática e que eles haviam de compreender um gesto de grandeza de minha parte. Por outro lado, se pudesse, eu teria feito eleição muito antes, com dois anos. Mas, com a agitação que o PT vinha fazendo, as greves que eu vinha enfrentando — 12 mil greves —, a turbulência da política fizeram [com] que eu não tivesse condições de fazer [a eleição]. Inclusive consultei os chefes militares e eles acharam que era uma temeridade encurtarmos o mandato do presidente para dois anos no meio daquela coisa toda, fazer eleições no meio de uma transição, na qual ainda não tínhamos nem consolidados os grupos que tinham posições, inclusive nas forças armadas.

O Geisel estava fora. Mas o general Leônidas era o seu ministro do Exército. O que disse ele sobre essa proposta de abdicação de um ano?

Sarney — Eu não o consultei. Achei que era uma decisão política e comuniquei ao Ulysses [Guimarães].

O que ele disse?

Sarney — Que grande parte do partido, e todo mundo, queria quatro anos. Mas ele não aderiu a essa campanha dos quatro anos.

Há declarações do dr. Ulysses, no começo, claramente pelos quatros anos.

Sarney — Sim. No começo ele falou, porque o Tancredo [Neves] tinha dado uma declaração dizendo que eram quatro anos.

O senhor também prometeu quatro anos no seu discurso de posse. É só ler. O Covas, por exemplo, batia muito nessa tecla.

Sarney — Eu disse isso. Porque eu queria seguir o que o Tancredo tinha prometido. A minha preocupação era fazer tudo o que o Tancredo tinha prometido, não divergir de nenhuma maneira, com a consciência de que o mandato não era meu, era do PMDB e, portanto, do Tancredo. A frase do Affonso Arinos é muito boa: "Muitos deram a vida pelo Brasil, o Tancredo deu a morte". Então eu achei que devia ter lealdade, que tive até o fim e até hoje com a memória do Tancredo. Por isso eu tinha realmente prometido quatro anos. O meu desejo era antecipar para dois anos, e aí teria eleição. Não fiz porque não pude, e a conjuntura mudou. Não era mais a conjuntura do Tancredo candidato, era uma conjuntura do governo. E por isso nós tivemos que enfrentar. A política, como dizia Bismarck, é a arte da realidade, e vivemos com a realidade. Então, diante da impossibilidade disso, eu marchei para os cinco anos.

O fato é que essa discussão sobre o mandato dominou a Constituinte inteira.

Sarney — Essa discussão atrapalhou de todo a Constituinte. Ela já vinha voltada para o interesse dos candidatos que queriam eleições para presidente da República — [Leonel] Brizola [ex-governador do Rio], Fernando Henrique, Covas, dr. Ulysses, Lula, Aureliano [Chaves, ex-vice-presidente da República, presidente nacional do PFL]. Era uma Constituinte que tinha uns oito candidatos. E todos eles achavam que iam conseguir os quatro anos. Isso dominou a Constituinte e fez com que [a] Constituição [estivesse] cheia de contradições. É uma Constituição híbrida. Ora achavam que era parlamentarista, ora presidencialista, então ficou dessa maneira.

O senhor instalou a chamada Comissão dos Notáveis, com cinquenta integrantes, presidida por Affonso Arinos, que fez um projeto para ser discutido na Constituinte...

Sarney — Era uma ideia do Tancredo, por isso eu criei. Escolhi os nomes, com absoluta isenção e nenhuma intenção política, para fazer uma grande Constituição, que era o meu sonho. Eles fizeram um projeto. Mas o Ulysses não aceitou.

O senhor recebeu esse projeto, das mãos de Affonso Arinos, numa solenidade com pompa e honra,[3] em 18 de setembro de 1986.

Sarney — Dei para o Affonso Arinos a medalha do mérito brasileiro, que é a maior medalha que tem no país, pelo trabalho que ele tinha feito.

O veto, então, foi do dr. Ulysses?

Sarney — O Ulysses me disse que não aceitava nem esse, nem nenhum projeto de Constituição. Se eu mandasse pra ele, ele devolveria. No fundo era porque o Ulysses queria fazer, com a Constituição, como realmente ele tentou fazer e fez, uma campanha já da sua candidatura. Recebia delegações [...] e a Constituição passou a ser uma caixa de pressão, haja lobby, e transformou-se numa bacia das almas. Todo mundo queria buscar a graça alcançada. Tanto que, quando terminou a Constituição, o Ulysses me disse: "Sarney, olhe, passaram 12 milhões de pessoas aqui durante a Constituinte. Isso mostra a participação." Eu disse: "Ulysses, você está me preocupando mais ainda com a Constituição. Porque a única que sobreviveu até nós, até hoje, é a Constituição americana, que foi feita por 32 pessoas." Achei logo que a Constituição era péssima. Mal redigida, não tinha uma estrutura, não tinha uma unidade. A verdade é que eu fui pra televisão dizer isso...

... que aquele projeto tornaria o país ingovernável. Ali o senhor pegou pesado.

Sarney — Peguei. E disse isso na televisão. E realmente tornou-se. O que nós estamos vendo agora é o resultado da Constituição de 1988. Tanto que hoje nós já temos noventa emendas constitucionais e mais 1,5 mil em tramitação no Congresso. Só isso mostra o quanto a Constituição deixou a desejar. A correção que está sendo feita, que tentaram fazer, não era uma correção como se fez em Portugal, para tirar os erros. Aqui ela foi submetida a ceder a grupos de interesse. Passou a ser mais fácil fazer-se uma emenda constitucional do que fazer-se uma lei.

Como é que o senhor acompanhou a discussão do regimento da Constituinte — que um ano depois gerou um grande impasse?

Sarney — Eles fizeram um regimento com o qual acreditavam que iam fazer a Constituição só com aquela Comissão de Sistematização, que consagrava uma minoria, e o plenário não ia ter a decisão final. Isso deve ter alimentado muito a campanha dos quatro anos. Porque eles tinham certeza que ganhariam na comissão e o Plenário teria enorme dificuldade de alterar aquele projeto. Precisava de maioria absoluta para rejeitar — uma coisa inversa. [O regimento] foi feito com a esperteza destinada a manipular. Isso incentivou muito essa Comissão de Sistematização.

Regimento pensado e calculado, então?

Sarney — Foi esperteza. Eu não tive acesso à discussão do regimento, o Fernando Henrique é que fez. A única coisa que ele fez foi tentar me convencer que nós devíamos aprovar a emenda Bierrenbach, que tirava os poderes do presidente e a Constituinte ficava governando.

Isso foi quando o senhor mandou para o Congresso, na legislatura anterior, ainda em 1985, a emenda que convocava um Congresso Constituinte. Bierrenbach foi o relator, fez uma proposta de Constituinte exclusiva, foi destituído da relatoria na véspera da votação e a sua proposta acabou sendo aprovada.

Sarney — Não tive a ver com a saída do Bierrenbach. Mas essa discussão voltou quando a Constituinte começou. Quando o Fernando Henrique foi tratar isso comigo, eu disse: "Não sou nenhuma criança, nem um irresponsável, porque se nós fizermos isso não vamos ter governo. Vamos ter o caos." Afinal, eu convoquei a Constituinte, tive pressa em fazê-la, justamente para normalizar o país. Então eu não aceitei, cortei isso.

O senhor percebeu que o regimento podia dar na confusão que já deu naquele momento?

Sarney — Tive clareza absoluta. Nós fazíamos aquele grupo que depois, para me desmoralizar, eles botaram o nome de Centrão, quando na realidade era um grupo pra lutar por uma Constituinte que fosse legítima, aprovada pela maioria dos constituintes. Se nós aprovássemos aquelas coisas que eles queriam — como a emenda Bierrenbach — as forças armadas voltariam e tomariam conta.

É?

Sarney — Eu acho. Porque, quando eu assumi, os militares ainda estavam muito divididos e em grande parte contra a abertura que o [João Baptista] Figueiredo [presidente da República de 1979-1985] tinha feito.

Houve algum risco de golpe militar durante a Constituinte?

Sarney — Houve risco, sim. Quando eles tentaram fazer uma redação em que as forças armadas não podiam intervir na ordem interna, houve uma reação muito grande da área militar. Terminou com a ordem de que os assessores militares não abandonassem a feitura da Constituição até o fim da impressão na máquina em que saía o projeto. Isso é uma revelação que você vai botar. Quando eles estavam lá, o [general] Leônidas [Pires Gonçalves, ministro do Exército de Sarney] recebeu um telefonema dizendo que o Bernardo Cabral mudou o que tinha combinado conosco.

O Bernardo Cabral tinha combinado?

Sarney — Tinha combinado com o Leônidas, com os assessores do Leônidas e comigo, quando o Leônidas me disse: "Nós resolvemos, essa redação nós aceitamos." O Bernardo Cabral fez esse acordo — de garantir um artigo que garantisse a intervenção militar na ordem interna. Os assessores do Exército comunicaram ao Leônidas que o Bernardo não tinha cumprido o acordo e que a redação era outra. Isso aconteceu na noite em que a Constituição estava sendo impressa. O Leônidas, então, lá no Forte Apache [como é conhecido o quartel-general do Exército em Brasília], chamou à casa dele o ministro da Marinha e o ministro da Aeronáutica, e o chefe do Estado-Maior, e disse que o Bernardo não tinha cumprido o acordo. A providência a tomar foi: "Mande trazer o Bernardo Cabral aqui." Os oficiais que estavam lá disseram ao Bernardo Cabral que ele estava sendo convidado pra ir na casa do Leônidas, que queria falar com ele. O Bernardo Cabral foi, acredito que o Bernardo não soubesse que os oficiais sabiam que ele tinha mudado o texto. Levaram o Bernardo pra lá. Chegou lá, o Leônidas deu um acocho muito grande nele e disse o seguinte: "Você só sai daqui quando a Constituição estiver com o texto que nós combinamos." Assim o Bernardo mandou fazer. O Leônidas disse que ligou para os oficiais que estavam lá e disse: "Vocês só saíam daí quando estiver impresso." Levaram ao Leônidas, que recebeu, e aí mandou levar o Bernardo Cabral de volta. Essa foi a versão que o Leônidas me contou.

No livro de Saulo Ramos, *O código da vida*, que foi seu consultor-geral, está dito que o Bernardo Cabral foi pedir a ele para ser o relator da Comissão de Sistematização. "Se eu for, é a mesma coisa que ser você, Saulo", diz o Bernardo, segundo o livro. O Saulo, além de consultor, era seu amigo. Houve isso?

Sarney — O Bernardo Cabral vacilou muito durante o tempo em que ele foi da Constituinte. Na campanha para relator ele deve ter dito isso pro Ulysses, pro Saulo, pra mim. Ele me disse várias vezes que nós íamos trabalhar em conjunto. Ele aceitou todas as pressões e finalmente foi responsável por ser relator até o fim. Nós procuramos fazer uma intervenção relacionada à parte mais importante relacionada à governabilidade do país, como o negócio da previdência, dos gastos, da parte econômica, essa parte que o dr. Maílson, com os técnicos nossos, acharam que era importante. Foi quando eles me convenceram. Eu vi a Constituição, aquela coisa lamentável, e fui pra televisão dizer que era ingovernável.

Em determinado momento da Constituinte, o senhor disse ao PMDB, através do senador José Richa, que era muito seu amigo, que aceitaria o parlamentarismo, sob determinadas condições. Euclides Scalco foi encarregado de ouvir Covas, que estava convalescendo de um infarto, em São Paulo, e Covas disse que não.

Sarney — O Scalco foi fundamental nessa articulação.

Qual é a sua versão dessa história?

Sarney — Essa proposta de parlamentarismo me veio trazida pelo Zé Richa, e pelo Cid Carvalho. Cid, filho do meu estado, meu amigo, e o Zé Richa, muito meu amigo, pessoal em que eu tinha absoluta confiança. O Zé Richa me disse: "Nós fazemos cinco anos, aprovamos e no último ano nós fazemos uma preparação para implantar o parlamentarismo. E vamos discutir como se faz o projeto desses cinco anos." Eu disse: "Eu não tenho nenhuma ambição de poder. Eu quero realmente evitar que o país degringole." A situação que eu vivi, naqueles cinco anos, não foi fácil; foi muito difícil. Naquele tempo, o pessoal esquece, as Forças Armadas não tinham voltado ainda aos quartéis, ainda estavam atuantes; havia grupos muito fiéis ao Figueiredo, que censuravam muito a conduta do governo; achavam que o governo era esquerdista, que eu estava cedendo aos comunistas. Quem pacificou as forças armadas, e enquadrou, foi o Leônidas. Tinha a mão forte, de general, de comandante. Ele e o [Henrique] Sabóia [ministro da Marinha]. O Moreira Lima [da Aeronáutica] não tinha tanta liderança quanto os outros dois.

O senhor concordou com a proposta do Richa?

Sarney — Eu aceitei a proposta que eles me trouxeram e autorizei que fizessem a negociação. Eu sempre fui parlamentarista. E ainda disse: "Eu ficarei muito feliz, porque vou deixar o país parlamentarista." Muito bem. Fiquei esperando a resposta deles. Depois eu soube que o Covas vetou. E disse pro Zé Richa: "Vocês me fizeram de bobo, não me deram nem resposta." Até hoje eu estou esperando. A realidade é que eles tinham o problema da eleição.

Por que o senhor acha que o Covas tinha tanta força?

Sarney — O que eu sei é que o Covas tinha sido meu amigo, porque quando ele veio como deputado eu já era deputado havia muito tempo; nos dávamos bem, éramos da mesma idade, comungávamos mais ou menos das mesmas ideias, e o Covas foi cassado. E ficou meio ressentido porque eu não fui cassado [risos]. Isso me disseram: "Ele acha que você colaborou com o regime militar, então..." Ele e o Richa eram muito meus amigos, andávamos sempre juntos. Eu tinha convidado o Richa pra secretário da Casa Civil. Ele tinha combinado comigo. Botaram no jornal que ele não entrava porque quem mandava no palácio era a Roseana, que ela ia ter problemas. O Richa começou a não querer. O Covas tinha uma ascendência muito grande sobre ele. Depois eu soube pelo Zé Serra [José Serra, atual ministro das Relações Exteriores] que foi o Covas que vetou a ida do Richa. Se tivesse acontecido isso não teria PSDB, não teria nada.

Na eleição para líder do PMDB, Covas disputou com [deputado] Luiz Henrique [da Silveira, do PMDB-SC], menina dos olhos do dr. Ulysses, e ganhou.[4] O senhor mandou votar no Covas para enfraquecer o dr. Ulysses?

Sarney — É verdade. Eu guardava boa relação com o Covas, não sabia a dimensão das restrições que ele tinha a mim, nem a motivação delas. Um dia chegaram o Fernando Santana e o Cid Carvalho me dizendo que o Covas era candidato, e que o Luiz Henrique era candidato do Ulysses. Eu até gostava do Luiz Henrique. Mas me colocaram o seguinte argumento: Ulysses já é presidente da Constituinte, do PMDB e da Câmara. Nós entregarmos mais a liderança do PMDB, o Ulysses fica dono de tudo. Então é melhor que a gente tenha um contraponto, porque o Covas tem uma autoridade grande etc. e tal. Aí eu realmente ajudei o Covas. Quem elegeu o Covas fui eu.

E na eleição do Bernardo Cabral para relator, o senhor pisou na balança?

Sarney — Eu não digo que pisei na balança. Mas o Bernardo era muito encantador. Frequentava muito o Palácio, estava sempre comigo e tinha me prestado uma homenagem no Instituto dos Advogados no Rio, onde fez um discurso muito elogioso. Eu simpatizava com o Bernardo, mas não me meti de frente. Mas os meus amigos, sem que eu pedisse, transformaram essa simpatia em apoio.

O senhor acha que é verdadeira a versão que Saulo Ramos colocou no livro dele dizendo que o Bernardo Cabral quase implorou apoio para ser o relator da Comissão de Sistematização?

Sarney — É verdadeira. O Bernardo frequentava muito o Saulo. O Saulo fez um projeto total de Constituição, corrigindo aquele, e um projeto bem-feito. Eu até dei o nome, a esse projeto, de Luiza Brunet, de tão bem-feito. Então eu dizia: "Saulo, traz a Luiza Brunet." Ninguém sabia o que era.

O projeto que saiu da Comissão da Sistematização, quase um ano depois, aprovou o parlamentarismo e quatro anos de mandato, e tinha também um forte viés de esquerda. Provocou um impasse, que levou ao Centrão, à mudança do regimento e a novas regras do jogo, e acabou virando a mesa. A sua participação foi fundamental. E uma explicação que está na praça, até na academia, é a distribuição de concessões de rádio e TV em troca de votos. Qual foi o seu real papel nessa espetacular virada de mesa?

Sarney — O erro desse pessoal, deles todos, foi achar que ganhariam os quatro anos, que eles fariam tudo o que queriam na Constituição. Quando, na realidade, eles se esqueceram que eu fui deputado, fui senador, hoje sou o mais longevo parlamentar da história da República e se nós chegarmos no Império eu sou o segundo, porque no Império era vitalício. Só no Senado eu passei 39 anos. Eu tinha e tenho o temperamento de fazer amigos. Nunca fui agressivo. Então eu era muito querido dentro do Congresso. Por que eu fui indicado vice-presidente? O Aureliano [Chaves, ministro de Minas e Energia de Sarney] me escolheu, porque todo mundo queria o Sarney. E eles se esqueceram disso. O grupinho deles de São Paulo estava esquecido da minha força dentro do Congresso. Eu nunca tive medo de perder dentro do Congresso. Nunca passou pela minha cabeça que eles pudessem fazer os quatro anos, que eles pudessem fazer nada disso. Eu não entrei na Constituinte para não criar um caso com o dr. Ulysses, o que eu não queria de maneira nenhuma. Me submeti, alguma vezes, até a tutoria do dr. Ulysses. Mas o Ulysses não tinha condições de me derrotar dentro do Congresso, de nenhuma forma.

Todas as vezes que eu entrei — com muito jeito, para não afrontar o dr. Ulysses —, eu ganhei. E a Constituição só foi feita porque eu resolvi atuar. A Constituição não ia sair. O Ulysses não tinha o poder de resolver aquele impasse, a Constituinte estava parada. Eu interferi, porque não queria acabar o meu governo sem a Constituição.

Como o senhor interferiu?

Sarney — Eu consegui botar, com o Bernardo Cabral, aquela emenda da revisão dentro de cinco anos.[5] Eu acreditei: daqui a cinco anos a gente pode consertar. E aí eu apoiei — e a Constituição foi feita.

Como foi que o senhor apoiou? Qual foi o peso na distribuição das concessões de rádio e TV pelo ministro Antônio Carlos Magalhães? Quais foram as suas armas?

Sarney — Chamar as lideranças, os sujeitos que eu conhecia, que eram meus amigos.

O Zé Lourenço [ex-deputado José Lourenço, então líder do PFL], por exemplo, teve um papel importante.

Sarney — Nem tanto quanto ele diz. Ele exagera.

Ele conta que uma vez destituiu o Zequinha Sarney, seu filho, de uma vice-liderança do PFL, e o senhor o apoiou. É verdade?

Sarney — Não me recordo dessa história. Importante nisso foi o Roberto Cardoso Alves, porque o Roberto era agitador. Carlos Sant'Anna também. [Paulo] Brossard, que tinha muita autoridade. Gastone Righi. Luis Roberto Ponte, que foi meu ministro. O Richa, embora não se saiba. Mas eu chamei o Richa e disse: "Olha Richa, nós temos que fazer isso, porque sem isso não tem Constituição." Ele me disse: "Conte comigo."

É correto dizer que o dr. Ulysses facilitou as coisas para o senhor, deixando, por exemplo, o Centrão evoluir e chegar ao ponto em que chegou?

Sarney — O Ulysses não tinha força para impedir isso. Eu era forte dentro do Congresso. Era um homem cuja vida foi feita dentro do parlamento.

O senhor está sendo muito modesto na sua participação nessa virada de mesa...

Sarney — Se eu não tivesse entrado, a Constituição não tinha saído.

O que é "ter entrado"? Como? E qual é o peso das concessões de rádio e TV?

Sarney — Eu já lhe disse: eu não queria que meu governo terminasse com todos frustrados por não termos feito a nova Constituição. Isso era a minha grande motivação.

O senhor entrou com os quatro pés, para usar uma expressão popular?

Sarney — Eu entrei mobilizando a minha força dentro do Congresso, onde eu tinha grandes amigos, relações pessoais.

A distribuição de rádios e TVs pesou quanto nessa balança?

Sarney — Nunca recebi um deputado que diga que votou porque eu pedi pra ele votar e dei uma estação de rádio ou de TV...

Mas essa distribuição é um fato comprovado — está em teses acadêmicas.

Sarney — Isso é uma balela. O Fernando Henrique deu muito mais. O Lula deu muito mais. Não precisava usar isso como barganha. Eu quero ver um deputado que tenha dito que eu pedi a ele pra votar em troca de televisão ou de rádio.

Eu tenho entrevistas de deputados contando isso...

Sarney — Que eu falei com ele? Então você pode dizer que é um mentiroso. É absoluta mentira. A imprensa publica, eu não posso evitar. Mas na realidade não é verdade.

Qual foi a sua arma, então?

Sarney — A força que eu tinha no Congresso, eu recebia todos os deputados...

A Constituinte começou em fevereiro de 1987. E a mesa só virou em novembro. Se o senhor tinha essa influência toda, por que demorou tanto?

Sarney — Eu esperava que o Ulysses resolvesse o problema. Quando ele não resolveu, eu entrei. O comando da articulação foi meu. A decisão política foi minha, com o auxílio do Saulo e do Brossard. Se não fosse essa minha intervenção a Constituição não teria saído. Isso eu estou dizendo hoje, pela primeira vez, não é do meu estilo. Quando eu entrei ela estava parada — e só andou porque eu entrei.

Tem uma história do dr. Ulysses, que ele próprio chegou a contar, que não é muito conhecida. Logo depois do golpe de 1964, ele participou de uma comissão de oito notáveis do Congresso que propôs ao general Costa e Silva que a própria Câmara cassaria mandatos e, em troca, os militares se retirariam do processo. O Costa e Silva não aceitou. O dr. Ulysses contou isso ao Luiz Gutemberg, para a biografia que ele escreveu. E disse que se alguma culpa ele tivesse era 1/8, porque eram oito. O senhor conhecia essa história?

Sarney — Conhecia. Ela também está citada no livro do Luís Viana Filho sobre o governo Castelo Branco [*O governo Castelo Branco*].

Essa história só veio à luz, publicamente, depois que a Constituinte terminou, pela boca do ministro Antônio Carlos Magalhães, em entrevista que foi manchete do jornal *Folha de S.Paulo*. Dizia que Ulysses queria cassação de mandatos por quinze anos. O dr. Ulysses prometeu responder, mas nunca respondeu e o assunto esfriou.

Sarney — Eu sabia desde aquele tempo. O Luís Viana me contou. Inclusive o que o Costa e Silva disse na hora que eles entregaram: "Não, eu já tenho o meu ato institucional." Nem recebeu o papel da mão deles.

E qual é a sua opinião sobre essa proposta da comissão dos oito?

Sarney — Naquele tempo, a gente não tinha noção. As coisas estavam acontecendo naqueles dias. A motivação era não mexer com o Congresso, o Congresso faria o serviço sujo que os militares fizeram, as cassações. É isso que eles propunham.

O senhor faz um juízo de valor?

Sarney — Eu tenho um discurso, cinco dias depois da revolução, está nos anais, dizendo "no Congresso não se cassa ninguém". Era o contrário da tese deles — de que o Congresso é que devia cassar.

É interessante que os adversários do dr. Ulysses não tenham falado ou citado isso durante os quase dois anos de Constituinte. É como se o fato tivesse sido apagado da história — e ressurgido só depois da Constituinte, com o Antônio Carlos Magalhães.

Sarney — É que aquilo não teve nenhuma repercussão. Eles levaram ao Costa e Silva, que não aceitou e ficou por isso mesmo. Mas é uma história que está na biografia dele. Era uma proposta erradíssima.

O senhor disse, numa entrevista para o *Estadão*, dos cinquenta anos do golpe de 1964, que assumiu o governo para ser deposto.

Sarney — E repito: eu assumi para ser deposto.

O presidente Fernando Henrique diz que, por causa desse sentimento, o senhor governou se achando ilegítimo e que isso atrapalhou.

Sarney — Quando assumi, eu sabia perfeitamente que não tinha legitimidade. Eu assumi formalmente o governo, mas o poder ficou com o dr. Ulysses. O meu primeiro objetivo foi me legitimar no governo — e, depois, tratar da economia. Eram os meus objetivos. Para me legitimar, eu abri: dei liberdade aos partidos de esquerda, recebi no Palácio o João Amazonas, do PCdoB, e o Giocondo Dias, do PCB. O Tancredo não faria isso. Quando falaram com ele sobre isso, ele disse: "Isso é com a Justiça, não é comigo." Quem ia discutir a legitimidade depois disso? Estendi a anistia, abri para as eleições das estâncias hidrominerais, fiz a loucura de convocar a eleição de prefeitos das capitais em novembro, no meio daquela confusão, greves gerais etc. Convoquei a Constituinte. Mas eu estava fazendo aquilo deliberadamente, para me legitimar. Comecei a me legitimar, e me legitimei. Quando veio o cruzado, a minha popularidade já era de 50%. Marchei para o cruzado porque sabia que ele ia me assegurar fazer a Constituinte. Porque sem uma boa economia você não tem uma boa política. Então assegurei a Constituinte, com o objetivo de fazer a transição democrática. Eu tinha a minha diretriz, que eu cumpri até o fim.

E na hora que o senhor achou que devia interferir na Constituinte, o senhor interferiu.

Sarney — Interferi, porque eu vi que o governo ia acabar sem a Constituição nova. Então aquilo pesava nas minhas costas.

Qual foi a Constituição que saiu — boa? ruim?

Sarney — Tem dois capítulos excelentes: o dos direitos civis, principalmente o art. 5º, avançadíssimo; e o dos artigos dos direitos sociais, que são impecáveis. Eu já havia colocado, na convocação, que nós devíamos atacar os direitos sociais; está lá na emenda 25. Mas ela é péssima quando ela é híbrida, cheia de ambiguidades. Botou esse negócio da medida provisória. O Congresso quer ser Executivo e o Executivo quer ser Legislativo. Resultado: durante todo esse tempo funcionaram as medidas provisórias, dando lugar a essa corrupção, inclusive do Congresso.

Quando a Constituinte fez 25 anos, o Lula, então presidente da República, e ex-constituinte, fez um grande elogio ao seu papel na Constituinte — momento, aliás, em que muitas vezes ele criticou o senhor. Que papel o Lula teve na Constituinte e como o senhor viu esse reconhecimento tantos anos depois?

Sarney — O Lula compreendeu que durante o meu governo eu tive a menor taxa de desemprego da história do Brasil, os números estão aí, uma média de 3,29%. Pouco antes de eu sair, o desemprego era 2,7%. O PT se consolidou durante o meu governo graças a isso, tanto que terminamos o governo com um candidato operário à presidência da República.

E o Lula constituinte? Que papel ele teve?

Sarney — Nenhum. O Lula não participou. O Lula e o PT tinham como norma naquele tempo contestar tudo. Votaram contra a Constituição, inclusive.

GENERAL LEÔNIDAS PIRES GONÇALVES
Ministro do Exército no governo Sarney

"Tive muita influência na escolha do relator."

O Exército, como as outras Forças Armadas, marcou a Constituinte de perto, com assessores qualificados. Como é que o senhor pilotava esse acompanhamento?

Leônidas Pires Gonçalves — Eu estudei Política na Escola Superior de Guerra. Um ano de curso, onde só se estuda. Escrevi uma monografia.

Seu orientador, nessa monografia, foi o professor Ney Prado, depois graduado integrante da chamada Comissão dos Notáveis, criada pelo presidente Sarney para produzir um projeto de Constituição.

LPG — Fui eu que botei ele lá. Era da nossa confiança.

Qual foi a sua estratégia, no Ministério do Exército, em relação à Constituinte?

LPG — Nós estávamos realmente vivendo um período difícil, crítico, sem saber onde ia desaguar. Combinando com as outras forças, reforçamos, no Congresso, uma turma muito boa de assessores militares. Eu tinha um chefe, sempre um coronel, conhecedor de alguma maneira dos fundamentos constitucionais, e mais oito assessores. Relatavam tudo o que estava acontecendo, ou levavam as nossas pretensões aos relatores da Constituinte. Quando acabava o trabalho, a qualquer hora da noite, sempre me telefonavam para dizer o que tinha acontecido.

O senhor teve alguma influência na escolha de Bernardo Cabral para relator da Constituinte?

LPG — Eu tive muita influência, por algumas razões. Mas uma delas é que o Bernardo Cabral é meu amigo há cinquenta anos. E ainda é.

Como se conheceram?

LPG — Quando eu fui para o Amazonas, no governo do Jânio Quadros, como chefe da Casa Militar, organizar uma reunião de governadores. O governo do Amazonas me mandou um companheiro para ajudar. Era um secretário sem portfólio chamado Bernardo Cabral. Meninão, meninão. Foi em 1961. Então ele é meu amigo há 53 anos.

Qual foi a sua influência na escolha dele para relator da Constituinte, por votação?

LPG — Eu sempre era ouvido, de uma maneira ou de outra. Não vou ter a pretensão de dizer "Fui eu que botei ele lá", não é isso. Mas colaborei, consenti.

A questão mais importante para as Forças Armadas era garantir, na Constituição, o direito de poder intervir na ordem interna — como acabou constando no art. 142,[1] desde que autorizadas por um dos três poderes. Mas deu muita confusão.

LPG — Eu me envolvi pessoalmente nesse debate. Não há Constituição no mundo que, de maneira direta ou indireta, não atribua a garantia da lei e da ordem do país às Forças Armadas. O exemplo máximo é a democracia americana. O juramento do militar americano é: "Juro solenemente defender a Constituição dos Estados Unidos *against foreign and domestic enemies* [contra inimigos estrangeiros e domésticos]." Então, como diz com muito acerto o jurista Ives Gandra, "O art. 142 coloca as Forças Armadas como um poder moderador da nação."

A discussão desse artigo, que abre o capítulo "Das Forças Armadas", foi dos momentos mais tensos da Constituinte. Uma das posições, minoritária, mas barulhenta, era radicalmente contrária à intervenção na ordem interna. Teria alguma chance de passar?

LPG — Não, porque eu não deixaria passar.

O senhor interferiu direta e pesadamente nessa discussão. Mandou chamar Bernardo Cabral, conversou com Fernando Henrique, pressionou o que pôde...

LPG — Tem uma história verdadeira. As outras são mentirosas.

Conte a sua.

LPG — Um dia toca o telefone. Era o senador Fernando Henrique Cardoso: "Eu gostaria de ir daqui a uma hora na sua casa, para levar uma proposta de redação do artigo sobre a missão das Forças Armadas." Aí ele chegou com um papel datilografado — hoje ele diz que escreveu para mim, não é verdade —, onde estava escrito aquele acréscimo que eu achei muito bom [o da autorização de um dos três poderes, para poder intervir na ordem interna]. Eu, que me considerava um cientista político, mais ou menos, com bastante conhecimento da área, achei ótimo. Então eu disse para ele: "Olhe, senador, eu gostei, está aprovado por mim."

O senhor chegou a ser acionado em algum dos momentos mais tensos?

LPG — Tem um episódio jocoso. Naquela confusão em que [as galerias] jogaram moedas nos Constituintes, foi um escândalo, eu liguei pro dr. Ulysses: "Estou vendo que o senhor está meio apertado aí. Precisa que eu mande a Força?" [Risos]. Eu fiz de brincadeira, de gozação. "Não, general, não precisa, não. Por enquanto está tudo bem." Mas estava na hora de mandar as Forças Armadas, porque eles não estavam contendo aquele negócio lá.

O senhor tinha esse senso de humor?

LPG — O Ulysses me tratava muito bem. Me convidava para todos os eventos da casa dele. Tinha domingo que ele ia na minha casa tomar uísque, ele e a Mora [esposa de Ulysses]. Ele ia na minha casa e eu ia na casa dele. Então nós sempre nos demos muito bem.

E na Constituinte?

LPG — Eu me considerei um grande colaborador da Constituinte. Nas minhas leituras sobre Direito Constitucional, eu encontrei uma citação do Sólon, da Grécia. Consta que perguntaram a ele qual era a melhor Constituição que existia e ele respondeu: "Diga-me primeiro para que povo e para que época." A Constituição não saiu como a gente queria — mas foi a Constituição para o nosso povo e para a nossa época. Ela não presta, em termos, porque nós também não prestamos, em termos. Foi a Constituição possível.

Ministros da Fazenda

LUIZ CARLOS BRESSER-PEREIRA

Ministro da Fazenda (abril a dezembro de 1987)

"Cheguei no meio da crise, com a Constituinte querendo gastar."

O senhor foi o ministro da Fazenda que substituiu Dilson Funaro na crise do fracasso do Plano Cruzado. A Constituinte estava entrando no quarto mês de funcionamento.

Bresser-Pereira — A crise era profunda, não apenas econômica. Foi também política, porque significou uma profunda desilusão por parte do povo brasileiro em relação aos líderes democráticos que chegaram ao governo em 1985. Acenaram, primeiro, com uma grande esperança, depois veio o desastre, com o fracasso retumbante em controlar a inflação.

Depois das eleições em 1986, em que o PMDB, com o sucesso do Cruzado, elegeu 26 dos 27 governadores.

BP — Ganharam amplamente, mas depois das eleições veio a crise. O Plano Cruzado transformou o Sarney e o Dilson Funaro em semideuses, era exatamente assim. Mas eles administraram muito mal. Houve uma expansão e uma euforia geral, não apenas porque a inflação acabava, mas porque a renda aumentava, os salários aumentavam, todo mundo ficava feliz. E explodiu, até no meu colo, vamos dizer assim.

O senhor trata da Constituinte em seu último livro, *A construção política do Brasil*.

BP — Passei vários anos escrevendo esse livro. O meu entendimento é que a transição democrática tinha acontecido através de um grande pacto democrático e popular, que começa em 1977 e que entra em colapso com o fracasso do Plano Cruzado. O resultado mais extraordinário desse pacto político foi a Constituição de 1988. Em 1987, quando começou, amplamente discutida, era ainda produto desse pacto democrático-popular. O grau de fracasso foi tanto, que, em 1989, nas eleições presidenciais, os principais líderes da transição democrática não chegaram lá. O caso mais trágico e patético é o do dr. Ulysses, que recebeu 3% dos votos. E o [Fernando] Collor [de Mello] ganhou. Isso só aconteceu por causa do fracasso do Plano Cruzado.

E a Constituinte bem no meio de toda essa turbulência...

BP — O curioso é que a Constituinte termina o seu trabalho no meio de uma crise política que, de certo modo, deslegitimava essa própria Constituinte. Não formalmente, graças a deus. O resultado foi uma excelente Constituição — progressista, social-democrata e desenvolvimentista. Entrou em vigor no momento em que o pacto político que lhe dera nascimento entrava em colapso e o Brasil caminhava para um período neoliberal, primeiro sob o comando do Collor, depois do Fernando Henrique. Foi uma coisa muito curiosa, que pouca gente analisa.

Antes de convidar o senhor para o ministério, o presidente Sarney fez outros convites, caso do Tasso Jereissati, e sondagens, caso do José Serra. Até que o dr. Ulysses preferiu o senhor e o Sarney bateu o martelo. Isso tudo agitou bastante a Constituinte. Qual é a sua versão dos acontecimentos?

BP — Eu era um economista respeitado no PMDB e trabalhava com o [Franco] Montoro [governador de São Paulo de 1983 a 1987]. Quando houve necessidade de substituir o Dilson Funaro, consultaram o dr. Ulysses. Eu tinha boas relações com ele.

Alguma boa história anterior a esse momento?

BP — Nada de muito especial. Eu sempre tive muito boas relações com ele, mas não eram próximas. O filho adotivo dele, Tito Henrique, foi diretor do Banespa quando eu fui presidente. Foram os primeiros dois anos do governo Montoro, que era um governo democrático, e foi também a primeira vez que participei de governo, porque eu estava sempre na oposição à ditadura. O dr. Ulysses indicou o Tito, que hoje é um banqueiro importante.

Do Banco Itamaraty, é isso?

BP — Que virou o Banco ABC. A maioria do capital é árabe. O Tito tem uma participação, e tem uma ampla autonomia para dirigir. É um banqueiro, sem dúvida.

A relação com o dr. Ulysses era boa, então.

BP — Sempre foi, mas era uma relação político-partidária. Não fiquei tão próximo, como ficaram o [Luiz Gonzaga] Belluzzo e o João Manoel, que puxaram o Dilson Funaro para ser o ministro. No momento de substituí-lo, o Sarney falou com o Tasso Jereissati, que gostaria, e com mais dois, o Raphael de Almeida Magalhães, e acho que o Serra.

Pela vontade do presidente o Tasso estaria indicado.

BP — Pela vontade do presidente. Mas o dr. Ulysses interveio. Eu não tive nada a ver com isso, absolutamente. Foi até engraçado, porque eu estava em outra, tratando das minhas coisas, participando de uma banca de livre-docência da Maria Tereza Fleury, que era diretora da Fundação Getulio Vargas, também minha escola. Numa quinta-feira, eu recebi um telefonema do Sarney, pedindo que eu fosse a Brasília. Então fui convidado. Agora, por que o Sarney escolheu a mim, e não um dos outros, eu não sei.

Por que o senhor aceitou o convite?

BP — A vida inteira eu me preparei para isso. Quando tinha 20 anos, eu ia ser juiz de direito. Eu estava no começo do terceiro ano da faculdade de Direito da USP e aí li as coisas do ISEB [Instituto Superior de Estudos Brasileiros]: a industrialização, Getúlio Vargas, o desenvolvimentismo, o Pacto Político Nacional Desenvolvimentista. Fiquei absolutamente fascinado por tudo isso e resolvi que eu ia ser sociólogo ou economista do desenvolvimento. E que a minha vida seria voltada para essa contribuição. Isso é um espírito republicano, que vinha, sei lá, do meu pai, sei lá de quem. E foi essa a minha vida, eu fui ganhar meu dinheiro, fui trabalhar no [Grupo] Pão de Açúcar. Foi muito bom também, fiz um belo trabalho lá com o Abílio [Diniz]. Mas o meu sonho, como intelectual, era contribuir para o desenvolvimento econômico e social do Brasil. Então, quando me chamaram, eu tive que aceitar, não passava nem pela minha cabeça que eu não ia aceitar. Era do meu partido, estava lá um presidente do meu partido, numa situação absolutamente lastimável.

A conversa com o presidente Sarney tem alguma coisa curiosa?

BP — Foi muito simpática. Quando ele me convidou, só tinha uma condição: que eu escolhesse um secretário executivo que fosse do Nordeste. Que acabou sendo o Maílson [da Nóbrega, depois ministro da Fazenda].

O Serra perdeu a oportunidade...

BP — Ele estava certo que seria ministro com o Tancredo, e o Tancredo não o convidou. E depois, quando eu fui convidado, ele ficou indignado. De forma que não me deu nenhum apoio no tempo em que eu fui ministro da Fazenda. E eu tinha boas relações com ele.

E o Fernando Henrique?

BP — O Fernando Henrique ficou retraído, mas pouco depois me deu apoio. Eu precisei de apoio. Porque cheguei no governo no meio de uma crise sem tamanho, com a Constituinte andando. Logo recebi a visita de uns dez ou doze deputados que diziam constituir a bancada de economistas do PMDB.

Como foi essa conversa?

BP — Eu disse a eles que estava iniciando um processo de ajuste fiscal. Que isso era absolutamente fundamental. Aí me disseram que não, que essa ideia de ajuste fiscal era conservadora e ortodoxa. Uma bobagem. Eu não sou nem ortodoxo, nem conservador, e acho que ajuste, em certos momentos, é absolutamente necessário. Como era naquela hora e como é hoje, neste momento [2014]. Eles ficaram indignados...

O senhor não se lembra dos nomes?

BP — Não, nenhum dos nomes. E também não tenho nenhuma vontade, eram todos incompetentes, incapazes. E então prepararam um movimento para me expulsar do partido.

Teve isso?

BP — Sim, sério. Aí eu fui falar com o dr. Ulysses. Ele chamou a Maria Conceição Tavares, o Luciano Coutinho e o Celso Furtado [ministro da Cultura], que eram amigos dele, e meus amigos, e disse a eles que conversassem com os deputados e acabassem com aquela história. Mesmo assim, ainda tinha cartaz com "Fora Bresser-Pereira" na convenção do dia 30 de junho. Depois que isso foi superado eu fui convidado para dar um depoimento na Constituinte.[1] Então lá fui, fiz o meu depoimento, em uma sala cheia de gente. Foi ali que o Serra poderia ter me ajudado e não ajudou nada.

A reunião com os deputados da "bancada de economistas" foi tensa?

BP — Não, eu fui amargo com eles, não tinha nenhuma razão para não ser. Eles também não foram agressivos, só contra o ajuste fiscal [risos]. Eu sei quando precisa fazer ajuste, e precisava. Isso era inconcebível para os deputados. Era uma coisa muito primitiva, muito primária. Era uma coisa populista, de segunda categoria.

Então o senhor se concentrou no ministério?

BP — Aqueles sete meses foram uma loucura absoluta em termos de trabalho. O plano contra a inflação [Plano Bresser] não deu certo, o que era de se esperar. Mas eu saí porque o Sarney não me dava apoio para o ajuste fiscal, esse é o motivo fundamental. Ele sempre me deu apoio em relação à negociação da dívida externa. Para o ajuste não. Então ele é um nacionalista, eu acho.

Conte uma cena em que o presidente Sarney foi claramente avesso ao ajuste que o senhor queria fazer.

BP — Houve um momento, por exemplo, em que ele disse: "Eu já fiz todo ajuste fiscal que eu podia fazer, não faço mais." Eu assumi o ministério no comecinho de maio. Uns vinte dias depois eu assisti, gelado, ao pronunciamento em que o Sarney informou à nação que ele ia ficar cinco anos. Eu disse: "Olha, essa decisão do presidente vai contrariar todos os meus amigos do PMDB. O mais importante era o Mário Covas. Mas também o Fernando Henrique, o Serra, o Montoro, que não iam aceitar isso. Ele vai trabalhar o tempo todo para conseguir esses cinco anos, então eu estou frito."

Não esqueçamos que ele tinha direito a seis anos de mandato.

BP — Mas havia um acordo absolutamente claro — não assinado, mas claro — de que o Sarney ficaria quatro anos. Ele próprio falou isso, quando tomou posse.

Esse pronunciamento pelos cinco anos foi uma inteira surpresa para o senhor?

BP — Para mim e para o Brasil.

O presidente não conversou com o senhor antes, mesmo de passagem?

BP — Comigo não. Se ele conversou com outras pessoas eu não sei, deve ter conversado com alguns mais próximos politicamente. Eu sempre me dei muito bem com ele. Ele é uma pessoa amabilíssima.

O que o senhor deduziu do pronunciamento?

BP — Ele teve que fazer o Centrão.

O senhor matou a charada na hora do pronunciamento?

BP — Na hora. "Vai ficar muito difícil", pensei. Logo em seguida, forma-se o Centrão — um esquema altamente populista, em que o Sarney tinha que atender as demandas dos constituintes, contrárias aos ajustes fiscais que eu precisava fazer.

Qual foi o papel do presidente nessa costura que levou ao Centrão?

BP — Ele é um notável costurador político, sempre foi. Foi por acaso que foi presidente da República, mas não tanto. Porque sempre foi um líder político muito importante no Brasil, sempre soube fazer negociações políticas, o tempo todo.

E com o Centrão isso funcionou à perfeição.

BP — O poder do presidente é um poder muito grande, em qualquer hipótese. E o Centrão era uma coisa rigorosamente clientelista. A partir daquele dia, em que anunciou os cinco anos, o Sarney, politicamente, só fez uma coisa: garantir os cinco anos. Tornou-se uma questão não só de mais um ano de poder, mas uma questão de honra política. "Eu não vou perder essa, não vou sair derrotado." E ele ganhou.

Na convenção nacional de 30 de junho de 1987 — onde o senhor viu os cartazes de "Fora Bresser..." —, o PMDB se omitiu clamorosamente de tomar uma posição em relação ao mandato do presidente Sarney. Vale especular: se tivesse batido o martelo nos quatro anos, a história teria sido diferente?

BP — Teria sido muito melhor para o Sarney e para o Brasil. O Sarney terminaria o governo bem. E terminou muito mal. Entregou para o Collor com uma taxa de inflação de 80% no mês. Aquilo era o caos. Quatro anos teriam sido muito melhor pra todos. Os cinco anos foram um erro de cálculo do Sarney, que depois a Constituinte aceitou, com Centrão e tudo o mais.

O senhor tem sido, ao longo desses anos, um firme defensor da Constituição que saiu.

BP — Sou. A Constituição brasileira é muito boa. Claro que tem erros; eu mesmo ajudei a reformá-la quando fui ministro outra vez, na área da administração pública. Porque é evidente que o lobby dos servidores públicos criou um regime único, difícil de administrar.

Foi um lobby pesado.

BP — E funcionou. Constitucionalizaram privilégios. Então, como ministro do Fernando Henrique [da Administração e Reforma do Estado, de 1995 a 1998], fiz a reforma gerencial de 1995, que continua aí, e que é uma beleza. Foi a minha melhor experiência na vida pública. Ajudei a reformar um pouco a Constituição, para melhorá-la. Não acho ruim o fato de ela ter sido reformada várias vezes — já tem um bom número de emendas constitucionais. É bom, mostra que a Constituição é uma coisa viva, e reformável.

É bom lembrar que essas emendas todas — perto de chegar a cem — não tocaram nos pontos essenciais.

BP — Não, no essencial não tocaram, absolutamente. Eu entendo, por exemplo, que a maior contribuição da Constituição aos brasileiros foi o direito universal à saúde. Isso permitiu que fosse criado o SUS [Sistema Único de Saúde]. Totalmente fora da linha, no sentido que, dada a renda per capita, o Brasil nunca poderia ter tido um sistema universal de saúde. Países com renda per capita bem maior não têm. O Brasil tem — com seus problemas, é claro —, mas é uma beleza. Isso deu segurança, foi uma revolução democrática e social da maior importância.

MAÍLSON DA NÓBREGA

Ministro da Fazenda (janeiro de 1988 a março de 1990)

"O poder, na prática, era do Ulysses, não do Sarney."

Por onde o senhor quer começar?

Maílson da Nóbrega — Dizendo, primeiro, que dificilmente seria possível deter a Constituinte. Ela teria que ser feita, havia uma ruptura de uma ditadura para um regime democrático. Ainda que negociada, mas era uma ruptura. A democracia não poderia conviver com uma Constituição autoritária.

Esse é um ponto...

MN — O outro é como ela foi organizada — e aí eu diria que foi nas piores condições. O país tinha perdido o grande líder que havia conduzido o processo de transição, Tancredo Neves. Ninguém, fora ele, teria legitimidade, autoridade e liderança pra fazer uma Constituição minimamente racional. Talvez não tão bem-sucedida como foi o caso da Constituição espanhola.

Em que sentido?

MN — A Espanha contou com elementos que não estavam presentes aqui, incluindo o medo de guerra civil. Lá se nomeou uma comissão de sete representantes dos principais partidos políticos. Quer dizer, as grandes negociações, envolvendo as regiões, o problema basco, a autonomia, os pontos críticos que tinham a ver com a convergência de visões de mundo, de interesses para forjar um país democrático e minimamente viável, foram conduzidas por esses sete. E mais a figura exponencial do primeiro-ministro. Eles fizeram um projeto, depois examinado por uma comissão de 30 e poucos representantes, e só depois foi a plenário, que podia rejeitar ou aprovar. E, depois que foi aprovada, foi submetida a um referendo que concluiu o processo de legitimação. Aqui nós resolvemos partir do nada.

Havia o projeto da Comissão dos Notáveis, prontinho, que o dr. Ulysses não quis encaminhar como ponto de partida. Teria sido melhor?

MN — O melhor teria sido organizar uma comissão do Congresso pra fazer a Constituição.

Do próprio Congresso, não a dos notáveis?

MN — Do próprio Congresso. Aquela era uma comissão de pessoas muito bem-intencionadas, grande parte intelectuais respeitados. Você não tem exemplo no mundo, pelo menos que eu conheça, de que alguém forma um grupo de intelectuais e produz um projeto de Constituição. As constituições, desde a americana, nasceram dentro de assembleias constituintes. O melhor, para o Brasil, teria sido uma comissão do Congresso.

Por que não foi assim?

MN — Porque havia um déficit de liderança inequívoco no Poder Executivo — e o Sarney reconhece isso. A presidência caiu no colo do Sarney; de uma hora pra outra ele se viu presidente da República. Ele herda, inclusive, o ministério inteiro, não nomeou ninguém. Imagina um presidente da República que não nomeia o seu ministério.

E havia o dr. Ulysses também.

MN — Foi o outro líder que conduziu o processo de negociação que resultou no fim do regime militar. Ulysses era um tríplice líder, da Constituinte, do Congresso e do PMDB, além de vice-presidente da República. O poder, na prática, era do Ulysses, não do Sarney. Por outro lado, a ideia dominante do Congresso era garantir que os militares nunca mais voltassem ao poder. A outra era fazer o chamado resgate da dívida social. Que foi uma jogada de marketing político muito bem engendrada, muito popular. Mas era vazia de conteúdo, não fazia o menor sentido.

Mas funcionou.

MN — Funcionou. Essa ideia tinha apoio em certa realidade, que era a concentração de renda. O Brasil tinha concentrado renda de maneira inaceitável — resultado de todo o processo de intervenção do Estado na economia, da inflação, do relativo desprezo pela educação. No Brasil, havia uma ideia, professada em vários círculos do governo e até nas universidades, de que a educação seria um subproduto do desenvolvimento. Portanto, se você conduz o país para se desenvolver, a educação naturalmente vai ficar melhor. Hoje se sabe que é o inverso. O resgate da dívida social não podia ser feito à custa do gasto público, mas foi essa a ideia que prevaleceu: que o Estado tem o poder de resolver todos os problemas.

Quando a Constituinte começou, em fevereiro de 1987, o senhor estava em Londres, trabalhando em um banco, por designação do Banco do Brasil. Como acompanhou essa discussão?

MN — Muito por alto. Mas eu lia todos os dias os jornais do Brasil. Com três dias de defasagem, mas eu lia. Naquela época não tinha internet e os jornais brasileiros chegavam pela Varig, dois ou três dias depois.

Como é que o senhor voltou para o Brasil e foi parar no governo Sarney?

MN — Com o fracasso do Plano Cruzado, o Sarney demitiu o Funaro, ou o Funaro pediu demissão, sei lá. E o Sarney anunciou o Tasso Jereissati como ministro da Fazenda. Ele era governador do Ceará, foi consultado e aceitou. Mas o Ulysses rejeitou publicamente esse ato do Sarney, o que é uma coisa inacreditável. E o Sarney, avaliando muito bem a sua força política, aceitou o ultimato do Ulysses e desfez o convite.

Hoje é quase impossível acreditar nisso.

MN — É inacreditável. O Sarney tinha uma ideia, que é muito comum entre os políticos, de que se você tiver um ministro da Fazenda você faz milagres. Como ele tinha um compromisso de desenvolver o Nordeste, nada melhor do que nomear um ministro da Fazenda nordestino [de Cruz do Espírito Santo, na Paraíba]. Aí o Sarney se reuniu com o Ulysses, "Está bem, desfiz o convite", não sei se foi nesses termos. "Você tem um candidato?" O Ulysses: "Tenho, é o Bresser-Pereira." O Sarney disse: "Está bem, eu gostaria que o secretário-geral fosse nordestino." O Ulysses não entendia bem daquilo, eu acho, e concordou. Ao que se comenta, o Bresser já tinha escolhido o secretário-geral, que era o [Yoshiaki] Nakano [secretário especial de Assuntos Econômicos do Ministério da Fazenda de 1987 a 1988], da Fundação Getulio Vargas.

O nordestino era o senhor?

MN — Não. O Sarney deu para o Bresser uma lista com quinze nomes de nordestinos, que eu vi depois. Todos economistas, engenheiros, pessoas muito qualificadas. Um estava no Banco do Nordeste, outro na Sudene [Superintendência do Desenvolvimento do Nordeste], outro em Brasília. O Bresser não conhecia nenhuma dessas pessoas. Foi quando o Nakano se lembrou de mim e disse: "Ô, Bresser, eu acho que o Maílson é nordestino."

O senhor já conhecia os dois?

MN — Já, de quando eles eram, respectivamente, presidente e diretor do Banespa. Foi na época em que o Brasil quebrou e o Banespa ficou encalacrado com um monte de crédito na Sabesp [Companhia de Saneamento Básico do Estado de São Paulo], na Fepasa [Ferrovia Paulista S.A.], na Eletropaulo [Eletropaulo Metropolitana Eletricidade de São Paulo S.A.]. E eu era, no Ministério da Fazenda, o responsável pela coordenação da negociação de dívidas estatais e estaduais. Tive várias reuniões com o Bresser e com o Nakano.

O senhor já conhecia o presidente Sarney?

MN — O Sarney me conhecia, porque eu era secretário-geral do [Ernane] Galvêas [Ministro da Fazenda de 1980 a 1985] e interlocutor dele quando era o líder do PDS no Senado. A Roseana [Sarney] era a representante do Maranhão em Brasília, onde tinha o escritório do estado. E eu recebia muito o Sarney e a Roseana, conversava muito com eles quando eles precisavam de um dado para defender o governo ou coisa assim. Aí eu virei secretário-geral do Bresser. Quando eu cheguei, de Londres, no começo de maio de 1987, a Constituinte já estava trabalhando.

Era exatamente o final dos trabalhos das 24 comissões temáticas.

MN — Exatamente. E logo depois teve o primeiro projeto, o A,[1] preparado pelo Bernardo Cabral.

O "Frankenstein", como ficou conhecido.

MN — Aí o Bresser me incumbiu de liderar um grupo pra examinar os impactos que aquele projeto traria, nas finanças e na política econômica. Então nós montamos uma equipe com gente do Tesouro, da Receita Federal, da Procuradoria, da Fazenda Nacional, e preparamos um documento com cinquenta observações sobre o texto do projeto A.

Que tipo de observações?

MN — Eram cinquenta pontos da Constituição em que nós identificávamos equívocos, riscos, inconvenientes e tudo mais. Aí o Bresser falou com o Ulysses: "O Bernardo vai aí." Então marcamos a reunião e ficamos uma tarde com o deputado Bernardo Cabral.

Do que é que o senhor lembra?

MN — De tudo. Nós fomos explicando cada ponto, sobre taxa de juros, sobre previdência, sobre vinculação de recursos à educação, um monte de coisa. O Bernardo foi concordando com tudo. "Claro, como é que não vimos isso?" Ele só discordou de um ponto: tirar o prazo do benefício fiscal da Zona Franca de Manaus, que ele tinha posto como de quinze anos.

Disso ele não abriu mão?

MN — "Isso vocês hão de convir que eu não posso abrir mão. Eu sou deputado da região..." De cinquenta a gente perdeu um, estava ótimo. Nos despedimos e eu fui para a sala do ministro, que estava com o [José] Serra. Eu estava eufórico: "Ministro, salvamos o país, o deputado Bernardo Cabral concordou com todos os nossos pontos, exceto um, que é o da Zona Franca de Manaus." Então o Serra disse: "Vocês estão acreditando nisso? Vocês estão acreditando que o Bernardo Cabral vai alterar o projeto na linha de vocês?" "E por que não?", perguntei. "Porque ele sai daqui, vai pra outra reunião, vai concordar com coisas exatamente opostas às que vocês disseram pra ele" [risos]. E não deu outra. O Bernardo Cabral não absorveu uma única sugestão nossa, nenhuma, não mudou uma vírgula do que a gente tinha criticado.

E como fizeram para emplacar as sugestões?

MN — Tentamos ganhar no Plenário. Reforçamos a assessoria parlamentar que o Ministério tinha lá. A pressão vinha de fora, também. Os empresários nos alertavam: "Olha, tão aprovando jornada de trabalho de 44 horas." E aí nós fomos perdendo uma matéria em cima da outra. Uma delas, incrível, é que eles aprovaram um dispositivo estabelecendo que acordos com o FMI tinham que ser aprovados pelo Congresso.[2] É uma maluquice completa, em canto nenhum tem isso. Quer dizer, o Congresso aprova os acordos constitutivos com o Fundo Monetário, ok. Mas as negociações são feitas pelo Poder Executivo. Senão não dá certo. Só não ficou pior porque, já na Comissão de Redação, o Heráclito Cid de Queiroz, procurador-geral da Fazenda Nacional, conseguiu que alterassem o texto.

Incrível, por incrível, houve, também, a aprovação do limite de juros em 12%, proposta pelo Fernando Gasparian.

MN — Essa, mais do que incrível, é inacreditável. Um disparate.

O senhor escreveu, na época: "O melhor é eliminar o limite, deixando para trás o mau momento da Constituinte, quando empresários fracassados, e oportunistas, e cidadãos bem-intencionados, mas desinformados, e investidos de mandato popular, perpetraram as barbaridades."

MN — A outra coisa incrível é a anistia das dívidas...

O senhor contou, em um artigo, que um dia recebeu, no Ministério da Fazenda, para falar sobre essa anistia, "dois ilustres membros" da Constituinte. Lembra quem eram?

MN — Um era o Humberto Souto (PFL-MG), que depois foi ministro do Tribunal de Contas. O outro eu não me lembro, era um nome italiano.

Eles queriam, segundo o artigo, a sua opinião "sobre a proposta de incluir na Constituição uma norma para conceder anistia da dívida bancária dos agricultores". Como é que foi essa conversa?

MN — A ideia era uma disposição constitucional que dissesse "os agricultores não precisam pagar sua dívida". Eu falei: "Isso é inadmissível, vai ser um custo enorme para o país, com impactos terríveis para a própria agricultura. Quem é que vai emprestar sabendo que o Congresso pode cancelar as dívidas?"

E eles?

MN — Eles disseram, não sei se com essas palavras, "Ministro, não viemos aqui para que o senhor nos dissesse o que vai acontecer, nós viemos aqui para dizer que vamos aprovar. Se prepare, porque vamos aprovar." Eu considerei uma insolência, uma arrogância, mas achei que eles estavam blefando, que era tão absurdo que não era possível que fosse aprovado. Mas foi. Não tivemos a capacidade de avaliar que aquela proposta fazia convergir muitos interesses. Grande parte dos deputados era agricultor e devia, sem contar a pressão de toda a sorte das próprias lideranças rurais. Um detalhe muito interessante é que quem evitou um desastre maior foi um deputado do Partido Comunista.

O Roberto Freire, que tem muito orgulho desse momento.

MN — Ele apresentou uma emenda de última hora, que restringia o benefício aos pequenos produtores.

Ele conta que só apresentou a emenda — um destaque de votação em separado (DVS) — depois que o pessoal da UDR [União Democrática Ruralista], achando que já estava resolvido, saiu do Plenário. Passou até por um corredor polonês, depois, mas, por sorte, não aconteceu nada mais sério.

MN — Esse foi o DVS salvador. Mas teve o DVS desastroso, que foi o do [deputado federal pelo PMDB] Fernando Gasparian, com os 12% de juros. O Gasparian tinha aquilo como obsessão. Alguém me deu uma explicação, não sei se verdadeira: a de que ele quebrou, como empresário, e achou que era culpa dos bancos. Vendeu essa ideia na Constituinte. Eu só tenho uma explicação: foi com uma revolta dos devedores, porque quase todos ali tinham dívida em banco. Essa é a maior barbaridade da Constituição de 1988. E com um alto grau de ignorância: imaginar que você pode tabelar a taxa de juro real é a coisa mais ridícula já aprovada sobre taxa de juro em toda história. Nem os escolásticos da Idade Média tinham pensado nisso.

Como é que ninguém conseguiu convencê-lo de voltar atrás, de retirar a proposta?

MN — Porque a Constituinte era uma festa. Festa cívica. Você estava ali pra acabar com as injustiças, para vencer os poderosos. Nada mais representativo dos poderosos do que banqueiro. Se você fizer uma pesquisa hoje, na Europa, o banqueiro deve estar lá embaixo, em popularidade. Segundo uma pesquisa, no final do século XIX, em pleno esplendor do capitalismo britânico, os banqueiros só foram mais impopulares que as prostitutas. A prostituta era a última, [o banqueiro] era o penúltimo. Era um pouco disso, as pessoas se emocionavam, e o bom discurso, o apelo, a demagogia, a mistificação, tudo isso arrastava todo mundo. O que é uma ignorância elementar do papel dos bancos.

Na fase inicial — a Comissão do Sistema Tributário, Orçamento e Finanças, presidida pelo Dornelles, com o Serra de relator —, a proposta do Gasparian não foi aprovada.

MN — O Serra convidava especialistas para o apartamento dele, para discutir as propostas e ajudá-lo a esquadrinhar esses dispositivos. Eu fui algumas noites. A gente reclamava muito, porque saía de lá às 3 da manhã. Eu tinha que estar às 8 horas no ministério e ele acordava meio-dia. O Serra teve uma grande capacidade de domar aquele monte de bobagem, incluindo essa. Mas no final o Gasparian entrou com o DVS e acabou aprovando.

Como eram essas reuniões no apartamento do Serra?

MN — O Serra pegou todos os especialistas, eu inclusive. Eu redigi alguns dispositivos da Constituição para o Serra avaliar. Ele absorvia alguma coisa. Mas eu me lembro de uma proposta que passou intacta e que foi ideia minha: o Banco Central não podia financiar o Tesouro.

Como o senhor avalia a participação do Serra?

MN — O Serra operou três milagres, entre os vários que ele domou. Um foi não incluir os 12% no relatório final dele. Outro foi acabar com a proposta de orçamento regionalizado — um grande absurdo. O terceiro, que é um grande milagre, foi encontrar uma maneira de reestabelecer limites no poder do Congresso de emendar o orçamento. Pode ser emendado, mas mediante a anulação de outra despesa, entre outras condições.

Como ministro da Fazenda, o senhor viu de perto a atuação do presidente Sarney durante a Constituinte. Como a avalia?

MN — O grande problema era que o presidente não tinha liderança para articular uma ação de racionalização do processo e evitar as barbaridades que estavam sendo construídas.

Mas passou a ter algum controle, não? Tanto que virou a mesa, com a articulação do Centrão.

MN — Não. Eu diria que aquela foi uma reação interna do Congresso, que evidentemente contou com a simpatia do governo. O [Ricardo] Fiuza, o Delfim [Neto], o Roberto Campos. Na sua autobiografia [Campos], *A lanterna na popa*, ele chama esses grupos de "vanguarda do atraso". Diga-se que os deputados sofriam pressões, inclusive de uma parte importante do empresariado. Não esqueçamos que o Brasil construiu um sistema capitalista que é caracterizado, na literatura, como capitalismo de compadres. A abertura da economia é vista como uma ameaça por vários segmentos da economia, e com razão. Individualmente, muitos vão sobrar. Mas o que está em jogo é a sociedade, é o interesse do país, é o desenvolvimento. Senão você congela o país, não inova. Esses grupos todos fizeram pressão, sem contar os sindicalistas e os outros interesses corporativos. Era uma luta desigual, entre lobbies muito articulados, muito poderosos, com mensagens fáceis de entender e apoiar, embora equivocadas, e um governo politicamente fraco e gerenciando uma crise.

A discussão sobre o tamanho do mandato do presidente e o sistema de governo, presidencialismo ou parlamentarismo, amarrou a Constituinte o tempo todo. Ele falava com o senhor sobre isso?

MN — Nunca conversei com ele especificamente sobre isso, mas sobre as consequências, sim. Ele imaginava que, cedendo um ano, já que tinha seis, ficaria meio a meio e todo mundo iria concordar. Esse foi o cálculo que ele fez. Mas, conforme o tempo foi passando, foi ficando claro que ele corria o risco de só ter quatro anos. Lá na Fazenda a gente também achava que era muito ruim acabar o mandato um ou até dois anos antes do que estava previsto. Um dos argumentos é que nós estávamos no meio de uma difícil negociação da dívida externa com os países e com os bancos.

Como essas preocupações chegavam na Constituinte?

MN — Eu deixei isso muito claro nas reuniões que tive, por exemplo, com o ministro [Paulo] Brossard, da Justiça. Ele e o Saulo Ramos [consultor--geral] se encarregavam de fazer as articulações. Uma vez ele reuniu alguns líderes [da Constituinte] no Ministério da Justiça e eu fiz uma exposição sobre os custos que aquelas propostas podiam gerar.

Essa movimentação ficou registrada na imprensa: "Maílson e Constituintes estudam opção a anistia. Os líderes do governo da frente liberal na Câmara e Senado almoçam na próxima terça-feira com o Ministro da Fazenda Maílson da Nóbrega. Durante o encontro o ministro e parlamentares tentarão encontrar uma fórmula política que sirva como alternativa em substituição a emenda que anistia as dívidas de crédito rural de micro, pequenas e médias empresas."[3]

MN — Tem o nome dos deputados?

"O deputado José Lourenço, líder do PFL na Câmara, disse ontem..."

MN — Quem fez a proposta da anistia? Diz aí?

A proposta foi do senador Mansueto de Lavor, do PMDB de Pernambuco. "O deputado Zé Lourenço, líder do PFL na Câmara, disse ontem que acredita que a proposta de autoria do senador Mansueto de Lavor venha a ser aprovada, e em virtude disso acha que poderá ocorrer um rombo de 700 milhões de cruzados no sistema bancário, principalmente dos bancos estatais, federais e estaduais, com o não pagamento dessas dívidas".

MN — O Zé Lourenço foi um cara importante na Constituinte. Evitou muita bobagem.

Para usar a linguagem da época, era a direita brava.

MN — Era muito destemido.

Depois que a Comissão de Sistematização aprovou o "Frankenstein", *Veja* publicou um artigo seu,[4] ainda secretário-geral do Ministério da Fazenda, que deixou parte de Constituinte revoltada. Dizia, em resumo, que "o sistema tributário da nova Constituição, se aprovadas as propostas fiscais em seu texto, prejudicará os estados mais pobres".

MN — Esse título não foi meu. Foi do editor de economia da *Veja*, o Antônio Machado, que era uma figuraça.

"Constituintes pedem demissão de Maílson da Nóbrega", diz uma das notícias.

MN — Fui considerado *persona non grata*.

E não por pouca gente: "292 parlamentares, 52% do total, assinaram ontem uma nota de repúdio aos argumentos do secretário-geral do Ministério da Fazenda, Maílson da Nóbrega."

MN — O líder desse negócio era um deputado lá de Alagoas, Alberico Cordeiro.

Tinha outro Alberico, Filho, do Maranhão, primo do Sarney. Não foi esse?

MN — Não. Foi o de Alagoas. Ele é que foi o articulador do manifesto.

O artigo é um resumo desse estudo que vocês tinham feito — e que o Cabral ignorou?

MN — Isso. Só que o ministro Bresser me levou para uma reunião com o Ulysses, o Celso Furtado [ministro da Cultura], Ronaldo Costa Couto [chefe da Casa Civil], o Richa, o Serra, o Dornelles. O Bresser mostrou meu estudo — que era meio contundente, sobre os efeitos daquelas medidas, que o Serra e o Dornelles conheciam muito bem também. "Como é que faz para reduzir o impacto disso aí?" E aí nós respondemos: "Olha, se vai transferir a receita [para estados e municípios] tem que transferir a responsabilidade também." Nesse dia designaram a mim e ao [José] Richa para redigir uma emenda, determinando o processo de descentralização da despesa. Só que a gente se reuniu umas três vezes e não encontrou uma solução.

Onde eram essas suas reuniões com Richa?

MN — Era no gabinete dele, lá no Senado.

Ou seja: o senhor, secretário-geral do Ministério da Fazenda, estava envolvido nisso até o limite. Redigiu até artigo que acabou ficando.

MN — Muito envolvido, desde o começo. Chegou um dia, diante do impasse, que o Bresser sugeriu: "Olha, Maílson, eu sugiro a você pegar esse estudo e transformar num artigo, num veículo de grande circulação." E o que me veio à ideia foi a *Veja*, que tinha uma página final chamada "Ponto de vista". Então mandei pro Machado, com um título mais técnico do que o título que ele deu.

E qual foi a repercussão?

MN — *Veja* chegava em Brasília no domingo, cedo. Vi que o título mudara e me preparei para a confusão. Não deu outra. No mesmo dia, o presidente me ligou: "Dr. Maílson, o pessoal está aborrecido com o senhor." Eu falei: "Olha, presidente, o senhor conhece esse estudo..." O Sarney conhecia, porque o Bresser me pediu para mostrar a ele, e eu mostrei. O detalhe, interessante, é que o Sarney estava a favor daquelas alterações, achando que seria uma grande contribuição dele para o Nordeste. O Carlos Sant'Anna, líder do governo na Constituinte [e depois ministro da Saúde], era líder desse movimento de redenção do Nordeste, via fundo de participação. Ele mesmo me disse, nas reuniões que tivemos: "Olha, dr. Maílson, nós estamos fazendo isso porque o presidente nos apoiou e mandou ir em frente." E o Sarney nunca me disse isso.

O senhor está cansado de escrever o que a Constituição tem de ruim. O que é que ela tem de bom?

MN — A construção das instituições da democracia. O fortalecimento do Ministério Público, do Judiciário — com alguns exageros também, porque a Constituição chegou ao ponto de determinar onde moraria o juiz.[5] O capítulo do meio ambiente é muito bom. O capítulo orçamentário, texto do Serra e do Dornelles, também é muito bom.

Na questão da democracia o senhor está incluindo os direitos sociais?

MN — Sim, mas com alguns exageros. O capítulo dos direitos trabalhistas, por exemplo, tem dispositivos que antes constavam de portaria ministerial. E passaram a ser mandamento constitucional.

E o lado ruim?

MN — Ela criou um estado social europeu num país que ainda não tinha condições para isso. Aumentou a rigidez do orçamento da União, dificultando a gestão da política fiscal. Entre as coisas incríveis está o art. 144, que inacreditavelmente detalhou cinco tipos de polícia.[6] Foi uma Constituinte muito guiada por uma frente com uma visão socialista, eu diria.

No meio da Constituinte, a direita e o centro se uniram, mudaram o regimento e as regras do jogo, aprovaram algumas teses — mas, no geral, acabou ficando uma Constituição à esquerda. Como é que se explica?

MN — A direita, na Constituinte, evitou o pior, desbastou a maioria das barbaridades. Mas a visão da esquerda prevaleceu. No art. 170, por exemplo, que trata da ordem econômica, o inciso I é a soberania nacional.[7] Eu brincava: "Olha a Constituição; por ela a gente morre pobre, mas soberano" [risos]. No mesmo artigo, a busca do pleno emprego é apenas a oitava prioridade.

E no aspecto estritamente econômico?

MN — Se não tivesse surgido o Centrão, teria sido um desastre. Com todas essas gozações que fazem — coisa da direita, etc. —, o Centrão evitou o pior

Relatores

BERNARDO CABRAL

Senador pelo PMDB do Amazonas e relator
da Comissão de Sistematização

"O que o Centrão fez foi pulverizar o comando, na mão de dois ou três."

Dia desses, em uma palestra sobre a Constituinte no Instituto de Direito do ministro Gilmar Mendes, o ex-governador José Serra criticou fortemente a sua escolha como relator da Comissão de Sistematização da Constituinte. Está no YouTube, depois o senhor assiste. Ele disse que não precisava ter tido votação, era só ter indicado o Fernando Henrique — e que acabou entrando "aquele tal de Bernardo Cabral que não entende nada disso, não entende nada daquilo". É uma queimada boa.

Bernardo Cabral — Boa, boa, e olha que nós fomos senadores juntos. São Paulo nunca engoliu que um cara do Norte fosse ser relator da comissão. É só isso.

É fato que Covas, líder do PMDB na Constituinte, a quem cabia a indicação dos relatores, podia simplesmente ter colocado o Fernando Henrique na Comissão de Sistematização, sem necessidade de votação?

BC — O regimento não tinha nada, absolutamente nada, que dissesse que era ele que ia escolher.

Mas também não tinha que dissesse que não era. Tanto prova que ele escolheu os relatores das demais comissões.

BC — Acontece que na Comissão de Sistematização o PFL já tinha pedido a presidência para o Affonso Arinos. Faltava o relator.

E por que ele não indicou o senhor?

BC — O candidato do Mário era um — e devia ser o do senado. O do Pimenta da Veiga [deputado federal de 1978 a 1988 pelo MDB/PMDB] também queria e eu entrei reclamando. Então eles deixaram que a bancada decidisse. Foi um negócio democrático. E eu não ameaçava. Por isso deixaram: "Ele não tem condição de derrotar nenhum de nós dois [Pimenta e Fernando Henrique]. O negócio vai ser entre nós." E aí é que eles perderam.

Por que o senhor queria ser relator?

BC — Eu fui presidente da OAB e professor de Direito Constitucional. Já falava de Constituinte em 1983, na IX Conferência Nacional da OAB. Leia o meu discurso lá. Então eu entendia alguma coisinha. Podia ajudar a escrever a Constituição. Eu quero olhar no espelho e ter a certeza de que não estou enganando ninguém. Ninguém chega a primeiro lugar da sua turma sendo um analfabeto. Já me rotularam de tudo, mas eu nunca liguei pra isso.

O senhor podia ter pleiteado a relatoria de outra comissão — que não fosse a mais importante.

BC — Não pleiteei nada. Por que eu ia pleitear ser relator de uma comissão temática se eu estava notando que em Plenário eu poderia ter outra atuação? Até porque eu sabia dizer boas palavras, eu tinha vencido um concurso universitário de oratória. Eu sabia expor, fui orador da minha turma, eu sabia conduzir. Mas não tive nenhuma ambição de ser relator de nada, muito menos da Comissão de Sistematização, que acabou sendo a relatoria geral.

O senhor nunca soube por que o Covas não designou o Fernando Henrique, como havia sido combinado entre eles?

BC — Não, eu não sabia de nada. O que me incomodou foi a forma como estavam sendo escolhidos os relatores. Um já era ungido porque o fulano de tal queria, o outro era ungido de sicrano. Só que os ungidos eram pessoas da maior categoria; você não pode discordar que o Fernando Henrique Cardoso é um homem preparado. Mas é um sociólogo, nunca advogou, nunca sentiu na pele o que é uma disputa de foro. O Pimenta da Veiga também não. Mas eu sim.

O Serra, na mesma palestra que já citei, remete os ouvintes curiosos sobre quem é o senhor para o livro do Saulo Ramos, *O código da vida*, onde o senhor está muito mal na foto. Na época da Constituinte, o Saulo Ramos era consultor-geral do governo Sarney. Disse o Serra: "O Bernardo? Não preciso ficar dizendo não, é só pegar o livro do Saulo, tá tudo lá no livro do Saulo." O que está no livro do Saulo é que o senhor pediu a ele, de forma humilhante, que o ajudasse a ser o relator da Constituinte. "Se eu for o relator, Saulo, é a mesma coisa que você ser o relator."

BC [entregando cópias de um artigo de Carlos Chagas, na *Tribuna da Imprensa*, de 24 de julho de 2007, e de um artigo de Vicente Limongi Netto, de agosto de 2007] — Eu quero que você leia isso.

[Lendo] [Chagas transcreve uma carta de Cabral qualificando as afirmações de Saulo Ramos como "grosserias e inverdades"; Limongi Netto, em defesa de Cabral, chama Ramos de "farolento e torpe"] — Aqui o senhor está dando uma resposta genérica...

BC — Genérica não, eu estou dizendo que ele é um mentiroso. Que nunca houve isso. Eu li que ele disse isso na coluna do Carlos Chagas, eu não li o livro.

Por que o Saulo Ramos lhe fez uma acusação tão grave?

BC — O Saulo fez uma diatribe terrível contra a Constituinte. Em artigo que escrevi em fevereiro de 1988 eu o critiquei fortemente por essas críticas, que chamei de "ataques tão soezes quão improcedentes". Ele nunca respondeu. Disse mais: "Destaco, por oportuno, que o senhor Saulo Ramos não dispunha da menor autoridade na Assembleia Nacional Constituinte, não passando de mero titular de cargo comissionado, e portanto demissível." Não li o livro e não perderei tempo em fazê-lo, mas gostaria de saber se ele conta o seu desempenho, como consultor da República, no caso que ficou sobejamente conhecido como Operação Patrícia e que até hoje ecoa nas algibeiras dos exportadores de café.

Qual foi a posição do presidente Sarney nesse período todo?

BC — Se atribui muito a ele, que ele foi o grande condutor da transição. E fazem uma injustiça ao Ulysses. Na Constituinte, o Ulysses foi maior que o Sarney. O Ulysses foi o ponto central para a reconstituição da nossa democracia. Em julho de 1988, corria nos bastidores que a Constituinte ia ser fechada. E o Ulysses produziu um discurso fantástico dizendo "Nós não viemos aqui para ter medo, nós viemos aqui para fazer uma Constituição".

A Constituinte começou parlamentarista — regime que o senhor defendia — e depois ficou presidencialista. Como foi esse embate?

BC — Eu trabalhei pelo parlamentarismo na Comissão de Sistematização, nós aprovamos. Quando derrubaram, e ficou o presidencialismo por uma emenda do [senador] Humberto Lucena, eu disse a ele que precisava tirar o artigo da medida provisória, mais afeito ao parlamentarismo. Então não fui eu o culpado por ter ficado, como já foi dito. Eu chamei a atenção, para tirarem, porque iam dar ao presidente da República mais poder do que qualquer ditador da nossa revolução.

O senhor já disse, em uma entrevista para a TV Câmara, que, com a medida provisória, "O presidente vai se tornar um ditador pior que o militar. Vai se tornar assassino do Poder Legislativo".

BC — Não lembro se as palavras foram essas, mas o sentido foi esse. Uma vez me perguntaram, em outra entrevista, como poderia corrigir os problemas da medida provisória. "Extirpando da Constituição", eu disse. Não tem outro jeito.

O senhor defendia quatro ou cinco anos de mandato?

BC — Quatro teria sido melhor.

O mandato de Sarney era de seis.

BC — Mas foi ele que concordou com o encurtamento para cinco anos. A Constituinte não queria os cinco anos, queria quatro, como seria melhor. Quatro anos não dá desgaste a um presidente da República, se ele quiser realmente exercitar o seu mandato voltado para a administração.

Se prevalecessem os quatro anos, tinha clima para um golpe?

BC — Não haveria golpe. O país suportaria tranquilamente. Nós estávamos saindo de uma excepcionalidade para um reordenamento constitucional. O general Leônidas [Pires Gonçalves], tendo sido o fator de segurança do Sarney, foi a garantia de que não haveria golpe. Falam do Leônidas, mas ele foi um democrata, um legalista.

O senhor disse que o dr. Ulysses foi maior que o Sarney na Constituinte. Mas o que se viu foi o Sarney dar nó em trilho, articulando o Centrão, mudando o regimento e virando a mesa pelos cinco anos, pelo presidencialismo...

BC — Não sei se foi o Sarney que instruiu o Centrão. Faz-se injustiça ao Centrão. O que o Centrão fez foi tirar de duas ou três lideranças o comando da Constituinte. Ele pulverizou esse comando, para que todos participassem.

Como o senhor explica o surgimento do Centrão?

BC — Em 1987, o mundo tinha uma dicotomia. De um lado, o regime capitalista, de outro, um regime comunista, com a URSS. Havia o medo de que a Constituinte pudesse caminhar para o lado comunista. Essas duas correntes se bateram, essa é que é a grande verdade. Nenhuma dessas correntes tinha força para impor os seus desejos na Constituinte. Nem a esquerda, nem a direita. E aí se caminhou para um acordo, para as composições. Quando não era possível, acontecia o que chamamos de "buraco negro" — um impasse de complicada solução.

Qual era a saída?

BC — Colocar "Na forma da lei". Não tinha outro caminho.

A Constituinte teve dezenas de lobbies, de muitos interesses. O senhor recebia esses grupos, como relator?

BC — Eu não recebi nenhum grupo ligado a fumo, ligado a bebida. Não recebia mesmo. Não recebia lobby. Mas eles transitavam pelos corredores, lobby do Ministério Público, do Judiciário...

Diz uma matéria de *O Globo*, em 2 de julho de 1987, quando a Constituinte estava no quarto mês de operação: "Depois de dez dias consecutivos de trabalho, dormindo em média 3 horas diárias, o relator da Comissão de Sistematização Bernardo Cabral foi ontem ao Hospital de Base de Brasília para ouvir o seguinte diagnóstico: está com estresse causado pelo cansaço e tensões acumuladas pelo período."[1] E por aí vai.

BC — Eu fui para São Paulo, ao Instituto do Coração. Me viraram do avesso. Eu estava estressado, com 22 por 12 de pressão. Essas foram as grandes coisas que eu ganhei na Constituinte. Meu pai me disse, quando eu deixei o primeiro cargo, de secretário estadual da Justiça, com 26 anos: "Meu filho a grande vantagem para um homem igual a você é carregar consigo as cicatrizes orgulhosas do dever cumprido." É a única coisa que eu carrego. Eu não tenho uma banca de advocacia milionária; aos 82 anos eu presto uma consultoria na Confederação do Comércio, porque tenho que sustentar a família. Eu carrego comigo as cicatrizes orgulhosas do dever cumprido. Podem anarquizar, podem dizer o que quiserem, mas a Constituição está aí. Nunca dela tirei nenhum proveito. Podia ter concluído quatro volumes de comentários do relator, mas desisti de publicar, pra não ganhar dinheiro com isso.

Quatro volumes dizendo o quê?

BC — Todo o trabalho. Comentando a Constituição. Quanto seria o ganho de um troço desses, comentado pelo relator?

Em plena Constituinte, o *Jornal do Brasil* publicou uma denúncia contra o senhor, que era o relator, sobre isenção completa de impostos para o setor de ônibus,[2] dizendo que estava fazendo lobby para os empresários de transportes do Rio de Janeiro. No final da matéria o senhor diz que não tem a menor ideia de como aquilo foi parar na Constituição e que iria tomar providências para retirar aquela emenda.

BC — Nem lembrava disso. Toda noite nós íamos para o Prodasen [Secretaria Especial de Informática], onde eu me instalei, com os sub-relatores. Nós tínhamos um assessor que era um craque em informática — então ainda uma novidade. Tinha dias em que ele descobria que tinham introduzido outras coisas no texto da Constituinte. Coisas terríveis: negócio de navegação, cabotagem, empresas, capital estrangeiro.

Mas como isso era possível?

BC — Eu não sei. Hoje tem os hackers, que entram no sistema. Deve ter sido alguma coisa parecida. Mas a gente descobria e revisava.

A Constituinte também tinha seu lado mundano, festeiro. O senhor era do ramo? Ia, por exemplo, às festas do deputado amazonense Ézio Ferreira, seu conterrâneo?

BC — Eu só fui uma vez, num jantar, mas só tinha gente boa, inclusive o Sarney. Eu nunca fui desse lado mundano. Eu tinha 17 anos e tinha um irmão com 27. E meu irmão foi barbaramente assassinado numa festa. Isso me marcou muito, não gosto nem de relembrar isso.

Como era o seu dia a dia na Constituinte?

BC — Eu não saía de Brasília. Morava com minha mulher e meu filho, que era pequeno. Repito: eu carrego comigo as cicatrizes orgulhosas do dever cumprido. A minha parte eu fiz.

CARLOS EDUARDO MOSCONI

Deputado federal pelo PMDB de Minas Gerais e relator da Subcomissão de Saúde, Seguridade e Meio Ambiente

"Fui até ameaçado, mas criamos um sistema de saúde universal."

Como é que o senhor virou relator da subcomissão de Saúde, Seguridade e Meio Ambiente — posição bastante disputada?[1]

Carlos Mosconi — Foi uma escolha do Covas. Quem disputou comigo foi o Jorge Uequed, do Rio Grande do Sul.

Por que o senhor ganhou?

CM — Opção do Covas. Além de médico, eu já tinha experiência administrativa, como secretário de Saúde do Distrito Federal, na gestão do José Aparecido [de Oliveira, governador do Distrito Federal de 1985 a 1988].

Uma espécie de conexão mineira, que funcionou.

CM — Teve. Minas entrou na dança. O Covas também sabia que eu estava muito ligado à área de saúde, desde antes da VIII Conferência Nacional,[2] com boa relação com o pessoal de São Paulo. Cheguei a participar do grupo que elaborou o plano de saúde para o Tancredo. Eu não pedi para ser o relator, nem nada. Apenas o meu nome estava lá, eu achei bom e fui escolhido.

E aí começou...

CM — Ninguém sabia no que ia dar.

Algumas subcomissões, como a sua, fizeram viagens pelo Brasil...

CM — Na área do meio ambiente, com o Fábio Feldmann, que foi fundamental. Fomos para o Pantanal, no Mato Grosso, para Angra dos Reis, no Rio, e também para o Vale do Ribeira, em São Paulo. Nessa, na altura de Cananeia, o nosso ônibus virou.

Quem estava?

CM — Eu, o Fábio Feldmann, o Geraldo Alckmin, o Raimundo Bezerra e outros. Tivemos que sair pela janela. E eu quase não consigo sair, porque já era gordinho [risos]. Mas foi só o susto mesmo, ninguém se machucou. Em Angra também teve um incidente.

Qual foi?

CM — Nós fomos ver a questão da segurança da usina nuclear, que tinha uma boa fama. Mas nós vimos um troço, alguma coisa que quebrou, amarrada com barbante. Resolvemos tocar o alarme, que não funcionou. Ficamos horrorizados.

A sua subcomissão ouviu em audiências públicas, nessa primeira fase, entre 21 de abril e 13 de maio de 1987, a impressionante quantidade de 68 representantes[3] das três áreas: saúde, segurança e meio ambiente: ministros, médicos, funcionários públicos, presidente de entidades do setor...

CM — Horas e horas e horas e horas. A Constituição não seria o que foi se não tivesse toda essa saudável confusão da primeira fase. Aí é que as discussões começaram, e as tendências dos diversos setores foram se colocando. A saúde era extremamente conservadora, cheia de vícios. O Brasil não tinha nenhum sistema de saúde. Tinha o INAMPS [Instituto Nacional de Assistência Médica da Previdência Social], mas voltado para a população previdenciária, para a saúde curativa, e era uma orgia de corrupção. Então todo mundo mexia com o negócio de hospital, hospital disso, hospital daquilo, sanatório para doente mental. Coisas que rendiam muito dinheiro. A criação de um sistema de saúde, como a Constituinte fez, implicava em quebrar essa estrutura podre. A resistência foi gigantesca.

E bateu de frente com o lobby que vocês também tinham, fortalecido na VIII Conferência Nacional de Saúde, com forte foco na questão da seguridade social.

CM — A VIII Conferência ajudou demais. Levou para a Constituinte uma plataforma moderna. Era um pessoal muito ativo e intelectualmente muito preparado. Estou falando de Sérgio Arouca, Eleutério Gomes Neto, Ézio Cordeiro, Eduardo Jorge [PT-SP, constituinte e integrante da subcomissão], e dezenas de outros.

E do outro lado, quem eram os adversários?

CM — Nessa fase eles não davam muito a cara lá dentro. Mas eram pesadíssimos. Quem mais apareceu foi o pessoal dos hospitais psiquiátricos. Esse foi um lobby terrível, principalmente o pessoal do Rio de Janeiro. Chegaram a me ameaçar de morte.

Como foi essa ameaça?

CM — Um telefonema para a minha mãe, em Campinas, dizendo que eu poderia morrer, se não mudasse de posição. Ela respondeu: "Vai ser difícil, porque ele é teimoso pra danar" [risos].

Por que eles ficaram tão apavorados?

CM — Era um pessoal muito conservador, e muito articulado, que entrou em pânico com a conversa de que ia ser tudo estatizado, que não ia mais ter iniciativa privada. Tinham um bom espaço na mídia nacional. O Centrão começava a nascer.

Um dos seus aliados, na subcomissão, foi o deputado petista Eduardo Jorge — mais tarde candidato a presidente da República pelo PV —, que naquela época era dos mais radicais...

CM — Era um revolucionário. Mas de um radicalismo que dava para conversar. Nós caminhamos juntos. Eduardo foi fundamental nessa história, porque ele conseguiu trazer esse povo mais da esquerdona mesmo, de tal maneira que a gente pudesse somar, e às vezes levar também o pessoal que não era da esquerda e acabava ficando conosco. Foi uma engenharia fabulosa.

E tome cacete quando o seu relatório foi aprovado...

CM — Foi um barulhão. "Isso é estatizante, vai acabar com a iniciativa privada, não vai ter mais hospital privado, não vai ter mais isso e aquilo." Perdi amigos, da área da saúde: "Você está ficando doido." Eu dizia: "Não, gente, não é assim, nós estamos querendo criar um sistema de saúde para a população que não tem." E nós criamos um sistema de saúde universal, a grande vitória foi essa. Transformar isso num direito de todos e num dever do Estado. Isso é que mudou a saúde no Brasil.[4]

O curioso é que vocês tiveram o apoio importante do líder do governo Sarney, Carlos Sant'Anna, que no resto era conservador. Dele e da mulher dele, dra. Fabíola, que foi uma não constituinte bastante ativa neste setor.

CM — Ele era da direita e ela era da esquerda. E ela mandava mais. Ele era um sujeito inteligente e com uma visão política interessante. Na Bahia, por exemplo, era oposição ferrenha do Antônio Carlos Magalhães [ministro das Comunicações de Sarney].

Mesmo assim o Sarney o indicou para líder...

CM — Porque o Sarney fez o jogo: uma no cravo, outra na ferradura. O Sant'Anna subia na tribuna para criticar o Antônio Carlos.

E quais foram os embates quando o Centrão virou a mesa?

CM — Nenhuma questão essencial foi modificada, como eles queriam. Conseguiram um espaço para a participação da iniciativa privada. E nós tivemos uma derrota que prevalece até hoje: não conseguimos a vinculação de um percentual do PIB para a saúde.

O senhor fez parte de uma dissidência mineira que saiu do PMDB — e foi para o PSDB, com a de São Paulo. Por quê?

CM — Quem puxou a fila do PSDB não foi São Paulo, foi Minas. Fomos os primeiros a comunicar a desfiliação ao dr. Ulysses, por divergência com a turma do governador Newton Cardoso, o Orestes Quércia de lá, e mais o Sarney. Fomos quatro: o Pimenta da Veiga, o Raul Belém, o Hélio Costa e eu.

Maria Lúcia [esposa de Carlos Mosconi, presente à entrevista] — Nessa época, um dos nossos meninos escreveu numa redação da escola: "Tenho horror da Constituinte." Porque levou o pai dele. Foi uma época difícil.

CM — Porque a gente trabalhou muito. Ela ficou aqui, com os dois filhos. Muitas vezes não dava para vir nem nos fins de semana.

Maria Lúcia — O Carlos teve uma experiência muito interessante na época da ditadura. Você já falou isso pra ele?

CM — Não.

Maria Lúcia — É que ele morou com o Tancredo, quando o Tancredo era deputado.

CM — Aí não tem nada que ver com a Constituinte.

Mas são, digamos, os primórdios. Pode contar.

Maria Lúcia — O dr. Tancredo era muito amigo do pai do Carlos [Alcides Mosconi]. Quando o Carlos foi estudar Medicina em Brasília, o Tancredo o convidou para visitá-lo. Um dia ele foi visitar o amigo do pai.

Isso foi quando?

CM — 1965, 1966.

Maria Lúcia — O Tancredo mostrou o apartamento. "Esse aqui é o meu quarto, esse é o quarto do Aécio [pai], e esse quarto aqui é o seu. Você pode mudar para cá, Carlos Eduardo."

CM — Aceitei e fui morar lá, por três anos. Ele era deputado federal, no ostracismo na política, não tinha papel nenhum, e prestes a ser cassado. Mas não foi.

O Tancredo — ao contrário do dr. Ulysses — não votou no [Humberto de Alencar] Castelo Branco [primeiro presidente da República do regime militar, de 1964 a 1967], e ainda chamou o Ranieri Mazzilli[5] de canalha, quando ele deu por vago o cargo do Jango [João Goulart, presidente da República de 1961 a 1964], que ainda estava no Brasil.

CM — O Ulysses votou no Castelo. E o Juscelino [Kubitschek] também.

O que é que se aprende morando três anos com um Tancredo Neves?

CM — Eu vi um homem sereno, resignado, determinado, sem pressa nas coisas.

Pesou na balança quando o senhor revolveu ser político?

CM — Pesou demais.

FERNANDO HENRIQUE CARDOSO

Senador pelo PMDB de São Paulo, relator do regimento da Constituinte e sub-relator da Comissão de Sistematização

"O Covas estava desconectado do momento constitucional."

Como o senhor foi escolhido pra ser o relator do regimento da Constituinte?

Fernando Henrique Cardoso — Autoritariamente, pelo Ulysses. Ele me informou que seria eu, pouco antes de a Constituinte começar. O Ulysses era assim.

Por que ele escolheu o senhor?

FHC — O Ulysses já me designara outras vezes para ser relator em convenções do MDB e do PMDB. Vinha aquele monte de proposta e eu transformava num texto palatável. Na Constituinte, ele queria alguém que fosse capaz de pegar aquela confusão toda e entregar alguma coisa lógica. Foi isso.

O que se viu, na longa discussão do regimento, como mostram as atas, é que foi uma guerra de foice no escuro...

FHC — É, porque todo mundo queria opinar, não tinha regra pra nada, era proibido proibir. Lembro da Sandra Cavalcanti me insultando...

Ela disse que a sua primeira proposta de regimento — houve outra, para apaziguar os ânimos — era pior que o AI-5. Maurício Corrêa, que mais tarde foi ministro do Supremo Tribunal Federal, chamou a Comissão de Sistematização, proposta no regimento, de "Código de execuções penais contra a minoria desta casa".

FHC — O Maurício era do PDT. A Constituinte não tinha ponto de partida, era uma loucura. Não queriam o modelo da Constituição de 1946 — que criou uma comissão para fazer um anteprojeto — e também não queriam o projeto feito pela Comissão dos Notáveis, que foi presidida pelo Affonso Arinos. Não aceitavam nada.

Por quê?

FHC — Nós tínhamos saído de um regime autoritário. Então tinham horror a qualquer coisa que limitasse. Cada um queria a sua parte na história. Todos. E não aceitavam a existência de regras, a existência de alguém mais maduro, nada disso. Era uma infantilidade, na verdade.

Muitos constituintes, inclusive do PMDB, reclamaram do regimento afinal aprovado — com as comissões, subcomissões e a Comissão de Sistematização — e apostaram que aquilo não ia dar certo, por privilegiar a minoria. O senhor não viu dessa forma?

FHC — Talvez tivessem razão. Mas eu não tive essa sensação. O nosso papel na Constituinte — dos que tinham mais liderança — era procurar o meio-termo entre o ponto de vista conservador, que em votos seria majoritário, e o ponto de vista extremado.

Se tivesse partido de um anteprojeto, a Constituição teria saído melhor?

FHC — Sim, muito melhor. Aquilo foi um arranjo. E tem outra coisa que eu nunca disse, que é a seguinte: o Mário Covas, que era o líder que indicava o presidente e o relator de cada comissão e subcomissão, fez uma composição muito difícil, muito à esquerda. O Mário, que tinha sido deputado muito tempo antes, estava desconectado com o momento constitucional. Nunca se disse isso, para preservar o Mário.

Lembra de alguma dessas indicações?

FHC — A de um ex-ministro do Jango, Oswaldo Lima Filho (PMDB-PE), para a Comissão de Reforma Agrária. Porque era da época dele, lá atrás. O Mário ficou uns dez anos fora da política, não estava afinado com aquele momento.

Fora o jogo de cintura, que era zero.

FHC — Zero. Então aquilo foi difícil de gerir, aquela confusão toda.

Na sua coluna no *Jornal do Brasil*, de dezembro de 1986, Carlos Castello Branco comenta: "O senhor Fernando Henrique Cardoso é igualmente credenciado para o posto, embora no momento a preferência seja pelo senhor Covas."[1] Tem uma biografia do Covas, feita pelo Oswaldo Martins, que foi um assessor da confiança dele. Lá se conta que na disputa entre Covas e Luiz Henrique, para a liderança da bancada do PMDB na Constituinte, o senhor apoiou o Luiz Henrique. O Covas ganhou — e se vingou do senhor, não o apoiando na disputa pela relatoria da Comissão de Sistematização, contra o Pimenta da Veiga e o Bernardo Cabral, que acabou vencendo.

FHC — A parte final é verdade. A primeira, não. Foi o seguinte: quando o Covas foi eleito senador, com uma votação estrondosa, acima da minha, o que ele sempre fazia questão de lembrar, eu já estava no Senado, já era líder. E o Luiz Henrique era o líder na Câmara. "Mas então não sobrou nada pra mim", disse o Covas. Então, para acomodar o Covas, eu inventei essa figura de líder na Constituinte. Dizer, então, que eu estava a favor do Luiz Henrique e contra o Mário Covas é desinformação.

Nessa eleição, para líder da Constituinte, o senhor votou em Covas?

FHC — Votei no Mário, claro, já que tinha criado o cargo para que ele ocupasse.

Essa disputa interna do PMDB foi um dos momentos mais acirrados e ao mesmo tempo mais emocionantes da Constituinte. Covas derrotou Luiz Henrique, candidato do dr. Ulysses. A diferença pequena de votos exigia um segundo turno, que o dr. Ulysses queria fazer, mas aí o Luiz Henrique abriu mão. Covas fez um discurso histórico.[2]

FHC — O Ulysses não queria o Mário por uma razão simples. Ele queria manobrar tudo, e ele manobrava o Luiz Henrique. Mas a mim e ao Mário não.

Sarney diz para os amigos que Covas ganhou com o apoio dos votos que ele tinha e que mandou desaguar em Covas.

FHC — Ele mandou, isso é fato. Mas o discurso foi muito bom e eu votei no Mário.

Então a biografia está errada.

FHC — Está. O Mário é que deve ter suposto isso — que eu não votei nele — e disse ao Oswaldo. Esqueceu que quem inventou a função fui eu. Eu não tenho espírito competitivo. Como a vida me foi fácil, eu nunca levei a vida dando cotovelada nos outros.

O senhor se lembra do momento em que Luiz Henrique abriu mão do segundo turno, levantou o braço de Covas e o proclamou vencedor?

FHC — Lembro. O Ulysses não queria o Mário. O que o Mário fez depois, como vingança, foi outra coisa que me surpreendeu.

Que vingança foi essa?

FHC — O Mário tinha que indicar quem seriam os relatores, era função dele como líder. Ele indicou todos os relatores das comissões e subcomissões. Mas não indicou o da Comissão de Sistematização — que estava mais ou menos combinado de ser eu —, que então foi à disputa, [comigo], o Bernardo Cabral e o Pimenta da Veiga [no páreo]. Ele tomou essa decisão quando eu estava na Paraíba, almoçando com o governador do estado. Até pedi para prorrogar, porque foi uma surpresa para mim.

Confere. O senhor disse, na época, à *Folha de S.Paulo*: "Eu estava na Paraíba quando o Covas decidiu consultar a bancada, num acerto de última hora."

FHC — É a mais absoluta verdade.

O senhor não percebeu Bernardo Cabral se articulando e Pimenta querendo?

FHC — O Pimenta eu sabia que queria. O Bernardo foi inventado pelo José Richa, muito ligado ao Sarney, e pelo Mário. Eu só não sabia que era para ser contra mim, daquela maneira. Fomos pra votação e o Bernardo e o Pimenta ganharam. Se fosse entre o Bernardo e eu, eu ganharia, porque tinha o apoio do Senado. O Bernardo é que ganhou.

Mas não eram favas contadas que o senhor deveria ser o relator — como consta que Tancredo e dr. Ulysses queriam?

FHC — O Tancredo e o Ulysses prefeririam que fosse eu. Mas eu não estava assim muito interessado.

Não era, digamos, o sonho da sua vida?

FHC — Não.

O senhor não se candidatou pra ser o relator da Comissão de Sistematização?

FHC — Não. Eu me candidatei para impedir que fosse o Bernardo. Não pela jogada do Mário, mas pela má fama do Bernardo, a quem, aliás, eu mal conhecia. Eu não era, nunca fui, nem sou um político profissional. Eu estava prestando um serviço à nação. Pode parecer ingenuidade, mas foi assim. Mas o Mário jogava de outra maneira. Agora, eu sempre me dei com o Mario, nunca briguei com ele. Quando fui ministro da Fazenda, fiz o Plano Real, o Mário me deu apoio. O Mário era assim, ele tinha seus lados, eu gostava do Mário.

Que problema ele via se o senhor fosse o relator?

FHC — Não sei, não consigo entender. A disputa era entre o Mário e o Ulysses, quem é o maior, quem vai ser presidente da República, quem é o mais poderoso. A disputa era de estilos de personalidade. O Ulysses era quem mandava em tudo. Eu nunca disputei com o Ulysses, eu sempre tive reverência com o Ulysses. Até hoje.

O que às vezes impressiona...

FHC — É, mas sempre tive reverência. Nunca disputei com o Ulysses. O Mário não. O Mário tinha aquele estilo zangado. Ele sempre tinha que estar contra alguém. Então, naquela época, quando ele assumiu a liderança da Constituinte, ele ficou uma figura muito importante. De certa maneira, todos os demais ficaram abaixo dele, eu inclusive.

E ele exerceu esse poder.

FHC — Exerceu bem. O Ulysses não gostava disso. Estava ali, na tensão. Quando nós fizemos o PSDB, o Mário foi dos últimos a aderir. Nós estávamos no Hotel Nacional, em Brasília, esperando ele decidir. Ele estava reunido com uma ala de esquerda do PMDB, o MUP [Movimento de Unidade Progressista],[3] não sei mais quem, que queria que ele ficasse para ser candidato à presidência pelo PMDB. O Mário estava vendo as possibilidades dele. Depois que ele viu que seria candidato pelo PMDB é que ele veio pro PSDB, para ser candidato.

O senhor apoiou?

FHC — Totalmente. Uma vez eu estava na Globo, com o Roberto Marinho, o [deputado] Fernando Lyra (PMDB-PE) e outros. O Lyra falou: "Nosso candidato é o Fernando Henrique." O Roberto Marinho era mais favorável a mim. Então eu fui almoçar com o Roberto Marinho, só nós dois, e disse: "Olha, Roberto, o candidato é o Mário Covas." Ele disse: "Esse não, esse é comunista, ele não tem cultura" [risos]. Eu falei: "Olha, Roberto, comunista ele não é. Eu, você pode dizer que fui, ele não." O Mário era janista. Que ele não tivesse cultura, é outro assunto. Aquele discurso famoso que ele fez, sobre o choque do capitalismo, foi escrito pelo Serra e por mim. O Mário tinha tão pouca noção que mandou a Vânia Santana — que foi minha aluna — dar uma olhada, para ver se estava bem. Claro que o Mário não é papagaio, ele leu, concordou e tal. Mas aquilo era pro Mário ter um apoio enorme, nós tínhamos combinado com a Globo. Só que o Mário ficou com medo da esquerda do PSDB e recuou no discurso. O Collor veio e atropelou. Mas eu estava totalmente com o Mário para presidente da República.

Voltando à Constituinte: no seu livro *A arte que vivi*, o senhor conta que participou de uma reunião no Palácio do Planalto, com o presidente Sarney, o general Ivan Mendes...

FHC — Ivan Mendes, Sarney, o [Ronaldo] Costa Couto [ministro-chefe do Gabinete Civil da Presidência da República de 1987 a 1989 e ministro do Trabalho no fim de 1988], eu e o Bernardo Cabral. Para tentar resolver um impasse que o Bernardo tinha criado, sobre o artigo que tratava do papel das forças armadas na Constituição. Já tínhamos chegado a um acordo — é o artigo que acabou ficando —, mas o Bernardo passou por cima e acabou aceitando uma proposta dos líderes da esquerda, como o Plínio [de Arruda] Sampaio. Eles queriam colocar que a função das forças armadas era só vigilância externa. Sem referência à ordem interna. Uma questão delicada. Eu falei: "Bernardo, você não pode pôr isso, porque já tem outra coisa combinada." Mas ele teimou e pôs. Aquilo vazou, foi noticiado. No mesmo dia, ele foi receber uma medalha numa cerimônia militar — e saiu de lá apavorado com as reclamações que ouviu. Nesse meio-tempo, o Sarney convoca o Bernardo para ir ao palácio. Ele me pediu para ir junto. E então eu vi que estavam cobrando dele pontos que tinham sido combinados e não estavam no projeto. Então eu também fiquei com a nítida impressão que tinha alguma combinação que eu não conhecia. O Bernardo deve ter feito muitas combinações com uns, com outros, era o estilo dele.

Saulo Ramos diz, no livro dele, que Bernardo Cabral chegou a dizer: "Saulo, se eu for relator é a mesma coisa que você ser o relator."

FHC — Eu não sei, mas é possível. Que o Sarney mandou votar nele, para relator, mandou. Você vê como política é [algo] complicado. O Mário e o Richa não estavam nessa. Por outras razões ficaram com o Bernardo, sem perceber que o Bernardo era o agente. Mas a verdade é que o Bernardo foi agente de tanta gente que não foi de ninguém. O Bernardo ia concordando com uns, com outros, e ia fazendo uma mistura, tentando ajeitar tudo. Ele é insinuante, inteligente.

Foi bom ou foi ruim para a Constituinte ele ter sido o relator?

FHC — Talvez tenha sido bom, porque a Constituição é um pacto. E ele é uma pessoa que pactuava. Uma vez o Felipe González [primeiro-ministro da Espanha entre 1982 e 1996] disse uma coisa que é verdade: toda boa Constituição tem que ser ambígua, como a Bíblia. Porque tem que dar margem a interpretações diversas.

Nisso aí a nossa é campeã absoluta, não?

FHC — É campeã. A nossa é a cabeça do Bernardo, não é a cabeça do Ulysses, que tem rumo.

Se o senhor tivesse sido o relator, que diferença teria feito?

FHC — Muita. Mas não sei se seria o melhor. Porque eu seria mais para um lado e o Bernardo não, o Bernardo negociava.

Em um livro que homenageia o Mário Covas — com muitos depoimentos —, tem uma maldade do senador Pedro Simon contra o senhor.

FHC — O Simon sempre foi maldoso, sempre foi.

Diz ele, no livro: "O Fernando vivia atrás do Sarney, pra ser ministro. Um dia disseram que não ia ser ministro, aí ele foi ao *Jornal do Brasil* e deu aquela entrevista." A entrevista[4] é de 26 de fevereiro de 1986 — um ano antes da Constituinte, portanto —, com fortes ataques seus ao governo Sarney.

FHC — Eu me lembro de uma moça do *Jornal do Brasil*, que tinha os olhos verdes muito bonitos. Dei a entrevista no café da manhã, no apartamento. O nome dela é Cecília Pires — e a entrevista deu o que falar.

Tem uma história a respeito, contada pelo Ricardo Noblat: Cecília era da *Veja* e o senhor costumava falar com ela, em *off*, todas as sextas-feiras. No dia dessa entrevista, o senhor não sabia que ela havia mudado de veículo e já estava no *Jornal do Brasil*.

FHC — É verdade. Eu pensei que fosse pra *Veja*, e era para o *Jornal do Brasil*. Agora, não foi absolutamente por não ter sido ministro. Uma vez eu já chamei o Pedro Simon de cupim da honra alheia. Ele se especializou em ser cupim da honra alheia. Não tem um projeto do Pedro Simon que seja construtivo, nada. É um irresponsável. Na verdade, ele queria ser presidente da República. A raiva dele de mim é que eu fui presidente da República. O Simon não entendeu o que aconteceu no mundo, na história, ele é um provinciano. Ficou agarrado numa ética abstrata. E sempre foi muito destrutivo.

O senhor não queria ser ministro do Sarney?

FHC — Não é nem que eu não quisesse. É que eu não podia. Meu suplente no Senado era o Grana, prefeito de Campinas, que não ia deixar a prefeitura para assumir. Então eu teria que renunciar, abrir mão do mandato de senador, para ocupar um eventual cargo do qual poderia ser dispensado. Essa história do Simon é pura maldade.

A Constituinte teve um suicídio — o do senador Fábio Lucena, jornalista, uma das cinco mortes que ocorreram durante os trabalhos. No caso de Lucena, o senhor carregou o caixão, no salão nobre, e depois foi até Manaus, para o enterro.

FHC — Claro que lembro. O Fábio era um sujeito interessante, bom orador, brigão, radical. E não articulava. Eu gostava dele.

Era sempre contundente. Uma vez, para citar um exemplo, denunciou o líder de Sarney: "O deputado Carlos Sant'Anna está indo de parlamentar em parlamentar dizendo assim 'quem for amigo do Sarney se retire do plenário'."

FHC — Eu fiz questão de ir até Manaus, levando o caixão, em homenagem a ele.

Foi uma história dramática. Era alcoólatra e estava num período de profunda depressão.

FHC — Estava pessoalmente muito decomposto. Mas tinha seu valor.

No meio daquela maratona para aprovar o regimento, tem um momento em que ele lhe faz um agrado: "Companheiros, o senador Fernando Henrique sequer tem conseguido dormir." Foi o único que, mesmo ainda tendo quatro anos de mandato — se elegeu em 82 —, renunciou ao cargo, se candidatou de novo e se reelegeu só para a Constituinte.

FHC — Uma figura interessante.

O senhor fez uma plástica no rosto pouco antes da Constituinte. A imprensa publicou fotos.

FHC [Olhando a foto] — É verdade, foi isso mesmo [risos].

O senhor deu entrevistas que tiveram repercussão. Uma, nas páginas amarelas de *Veja*, baixando a crista do general Leônidas, ministro do Exército, que volta e meia queria enquadrar a Constituinte. Em outra, para a *Folha de S.Paulo*, em novembro de 1987, alertou para a força do Centrão: "Cardoso diz que está em curso golpe contra a Constituinte." É a única ou das poucas entrevistas premonitórias do que iria acontecer. Não foi possível impedir a formação do Centrão? O dr. Ulysses não acabou dando mole, deixando a conspiração crescer?

FHC — O Ulysses foi ficando sem força. A grande tensão era entre o Ulysses e o Sarney. O Sarney tinha pavor da Constituinte. Ele é que convocou, mas ele tinha pavor, porque tinha perdido o controle. Quando o Bernardo descumpriu os acordos, o Sarney disse "Eu estou perdido". Aí tentou reconstituir as forças. Chegou até a propor um entendimento, via José Richa, oferecendo cinco anos com parlamentarismo. Eu topei, mas o Mário Covas não topou.

[Nelson] Jobim me contou essa história e Euclides Scalco [deputado do PMDB do Rio Grande do Sul, vice-líder e líder] também confirmou.

FHC — Foi o Scalco que veio a São Paulo para falar com o Mário, que estava em casa, se recuperando do infarto.

Essa viagem do Scalco foi uma articulação muito discreta — entre o dr. Ulysses, o senhor, o próprio Scalco, e o ministro Renato Archer, que cedeu o avião oficial para a viagem, decidida na pressa.

FHC — Eu me lembro bem dessa reunião, na casa do Ulysses, quando se decidiu que o Scalco deveria ir falar com o Mário, em São Paulo.

Se a proposta feita pelo presidente Sarney fosse aceita, tudo poderia mudar. O senhor era favorável?

FHC — Eu era favorável. Como não era candidato à presidência, eu via as coisas de outra maneira. Mas o próprio Ulysses, que era candidato a candidato, não era contra. Ele nunca foi parlamentarista, mas não foi contra. O Scalco veio a São Paulo, mas o Mário não concordou, porque o Mário queria os quatro anos.

E por que essa urgência de consultar o Mário, que até doente estava, recuperando-se de uma cirurgia cardíaca? Vocês não podiam ter concordado?

FHC — Eu não posso dizer as razões. O interlocutor com o Sarney, naquele momento, era o Richa, que já morreu. O Sarney quis que o Richa fosse o chefe da Casa Civil. Era uma situação difícil, em que um lado está perdendo poder, o Sarney, e o outro ainda não ganhou, o Ulysses. O Sarney é uma pessoa complexa, que tem um lado maranhense e tem um lado brasileiro, mas tem uma noção da história. No lado brasileiro ele sabe como são as coisas, sabe que em certos momentos tem que ter apego à instituição. O Ulysses também, o Ulysses é institucional. Agora, por que consultar o Mário? Porque o Mário era o líder do PMDB na Constituinte. O Scalco era muito ligado ao Mário. Nós respeitávamos o Mário. Tinha que consultar. Por que o Mário não quis, sabe Deus.

O senhor concorda que se a proposta fosse aceita teria mudado tudo?

FHC — Teria mudado, para melhor.

Essa recusa deve ser atribuída ao Mário?

FHC — Ah, eu acho que sim. Naquele momento foi.

Alguma vez ele chegou a se arrepender?

FHC — Não. Havia um sentimento de que quatro anos era uma bandeira mobilizadora, um princípio, respaldado na campanha das Diretas Já. E cinco anos eram vistos como um conchavo.

Qual foi o papel do presidente Sarney durante a Constituinte?

FHC — Naquela altura, o Sarney era um presidente que se sentia ilegítimo. Porque ele veio do outro lado, virou presidente com a morte inesperada do Tancredo. Eu acho que ele agiu com espírito público, na verdade, porque nunca forçou além de certos limites. Foi muito aberto aos partidos. Eu assisti a um café da manhã, no Palácio da Alvorada, em que o convidado era o líder do PCdoB, o João Amazonas. O Sarney deu todos os sinais de tolerância que era possível dar. Outro aspecto positivo é que ele repôs o papel do Brasil na América Latina. O Sarney, aí, atuou bem.

Onde é que ele atuou mal?

FHC — Ele ficou muito amarrado com o medo da perda do mandato e não exerceu a liderança na Constituinte. Só no final é que ele fez o Centrão, porque não tinha liderança. No começo, ele não tinha liderança nem no governo, porque os ministros eram do Tancredo e as indicações eram do Ulysses.

Dia desses, ele disse ao *Estadão*, numa entrevista reveladora para o caderno especial sobre os cinquenta anos do golpe de 1964: "Eu assumi para ser deposto".[5]

FHC — Na cabeça dele era isso. Mas não era verdade, ninguém estava querendo depor o Sarney.

A Constituinte começou clamorosamente favorável aos quatro anos de mandato. A revista *Veja* chegou a dar uma capa com "Diretas-88 — A vontade de votar já — Como o Planalto se defende".[6]

FHC — A Constituinte era parlamentarista e por quatro anos. Mas ele virou o jogo, e ganhou presidencialismo e cinco anos.

A construção dessa virada é realmente de impressionar.

FHC — Essa construção foi política, nos modos tradicionais. Chamando um, chamando outro, dando pra um, dando pra outro. O Antônio Carlos [Magalhães] era o ministro das Comunicações e ajudou muito nesse processo. O Sarney é um bom político tradicional.

Que se manteve na regra do jogo — ou saiu do sério?

FHC — Na regra do jogo tradicional. Extrapolou uma vez — quando fez um discurso forte atacando a Constituinte.

Dizendo que a Constituição ia tornar o país ingovernável.[7]

FHC — Mas recebeu uma resposta imediata.

Do dr. Ulysses.[8]

FHC — Eu também dei. Ali foi o único momento em que ele extrapolou, fez terrorismo. O Sarney governou com essa perspectiva da ilegitimidade que colocou nessa entrevista do *Estadão*: "Vão me derrubar, vão me derrubar."

O PSDB nasceu durante a Constituinte, quando o senhor era líder do PMDB no Senado. Como é que o dr. Ulysses reagiu à dissidência?

FHC — Eu comecei a dar declarações de que tinha que fazer outro partido, declarações inconvenientes para a minha posição de líder. Pedi ao Ulysses que queria falar com ele e fui à casa dele. Eu adorava o Ulysses. Ele disse: "Você também?" Porque o Mário Covas já havia dito a ele que ia sair e ele já achou ruim. Ele e o Mário nunca se entenderam, mas eu não, comigo não tinha problema. "Você pode ser presidente do Senado", disse ele. Eu disse: "Dr. Ulysses, eu já podia ter sido, mas abri mão pro Nelson Carneiro [foi presidente do Senado de 1989 a 1991]. Eu não quero ser presidente do Senado, porque o presidente não manda nada, tem que fazer aliança o tempo todo, e não é o meu estilo." Eu tinha muita liberdade frente a um político tradicional, porque eu não estava visando à posição tal ou qual. O Ulysses ficou chateado. Eu disse a ele que não tinha jeito de ficar no PMDB. "Olha, dr. Ulysses, eu estou cansado de ter que apoiar ladrão, e o governador de São Paulo, pelo PMDB, vai ser o Quércia." Ele disse: "Ah, você tem razão, ele vai ser o candidato." "Então não dá mais pra mim."

No caso de Covas, ele deve ter dado até graças a Deus; no do senhor deve ter considerado uma perda.

FHC — Pra mim foi duro também, porque eu gostava do Ulysses.

Em que momento o Centrão começou a se organizar?

FHC — O que complicou todo o processo — e gerou o Centrão — foi a radicalização da questão da reforma agrária e da função social da propriedade. O Jarbas Passarinho jogava conosco — e entendia que tínhamos que chegar a um entendimento no meio. "Meio-direita", "meio--esquerda", mas no meio. Aquilo foi o limite para o Passarinho. Ele não pôde topar. Ali nós forçamos a barra. Aquilo desandou, porque não se fez um entendimento razoável. No resto não desandou: quase quebra, mas não quebra, quase quebra, mas não quebra. Mas ali quebrou. Foi aquilo que uniu o Centrão.

Revoltado contra o projeto aprovado na Comissão de Sistematização, que considerava à esquerda, o Centrão reuniu uma maioria para mudar o regimento, 319 votos. Mas não manteve essa maioria firme quando o projeto começou a ser votado no plenário. Não teve maioria, por exemplo, já na votação do preâmbulo.[9]

FHC — Aí é que está. Eles ganharam a mudança do regimento, mas não ganharam em tudo. Mudar o regimento foi uma vitória de Pirro. O que eles queriam, mesmo, e ganharam, foram o presidencialismo e os cinco anos de mandato do presidente.

Jobim acha que a mudança do regimento foi positiva — senão ia ficar a pecha de que a minoria é que fez a Constituição.

FHC — É possível. Só que essa minoria tinha uma visão mais moderna do que a maioria.

Visão que não refletia o conjunto no Plenário, não?

FHC — O conjunto não, como sempre. O conjunto era muito mais atrasado.

Mas deveria refletir...

FHC — Deveria. Mas nesses eventos coletivos sempre tem os grupos que são mais capazes de formular. No primeiro momento, o grupo capaz de formular era o nosso, porque os outros estavam acuados, perdidos. A rua estava conosco.

O senhor fez parte da Comissão da Redação, que alterou alguns dispositivos aprovados no Plenário, sem ter autorização para tal. A leitura da íntegra das reuniões — são 235 páginas[10] — mostra que as mudanças realmente existiram, e em maior número do que se pensava. O senhor mesmo propôs uma alteração, que foi aceita, sobre a autonomia das universidades.[11] Até melhorou, deu mais destaque, mas não tinha sido votada no Plenário. Em uma das reuniões, Bernardo Cabral se vira para vocês e diz: "Companheiros, assim não dá, nós estamos mexendo no conteúdo da Constituição." Como é que o senhor vê isso? É uma questão vencida?

FHC — Tudo isso foi votado uma última vez.

A questão veio a público, mais amplamente, quando Jobim deu uma entrevista contando essa história.

FHC — Pra quê dizer o que ele disse? Devia passar mais tempo para dizer, porque isso põe muitas dúvidas sobre a Constituição.

Os constituintes que eu entrevistei disseram que votaram sem ter conhecimento das alterações.

FHC — Só os que estavam na Comissão de Redação é que sabiam. O propósito — errado — era o de melhorar. Mas não podia ter mudado.

Tem lobby até na Comissão de Redação.

FHC — Claro que tem. Tinha lobby em tudo. Uma vez, na Comissão de Sistematização, eu mandei uns juízes se retirarem de uma sala. Era uma vergonha. Os setores organizados da sociedade, que tinham um nível mais elevado, entravam em tudo. O lobby era muito grande na Constituinte.

Algum assustou?

FHC — Polícia Militar, juízes, Supremo, militares. Tudo isso foi uma coisa tremenda, de pressão enorme.

Do jogo, a seu entendimento?

FHC — Do jogo. Era normal. Aquele foi um momento muito bonito do Brasil, que a sociedade toda começou a sonhar. Nunca tinha havido emendas populares — que eu botei no regimento.

Essa é a grande novidade do regimento.

FHC — Eu que pus esse negócio. A demanda era da Igreja, mas quem botou lá fui eu.

Para a indignação de muitos constituintes.

FHC — Ficaram loucos. Porque de fato era uma coisa revolucionária. Uma abertura para a sociedade. Os representantes iam defender, no Plenário, sem ser parlamentares. O Brasil sonhou, delirou, teve pesadelo, tudo naquele momento. O nosso papel era peneirar, para sobrar alguma coisa que ficasse de pé e que fosse duradoura.

Saiu uma coisa boa ou ruim?

FHC — No que diz respeito a direitos e a liberdades democráticas, boa. No que diz respeito a sonho social, bom. No que diz respeito a funcionamento efetivo do Estado, não. Não tínhamos meios para fazer o que se projetava lá.

E quanto à economia?

FHC — O muro de Berlim não tinha caído — o que ocorreu um ano depois. Então era presente o sonho de um Estado ativo na economia, mais controlador. Nós derrubamos a possibilidade de contratos de risco no petróleo, que o Geisel tinha apoiado, cantando o hino nacional. A Constituição é atrasada. O mundo estava entrando em globalização e nós estávamos pensando num Brasil autárquico. É uma Constituição muito desigual. É boa na democracia, tem aspirações sociais positivas, mas não tem realismo, nem na economia, nem no funcionamento do Estado. Sem contar que foi planejada para um regime parlamentarista. Quando isso não vingou — e ficou o presidencialismo —, o resto não caiu. Se você olhar com cuidado, o Congresso tem poderes que nunca usou, como o de fiscalização e controle do Poder Executivo,[12] atribuição típica de um regime parlamentarista.

O senhor sabe qual foi a posição do dr. Ulysses em 1964?

FHC — Ele foi favorável ao golpe e votou pelas primeiras cassações. Não sei mais do que isso.

Tem uma boa biografia do dr. Ulysses, do Luiz Gutemberg, onde o próprio dr. Ulysses conta que integrou uma comissão de oito ilustres parlamentares que ofereceram ao Costa e Silva, logo depois do golpe, a opção de o próprio Congresso fazer as cassações. Em troca, os militares se retiravam. O Costa e Silva não aceitou.[13] É por isso que o primeiro Ato Institucional diz que é a revolução que manda no Congresso e não o contrário. O senhor sabia que houve isso?

FHC — Não sabia. Mas é ingênuo, porque os militares não iam se retirar.

Dr. Ulysses disse a Gutemberg: "Se culpa eu tive, foi só 1/8, porque éramos 8." O senhor acha grave ele ter participado disso?

FHC — Eu acho grave. O Ulysses era um hiper-realista, e autoritário, que vem do PSD.

Na Constituinte, muitas vezes, agiu como um tirano.

FHC — Ele era assim: ele decidia, ele mandava. Agora, ele foi crescendo na história, tomando outra postura. E também enfrentou os militares em momentos difíceis. Se não fosse o Ulysses, nós não teríamos tido o processo que teve. Quem convocou as Diretas Já não foi o Ulysses, foi o [Franco] Montoro. Mas quem fez aquele negócio funcionar, quem deu expressão política, foi o Ulysses.

Ficou famoso o episódio em que ele chamou a Junta Militar de "Os Três Patetas".[14]

FHC — Ele tinha coragem, ele foi crescendo. Mas o Ulysses era um político tradicional, que não entendia que a sociedade estava se modernizando, não era a visão dele.

Na Constituinte, ele acabou deixando espaço para o Centrão. Se tivesse batido o martelo, não tinha tido Centrão. Ou não?

FHC — É possível.

Para facilitar a posição do Sarney?

FHC — Não, ele nunca foi para o lado do Sarney, eu não vi isso. O Ulysses era autoritário, mas teve um papel positivo. Nos momentos de crise, ele que sustentou.

Os discursos do dr. Ulysses emocionam até hoje, especialmente o último, que encerrou a Constituinte.[15] O senhor meteu a mão nesse?

FHC — Não. Eu meti a mão em outros discursos do Ulysses.

Este último fez o general Leônidas se retirar da cerimônia, com a referência aos "facínoras que mataram o Rubens Paiva [eleito deputado federal por São Paulo pelo PTB em 1962]".[16] Ele mesmo que escrevia?

FHC — Ele tinha esse dom. Falava muito bem de improviso, e também escrevia. Houve alguns momentos em que ele me chamou, mas muito mais para as questões econômicas e sociais. Aí ele me ouvia. Agora aquele fraseado, aquela retórica, é tudo dele. Era um cara absolutamente desligado de interesses materiais. Absolutamente. Também não estava muito preocupado se alguém era corrupto ou não. Não era a dele.

Certa vez, Bernardo Cabral foi acusado, na imprensa, de fazer lobby a favor das empresas de ônibus do Rio. Ele era advogado do sindicato das empresas. Mas ele diz que a emenda não era dele, e que até a derrubou.

FHC — O Bernardo queria nomear um assessor — Sérgio qualquer coisa, um advogado brilhante — que roubou um dinheirão do meu irmão [o advogado Antônio Geraldo Cardoso]. Eu disse ao dr. Ulysses: "Não é possível, não pode nomear, foi do meu irmão!" O Ulysses respondeu: "Se é assim, não pode." Não foi nomeado, mas ficou assessorando. Era o principal assessor do Bernardo. Mas o Ulysses não era muito de ficar prestando atenção nessa questão de corrupção.

Oswaldo Manicardi, que foi assessor do dr. Ulysses a vida toda, me contou que ele se sustentava dos cargos de confiança que arrumava, sem a menor preocupação com isso.

FHC — O Ulysses era clientelista. Ele pedia emprego pra todo mundo.

Imagine se fosse hoje.

FHC — Hoje é inviável. Mas isso na cabeça deles era normal, mandar nomear não sei quem pra lá, pra cá, não é corrupção. É da vida política, do poder. A concepção dele de política era essa. O Ulysses, na verdade, teve um fim triste. Saiu candidato para ter 2,5% dos votos. Ele não entendeu que o Brasil tinha mudado.

O senhor viveu muitas cenas com ele.

FHC — Vou contar um pequeno episódio. No começo, o [senador] Severo Gomes, que era muito meu amigo, não gostava muito do Ulysses. Um dia eu estava no Rio e o Severo me convidou para ir à casa do general Euler [Bentes Monteiro]. Eu fui. O Euler morava num apartamento em Copacabana, relativamente modesto. Um homem educado, simples. Foi a primeira vez que o Euler disse que aceitaria ser candidato a presidente da República. Saímos de lá. O Severo, eufórico, me disse: "Vai pra São Paulo e conta pro Ulysses." Eu vim para São Paulo. Fui de manhã à casa dele, na rua Campo Verde, 208 — aonde eu sempre ia. Contei a história. Ele só me olhou, e não disse nada. Um dia me chamou: "Professor, como é que é essa história do general Euler, o que é que o senhor realmente acha?" Eu disse: "Olha, dr. Ulysses, eu acho que já deveríamos ter topado apoiar a candidatura dele. Porque é a primeira vez que os militares se dividem pra valer. Eu acho importante, porque nós não vamos ganhar essa batalha se eles tiverem unidos." Ulysses disse assim: "O senhor sabe que São Paulo não gosta de militarismo. Uma decisão dessa importância eu tomo sozinho" [risos]. E demorou mais não sei quanto tempo pra tomar a decisão. Isso era o Ulysses.

O senhor foi quem disse pra ele, na transição, que o candidato no Colégio Eleitoral seria o Tancredo — e não ele.

FHC — Aí foi difícil. Eu disse: "Eu, se fosse o senhor, iria pra Minas e declarava apoio ao Tancredo." Ele disse: "Eu quero ouvir isso do Montoro." E fizemos um jantar, à noite, o Montoro, eu, o Roberto Gusmão e o Ulysses. Foi uma conversa dificílima. Mas o Ulysses queria ouvir de um por um se era aquilo mesmo.

Essa ele engoliu em seco, botou a viola no saco e se engajou.

FHC — É. Porque o Ulysses era realista.

O Paulo Afonso, braço direito do dr. Ulysses na Constituinte, escreveu, em um livro de memórias:[17] "O senador Fernando Henrique nunca se envolveu inteiramente com os trabalhos da Constituição. Apresentou emendas mas não teve participação relevante. Viria a ter papel de destaque quando foi designado relator do regimento."

FHC — Estava equivocado. Eu sempre gostei do Paulo Afonso. Acho que ele quis dizer outra coisa: que, antes da Constituinte, eu não tinha papel de destaque na política. Se ele diz que foi a partir do regimento, foi logo no início.

O que ele escreveu é que no momento da discussão do regimento o senhor foi a grande figura...

FHC — E depois não. Mas isso não é verdade, eu estava envolvidíssimo. O Affonso Arinos era o presidente da Comissão de Sistematização, que não andava, e eu fui nomeado sub-relator. Eu e o [Jarbas] Passarinho é que fizemos aquele negócio andar.

O senhor teve alguma encrenca com Paulo Afonso?

FHC — Não, nunca. Nada. E ali ele teve um papel decisivo. O Ulysses não fazia nada sem o Paulo Afonso, era um homem da estrita confiança dele. O Paulo Afonso era o rei por trás do trono. Na parte instrumental, e também quando precisava, sabia fazer o conteúdo. Ele mandava naquela máquina toda, porque por muito tempo foi o chefão dali.

Fez mais do que se imagina, não?

FHC — Muito.

Oscar Corrêa Júnior, Oscarzinho, filho do ministro do Supremo Tribunal Federal, me contou que o Paulo Afonso e o general Ivan Mendes, ministro do Sarney, eram amigos-irmãos, de um frequentar a casa do outro.

FHC — O Ivan também teve um papel grande, por baixo do pano. Ele era equilibrado, eu gostava do Ivan. Ele nunca foi radical, nunca foi um anticomunista feroz. Era moderado e articulado, uma peça de equilíbrio no governo Sarney.

É estranho o Paulo Afonso ter escrito essa avaliação sobre o senhor.

FHC — É estranho, porque não é verdadeira.

O Euclides Scalco me disse que guarda segredos sobre a Constituinte — e que não pode contar, porque algumas pessoas não ficariam bem na foto. O senhor também está guardando segredos?

FHC — O que eu sei eu conto.

Não falamos do Serra nenhuma vez, por incrível que pareça.

FHC — Ele escreveu um bom livro.[18]

Que papel teve o Serra na Constituinte?

FHC — Foi grande. Ele se concentrou na parte financeira. Foi operoso. Muitas vezes o Serra ia para o meu gabinete e ficávamos nós dois lá, dando ausência, porque eram tantas loucuras que nós não podíamos votar. E também não dava para votar contra, porque já tinha acordo fechado com o Ulysses, com o Mário...

FLÁVIO BIERRENBACH

Deputado pelo PMDB de São Paulo (1982-1986), relator da emenda constitucional que convocou a Constituinte, destituído na véspera da votação do relatório.

"O povo é que deveria ter escolhido que Constituinte queria."

Por que o dr. Ulysses escolheu o senhor para ser o relator da emenda constitucional que convocava a Constituinte, enviada ao Congresso, em agosto de 1985, pelo presidente José Sarney?

Flávio Bierrenbach — Não faço a menor ideia. Os jornalistas vieram me fotografar — e eu não sabia o que estava acontecendo. Depois é que o Pimenta da Veiga, líder da bancada, fez o convite.

O senhor podia ter dito *não*.

FB — Podia. Mas estabeleci alguns parâmetros do programa do partido — como o interesse público. Ele concordou, e eu aceitei. Certamente pesou na balança a minha condição de advogado e de procurador do Estado de São Paulo.

Como era a relação com o Pimenta e com o dr. Ulysses?

FB — Eu tinha uma relação muito boa com o Pimenta da Veiga, e uma relação muito respeitosa com o dr. Ulysses, embora não próxima.

O senhor criou uma grande movimentação em torno da emenda, convocando audiências públicas,[1] e também fazendo viagens. Qual era a ideia?

FB — Era uma ideia de dupla mão de direção: primeiro saber o que as pessoas estavam pensando a respeito, e, segundo, divulgar a ideia de uma Assembleia Nacional Constituinte, não de um Congresso Constituinte, como queria o governo. Quis tocar nesse nervo político sensível.

Por quê?

FB — Eu sustentava, e continuo sustentando, que naquele momento o Brasil vivia sem Constituição. A que tinha era outorgada pelos militares. Nela, que teve várias emendas, havia um artigo que concentrava todos os poderes — princípio diametralmente oposto ao que se sustentava na luta democrática. Então eu sempre achei que era preciso ter uma nova Constituição pro Brasil. E que quem teria legitimidade para fazer uma nova Constituição para o país seria uma Assembleia Nacional Constituinte, livre, soberana e exclusiva.

Qual era o problema de ser um Congresso Constituinte — como a emenda propunha?

FB — Sempre achei, antes, durante e depois, que o Congresso não é um poder constituinte. O Congresso é um poder constituído.

Então, por alguns meses, o senhor convidou entidades e personalidades para prestar depoimentos à comissão, em audiências movimentadas e com boa cobertura da mídia.

FB — Foram várias entidades. Naquele momento, falava-se muito em sociedade civil. Eu tinha contatos muito bons e mobilizei uma porção de gente.

Foram lá, para citar alguns: o professor Affonso Arinos, a professora Maria Vitória Benevides, o empresário Antônio Ermírio de Moraes, o sindicalista Jair Meneguelli, presidente da CUT...

FB — Eu recebi cerca de 70 mil mensagens. Imagine se tivesse os recursos eletrônicos que tem hoje, como o e-mail... Ocuparam malas e malas, que eu não tinha e precisei comprar.

Enquanto o senhor fazia essa mobilização, durante esse tempo todo, [de forma] transparente e cristalina, para todo mundo ver, o dr. Ulysses e o Pimenta da Veiga estavam acompanhando.

FB — Sim. No começo eu tive muito diálogo com eles. Mas chegou um determinado momento em que a minha posição tornou-se claramente divergente.

Em que momento ficou claro que o senhor seria destituído da relatoria, na véspera da votação do relatório, que ocorreu em 19 de outubro de 1986?

FB — Eu morava sozinho, em um apartamento funcional. Dias antes, na hora do café, recebi uma visita do [deputado do PMDB-SC] Luiz Henrique da Silveira, com quem eu tinha uma ótima relação, muito ligado ao dr. Ulysses. Mal ele entrou, eu disse: "Quer dizer que pegaram o meu melhor amigo para tentar mudar a minha opinião?" Ele entendeu, respeitou e disse: "Vou só tomar o café com você, e não tratamos mais desse assunto." Continuou meu amigo.

E como foi com o dr. Ulysses, que estava compromissado com a proposta do governo?

FB — Fui na casa do dr. Ulysses, dois dias antes, numa reunião ampla. E sustentei que iria propor um plebiscito para que o povo decidisse que Constituinte queria, entre outras coisas.

Disseram o quê?

FB — Que era inviável, que não tinha clima, que os militares não iam gostar, por aí... Quando chegou no momento crucial — votar o meu relatório —, a solução política foi me destituir. E aí já tinha um outro relator e um outro relatório prontos.

O relator que caiu de paraquedas, na véspera da votação, foi o deputado Valmor Giavarina (PMDB-PR)...

FB — Eu achei que a emenda Giavarina foi covarde, medíocre e redigida em mau português.

O senhor se dava com ele?

FB — Era meu colega de bancada, deputado do Paraná, foi prefeito de Apucarana.

Ele também era presidente do Clube do Congresso...

FB — Que eu não frequentava. Em quatro anos, fui lá só uma vez.

O senhor presidia uma outra entidade inusitadíssima...

FB — A Associação Parlamentar de Pilotos de Avião. Essa aí eu fundei. Não existe mais.

Quais eram os outros associados?

FB — Eram onze, inclusive o Sarney e o Eduardo Suplicy, que eram brevetados. Eu mandei uma circular pra todo mundo, perguntando quem é que havia tirado brevê.

Quem mais?

FB — O José Maranhão, que foi governador da Paraíba. Esse era aviador mesmo, tinha avião, tinha teco-teco. Cheguei a voar bastante com ele. E tinha o mineiro Navarro de Andrade.

O senhor pilotava?

FB — Não piloto mais porque não tenho mais exame de vista. Mas ainda dou umas voltinhas de avião. Tenho um teco-teco antigo, um Navion, 1946.

[Procura uma foto no computador] Olha ele aqui. Esse é o meu aviãozinho. Quase tão velho quanto eu, mas em muito melhor estado [risos].

O senhor ficou sabendo, antes, dessa armação com Giavarina?

FB — Não, eu não sabia que era o Giavarina, mas eu sabia que alguma coisa estava sendo armada.

O senhor foi bem votado na eleição de 1982?

FB — Fui o menos votado de São Paulo: o sexagésimo, que era o último. Porém, um ano depois, fui citado numa matéria, do *Estadão* ou do *Jornal do Brasil*, sobre as estrelas ascendentes do Congresso.

Por que o senhor não se reelegeu em 1986?

FB — Tive menos da metade dos votos de 1982. A campanha começou a ficar muito cara, não tinha patrocínio, não tinha dinheiro.

Guardou alguma mágoa da destituição?

FB — Nenhuma. Só acho que com a minha proposta o Brasil estaria melhor.

FRANCISCO ROSSI

Deputado do PTB de Osasco (SP) e relator da Subcomissão do Sistema Eleitoral e dos Partidos Políticos.

"A verdade é que eu sofria, em segredo, da síndrome do pânico."

O senhor foi relator da subcomissão do Sistema Eleitoral e dos Partidos Políticos,[1] e, também, membro titular da Comissão de Sistematização.

Francisco Rossi — Fui. Mas espero não te decepcionar, porque tomei enorme ojeriza por esse negócio. Tive muita desilusão com esse negócio de política. Hoje, a política da família é a minha filha. Ela tem vocação, mas eu não estimulo muito.

Qual é a primeira coisa que lhe vem à memória sobre a Constituinte?

FR — Foi uma pressão muito forte. Aquele português, o Zé Lourenço [líder do PFL], ajoelhou para mim, na frente de todo mundo, e falou: "Pelo amor de Deus, põe cinco anos aí no seu relatório."

Mas o senhor optou por quatro anos — o que foi sendo confirmado até a votação da Comissão de Sistematização.

FR — E, no final, com toda aquela pressão do Sarney, resultou em cinco.

Essa rádio aqui [local da entrevista] tem a ver com aquele período?

FR — Não. Na época me foi oferecida uma concessão de rádio FM — mas eu não aceitei.

Tem certeza de que não é esta onde nós estamos?

FR — Absoluta. Esta é AM, tem 32 anos e só Deus sabe como é que eu faço para sobreviver.

Por que o senhor não aceitou?

FR — Era contra os meus princípios. Eu tinha compromisso com o Sindicato dos Metalúrgicos de Osasco. Me elegi prefeito [em 1988], com o presidente do sindicato de vice.

O senhor foi dos poucos do PTB, senão o único, a não entrar no Centrão.

FR — Nunca me vi no Centrão. Fiquei espantado de ver como as coisas mudavam de um dia para outro. A atuação dos lobistas era um negócio impressionante. E o Centrão era malvisto pelo segmento sindical, como um grupo reacionário. Um dos líderes era o Robertão [Cardoso Alves], tido como de direita. Eu tive um desentendimento muito forte com ele, quase chegamos às vias de fato.

Lembra o motivo, especificamente?

FR — Porque eu não entrei no Centrão. "Você é de direita, rapaz, você veio da Arena", falou ele. Aí eu fui pra cima dele, e veio a turma do deixa-disso. O jogo era muito pesado. Teve dia de uns três ou quatro ficarem gritando na porta do meu apartamento, não sei como não arrombaram.

Querendo o quê?

FR — Que eu mudasse o relatório. Foi um escândalo no prédio. Eu fiquei quietinho, como se não tivesse ninguém. "Porra, nós estamos te oferecendo o INAMPS [Instituto Nacional de Assistência Médica da Previdência Social]"...

Qual era o seu estado de espírito na posição de relator?

FR — A verdade — e eu só revelei isso anos depois, em um livro — é que eu estava com um problema muito sério de saúde.

Naquele período?

FR — Na Constituinte. Eu tinha um negócio chamado síndrome do pânico. Até hoje eu não sei como é que eu conseguia administrar. Porque era infernal.

E como que administrava?

FR — A síndrome do pânico tem várias facetas. Uma é a depressão profunda, em que o cara se fecha. Outra, que acomete 3% [da população], são crises [que duram] de 15 a 20 minutos. Eu estava nesse tipo. Mas guardei segredo.

Mas como é que funcionava? O senhor tomava remédio?

FR — Eu tinha que tomar. O organismo dava alguns sinais, logo pela manhã.

Sinais da crise?

FR — Sim. O couro cabeludo ficava arrepiado, a barba também. "Hoje vai ter", pensava. É uma coisa inexplicável. Você começa a ter medo, e não sabe do quê. O coração começa a disparar e você tem a sensação de que vai ter um derrame, um infarto.

O senhor não tinha com quem compartilhar isso?

FR — Não. Era uma coisa que me dava muita vergonha.

E como é que o senhor resolveu esse problema, de lá para cá?

FR — Superei. Quando me converti ao Evangelho, sumiu tudo. No mesmo dia.

Que coisa...

FR — Impressionante, impressionante.

O senhor se arrependeu de não ter aceitado a rádio FM ou a direção do INAMPS?

FR — Ah, hoje eu estaria numa situação invejável. Eu fico pensando: o que valeu dar tanto a cara pra bater, radicalizar tanto? O que custava dar mais um ano para o Sarney? Para mim não custava nada, porque de qualquer maneira não adiantou nada o meu relatório por quatro anos. Mas o importante é você saber que, quando estava lá, procurou fazer o melhor.

JOSÉ FOGAÇA

Senador pelo PMDB do Rio Grande do Sul, relator da Subcomissão do Poder Executivo e sub-relator da Comissão de Sistematização

"O carro da Constituinte só tinha farol traseiro."

Com que espírito a Constituinte começou?

José Fogaça — Com radicalismo. Não se aceitava nenhum texto-base — nem o da Comissão dos Notáveis, por exemplo, ou mesmo um outro elaborado pela própria Constituinte. Era um livro branco, começando por 24 comissões em estado absolutamente original.

Seria melhor se tivesse aceitado algum projeto?

JF — Acho que sim. Até do ponto de vista da eficiência do trabalho, e da serenidade. Nós levamos quase dois anos para fazer a Constituição...

Mas foi o regimento, aprovado pela maioria, que decidiu pelo livro branco.

JF — O regimento era bom. A posição política que estava por trás dele é que era ruim, era democratista. O essencial é isso.

O regimento também criou uma maioria artificial — que mais à frente provocou o impasse que levou ao Centrão, não?

JF — O regimento realmente teve um peso nesse sentido. Mas o essencial foi a decisão de fragmentar e de partir do zero, definidora do processo.

O projeto que chegou à Comissão de Sistematização, como resultado do trabalho das comissões e subcomissões, tinha 501 artigos.[1]

O famoso "Frankenstein", como a mídia o apelidou.

JF — Isso é que fez a Constituinte levar tanto tempo — vinte meses. Podiam ter sido seis ou sete meses, um ano que fosse.

As comissões e subcomissões chegaram a ouvir em dois meses de trabalho, nas audiências públicas, perto de mil pessoas.[2]

JF — Sim, foram ouvidos Deus e o mundo. A utilidade disso foi simplesmente dizer que havia um texto democrático, originalíssimo, não baseado em nenhum texto anterior.

Não foi bom?

JF — Foi bom do ponto de vista ideológico, mas não do ponto de vista prático, de fazer a Constituição. Acabou que ela já tem mais de setenta emendas até agora [abril de 2014]. Não sobrou nada do nacionalismo e do estatismo, desmontados de alto a baixo. O parlamentarismo sucumbiu, ficaram apenas alguns institutos, entre eles a medida provisória,[3] que deu poderes demasiados a um presidencialismo já tão concentrador de poder como é o nosso.

Como foi a sua indicação para relator da Subcomissão do Poder Executivo?

JF — Fui designado pelo líder do PMDB, Mário Covas, embora houvesse uma grande disputa política.

Quem disputava com o senhor?

JF — Henrique Alves,[4] que era sarneísta. Eles tinham medo que eu subvertesse a situação. Eu era ulyssista.

A literatura que estudou a Constituinte, a acadêmica principalmente, diz que o que motivou o levante do Centrão, lá na frente, foi o senador Mário Covas ter "esquerdizado" o começo da Constituinte, indicando só parlamentares à esquerda como relatores das comissões. O senhor concorda?

JF — É verdade. O Covas era um homem de posições muito frontais e muito firmes, mas não era um grande negociador. Isso tem uma vantagem — os avanços serem aceitos pela maioria — ou uma desvantagem — não serem aceitos. E aí é autoritário.

Foi?

JF — Sem dúvida. Nós [esquerda do PMDB] não tínhamos maioria. Tinha que dialogar com o centro, para avançar mais. Eu dizia: "Nós temos que compor um outro eixo político." Talvez tivesse que fazer concessões, mas não tantas como acabou se fazendo depois. O confronto [com o Centrão] levou a concessões demais e a uma desestruturação daquilo que havia se conquistado nas subcomissões. Alguns elementos ficaram até o final, mas o que saiu aí é uma coisa completamente diferente daquilo que foi estruturado lá.[5]

Como atuava o grupo sarneísta na sua subcomissão, incluindo o presidente, Albérico Cordeiro, do Maranhão, e sobrinho do Sarney?

JF — Atuava em bloco, coordenadamente. Era legítimo. O presidente tinha seus representantes.

O noticiário mostra que havia uma grande expectativa em relação ao relatório que o senhor ia apresentar — se parlamentarismo, se presidencialismo, além da duração do mandato.

JF — Eu apresentei uma proposta de parlamentarismo francês, com quatro anos de mandato. Passou apertado, mas passou. Se chegasse ao final, nós teríamos um país com o presidente da República quase totalmente destituído de poderes.

Como é que o senhor avalia o papel do presidente Sarney no processo todo?

JF — Acho que o saldo é positivo. Havia uma franca e aberta antipatia de setores expressivos em relação a ele, querendo lhe reduzir o poder. Ele sempre dialogou muito bem com isso. Claro que usou do poder, da força política.

Descumpriu a regra do jogo?

JF — A regra do jogo está sendo usada até hoje: conquistar as bases congressuais mediante privilégios, concessões de favores políticos, essa coisa toda.

O senhor foi integrante da Comissão de Sistematização — como todos os demais relatores das comissões e subcomissões. Como observou, de dentro, a articulação do Centrão?

JF — A Comissão de Sistematização tinha uma tendência muito forte de privilegiar os valores [à esquerda] que vinham das subcomissões. Ali já deu para sentir que a maioria silenciosa que veio a formar o Centrão já reclamava do lado de fora. Nas sessões do Congresso — que continuava funcionando —, eles protestavam quanto ao que estava acontecendo. E nós estávamos ali, um grupo, fechado, trabalhando, numa redoma, e imaginando que aquela maioria que nós mesmos construímos era a verdadeira maioria. Não era. Nós tínhamos posições muito radicalizadas. Mesmo vendo que havia esse isolamento, não fazíamos nada. Tinha que dar um passo em direção ao centro, para não deixar que fosse tudo pro Centrão, que era a direita.

Quantos parlamentares o senhor acha que fizeram a Constituição, do ponto de vista dos formuladores?

JF — Cinquenta.

E o resto?

JF — Tem que ter alguém que senta e escreve, que arruma, organiza. Mas dizer que os outros não participaram é injusto. Se houvesse omissão ou não participação não haveria Centrão, não haveria as mudanças que houve. A verdade é que, quando chegou ao Plenário, todos de alguma forma participaram, cumpriram sua parte, que era, pelo menos, fazer acontecer o que eles queriam.

Que episódios engraçados, curiosos, marcantes ficaram na sua memória?

JF — Era a capacidade do dr. Ulysses de não sair da cadeira. Uma vez ele ficou 9 horas sentado. Quando saía, ia ao banheiro e voltava imediatamente.

Lembra que teve um constituinte que fez greve de fome?[6]

JF — Sim, o Siqueira Campos. Fez uma greve de fome para que a Constituinte votasse a criação do estado do Tocantins.[7] Aquilo desencadeou um processo terrível para o país. Todos os territórios se transformaram em estados,[8] com super-representações. Como Goiás perdeu o Tocantins, os deputados de Goiás reivindicaram uma mudança no critério de contagem. O mínimo anterior eram quatro deputados por estado. Passou-se a ter oito.[9] A proporção era completamente injusta em relação a São Paulo, Minas e Rio de Janeiro. Oito deputados mínimos, em São Paulo, na Bahia, no Rio Grande do Sul, é uma coisa. Mas em Roraima é muito.

A *Folha de S.Paulo* fez um editorial violentíssimo contra a aprovação dessa emenda. Um dos que não compareceram para votar, ajudando a aprovação, foi o senador Fernando Henrique Cardoso.

JF — É. Foi uma das coisas mais erradas da Constituição — e resultou nesse parlamento desnecessariamente superlativo de 513 deputados.

Qual é a avaliação geral que o senhor faz?

JF — O carro da Constituinte só tinha farol traseiro. Resultou numa Constituição poliédrica, com muitos lados. Na maioria se acertou, tanto que nós temos o maior período da vida republicana sem golpe de Estado. Isso é uma grande conquista. Foi o momento mais importante da minha vida, do ponto de vista existencial. E o epicentro da vida do país, da história recente. Eu só fui votar pra presidente da República aos 42 anos de idade. Para a minha geração, não é só uma questão de honra, é uma questão de vida ou morte.

JOSÉ SERRA

Deputado do PMDB de São Paulo e relator da comissão do Sistema Tributário, Orçamento e Finanças

"O Centrão não era a direita, o Centrão era o atraso."

O senhor demora muito para aparecer nas primeiras semanas dos debates da Constituinte. Só surge, nos anais, já na comissão da qual foi relator — a de Sistema Tributário, Orçamento e Finanças,[1] presidida pelo Francisco Dornelles. Atuava nos bastidores?

José Serra — Eu tive uma intensa atuação, mas longe de microfone. Nunca fui muito atraído por microfone, sempre tive horror de falar sem ser ouvido. Nunca consegui ir para a tribuna, com o Plenário vazio, fazer discurso só pra aparecer na televisão. Não abomino quem faça. Mas eu não consigo.

O regimento foi o primeiro debate acirrado — e durou algumas semanas.

JS — Eu fui contra, até o último momento, que tivesse um capítulo sobre o sistema financeiro. O Fernando Henrique botou não só porque tinha pressão, mas porque cada comissão precisava ter três subcomissões. Como na do Sistema Tributário podia caber orçamento e tributação, ficava faltando uma terceira perna. Por isso entrou a Subcomissão do Sistema Financeiro, o que é um absurdo. Nenhuma Constituição do mundo trata do sistema financeiro no seu texto. Pode ter um preceito geral, mas não em detalhes. Eu fui um crítico da forma como foi feito o regimento. Mas isso não foi o Fernando Henrique que inventou. O relator expressa o consenso que vai se desenvolvendo.

Qual era a sua crítica?

JS — Eu era contra o detalhismo. Porque se você coloca algo vai acabar dizendo coisas a respeito, e é provável que diga bobagens, e introduza coisas rígidas, impróprias a um texto constitucional.

Para onde apontava esse regimento detalhista?

JS — Para buscar uma economia forte do ponto de vista nacional e estatal. Eu não tinha essa tendência, embora fosse, na biografia e na atuação, até mais à esquerda do que muitos que queriam isso. Para mim, questões como déficit público, maior ou menor presença estatal, não eram mitos como eram para a esquerda. Você pode ser de esquerda e procurar um sistema fiscal mais equilibrado, não precisa ter uma onipresença do Estado, não precisa ter bloqueio do capital estrangeiro. Nesse aspecto, eu estava numa posição diferente da do próprio Covas e, em certa medida, até da posição do Fernando Henrique.

Como assim?

JS — Primeiro, a experiência que eu tive com integrantes do movimento pré-1964, com a economia naufragando daquele jeito. Eu nunca tirei da cabeça que aquilo foi um fator essencial para explicar o que aconteceu. E a experiência que eu tive no Chile, com o governo [Salvador] Allende [presidente do Chile de 1970 a 1973]. Eu estudei Economia no exterior para entender esses processos. Eu tinha a memória do que havia acontecido nos outros lugares.

E, na volta para o Brasil, teve a experiência no governo Franco Montoro [1982-1986]...

JS — Eu fui o secretário mais importante do governo Montoro, uma espécie de primeiro-ministro. Você entra no governo com uma inflação de dois dígitos mensais, imagina o que é isso, uma expectativa tremenda, o primeiro governo democraticamente eleito em vinte anos, o funcionalismo ganhando mal, uma demanda enorme que você não tinha condições de atender. Eu realmente fiz um trabalho de saneamento fiscal em São Paulo. No final deu certo.

O senhor era próximo do Tancredo — foi coordenador do programa do governo de transição — e já disse, uma vez, achar que ele não convocaria uma Constituinte, e sim uma reforma. Por quê?

JS — Eu sentia isso. E não faria sentido ele convocar, porque teria o mesmo problema que o Sarney teve: o Congresso pegar a rédea nos dentes. Eu mesmo teria dito a ele para não fazer uma Constituinte ampla, geral e irrestrita, como acabou sendo. Eu achava que podia fazer uma bela reforma da Constituição de 1967 ou pegar a de 1946 e reformar. Qual é o problema de pegar a de 1946 e reformar? Ou declarar nula a de 1967, feita num contexto autoritário, pegar a de 1946 e dar uma atualizada. Qual era o problema? Você tinha um texto-base de referência. Mas partir do zero? Nem no Ulysses eu via maior entusiasmo com a convocação, antes. Depois que já estava, ele vislumbrou. É outra história. A Constituinte virou uma consigna política da democratização. Por isso que era difícil fazer de outra maneira.

Na eleição de 1986, o senhor foi o segundo mais votado, com 160 mil votos. O jurista Miguel Reale Jr., ao comentar esse ponto, disse que o senhor, saído da Secretaria de Planejamento do Montoro, tratorou todo mundo — e que muita gente boa não foi eleita por causa disso.

JS — Não é verdade. Na época, o limite para entrar foi 50 mil ou 40 mil, não sei direito. Teve gente que teve 12 mil votos, e que argumentou que não foi eleito por minha causa. Agora, voto de opinião eu tive muito. É possível que quem tivesse voto de opinião tenha perdido pra mim. Mas isso não é tratorar.

Quando o senhor chegou lá estava tudo combinado para o Fernando Henrique ser o grande relator da Constituinte.

JS — É verdade.

Como líder do PMDB na Constituinte, Covas tinha a prerrogativa de indicá-lo. Mas abriu mão e permitiu a disputa entre Fernando Henrique, Pimenta da Veiga e Bernardo Cabral, que acabou ganhando. Por que aconteceu isso?

JS — A eleição para relator foi uma forma de o Covas não escolher. Foi um procedimento inusitado. Líder nunca submete a escolha do relator a voto. No momento em que ele submete, ele perde a autoridade sobre o relator e, no limite, a autonomia para substituir o relator.

E por que Covas preferiu a votação?

JS — A pressão para nomear o Fernando Henrique era muito grande. Ele era o candidato natural, meu, aliás, do Ulysses e de vários outros. Mas acabou sendo vítima do paradoxo de Condorcet[2] — que, aliás, teve a cabeça cortada na Revolução Francesa. Mas era um grande matemático.

O que diz o paradoxo de Condorcet?

JS — Que existe a possibilidade, numa eleição, de não haver correspondência entre as preferências dos indivíduos e a escolha da coletividade. Assim, por exemplo, em eleições com mais de dois candidatos, os preferidos pela maioria podem não ser os vencedores.

Foi o que aconteceu.

JS — O Fernando teria ganhado, contra o Cabral. Mas o Pimenta, teimoso, não quis retirar a candidatura. Eu apoiei o Fernando Henrique e fui daqueles que tentaram dissuadir o Pimenta de disputar.

Por que Covas fez isso?

JS — O Covas e o Fernando Henrique tinham potencial para ser candidatos a presidente, grandes líderes nacionais. Havia sempre uma disputa implícita.

Mesmo correndo o risco de entregar a relatoria para Bernardo Cabral — que não era, digamos, do mesmo PMDB?

JS — O Covas e o [José] Richa apoiaram o Cabral, na votação. O Covas e o Cabral eram colegas, foram cassados juntos em 1968. E o Cabral tinha alguma penetração, era um homem da Amazônia, o Norte e o Nordeste o viam com simpatia, devia ser bom de papo, tinha sido presidente da OAB, foi contra a ditadura. Acabou ganhando. E a partir daí o Covas não comandou o Cabral. Com o Pimenta, ou o Fernando Henrique, ele teria muito mais comando. Se o Fernando Henrique fosse o relator, a Constituição seria outra. Não é que seria radicalmente diferente.

Os relatores de todas as outras comissões foi o Covas que indicou, como líder.

JS — Foi o grande papel do Covas, no começo. Ele escolheu — foi o meu caso na Comissão do Sistema Tributário... — e deu um viés mais à esquerda que o da própria bancada do PMDB.

Que estava longe de ser uma bancada de esquerda...

JS — Digamos que foram uns vinte graus à esquerda do que era a bancada.

Como é que o dr. Ulysses via essa movimentação do Covas?

JS — O Covas já estava às turras com ele desde o começo da Constituinte. Uma coisa importante, para entender o processo, é que outra instância da Constituinte, informal mas muito forte, eram as reuniões na casa do Ulysses. O Ulysses chamava os relatores. O Mário não ia — e ficou numa situação esdrúxula. Essa instância era muito importante.

Como as coisas ocorreram, na sua comissão?

JS — Nós fizemos acordos. Se você não fizesse uma maioria, ficava complicado.

Dê um exemplo.

JS — Existia, sobrando, dois pontos percentuais do Fundo de Participação de Estados e Municípios, tirados do Rio de Janeiro quando se deu a fusão dos estados, na época do Geisel. O Rio perdeu, na ponta do lápis. Foi uma barbaridade, mas os cariocas não devem ter se dado conta. Esses dois pontos ficaram alimentando a Sarem, Secretaria de Articulação de Estados e Municípios, que ficava à disposição do ministro do Planejamento, que fazia a sua fisiologia, não própria, mas atendia um deputado aqui, uma coisa que o presidente da República queria... Na Constituinte, o pessoal queria pegar isso aí e botar no Fundo de Participação. Eu era o relator, e me opus: "Eu não ponho. Fundo de Participação não é pra custeio." Deu muita discussão. Aí eu tive a ideia: vamos criar o Fundo Constitucional do Desenvolvimento do Norte e Nordeste,[3] emprestando só para o setor privado. Juntaram o Centro-Oeste, para ter uma frente única. Por isso é que garfaram mais um ponto percentual — além daqueles dois do Rio. Isso aí foi objeto de um acerto, de um acordo. Depois todo mundo ficou patrono da ideia, mas fui eu que fiz. Foi a coisa mais importante que teve.

Os anais mostram que a bancada do Nordeste resistiu bastante à sua indicação como relator.[4]

JS — Eu não me lembro muito disso. Eles eram contra?

Houve grande resistência.

JS — Engraçado. É por ser um paulista.

Conte mais sobre a sua atuação.

JS — A minha participação não ficou restrita, de jeito nenhum, aos capítulos dos quais eu fui relator. Eu passei a frequentar as reuniões do Cabral, com os seus vice-relatores, que eram o Jobim, o Antônio Carlos Konder Reis, o Adolfo Oliveira e o Zé Ignácio. Eu praticamente me tornei um integrante informal desse grupo. Eu opinava, o Cabral permitia, e de alguma maneira eu influenciava bastante, sobretudo se fosse questão econômica.

Por exemplo.

JS — A proibição de parlamentar fazer emenda aumentando despesa. Argumentei que quem representasse uma corporação apresentaria, todos os anos, projeto de aumento de salário. O Congresso viraria uma loucura. Eu convenci o pessoal que era melhor renunciar a essa prerrogativa.

O senhor também propôs que o exercício dos mandatos deveria começar em 1º de janeiro.

JS — Foi a pior ideia que eu tive na Constituinte inteira, e eu sou o responsável.

Por que o senhor encasquetou com isso?

JS — Porque eu estava obcecado com o esquema que o [Paulo] Maluf tinha aprontado em São Paulo, quando assumimos o governo, em 15 de março. Em dois meses e meio eles torraram o orçamento do ano. Você tem maneira de torrar, vai empenhando, vai fazendo. Então eu queria que o mandato começasse junto com o ano orçamentário. Na verdade, alguém poderia ter dito "põe dia 2", mas ninguém disse. Foi um erro coletivo, mas veio da minha cabeça.

A Constituinte teve vários grupos paralelos — trabalhando em outros projetos de Constituição. O senhor participou de algum?

JS — Participei do grupo que o Richa montou com a Sandra Cavalcanti [o chamado Projeto Hércules], que se reunia no Instituto Israel Pinheiro. Tinha gente muito diferente, e a ideia era formar consenso. Foi lá, por exemplo, que eu vendi o peixe da minha emenda em torno do seguro--desemprego.[5]

Qual foi a sua formulação?

JS — Eu fiz uma proposta de criar um fundo, que depois, pela lei, veio a chamar-se FAT [Fundo de Amparo ao Trabalhador], que reuniria os recursos do PIS e do Pasep, e financiaria o seguro-desemprego. E sugeri, nas transitórias, que pelo menos 40% da arrecadação anual iriam para o BNDES,[6] para emprestar. A ideia era ter um fundo anticíclico. Quando a economia fosse muito bem, e o desemprego fosse baixo, você ia gastar pouco em benefícios e ia investir mais. Quando a economia fosse mal e o seguro-desemprego fosse alto, você ia gastar mais, mas tinha o dinheiro de quando a economia foi bem. Na prática, não funcionou bem assim, mas aí é outra discussão.

O senhor também defendeu o segundo turno nas eleições, não?

JS — Fui eu quem fiz o discurso no Plenário, defendendo o segundo turno. Fui certamente o principal responsável por isso estar na Constituição.[7] Não me lembro direito qual foi o caminho. O apoio a essa emenda foi fruto de um acordo meu com o Marco Maciel [ex-senador e ex-vice-presidente do Brasil], contanto que nos municípios valesse apenas para aqueles com mais de 200 mil habitantes.[8] Isso eu negociei com o Marco Maciel. Não fosse ele, teria sido segundo turno para tudo.

O que não faltou foram propostas absurdas. Lembra de alguma?

JS — Isso tinha às toneladas. Uma das que eu impedi foi parlamentar poder ser diplomata. O Itamaraty deve essa a mim. Eu fui lá e encaminhei contra, mostrando o loteamento e a barganha que iria acontecer. Já imaginou se pudesse nomear deputado embaixador, como estaria o Brasil, sobretudo no furor fisiológico da Nova República? Essa é uma daquelas coisas que torna o passado inocente. Pré-64 é uma época de inocência em relação ao que aconteceu depois, em relação à Nova República, nessa matéria.

O senhor foi radicalmente contrário, o tempo todo, a uma das propostas mais polêmicas da Constituinte — a que fixava o limite de juros em 12%. Foi feita na sua comissão, pelo seu velho conhecido Fernando Gasparian, relator da Subcomissão do Sistema Financeiro, uma das três da sua comissão. Na época da ditadura, quando o senhor era presidente da UNE, até pagava o aluguel da sede, como conta no seu livro. Depois ele foi dono do jornal *Opinião*. Durante a Constituinte, o senhor e ele travaram uma guerra a respeito dos 12%, e também de outras propostas, muito presentes nos jornais. Os 12% não passaram na sua comissão — mas no final das contas a proposta foi aprovada, entrou na Constituição,[9] e foi um Deus nos acuda. Como foi essa história?

JS — Uma vez nós estávamos jantando em Ibiúna, na casa do Fernando Henrique. Eu era secretário do Montoro, e tinha capitaneado um aumento do ICM [Imposto de Circulação de Mercadorias], de um ponto percentual, e consegui que o Delfim [Neto, então ministro da Fazenda] mandasse o pedido para o Senado, e aumentou. E aí, no jantar, o Gasparian criticou isso. Falou que era um absurdo, porque o aumento de imposto ia diminuir a arrecadação. Eu disse "Ah, Fernando, essa é a conversa de sempre. Nunca se vai reajustar um imposto, porque no limite sempre tem esse argumento", uma coisa assim, talvez irreverente. Ele ficou magoado comigo e tal. Mas o fato é que ele se elegeu deputado, na Constituinte — já estava assim comigo — e veio com essa proposta, dos 12%.

De onde ele tirou essa proposta?

JS — 12% é uma taxa que tinha nos anos 1930, alguma coisa assim, na Lei da Usura. Ele propôs na subcomissão, mas nós articulamos para que fosse derrotada lá mesmo.

Essa subcomissão, da qual ele era o relator, foi a única em que o senhor não falou, oficialmente, como fez nas outras duas.

JS — Mas eu estava lá, articulava muito.

E essa disputa pelos jornais?

JS — Eu sempre procurei evitar. Nunca tive nada contra o Gasparian. A filha dele, quando eu fui governador, foi minha secretária de Relações Internacionais. A Dalva, mulher dele, é minha amiga. Ele ficou ardido comigo

Como foi que ele se costurou por dentro, deu esse drible, e conseguiu que a proposta fosse aprovada por 314 a 112?

JS — Na hora da votação em plenário o líder já não era o Covas, era o [Nelson] Jobim. Já tinha sido criado o PSDB, aí eles ganharam. Defenderam a favor, na tribuna, pelo pessoal do Centrão, o Gastone Righi e o Mario Assad, que era do PFL de Minas. Eu e o César Maia defendemos contra.

E perderam...

JS — Eu acho que a proposta dele foi fortalecida porque o pessoal tinha votado contra um item da reforma agrária, em que ganhou a posição do Centrão. Aí ficou aquela coisa "opa, deixa eu dar um voto mais progressista aqui". Isso influencia muito.

Quais foram as outras questões momentosas sobre o sistema financeiro?

JS — O sistema financeiro não me ama, eleitoralmente. Mas fui eu que evitei, primeiro, a expulsão de bancos estrangeiros e, segundo, a proibição de bancos nacionais. Eu até caçoei do [Luiz] Gushiken [PT-SP], com quem eu me dava bem. Fui até vê-lo no hospital.[10] Eu o achava engraçado. Ele era do Banespa, e propôs a proibição de bancos nacionais. Eu perguntei: você vai bancar a filial do Banespa no Rio Grande do Norte, na Paraíba? Ele até ficou meio assim. Mas tinha tudo isso — como a proibição, por exemplo, de que diretor do Banco Central viesse da área privada. Era muita amarração. Tudo isso eu fui derrubando, ou na subcomissão, ou na comissão.

Presidida pelo [Francisco] Dornelles...

JS — Vira e mexe eu dizia pro Dornelles: "Nós vamos perder alguma coisa desastrosa agora." Em alguns momentos a gente perdia. Foi por isso que ficou aquele artigo que veda a transferência de poupança de um estado menos desenvolvido para um estado mais desenvolvido.[11] Foi aprovado. Como é que você vai implantar isso? Ficou na Constituição.

Como era a sua convivência com o Dornelles no dia a dia da comissão?

JS — O Dornelles era fácil de lidar. E fez uma coisa importante: levou dois ou três assessores muito bons, inclusive o Patury Aciolly...

Pai do jornalista Felipe Patury...

JS — Pai do Felipe, que foi, talvez, o melhor servidor público que eu conheci. Era excepcional: espírito público, competência. Outro cara bom foi o Luiz Carlos Piva. O Dornelles é concessivo, eu menos do que ele, mas concedia também. Tinha que fazer um trabalho conjunto, de concessões recíprocas, às vezes assimétricas.

A verdade é que no "Capítulo IV — Do sistema financeiro nacional, art. 192",[12] ficou tudo ou quase tudo dependente de outras leis.

JS — Essa, na verdade, foi uma manobra feita dentro da Constituinte. Nós enfiamos tudo que era absurdo em artigo que remetia a futuras regulamentações, em que tudo ficou dependente de lei, inclusive os 12%. E houve a ironia de que fui eu, como senador, que fiz a emenda constitucional supressiva desse artigo.[13]

A revista *Veja* fez uma ótima cobertura da Constituinte — talvez a melhor —, mas deu poucas entrevistas nas "Páginas Amarelas".[14] Uma delas foi com o senhor.[15]

JS [Olhando a entrevista] — Essa aqui foi uma entrevista do Elio [Gaspari, então diretor de redação], para contrabalançar a onda de que a Constituição ia ser um desastre. Eu nem preciso dizer que quem escreve a entrevista é o Elio. Você já deu entrevista pro Elio Gaspari?

Não.

JS — Ele vai escrevendo e você vai dizendo se está de acordo ou não. É cômodo.

Essa foi assim?

JS [Caindo a ficha] — Não. Estou brincando. A tese [da entrevista] era dar uma visão positiva da Constituinte. Eu nunca mais li essa entrevista.

No balanço da Constituinte, *Veja* fez um verdadeiro panegírico sobre o seu papel.

JS — Você tem aí? [Olhando o artigo.] Como eu tinha cara de novinho. Puta que o pariu!

Como foi essa aproximação com a *Veja*?

JS — Intelectual, na verdade. Eu conheci o Elio na casa do Fernando Henrique, em um almoço. Passamos a conversar mais, 90% de conversas sobre o Brasil.

Como o senhor avalia o papel do Departamento Intersindical de Assessoria Parlamentar (DIAP), que deu notas para a atuação de todos os constituintes? A sua foi 3,7.

JS — O papel do DIAP foi terrível. Era uma patrulha, de natureza supostamente sindical-trabalhista. Eu tive 3,7 porque votei contra o monopólio nacional de exploração mineral. Era um dos quesitos. Era um negócio de doido. A questão corporativa é um problema grave que o Brasil tem: confundir corporação com o povo. O lobby do DIAP tinha uma grande influência na bancada. A minha posição sempre chamava atenção, porque eu cheguei lá como um cara de esquerda, que eu considerava que era, mas com visões diferentes sobre a questão fiscal, a questão da propriedade, coisas desse tipo.

Como a reforma agrária, por exemplo.

JS — Na questão da reforma agrária eu implicava com os custos. Argumentava que aqueles títulos da dívida agrária eram um poço sem fundo. Eu aprendi, no Chile, e botei isso no meu livro, que uma reforma agrária bem-feita custava, em valores de 1968, 10 mil dólares por família. Então tinha um custo descomunal. Eu tinha uma preocupação obsessiva com custos, isonomias, vinculações. Isso, paradoxalmente, não me tirava ascendência na Constituinte. Eu era uma espécie de consciência crítica. Eu tinha ascendência sobre os outros, mas era assim, às vezes pela franqueza desassombrada.

O senhor foi um dos que acompanharam, na época, a negociação com Mário Covas sobre a proposta de parlamentarismo encaminhada pelo presidente José Sarney, via José Richa.

JS — Foi o Covas que não aceitou. Na época eu não comprei a briga.

Por que vocês acataram a posição do Covas?

JS — Porque intimidou. Aquilo teria mudado o Brasil pra sempre, seria parlamentarismo. Olhando hoje, tenho imenso arrependimento de eu mesmo não ter posto a boca no trombone, falando a favor. Ficamos intimidados, essa é que é a verdade. Se o Covas tivesse dito que sim, teria sido. Tudo poderia ter sido diferente, porque a proposta do Sarney era razoável. A Constituição estava pronta, já, no modelo parlamentarista. É incrível ter acontecido isso.

Por que o senhor não insistiu com Covas?

JS — Eu particularmente tinha problemas na relação com o Covas. Era um custo confrontá-lo numa questão dessa natureza.

Que tipo de problema?

JS — Eu sei lá, disputas. O Covas comigo era ciumento, reconhecidamente, e tínhamos visões diferentes quanto a teses na Constituinte. Eu tinha uma posição, por incrível que pareça, menos à esquerda, mais diferente no que se refere a papel do Estado, capital estrangeiro...

Como viu a atuação do Lula?

JS — Teve um papel pequeno, um tanto desinteressado. Não era um homem de tribuna, de grandes argumentações. Era o Lula, com peso, carisma. Não foi o papel de um grande líder.

A Constituinte teve um lado mundano agitadíssimo, festas, farras, amantes. Qual foi a sua participação nisso?

JS — Eu não te diria [risos]. Mas não era assim. Brasília era diferente. Você saía pra jantar com uma mulher bonita, até uma jornalista conhecida, não gerava fofoca. Era outro ambiente. O Bernardo Cabral fez declaração para uma jornalista no Plenário.

Um episódio que agitou a Constituinte — e o país — foi a queda do ministro da Fazenda Dilson Funaro, em abril de 1987, o segundo mês da Constituinte, que aliás não conseguiu tê-lo como depoente, porque a proposta de convidá-lo perdeu. O senhor foi um dos cotados para assumir — mas acabou entrando, por indicação do dr. Ulysses, o economista Bresser-Pereira. O que aconteceu nesse episódio?

JS — Eu fui cogitado para a Fazenda, e sondado pelo [Rubens] Ricúpero, que era assessor internacional do Sarney, pelo Saulo Ramos, que era o consultor-geral, e pelo general Ivan [Mendes], chefe do Serviço Nacional de Inteligência (SNI). Eu nunca soube direito o que aconteceu.

O que o senhor disse para eles?

JS — Não fiz nenhuma negativa peremptória, não. Mas fui arredio.

Chegou a ter alguma conversa direta sobre isso com o presidente Sarney?

JS — Direta, não. Eu soube, depois, que o dr. Ulysses, embora muito próximo a mim, ou vice-versa, não apoiou. Ele achava que eu poderia apoiar o Montoro para presidente, se fosse bem-sucedido. O fato é que o Ulysses não se engajou, surpreendentemente. Eu também não pedi. A minha passividade foi enorme, não sondei ninguém e não pedi apoio a ninguém.

E Fernando Henrique, como se comportou nesse momento?

JS — A versão que eu tenho é que ele disse que tinha que ser eu, mas o Fernando Henrique não tinha cacife com o Sarney. Ele tinha dado uma entrevista para o *Jornal do Brasil* espinafrando o governo Sarney, para aquela jornalista loira, de olhos azuis [Cecília Pires; a entrevista foi em fevereiro de 1986]. Eu também não tive apoio do Covas e do Richa.

Por que o senhor não lutou pelo cargo?

JS — Porque eu tinha resistência a ir. A maneira de não ir é também não indo à luta. Eu não acreditava no sucesso da estabilização, e achava que a inflação em dois dígitos mensais era uma loucura. O Ulysses acabou bancando o Bresser.

O senhor achou isso bom, na época?

JS — Eu achava que quem quer que entrasse lá não ia botar ordem naquilo. Tinha um governo fraco, pela própria superinflação galopante. Uma Constituinte gulosa, do ponto de vista fiscal, em pleno andamento. A chance de dar certo era zero. Eu sempre tive essa análise. É provável que se eu tivesse ido à luta teria sido eu. O Ricúpero disse pro Sarney, quando o Sarney convidou o Bresser, e não a mim, que era o fim do governo.

Como foi que o Sarney lidou com a Constituinte?

JS — Não foi brincadeira. Ele presidente e a Constituinte querer governar paralelamente a ele. Ele jogou pesado na luta pelos cinco anos. Quem perdeu foi o país.

Defina jogar pesado.

JS — Apesar de criticar a Constituinte pelos gastos, ele se aliou com os setores mais gastadores da Constituinte, que estavam no Centrão. O projeto do Centrão era muito mais gastador e muito mais populista do que o projeto aprovado na Comissão de Sistematização, que já era gastador. Era muito pior. O Fernando Henrique sempre fala, citando o Sérgio Buarque de Holanda, que o Brasil não tem direita conservadora, tem é o atraso. O Centrão não era a direita conservadora, o Centrão era o atraso. A esquerda também. O problema do Brasil não é a esquerda, nem a direita, é a Frente Única contra o Erário.

Como o Sarney articulou esse Centrão?

JS — As concessões de rádios e televisões, pelo Antônio Carlos Magalhães [ministro das Comunicações], isso teve um peso enorme. O Sarney exerceu como nunca o uso da máquina. Talvez nenhum governo tenha feito isso naquela medida, até então.

O PMDB rachou em plena Constituinte — e surgiu o PSDB, com o qual o senhor ficou. Por que o racha aconteceu?

JS — Isso foi selado primeiro pelo [general] Golbery [do Couto e Silva], quando inviabilizou o PP, do Tancredo. O PP voltou e entrou no PMDB. Então já teve um inchaço, porque o PP tinha pego gente que era também da Arena. Depois virou política de porteira aberta. Mudou a qualidade do PMDB. Isso afastou o PMDB da sua origem. Eu fui o relator do programa do PMDB em 1979. Mas estou falando do que veio depois. Foram duas golfadas de gente. A outra foi na aliança com o Sarney.

O senhor foi entusiasta do "vamos sair"?

JS — Fui, na medida em que se tornou viável, com a adesão de gente que não era só de São Paulo.

O dr. Ulysses não tentou conter o senhor?

JS — Não. O Ulysses estava muito desgastado, porque a imagem dele ficou presa no governo Sarney, com aquele final muito ruim, de inflação galopante e tudo mais.

Líderes e vice-líderes

ANTÔNIO BRITTO

Deputado do PMDB do Rio Grande do Sul e vice-líder

"O Planalto partiu pra guerra. E Sarney liberou os buldogues."

O senhor, como jornalista, foi porta-voz de todo o drama do presidente Tancredo Neves. Por que quis virar político e se eleger constituinte?

Antônio Britto — Eu sou filho de político. Meu pai, além de jornalista, era um vereador de cidade do interior, Bagé (RS), pela União Democrática Nacional (UDN). Perdi meu pai muito cedo, com 10 anos, o que funcionou como um reforço à ideia de ser político e advogado. Até fiz o vestibular para Direito, e passei, mas tive que desistir do curso porque consegui um emprego de jornalista. Aos 18, por conta do trabalho, já tinha desistido das duas coisas: política e advocacia.

E como nasceu a candidatura à Constituinte?

AB — Na noite do dia em que o dr. Tancredo foi sepultado, em São João Del Rey (MG). Fui para o aeroporto de Uberlândia, com o dr. Ulysses e o Fernando Lyra [ministro da Justiça entre 1985 e 1986], pegar o avião para Brasília. Quando estávamos lá, as pessoas começaram a me aplaudir, a gritar o meu nome, aquelas coisas. O dr. Ulysses me disse: "Olha, tu não vai poder deixar de ser candidato." Ou seja: eu fugi da política, e a política foi me buscar.

E qual foi a sua sensação, quando chegou lá, no começo de 1987?

AB — Era muito mais um sentimento de comemoração, pelo processo de abertura e de redemocratização, mais uma sensação de escrever um livro novo do que de saber o que colocar no livro novo. Hoje, pensando, e não deixa de ser irônico que eu seja um dos que dizem isso, eu acho que o maior erro que se cometeu foi não ter havido um projeto preliminar. Organizaria um pouco o jogo, daria um dado de referência no mundo real.

Na época, o senhor também não quis.

AB — Pois é. A sensação de vitória da democracia levava exatamente ao sentimento contrário. "Não me traga nada pronto, porque você está manietando, cabresteando, induzindo, reprimindo." Aí tinha uma coleção de verbos, que eu próprio usei muito na época [risos]. A imagem que eu faço é: sem o projeto preliminar, a Constituinte se tornou um jogo de futebol sem bola.

É uma boa imagem.

AB — Tinha uma movimentação inacreditável: torcedores, invasão de campo, narração do jogo, tudo. Só faltava ser objetivo, "O que é que a gente está discutindo, afinal?" Como o livro estava totalmente em branco, aconteceu outro problema: ficou liberado que cada um tomasse as suas iniciativas. Então eram 559 livros em branco — o que levou a uma produção de ideias um pouco descolada da realidade.

A metodologia escolhida — comissões e subcomissões — também não ajudava...

AB — Ajudava a desorganizar. E, de outra parte, o momento no Brasil era de conferir poderes divinos à Constituição. A sociedade ia para dentro do Congresso propor e pleitear absolutamente tudo. Era uma atitude um pouco romântica — própria de quem sai da ditadura. O lema da sociedade com a Constituição era "o que a gente escrever, acontecerá". Até hoje estamos descobrindo que grande parte do que a gente escreve não acontece. É por isso que boa parte da Constituição é muito mais uma manifestação de desejo do que um plano de voo.

Como é que se jogava o jogo nas comissões e subcomissões?

AB — A Constituinte desenhou um Brasil sem maquete, sem definição de nenhum pressuposto. Vinha uma comissão e desenhava uma parte do prédio, a outra comissão desenhava outra parte do prédio. Essas partes só se encontraram no Plenário. E no Plenário elas não encaixavam. Pegava a tesoura e eliminava 90% [das propostas]. Os 10% que eram, digamos, duzentos artigos. Então a gente passava madrugadas e dias tentando fazer acordos, os famosos acordos de líderes, para dar um pouquinho de objetividade, um pouquinho de consistência.

Qual foi o resultado?

AB — Temos uma Constituição parlamentarista, como aprovada na Comissão de Sistematização, que, na última hora, depois da virada de mesa do Centrão, decide ser presidencialista. Do ponto de vista fiscal e tributário é um negócio inacreditável. A gente desenhou todas as despesas e não desenhou simultaneamente as receitas. Então as despesas e as receitas não casaram, não são conciliáveis.

Qual era o problema com as comissões?

AB — As comissões tinham especialistas nas suas questões específicas. Educação, por exemplo, foi muito desenhada a partir da visão corporativa dos educadores. A saúde, a partir dos médicos. É claro que algumas questões consideradas prioritárias pelos especialistas não eram necessariamente essenciais para o país.

Dê um exemplo, na área de saúde.

AB — A questão essencial para o país, do ponto de vista de saúde, é como garantir o acesso da população. A comissão era dominada, de um lado, pelos que acreditam que só o Estado pode prover saúde e, de outro, pelos que acham que só a iniciativa privada deveria prover saúde. Como não tem como fazer saúde sem os dois lados, a gente perdeu a chance de enfrentar a questão concreta: como o setor público vai regular a saúde e como vai interagir com o setor privado para ter um acesso decente e democrático.

E na educação?

AB — A grande questão da educação ficou sendo o ensino religioso ou não religioso e a possibilidade de um ensino privado-lucrativo, ou só filantrópico. Essas não eram as questões do país sobre educação, eram as questões do pessoal da educação sobre educação. Poucos de nós fizeram a Constituição olhando para o futuro.

Quem fez a Constituição olhando para o futuro?

AB — Eu não me ponho em lista nenhuma, mas vou citar nomes de geografias ideológicas diferentes: Mário Covas, Jarbas Passarinho, José Fogaça, Artur da Távola, Almir Gabriel, José Serra, Francisco Dornelles, Nelson Jobim, e vários outros...

E os lobbies?

AB — Havia lobby no sentido de assegurar espaços institucionais, muito mais do que essas emendas com nome, sobrenome e CNPJ que a gente vê hoje. Hoje você tem um descasamento entre a proposta e qualquer coisa que não seja o seu interesse estritamente econômico. O grande embate da reforma agrária, por exemplo, em que eu fui o mediador. O lobby era a favor de quem tem terra ou de quem não tem terra. Mas tinha uma ideia por trás, que era a questão da propriedade, a função social da propriedade. Hoje se discute o número do meridiano, a localização geográfica, tem CNPJ na discussão.

Como é que se resolviam os impasses quando uma discussão empacava, ou caía no chamado "buraco negro"?

AB — Como é que se resolve um impasse? Usando palavras neutras ou estéreis, e depois, no futuro, se identificará o que elas são. Essa é uma bela saída para resolver problema de texto. Se eu disser que a finalidade de uma coisa é promover o equilíbrio e o desenvolvimento, você não sabe de que coisa eu estou falando e concorda com a minha frase. Se olhar a Constituição andando para trás, fica claro que os artigos nascem de afirmações corretas ou incorretas, mas específicas. Elas, por específicas, geram reações, confrontam com outras, e buscam abrigo e refúgio numa solução neutra.

Bonito ou feio, no mérito?

AB — Do ponto de vista político era bonito, porque nós não tínhamos como sair daquele impasse e a Constituição tinha que ser feita. Ninguém tinha maioria, ou era isso ou era nada. E nada era um negócio muito ruim naquele momento.

É impressionante a quantidade de vezes que empatava — sem ter pra onde correr...

AB — Nós corremos para a Constituição como um sujeito famélico em estado crônico corre pra uma gôndola no supermercado. Uns com interesses concretos e outros com interesses que eu chamo de românticos. E isso foi potencializado pela questão metodológica. Se o livro está em branco...

Na disputa entre Covas e Luiz Henrique para líder do PMDB na Constituinte, o senhor apoiou Luiz Henrique. Covas ganhou e convidou o senhor para vice-líder.

AB — O Covas ganhou — com todo respeito ao Luiz Henrique, um querido amigo meu — porque chegou lá com oito metros de altura. Figura histórica, o peso de São Paulo, o discurso inacreditável que ele fez.[1] Eu me lembro bem. Estava sentado na quarta ou quinta fila e disse: "Ai, meu

Deus do céu." No dia seguinte, ele me convidou para vice-líder, mesmo sabendo que trabalhei para o Luiz Henrique. Os outros vice-líderes foram o [Nelson] Jobim e o [Euclides] Scalco, os três gaúchos.

E quando o Covas adoeceu,[2] em setembro de 1987, e teve que correr pra São Paulo?

AB — Nós ficamos tomando conta do boteco, revezando. É claro que a gente se desorganizou um pouco. Na volta do Covas, cheio de restrições médicas, teve um episódio engraçado. Nós tomávamos chá de carqueja [muito amargo], normalmente. O garçom trouxe, ele também aceitou, e deu um gole. Quase mata os três. "Isso sim que é risco de vida", falou [risos].

Qual foi o papel do Sarney na Constituinte?

AB — Como tudo que envolve o Sarney, a palavra certa não é "papel" — é "papéis". Vou começar pelo pior. Há determinado momento, da metade para o fim da Constituinte, em que ela claramente se transforma numa queda de braço com os poderes do Sarney — presidencialismo, mandato, e algumas questões econômicas, em que o empresariado fazia pressão. E aí o Palácio do Planalto perde o constrangimento, e parte para a guerra. É um visível momento de tensionamento. Ali não é mais ele, ali ele libera os buldogues, que são os que mais mordem. Aí é a hora que o mundo real vai para a Constituinte, e esse mundo real sempre tem relação com o poder.

Com destaque para quem, além do Antônio Carlos Magalhães [ministro das Comunicações]?

AB — Basta o Antônio Carlos.

A Roseana [Sarney] também teve um papel relevante, principalmente na conversa com constituintes, não?

AB — A Roseana conhecia profundamente o Congresso. Fazia um mapeamento de votações e exerceu, sim, um papel importante. O engraçado é que as grandes relações dela na Constituinte estavam especialmente na esquerda.

E os empresários — como é que pressionavam?

AB — Se é Casa Civil que fala com o cara da FIESP, ou se é o cara da FIESP que vai sozinho, o que importa é que o constituinte levou a pressão da FIESP. Se é o Antônio Carlos que aciona a Globo, ou se a Globo iria para lá sem o Antônio Carlos, é mais matéria arqueológica do que a pressão. Quando os interesses econômicos entraram em jogo — impostos, papel do capital estrangeiro, concessão de rádio e TV —, o romantismo foi embora.

Teve coisa feia?

AB [risos] — Eu estou rindo porque, se comparar com hoje, era colégio de freira...

Pelo noticiário da época, o senhor até que tentou segurar o racha que levou à criação do PSDB, em plena Constituinte. Por que é que não deu?

AB — Porque a Constituinte, à medida que avançava, mostrava que havia pelo menos três PMDBs. Um, primeiro, que não tinha histórico de resistência à ditadura, e que era uma área extremamente conservadora, que acabou criando uma antítese ao Covas e se aliando muito mais ao Zé Lourenço, líder do PFL. Na outra ponta você tinha a dissidência do MUP [Movimento de Unidade Progressista],[3] com pessoas que tinham vindo de movimentos sociais organizados. Agora estou lembrando do Domingos Leonelli, do Vicente Bogo e do [Hermes] Zanetti.

E o terceiro PMDB?

AB — É um PMDB que estava em torno de São Paulo, em torno do Covas, visivelmente incomodado com o caminho que o Sarney tinha tomado. E essa história do PSDB tinha muito de uma rebelião paulista — principalmente dos que estavam incomodados com o governador Orestes Quércia.

Por que o senhor não foi para o PSDB?

AB — Na última reunião, no primeiro andar do Hotel Nacional, eu disse: "Olha, eu não vou, e por duas razões principais. A primeira é que esse negócio de mudança de partido no Rio Grande do Sul não é uma coisa que funcione e segundo que não existe nenhum problema regional no Rio Grande do Sul. Nós somos a maioria, nós temos o comando do partido." Ironicamente, seis anos depois, o PSDB tem o Fernando Henrique como candidato e eu lidero a dissidência dentro do PMDB, proíbo o Quércia de descer no Rio Grande do Sul e, sendo do PMDB, apoio o Fernando Henrique, faço comício com o Fernando Henrique. Depois eu saí do PMDB, numa briga feia. Fui para o PPS, apoiei o Ciro [Gomes, à presidência da República], e aí vim para a iniciativa privada. Vai pra doze anos que eu não tenho partido.

Em que artigo ou artigos do livrinho está a sua marca, especificamente?

AB — Eu fui mais um articulador. Mas o art. 223[4] [sobre os serviços de rádio e TV] foi fruto de um arranjo que tem o meu modesto dedinho.

EUCLIDES SCALCO

Deputado do PMDB do Rio Grande do Sul, vice-líder e líder

"O Covas não confiava no Sarney. Por isso vetou o parlamentarismo."

Na Constituinte, o senhor foi um dos vice-líderes do Covas, um dos mais próximos a ele, e teve uma participação relevante na discussão sobre a proposta do Sarney — de cinco anos com parlamentarismo, que Covas vetou. Qual é a sua versão?

Euclides Scalco — Nesse momento, eu estava na liderança, porque o Covas tinha feito cirurgia do coração, e estava em São Paulo. O dr. Ulysses me informou sobre a proposta — "O Sarney topa isso" — e eu fui a São Paulo conversar com o Covas. Ele entendia que o Sarney não cumpriria a palavra, e não concordou.

Qual era a sua opinião?

ES — Eu concordaria.

Tentou demovê-lo?

ES — Era "indemovível". Eu estava exercendo a liderança, mas eu não era o líder. Pouca gente sabe que fui a São Paulo. Foi o momento que mais me marcou na Constituinte.

A conversa foi longa?

ES — Uma hora, mais ou menos. Eu fui à noite, com a minha esposa, e voltei na mesma noite, já de madrugada, em um avião da Força Aérea Brasileira (FAB) cedido pelo Renato Archer, ministro da Ciência e Tecnologia do Sarney, a pedido do Ulysses.

O senhor levava uma questão que poderia mudar tudo, não é?

ES — Sim.

Deu pra sentir qual era a posição do dr. Ulysses?

ES — Inteiramente favorável.

Qual era a urgência, para ter tido essa correria toda?

ES — Dar uma resposta pro Sarney.

E quando o senhor voltou, com o veto do Covas, o que disse o dr. Ulysses?

ES — O assunto morreu. O fato, fazendo uma confidência, é que eu me arrependo de ter feito isso.

De não ter tomado uma posição como líder — e ter ido consultar Covas?

ES — Sim. Eu poderia ter decidido, como líder em exercício, até porque aceitava aquela proposta.

O problema não foi Covas ter vetado — um direito dele. O problema foi que todos vocês aceitaram.

ES — Ele não confiava no Sarney. Era um espanhol, duro na queda.

JOSÉ LOURENÇO

Deputado do PFL da Bahia e líder da bancada

"A Constituinte foi uma guerra. Reagimos quando tivemos tropa."

Qual era a sua expectativa para a Constituinte?

José Lourenço — O mundo vivia uma crise, um ano antes da queda do muro de Berlim. Eu já sabia que não havia ambiente político com tranquilidade para se fazer uma Constituição que fosse ao encontro dos interesses do país. Ia sair uma Constituição cheia de enxertos. Eu sei de gente que se armou — não só militares, mas civis também — para sair na bala. Tinha um civil que chegou carregado daquelas AR-15 que vinham dos EUA, via Paraguai. Muita gente armada.

Isso para a hipótese de acontecer o quê?

JL — De passar uma Constituinte em que o direito de propriedade não existisse mais. Esse texto que hoje está na Constituição, "é garantido o direito de propriedade" [art. 5º, inciso XXII], é meu. O que estava proposto era: "Está assegurado o direito de propriedade, desde que este não se sobreponha aos interesses sociais".[1] Interesse social foi uma imagem criada para mudar a estrutura econômica do país.

O senhor diz que haveria uma reação armada se tivesse passado como a esquerda propunha?

JL — Teria, sem dúvida nenhuma. Reação forte. Tinha gente se organizando para isso. Seria iniciada pelos proprietários de terra.

Como aconteciam essas disputas nas comissões e subcomissões?

JL — Agricultura, por exemplo. Eles tinham maioria por um voto. E havia um senador do Mato Grosso, Saldanha Derzi, que me disse, eu como líder do PFL: "Deputado, nós não podemos deixar que eles fiquem com o controle da Comissão de Agricultura, porque por aí vão entrar todas as emendas da esquerda para fazer a reforma agrária." No dia de uma votação importante eles estavam sem maioria, porque um tinha faltado. Como eu tinha um suplente do PFL, mandei que ele assinasse o livro e ficasse apto para votar. Eles vieram em cima: "Não pode!" O Saldanha Derzi estava com um revólver .38 mm, e me passou. Eu encostei no sujeito e disse: "Se der mais um passo eu lhe fodo, seu filho da puta."

Sério?

JL — Eu disse: "Meto bala, para aí, não vai assinar porra nenhuma."

Nessa comissão, de Agricultura, o presidente era o Edson Lobão, do PFL. O relator era Oswaldo Lima Filho, da esquerda do PMDB, indicado pelo Mário Covas.

JL — Eu tive uns pegas feios com esse relator.

Foi o Saldanha que lhe passou a arma?

JL — Sim. Eles estavam reclamando que o suplente tinha assinado, quando o titular já havia chegado. "O senhor estava na casa, mas não estava aqui na comissão na hora em que foi chamado." Já tínhamos a maioria e eu não deixei ele assinar. Quando ele sentiu o cano frio na barriga, acabou a machidão toda.

Que coisa...

JL — Era uma guerra. Nós vivemos uma guerra. Se não tivéssemos pessoas dispostas a enfrentá-la, o que hoje está aí não seria nada disso.

O senhor fez cenas dramáticas — que os fotógrafos registraram, uma delas, muito famosa, rasgando um projeto da Comissão de Sistematização.[2] Era briguento, dava trabalho...

JL — Eu passei sete meses direto em Brasília, sem me afastar. Era o primeiro a chegar na Câmara e o último a sair. Fazendo a coordenação, vendo o que tinha sido aprovado, o que ia ser votado no dia seguinte, como estávamos na votação, quem era contra, quem era a favor, se tinha algum do contra dentro do meu partido.

Como era a sua relação com o dr. Ulysses?

JL — O dr. Ulysses não era parcial, mas era presidente do PMDB. Ele era um homem bom, correto. Embora ideologicamente nós não estivéssemos muito próximos, não estávamos também muito distantes. Ele fazia o jogo dele para manter o PMDB unido o máximo possível. E, com esse jogo, tentava me foder também. Sem mim [PFL], ele não fazia maioria. Só tinha maioria comigo.

E o PFL era unido.

JL — Nós votávamos em bloco. É assim, é assim. Todo mundo cumpria, não tinha essa de fulano votar contra. Uma vez o Zequinha Sarney, filho do presidente da República, votou contra uma indicação minha. Eu imediatamente o destituí da vice-liderança. Telefonei para o presidente Sarney. "Ocorreu aqui um incidente muito desagradável e eu tive que demitir um vice-líder. Quero avisar ao senhor que eu fiz isso porque só entendo nosso partido com disciplina. Se eu disse ao senhor que o PFL tem 126 votos, não posso entregar 125. Quando eu peço alguma coisa para um deputado, o senhor me manda atender. Como é que eu atendo e depois ele vota contra?" O Sarney respondeu: "Fez muito bem." Aí eu contei: "Mas acontece que foi o seu filho."

E aí?

JL — Ele mandou o Zequinha passar uns dias no Maranhão. Destituí e disse ao pai.

O que mais o presidente disse ao senhor, naquele momento?

JL — "Fez muito bem. Também não aceito isso. Como é que exigimos fidelidade dos nossos amigos e o meu filho faz isso. De jeito nenhum." O Sarney sempre foi muito correto comigo.

O senhor queria a Constituinte, afinal?

JL — Eu não queria Constituinte. Queria emendas pontuais na Constituição. O Marco Maciel também. Aquele momento era impróprio para a Constituinte, dada a situação do país, que estava um desastre: inflação de 80%, instabilidade política e social...

A primeira grande discussão da Constituinte, muito confusa, foi a do regimento, relatado pelo Fernando Henrique. Ficou decidido pelo sistema das comissões e subcomissões e, depois da Comissão de Sistematização, para então ir a Plenário. Qual foi a sua participação nessa discussão?

JL — Discuti aquilo tudo, discuti a formação daquelas comissões. O Mário Covas fez uma safadeza comigo quando disse: "Eu vou ficar com todos os relatores." Mas eu indiquei muitos presidentes — e conseguimos equilibrar um pouco. O Covas vinha: "Pô, você fica afundando esse negócio todo, não vota porra nenhuma!" Eu dizia: "Só vota quando eu quiser. Você não quis ficar com esses relatores todos? Agora fica com seus relatores e eu fico com os presidentes." E quem mandava era eu.

Em pelo menos uma das comissões o presidente realmente mandou e desmandou — no caso, o deputado Delfim Netto. Só passou o que ele queria.

JL — É verdade. Eu apoiava o Delfim de ponta a ponta. "Faça e me diga depois. O que você fizer, eu aprovo."

Para todos os efeitos, que se saiba, o Centro se organizou no final de 1987, com aquela batalha campal para mudar o regimento e virar a mesa. Mas, já em 4 de fevereiro — três dias depois do começo da Constituinte — o *Jornal do Brasil* publicou: "Líder do PFL defende criação de um bloco centrista na Constituinte."[3] Onde se lê: "Depois de uma audiência com o presidente Sarney..." Já era a semente do Centrão, tratada com o Sarney, mal começado o trabalho? Que história é essa?

JL — Isso mesmo. E tem mais: o dr. Ulysses não gostou. Me chamou e disse: "Não vai fazer bloco, não. Quer dividir o PMDB?" Eu respondi: "Não, o que eu quero é criar um mecanismo que funcione. O senhor não é o presidente da Constituinte? Eu quero que a gente saia daqui com uma Constituição que o povo possa aplaudir. Não tô querendo dividir PMDB nenhum."

Essa notícia mostra que o senhor tinha um bom cacife com o presidente Sarney.

JL — E tinha. Ele sabia que eu era o primeiro a chegar e o último a sair. E ele sabia que, quando eu chegava na Câmara, chamava os deputados, era o primeiro a ver a pauta do dia, das comissões, eu sabia tudo. Se era para enfrentar, eu enfrentava. "O PFL não vota isso!"

E essa ideia do "bloco centrista", já naquele momento?

JL — Teve uma repercussão tremenda. O Mário Covas e o Fernando Henrique perceberam a jogada, que eu estava tirando areia dos pés deles.

Como assim?

JL — Quando eu percebi que eles queriam dominar a Constituinte, e fazer uma Constituição bem à esquerda, procurei uma forma de reagir. Era criar o grupo que eu batizei de "Tancredo Neves", como está na notícia do *Jornal do Brasil*, pegando gente do PMDB, do PDS e de outros partidos.

Com quantos dias o senhor viu que eles queriam levar o barco para a esquerda?

JL — Quando o Mário Covas me disse que ele queria ficar com todos os relatores e eu ficaria com os presidentes. E disse ao presidente Sarney: "O jogo é esse, esse, esse. Como vamos fazer?" Ele disse: "Deixa comigo."

Se vocês tinham essa clareza desde o começo, por que o regimento foi aprovado daquela forma, criando claramente uma maioria artificial?

JL — Porque nós ainda não tínhamos ainda a certeza absoluta de que eles queriam ir tão longe, em matéria ideológica. O regimento foi trabalho do Ulysses com o Mário Covas.

Não se esqueça que o relator foi o Fernando Henrique.

JL — Nesse tempo, o Fernando Henrique era pau-mandado do Mário Covas. Não mandava em porra nenhuma. Como ele era um pouco pavão, o Mário punha-lhe penas, e ele gostava. Mas aquilo foi trabalho do dr. Ulysses. Seria insensatez da minha parte pegar o Ulysses de frente logo no início da Constituinte. Aí eu fui levando. Deixei logo umas coisinhas nos ouvidos deles: "Não vai dar certo."

Ali no começo o senhor perdeu uma parada forte que foi o PFL não ter participado da mesa. Inclusive se retirou do Plenário, com a bancada.

JL — Mas eu não quis. "Não quero, fiquem com essa merda, fiquem à vontade." Fiz de sacanagem. "Olha, dr. Ulysses, fique com a mesa toda, ela já é toda do senhor. Só falta pôr aí os bonecos para enfeitar. Ponha aí quem o senhor quiser." Os caras ficaram putos que eu falei em bonecos.

O clima esquentou, mesmo, quando saiu o primeiro projeto da Comissão de Sistematização — apelidado de Frankenstein.

JL — Aí foi foda. Aí eu comecei a formar o Centro, a falar com os deputados do PMDB e do PDS.

Quem é que puxa esse Centrão na comissão de Sistematização?

JL — Meu grande parceiro chama-se Roberto Cardoso Alves [já falecido]. Grande deputado de São Paulo. Foi injustiçado pela imprensa com aquela história do "É dando que se recebe".

Conte como nasceu o Centro. Qual é a sua versão?

JL — O Centro nasceu de uma visão concreta: ou nós corrigíamos aquele processo, que privilegiava uma minoria, ou era inviável continuar na Constituinte e apoiar qualquer coisa. Nós tínhamos que reagir. E reagimos quando tínhamos tropa para reagir — os 319 votos que conseguiram aprovar outro regimento. "Agora nós vamos dizer como é." E aí começou a porra.

Como é que vocês montaram essa maioria, que saiu atropelando?

JL — Atropelava mesmo. Esse Centrão funcionava que era um trator D-8. E a esquerda ficou louca.

Só para esclarecer: foi trator D-8 só até mudar o regimento. Depois essa maioria não conseguiu a mesma articulação — e todos tiveram que negociar. Os resultados de cada votação mostram que quem decidiu grande parte foi a negociação, ponto a ponto.

JL — Não seria lógico que nós nos negássemos a negociar.

Direito de propriedade foi uma das grandes guerras. Na primeira votação, deu 255 a 214. E não saiu desse impasse em mais três votações, cada qual com destaques diferentes: 238 a 248, 255 a 214, 177 a 249. Mais um "buraco negro" para o conchavão no colégio de líderes. Aí resolveu, por 446 a 40. Como é que pode?

JL — Com a negociação, tentando fazer prevalecer os interesses do país. Muitas vezes ninguém tinha maioria — mas [seria] muito pior se ficasse aquele primeiro regimento, [aí] é que uma minoria [...] ia fazer a Constituição. Eles passavam era de trator.

Depois que mudou ninguém tinha uma maioria segura.

JL — Nas grandes votações nós tivemos maioria — os cinco anos de mandato, por exemplo.

É verdade. Presidencialismo também. Mas na grande maioria não. Já na votação do preâmbulo, por exemplo, a primeira votação deu 251 a 226. Impasse total, risco de "buraco negro", como vocês diziam. Só resolveu com acordo entre os líderes — suado, discutindo cada letra. Quando foi votado, depois do acórdão, o preâmbulo teve 481 votos. E foi mais ou menos assim na maioria das votações.

JL — A do presidencialismo foi uma guerra. A dos cinco anos também.

Como é que vocês conseguiram maioria, nos dois casos?

JL — Ah, isso foi uma costura política. Acho que eu dei uns cinquenta jantares.

Na sua casa?

JL — Sim. Convidava três hoje, dois amanhã. Jantar bom. "Amanhã o senhor vai me dizer quem é que eu vou trazer pra jantar. Mas tem que ser firme, pô. Não dou mais jantar pra filho da puta."

Até onde eu estou entendendo, o presidente Sarney acompanhava tudo isso...

JL — Tudo ele sabia.

O senhor levava os pedidos dos deputados?

JL — Tinham uns dois ou três que queriam canais de televisão. Um deles era o Maluly Netto [um dos fundadores do PFL e ex-proprietário de uma afiliada do SBT, já falecido]. Outro era o Agripino Oliveira Lima, também de São Paulo. Eu mandei segurar, porque de vez em quando eles davam uma escorregadinha.

Mandou não liberar o canal?

JL — Não dar o canal.

O senhor dizia para o ministro das Comunicações "Antônio Carlos, suspende!" Mais ou menos isso?

JL — Não, eu falava com o Sarney. Não tinha muita confiança no Antônio Carlos.

O senhor tinha uma interlocução direta com o presidente Sarney, que pouca gente conhecia.

JL — Direta. Fim de semana eu passava sempre na granja dele. Ele vinha almoçar na minha casa, gostava muito de bacalhau, minha mulher cozinhava muito bem.

E como ficou a história dos canais para o Maluly e o Agripino?

JL — O Sarney disse: "A liberação vai ficar na sua mão." Eu falei: "O senhor só solta na hora que eu disser." Então os deputados vieram pedir. "Assumem o compromisso da votação?" Eles sabiam que se eu dissesse "dou", saía. Mas só depois da votação. "Eu sei que você vai cumprir, é homem de bem, mas antes eu não posso dar." Votaram. Aí eu levava pro presidente. E o presidente, puf, tirou da gaveta, assinou na frente deles, e pronto.

O presidente Sarney viveu momentos dramáticos durante a Constituinte. Um dos maiores foi quando a Comissão de Sistematização aprovou o parlamentarismo e os quatro anos de mandato. É a partir daí que a mesa vai virar.

JL — O presidente Sarney ficou preocupado com o país, que estava numa situação muito difícil. Estávamos sem dinheiro para pagar as importações. Era um momento em que a responsabilidade tinha que aflorar na cabeça dos homens públicos. E ele que estava à frente, com o leme na mão, sabia que a situação era difícil. E não podia ir atrás desses irresponsáveis, que estavam pensando em tomar o poder de qualquer jeito.

Que papel teve o presidente durante esses quase dois anos de Constituinte?

JL — Ele sempre foi muito calmo, sempre foi muito leal. Comigo então, não posso reclamar de muita coisa. E tem aí o general Leônidas, que foi um homem fundamental em todo esse período.

O general Leônidas falou grosso em alguns momentos da Constituinte — e teve respostas à altura, entre elas a do dr. Ulysses. Tinha alguma ameaça implícita de golpe nessas declarações?

JL — Não, não.

Não tinha clima pra isso?

JL — O clima até poderia surgir, mas ele era um homem democrata e muito leal, muito correto.

O senhor é natural de Portugal. Onde nasceu?

JL — Em São Martinho da Gândara. Meu pai era brasileiro. É por isso que eu sou brasileiro. A mãe, portuguesa, e minha avó materna gaúcha, de Pelotas. Todo o meu sangue é brasileiro.

Até que idade o senhor ficou lá?

JL — Até 16 anos. Estou há 64 anos no Brasil. Adoro essa terra. Eu vim porque tinha família aqui e me chamaram para trabalhar no comércio. Naquele tempo, em 1949, o Brasil era o eldorado dos portugueses. Havia uma corrente migratória muito grande.

Por que o senhor entrou na política?

JL — Eu me casei com a filha do dr. Oliveira Brito, [dona] Evencia, que foi deputado estadual, deputado federal, ministro de Minas e Energia, ministro da Educação do gabinete do Tancredo Neves, no tempo parlamentarista. Era um homem muito competente e muito respeitado aqui na Bahia.

Só o fato de ser genro dele o levou para a política?

JL — Eu sempre gostei muito, sempre fui presidente do Rotary, em Salvador, sempre estava metido nos clubes sociais, e sempre me metia em política, desde a faculdade.

O senhor se formou em quê?

JL — Economia. Na Faculdade de Ciências Econômicas. Eu era candidato às entidades estudantis. Os candidatos contra mim eram da esquerda. Não sei o porquê, sorte da vida.

De que lado o senhor estava no golpe de 1964?

JL — O meu sogro era ministro e eu disse a ele que fiquei contra o governo Jango.

Seu primeiro mandato, de deputado estadual, foi pela Arena, o partido da ditadura, de 1971 a 1975, e mais dois mandatos. Depois foi deputado federal, pelo PDS, que rachou em 1984, e participou da fundação do PFL.

JL — Eu fui muito importante nesse racha. Votei pelas Diretas Já e apoiei a chapa Tancredo-Sarney no colégio eleitoral. Mas eu tinha boas relações com o pessoal da esquerda. Miguel Arraes era um grande amigo meu, e o neto dele também, o Eduardo Campos.

O senhor participava da vida social da Constituinte — festas, por exemplo?

JL — Eu ia uma vez ou outra, não era habitué. Mesmo porque isso me desgastava muito, me criava problemas, e eu também precisava descansar, porque eu era muito presente.

Mas o senhor sabia o que estava rolando?

JL — Eu sabia de tudo: quem é que fodia, quem não fodia, quem tinha amante, quem não tinha... Na casa do Ézio [Ferreira], por exemplo, as festas eram nababescas, um absurdo.

Que papel Lula teve naquela Constituinte?

JL — Zero, nenhum. Era ouvido pelo pessoal porque tinha sido presidente do sindicato dos metalúrgicos. Com ele eu nunca tratei nada.

Quem do PT pesou na balança naquele momento?

JL — O Plínio [de Arruda Sampaio] era o ideólogo. Eu disse assim ao filho da puta: "Plínio, você é o rico mais esquerdista que eu conheço. É igual ao Engels, que tinha uma fortuna enorme. Disseram que ia fazer um testamento deixando a fortuna para o povo alemão, um marco pra um, um marco pra outro. E ele disse: 'Eu já fiz os cálculos, não vai dar quase nada pra cada um. Então é melhor deixar pros meus filhos'. [Risos.] E você é igual o Engels, vai deixar pra família. O Roberto Cardoso Alves me disse que o seu holerite lá em São Paulo é deste tamanho."

O senhor tirava esses sarros, assim mesmo?

JL — Tirava. Dizia na cara deles. Eu botava pra foder.

O senhor teve muitos confrontos durante a Constituinte. Ia pra cima, se descabelava, não queria saber. Um deles foi com o deputado Paulo Ramos, do Rio de Janeiro. Como foi essa história?

JL — Estávamos numa manhã no Plenário da Constituinte. Ele apontou o dedo pra mim e disse: "Vossa Excelência, como filho de Portugal, não deveria estar sentado nessa bancada que deveria ser exclusiva para filhos do Brasil."

Na lata?

JL — Na cara. Se tem uma coisa que machuca é isso. Eu adoro o Brasil. Se um brasileiro gosta muito do Brasil, não gosta mais do que eu. Aí eu levantei. "Vossa Excelência me permitiria uma contribuição ao seu brilhante discurso?" E ele, muito arrogante: "Pois não, pode dizer."

O que o senhor disse?

JL — "Quero dizer a Vossa Excelência que eu prefiro ser filho de Portugal do que ser como Vossa Excelência, que é filho da puta."

Não me diga!

JL — No Plenário! Estava presidindo a sessão um dos mais brilhantes parlamentares que o Brasil já teve, Affonso Arinos de Mello Franco. O Paulo Ramos pediu pra taquigrafia retirar, mas o Affonso Arinos não deixou. E ainda foi me dar um abraço de parabéns.

Dos 559 constituintes, quantos o senhor acha que fizeram aquela Constituição pra valer?

JL — Uns cem.

E o resto?

JL — O resto é o que sempre é, durante todos os períodos de funcionamento do Congresso Nacional: chegam no outro dia e perguntam "Como é que vota, sim ou não?"

E as emendas populares, consideradas um grande avanço?

JL — Ninguém deu muita importância para as emendas populares. Aquilo foi uma concessão ao povo para satisfazer egos: "Assinei a emenda popular e tal."

No final das contas o senhor acha que saiu uma Constituição boa, ruim, média...?

JL — Toda Constituição muito grande não é boa. Mas para o momento que o Brasil vivia, tanto no quadro econômico como no quadro político, eu acho que foi boa. Não ótima, mas foi boa.

Naquela época o senhor dizia que não ia durar muito. E vai fazer trinta anos.

JL — Sim, mas quantas emendas ela já tem? Trinta? Quarenta.

Mais de oitenta.

JL — Já levou emendas pra burro. Então eu estava certo. Mas foi uma Constituinte avançada e sensível aos problemas sociais.

Seu último mandato terminou em 31 de janeiro de 2003, no PTB. Por que o senhor deixou a política?

JL — Porque operei o coração duas vezes e o médico me disse: "Ou o senhor para, ou morre."

O senhor passa metade do ano em Portugal e metade na Bahia. O que faz lá e aqui?

JL — Aqui eu tomo conta das fazendas que tenho até hoje. Lá, numa cidade próxima ao Porto, eu tenho propriedades arrendadas, apartamentos que herdei dos meus pais, dos avós.

O senhor abandonou a política? Hoje não está filiado a partido nenhum, nem lá em Portugal?

JL — Não. Lá eu ainda faço uma politicazinha. Só pra distrair.

Em que partido?

JL — O partido onde tenho mais amigos lá é o partido socialista, por incrível que pareça. Mas não sou filiado.

E as mulheres constituintes, que eram 26, e formavam a chamada bancada do batom?

JL — Eu casei com uma delas.

Com qual?

JL — Rita Furtado, do PFL de Rondônia. Namoramos na Constituinte e casamos depois.

Mas o senhor já não era casado?

JL — Me separei, e ela também.

Muito namoro veio a público, mas esse seu ficou meio em segredo...

JL — Alguns sabiam. Ela era carioca, mas se elegia em Rondônia. Durou uns dez anos.

A Rita já faleceu. Vocês ainda estavam juntos?

JL — Não. Mas senti muito. Era uma pessoa maravilhosa, sob todos os aspectos. Alguns constituintes mais amigos iam jantar na nossa casa, o Sarney inclusive, uma vez.

Obrigado por ter contado seu segredo.

JL — Não ponha muita coisa, pois o marido é vivo.

Quem é?

JL — Um que trabalhou com o ministro Antônio Carlos Magalhães, nas Comunicações.

A *Veja* fez uma boa cobertura da Constituinte. E o senhor foi dos poucos constituintes entrevistados nas "Páginas Amarelas".

JL — Fui um dos primeiros.[4] Ele queriam isenção de impostos na importação do papel.

Falaram claramente nisso?

JL — O Victor Civita. E conseguiram.[5]

NELSON JOBIM

Deputado do PMDB do Rio Grande do Sul,
vice-líder e líder da bancada

"A revolta do Centrão foi justa. E a saída foi a ambiguidade."

Em 5 de outubro de 2003, quando a Constituição de 1988 completou 15 anos, o senhor, então ministro do Supremo Tribunal Federal, deu uma entrevista de muita repercussão,[1] para *O Globo*, contando que a Comissão de Redação fez alterações de conteúdo no texto aprovado em plenário...

Nelson Jobim — Por isso eu fui até objeto de pedido de impeachment.[2] Quem requereu, ao Senado, foram o Fábio Comparato, o Celso Antunes, e mais uns oito ou nove juristas. Só tinha um sujeito de boa-fé, que era um gênio, aquele do Ceará, o Paulo Bonavides. Eu liguei pra ele e expliquei que todas as alterações feitas pela Comissão de Redação foram ao final aprovadas pelo plenário da Constituinte. "Mas eu não sabia disso, você me desculpe", ele disse. O Sarney [então presidente do Senado] indeferiu o pedido de impeachment e mandou arquivar.

Pareceu, quando o senhor deu essa entrevista, que era uma revelação. Mas o fato é que a questão surgiu publicamente no momento mesmo em que a Comissão de Redação trabalhava. Em setembro de 1988, por exemplo, a um mês da promulgação, *O Globo* publicava: "O senador Carlos Chiarelli disse ontem que a nova Constituição corre o risco de se tornar inconstitucional. Segundo ele, isso acontecerá se não houver nova votação em dois turnos para aprovar as alterações de conteúdo promovidas pela Comissão de Redação."

NJ — Mas aí uma era uma discussão proposta pelo governo, que não queria promulgar a Constituição naquele ano. Antes que viesse essa questão de ordem, o dr. Ulysses se antecipou. Vou ler o que ele disse ao Plenário, antes da votação final, já com o texto que veio da Comissão de Redação: "Essa votação, que hoje vai se fazer, também terá caráter homologatório, ratificador e confirmatório daquilo que, se eventualmente alguma dúvida suscitasse, através da maioria soberana, qualificada, do plenário se espanca qualquer dúvida." Depois disso é que houve a votação final [22 de setembro de 1988].

Mas houve protestos, entre outros o do deputado Theodoro Mendes, de São Paulo.

NJ — Eu tenho aqui o que disse o Mendes. "Protesto, senhor presidente, contra a decisão violadora do regimento interno da Constituinte, que admitiu receber emendas aditivas e modificativas quando da votação do segundo turno, quando o regimento interno só permitiria receber emendas supressivas." Ele tinha razão. "Protesto, ainda, contra a atuação da comissão de redação, que, sob o pretexto regimental de consertar erros de linguagem, incluiu matérias não submetidas a Plenário e portanto não votadas pela Constituinte." Tudo isso foi discutido, às claras. O que aconteceu? 474 [votaram] sim, quinze [votaram] não, [houve] seis abstenções, total [de] 495 votantes. É a votação da redação final, que ratificou tudo, inclusive as modificações feitas pela Comissão de Redação. Foi tudo aberto. Mas aí veio o bafafá, o pedido de impeachment contra mim, o diabo a quatro.

Começando do começo: de que lado o senhor ficou no golpe de 1964?

NJ — Em 1964 eu tinha 18 anos. Entrei na faculdade e apoiei o golpe. Também por uma questão da família. Meu pai, Hélvio Jobim, foi deputado pelo PSD e, depois, o primeiro presidente da Arena em Santa Maria. Eu não tinha filiação.

Como é que saiu candidato à Constituinte pelo PMDB?

NJ — Eu era vice-presidente da OAB. O PMBD ficou sem candidato a deputado federal. Então o Pedro Simon e o Paulo Brossard me convidaram para ser candidato. Fiquei na dúvida, mas segui a regra que aprendi com meu avô, tomando chimarrão aos domingos: "Escolhe o caminho em que o arrependimento for eficaz." Acabei sendo candidato — e consegui me eleger na rabada, no fim da fila.

A Constituinte pesou alguma coisa na campanha que o senhor fez?

NJ — Não, nada. O que estava em jogo era o PMDB ganhar os governos estaduais. A Constituinte era um troço lateral. Na época, era uma coisa de intelectual. Não foi popular, não deu voto. O que deu voto era ser da oposição, do PMDB.

O senhor foi eleito...

NJ — Com 27 mil votos, o penúltimo da bancada do PMDB. E me preparei para ser constituinte. O meu sogro era fazendeiro, tinha uma fazendinha lá perto de Santa Maria. Eu me internei lá, e fiquei quinze ou vinte dias estudando os regimentos internos de todas as Assembleias Constituintes. O Senado tinha editado um volume com esses regimentos. E eu ainda consegui alguns outros, de países como França e Portugal. Estudei tudo e fiz uma proposta de estrutura de regimento interno.

Como foi a sua transferência para Brasília — e o começo dos trabalhos?

NJ — Eu fui para Brasília, de carro, em janeiro de 1987. Levei duas propostas, que eu chamava de "atos constitucionais".[3] Eram preliminares — para definir a posição da Constituinte. Foi quando eu conheci o Antônio Britto, que tinha sido porta-voz do Tancredo, e também se elegera.

O senhor já conhecia o dr. Ulysses?

NJ — Não. Foi justamente o Britto que me apresentou a ele, logo que cheguei em Brasília. Fomos visitá-lo, na casa do presidente da Câmara, que era o cargo que ele ocupava. Conversamos por uma hora, no máximo.

O que ele disse?

NJ — O Ulysses falou sobre o regimento, pensando em adotar o modelo da Constituinte de 1946. Então eu disse: "Dr. Ulysses, cuidado com a Comissão Nereu Ramos, pode dar problema." Ele se interessou e quis saber mais. Eu tinha estudado tudo aquilo, tinha lido os debates, porque o meu pai tinha, em casa, os anais da Constituição de 1946. Aí discuti aquele troço, me interessei e entrei no assunto do regimento.

Daí a sua participação decisiva, desde o começo...

NJ — Eu conhecia tudo aquilo. Mas há diferença entre ser amanuense e decidir. Eu não tinha grande importância no processo decisório do grupo do dr. Ulysses. Mas sempre me ouviam, para colocar o problema. Eu colocava, e eles resolviam "A" ou "B". Depois me diziam "faz assim". Aí eu fazia, eu sabia fazer. Então, eu não era importante no processo decisório. Eu era importante no meio operacional, ou seja, como é que redige, como é que faz, como é que encaminha, essa coisa toda. Eu tinha tudo na cabeça. Não tinha computador. Era tudo na fichinha, nas anotações.

Como é que o dr. Ulysses estava pensando a Constituinte, nesse começo?

NJ — Ele entendia, corretamente, que ele tinha que ser presidente da Constituinte e também presidente da Câmara. Estava certo: se ele fosse só presidente da Constituinte, toda a infraestrutura operacional dependeria do presidente da Câmara. Aí ele ficava amarrado. Então resolveu se candidatar mais uma vez à presidência da Câmara. E o Fernando Lyra resolveu disputar com ele.

Qual era o problema do Fernando Lyra com o Ulysses?

NJ — O Lyra tinha sido ministro da Justiça e queria ser presidente da Câmara. Descobriu que o dr. Ulysses tinha mandado fazer um esboço de regimento no modelo de 1946 — que criava uma comissão para fazer um anteprojeto. O Ulysses não tinha nenhum compromisso com esse esboço. Ele só pediu pra fazer.

E o Lyra descobriu?

NJ — O Lyra descobre aquilo e lança a discussão: "Veja o que o Ulysses quer fazer: quer criar constituintes de primeira categoria — que são os membros da grande comissão — e os de segunda categoria — que são todos vocês e o baixo clero. Ele vai eleger o clube do *poire* ampliado, para fazer a Constituição, e vocês vão ficar esperando os gênios trabalharem." Aconteceu que o dr. Ulysses fez 299 votos e o Fernando Lyra, 155. O Lyra disputou com empenho, mas o dr. Ulysses ganhou.

Uma das primeiras discussões acirradas, no comecinho dos trabalhos, foi a participação dos senadores eleitos em 1982, que ainda tinham quatro anos de mandato. Eles foram admitidos como constituintes, por proposta de emenda constitucional do presidente Sarney, aprovada pelo Congresso no final de 1985. O senhor foi contra ou a favor da participação dos senadores de 1982?

NJ — O pano de fundo da discussão era a soberania da Constituinte. Na minha proposta de atos constitucionais esses senadores não deveriam ter direito a voto — só a voz. Mas foi uma proposta que não passou, e eles participaram, como mandava a emenda constitucional que convocou a Constituinte. O jurista Raymundo Faoro escreveu um artigo sobre esses atos constitucionais que eu propus, publicado na revista *Senhor*.[4]

O que é que o senhor diz, hoje, sobre a participação dos senadores de 1982?

NJ — A discussão, na época, era se a Constituinte deveria ter sido exclusiva ou não, e eu defendi que sim. Hoje estou convencido, depois de tudo, de que teria sido um pavor, um desastre. Não existe criação acadêmica de coisas. Tu vê a criação acadêmica que deu no nazismo, a Constituição de Weimar, que foi um troço feito por juristas. Jurista não sabe fazer Constituição. É uma coisa política.

Como é que a Constituinte decidiu entre a possibilidade de partir do zero ou do projeto da chamada Comissão dos Notáveis, criada pelo presidente Sarney?

NJ — Até ali, o Brasil teve dois modelos de fazer Constituição. Um previa um Executivo forte, que mandava um anteprojeto para os constituintes. Foi o que aconteceu em 1891, o [marechal] Deodoro [da Fonseca] mandou o projeto. Aconteceu com o Getúlio Vargas, em 1934, que mandou o projeto. E ainda em 1967, no regime militar, quando o [general] Castelo [Branco] também mandou. Quando tinha governo fraco, como em 1946, começou do zero. Caiu o Getúlio; o [José] Linhares assumiu, sem força política nenhuma. Ele não tinha como mandar um projeto de Constituinte, não tinha autoridade. Aí a Câmara elegeu uma grande comissão, chamada Comissão Nereu Ramos, para elaborar o anteprojeto de Constituição. Tinha lá uns trinta ou quarenta membros, que fariam um projeto de Constituição, que o Plenário decidiria.

E na de 1987?

NJ — Nós tínhamos o mesmo problema: o presidente Sarney não tinha autoridade política — como teria o Tancredo — de mandar o projeto da Comissão Affonso Arinos, a Comissão dos Notáveis, que ele mesmo convocara, e que apresentou um anteprojeto pronto. Por isso a Constituinte partiu do zero — sem prejuízo da utilização, como consulta, do projeto da Comissão dos Notáveis.

Como evoluiu a discussão preliminar sobre o regimento?

NJ — Eu já estava envolvido naquele assunto — e então o dr. Ulysses, já eleito presidente, me mandou procurar o Pimenta da Veiga, que era o líder do PMDB. Eu já estava com tudo pronto, que eu tinha trazido do Sul. Eu já tinha as normas preliminares, para poder começar a discussão da elaboração do regimento. Mostrei os esboços pro Pimenta, mostrei pro dr. Ulysses. Quem ajudou nisso foi o Paulo Afonso, diretor da Câmara. Eles aprovaram, e pediram que eu e o Zezinho Bonifácio de Andrada, o Andradinha, fizéssemos o esboço do regimento interno. Nós fizemos, numa máquina [de escrever] Remington, baseado na Constituição de 1946.

O que fez o dr. Ulysses, então?

NJ — O Ulysses nomeou o Fernando Henrique como relator do regimento, e o Fernando botou esse projeto em circulação. Aí deu uma gritaria brutal, porque era quase o mesmo projeto que o Lyra tinha combatido na eleição da Câmara.

Por que vocês apresentaram o mesmo projeto?

NJ — Nós fizemos aquilo como uma provocação, para eles derrubarem esse modelo, e aí nós teríamos que inventar um modelo. Eu me lembro da cena: o Fernando disse "Bom, e agora?" Eu disse: "Tenho uma ideia do que nós podemos fazer."

Qual era a ideia?

NJ — A Câmara tinha publicado diversas constituições, de outros países. Eu fui cortando os diversos títulos e depois fiz uma montagem dos temas que ocupariam as comissões e subcomissões.

Foi assim mesmo — na tesoura e na cola?

NJ — Foi. Num apartamento da 302 norte, bloco I. Eu fumava cachimbo naquela época, e fiquei a noite toda, tim-tim-tim, cortando os papéis, fazendo aquelas montagens.[5]

Só o senhor?

NJ — Só eu.

E qual foi o esquema que o senhor montou?

NJ — Na discussão política se dizia que precisava separar um grupo não comprometido com os textos inicialmente produzidos — para depois fazer uma correção. Então havia as comissões, as subcomissões e, numa segunda fase, a Comissão de Sistematização.

Como foi organizado?

NJ — Nós tínhamos 559 constituintes. Tiramos os seis membros da mesa, ficaram 553. Aí o dr. Ulysses disse "Os líderes, os cardeais, os caras que têm autoridade vão ser membros da Comissão de Sistematização", que eu já tinha desenhado. Escolhemos 49 nomes para essa comissão. Sobraram 504. Eu tinha feito oito comissões, correspondentes aos oito títulos da Constituição. Cada comissão se subdividiu em três subcomissões. Cada comissão ficou com 63, 21 em cada subcomissão. As subcomissões também tinham quórum. Tudo tinha que ser aprovado por maioria absoluta, por onze votos.

Olhando com distanciamento, parece claro que esse modelo, por privilegiar a minoria, é que foi o começo da grande confusão que veio depois, não?

NJ — É lógico. O problema é que não tinha saída, não tinha como fazer de outro jeito. Os outros dois jeitos eram: um projeto do governo, que o Sarney não podia mandar; e a grande comissão, para elaborar o anteprojeto, que também já tinha dado confusão. A saída foi entregar o papel em branco para cada constituinte. Todo mundo disse que era uma grande abertura democrática, mas aquilo, na verdade, é que não tinha outra forma de fazer.

As atas das primeiras reuniões mostram que alguns constituintes protestaram contra o regimento e fizeram claros alertas de que o modelo privilegiava uma minoria — e que por isso não daria certo. O Gastone Righi, por exemplo, disse o seguinte: "Estão permitindo a aprovação de um substitutivo [de Regimento Interno] que impede às minorias se manifestarem, que corta e cassa a palavra aos pequenos partidos. E o que é pior: se verificarem o substitutivo, verão que as subcomissões — e é um engodo, um embuste que impuseram aos senhores constituintes e do qual todos participarão — não decidem nada. As subcomissões farão um autêntico teatro."[6]

NJ — Aí já é uma radicalidade do Righi. Nós não tínhamos saída, a não ser fazer daquela forma.

Houve outra disputa acirrada dentro do PMDB, no começo dos trabalhos: entre Mário Covas e Luiz Henrique, pela liderança do partido.

NJ — O Luiz Henrique era o candidato do Ulysses. O Sarney não o queria líder, em hipótese alguma, já que ia fortalecer o dr. Ulysses. Por isso mandou despejar os votos governistas no Covas. Depois que terminou a eleição, a conversa era que o Covas tinha sido eleito com os votos da direita, porque eram os votos dos sarneístas do PMDB.

O que fez o Covas?

NJ — O Covas nomeou toda a esquerda do PMDB para os cargos-chaves nas comissões e subcomissões. Isso é importante, porque os presidentes e relatores dessas comissões, 37, se somariam aos 49 para completar a Comissão de Sistematização. Acabou que a Comissão de Sistematização estava à esquerda do Plenário. Ficou com uma composição toda à esquerda, por causa desse fato político.

E nesse movimento, o Covas agiu só?

NJ — O Covas queria limpar a biografia. E agiu só. Eu era tido como ulyssista. Ninguém se meteu. Eu só entrei na liderança do PMDB, chamado pelo Euclides Scalco, quando o Covas adoeceu.

Como é que essas comissões e subcomissões decidiam as propostas, matematicamente falando?

NJ — O procedimento vinha de baixo para cima — daí por que a crítica do Gastone não fecha com o que aconteceu.

Por exemplo...

NJ — Vamos supor que o Nelson Jobim apresentava uma proposta na subcomissão A, e que essa proposta era aprovada por onze votos, a maioria absoluta dos membros. Somada às outras, ela entrava no texto final das três subcomissões — que seguia para a comissão, de 63 membros, com maioria absoluta de 32. Alguém que fosse contra a minha proposta podia oferecer um destaque supressivo — que precisava de 32 votos para ser retirado. Então aconteceu "n" vezes de dar 31 votos — e o texto ficava. Significa dizer que onze, a maioria absoluta na subcomissão, era maior que 31.

O texto aprovado seguia, então, com o artigo proposto pelo Nelson Jobim, para a Comissão de Sistematização...

NJ — O texto do Nelson estava ali dentro, por onze votos positivos. Para derrubá-lo, num destaque supressivo, era preciso a maioria absoluta dos votos da Comissão de Sistematização — no caso, 44 votos, em 86. Se o destaque supressivo tivesse 43 votos, o texto ficava. Ou seja, 43 era menor que onze. Indo a Plenário, o meu artigo aprovado por onze votos precisaria de 280 para ser derrubado. Com 279 não caía. Ou seja, de novo: onze era maior que 279. Foi por isso que começou a briga pela mudança do regimento — articulada pelo Centro. Entre os líderes estavam Gastone Righi, o Roberto Cardoso Alves, o Ricardo Fiuza, o José Lourenço, o Luís Roberto Andrade Ponte, um monte de gente.

O Centrão estava certo, então?

NJ — Em querer mudar o regimento, estava. Foi uma revolta justa. Eles tinham razão.

Como disse o Gastone Righi, e outros, o regimento privilegiava a minoria.

NJ — Ninguém tinha se dado conta, porque ninguém entendia de regimento. E eu tinha mostrado para o Fernando Henrique. Disse: "O projeto que vai aprovado vai ser o que sair da Comissão de Sistematização." Era difícil mudar, porque o regimento proibia apresentação de emendas substitutivas globais. Só permitia emendas parciais. Mas aí o Centro se organizou, conseguiu mudar o regimento, permitindo as emendas substitutivas globais. Apresentou oito emendas substitutivas globais, na verdade outro projeto. Conseguiu aprová-lo e esse que foi a Plenário — com a regra inteiramente invertida.

Qual foi a regra nova?

NJ — O DVS — ou Destaque para Votação em Separado. Significava a inversão da maioria. Para manter o meu artigo aprovado por onze votos, eu precisaria da maioria absoluta do Plenário, 280 votos. Uma diferença substancial.

Na votação pela mudança do regimento, o Centro ganhou de lavada.

NJ — Sim, mas foi acordado. Nós fizemos um acordo, porque eles tinham maioria no Plenário.

Vocês não viram, lá atrás, que isso ia acontecer?

NJ — Nós achávamos que o projeto aprovado na Sistematização iria a Plenário. Não se tinha noção, naquele momento, porque o DVS só tinha no regimento do Senado, não tinha no da Câmara. Então a maioria dos regimentalistas não conhecia a existência do DVS.

O que vocês queriam, na verdade, era que o projeto saído da Sistematização, com um viés de esquerda, fosse ao Plenário, com a proibição de emendas substitutivas que pudessem modificá-lo essencialmente.

NJ — Proibindo emendas substitutivas, se evitava que o texto da Sistematização fosse substituído por outro texto. Esse foi o objetivo. Nós não sabíamos muito bem o que ia dar no final, mas sabíamos que precisávamos fazer com que todo esse procedimento — subcomissão, comissão, Comissão de Sistematização — sobrevivesse no Plenário. Mas aí deu a crise — e a crise correta.

Por que a direita comeu mosca nesse começo — e não conseguiu barrar o regimento que foi aprovado?

NJ — Não comeu mosca. Estava desorganizada, não tinha opção. A Comissão de Sistematização estava à esquerda do plenário, por conta das indicações do Covas.

Ninguém disse pro Covas "Assim não dá" ou coisa parecida?

NJ — O Fernando Henrique disse, mas o Covas era cabeçudo pra burro, sujeito aristoso, brigava muito com as pessoas. O Covas não via ninguém, e o Covas tinha uma disputa com o dr. Ulysses.

Qual era o problema do Covas com o dr. Ulysses?

NJ — Vou contar uma história absolutamente verdadeira. Todos os dias, de manhã, a gente sentava com todos os líderes, o Covas na ponta de mesa, e eu ao lado do Covas, porque conhecia aquele procedimento todo, além de deputados e senadores especialistas nos temas específicos que seriam tratados. O Covas era ranheta, inventava umas coisinhas, tipo a Dilma, queria saber detalhes, não sei que mais. Um dia o assunto era previdência social, e estava lá o senador Almir Gabriel, já falecido, que era um especialista no tema. Ele estava explicando ao Covas — e de repente disse que tinha que sair, momentaneamente, porque o Ulysses o estava chamando. O Covas teve uma explosão, na hora. "O que é que o Ulysses tem que se meter nisso?", gritou. Levantou da mesa, ficou bravo. Naquela época, ele não estava fumando, então ficava com aquele cigarro apagado na mão, dando esporro.

E com o senhor, teve alguma história?

NJ — Quando o Ulysses me ligava, e o Covas estava por perto, eu o chamava por um codinome, "dr. Ricardo". Se o Covas soubesse que eu estava falando com o Ulysses, ele me mandava embora. Era um troço esquisito, uma relação muito estranha.

O senhor nunca soube por quê?

NJ — Não. Era briga paulista. Eu não me interessei em saber. Tinha um clima duro, difícil, e era briga local.

E essa história de "dr. Ricardo", é sério?

NJ — É sério. A telefonista já sabia: "Deputado Jobim, o dr. Ricardo quer falar com o senhor." Eu sabia que era o Ulysses que estava ligando. Se soubesse, o Covas ficava furioso. O Fernando Henrique era o contemporizador de tudo. Em todos os problemas, lá estava ele contemporizando.

A ata da primeira reunião da Comissão de Sistematização é um bom exemplo de como todo mundo estava meio perdido. O Gastone Righi disse, por exemplo: "Nós somos aqui a figura do navio que zarpa de um porto sem ter plotado a sua rota..." O presidente Affonso Arinos usa a mesma imagem e fala que "a bruma era completa". Aí vem o senhor e diz: "A verdade, gente, é que nós somos todos amanuenses." Logo a seguir faz uma longa intervenção — e dá uma aula de como os trabalhos deveriam seguir. Estava tudo na sua cabeça, com grande clareza.

NJ — Eu faço álgebra matemática, com cálculo, e tinha na cabeça a estrutura de funcionamento do diagrama de fluxo. P então A. P então C. Eu vou te mostrar depois. O regimento estava todo desenhado dessa forma, na minha cabeça, e em papel. Uma vez eu mostrei para o Artur da Távola. "O que é isso aí, Nelson?" "É o regimento", eu disse. "Que regimento, é um monte de risco." Eu expliquei: "São equações matemáticas, de lógica matemática." Ele disse: "Tu tá louco varrido."

E o Affonso Arinos, já com idade, qual era a disposição dele?

NJ — O problema da Comissão de Sistematização, no início, foi o próprio Affonso Arinos, que não tinha a mínima vontade de presidir a comissão. Gostava de fazer aquela cena toda. 83 anos, belo sujeito, mas não estava a fim. A Comissão de Sistematização não andava, era um rolo infernal. Então o Ulysses chamou as lideranças para uma reunião na casa dele. Eu não era líder, mas estava lá, no meio da lambança. "E agora, o que é que a gente faz?" Como não se podia destituir o Arinos, nós inventamos os vice-presidentes, que foram o Fernando Henrique e o Jarbas Passarinho, este indicado pelo PCdoB, por sugestão do Haroldo Lima, veja só. "Tem que ser o Jarbas, tem que ser o Jarbas, porque ele é um homem sério, cumpre o regimento direitinho", dizia o Haroldo. Os caras respeitavam o Passarinho. Ele foi fundamental pra burro. Depois, com os vice-presidentes, o troço andou.

E o senhor, como é que atuava?

NJ — Eu não tinha poder decisório. Mas opinava e escrevia. E eu sabia escrever um artigo de lei. A hipótese de fato, e a consequência jurídica. Se P, então Q. O dr. Ulysses olhava aquele negócio e perguntava: "Escuta, quantos votos esse artigo redigido dessa forma tem?" Aí eu respondia: "Isso aí tem cem votos, ninguém vai votar desse jeito que está..." Então eles pediam que eu introduzisse ambiguidades. Eu ia tornando o texto mais ambíguo, até conseguir o voto da maioria. Era um negócio genial.

Dê um exemplo.

NJ — Em determinado momento surgiu um impasse complicado quanto ao repouso semanal remunerado. O pessoal da esquerda era coordenado pelo Plínio de Arruda Sampaio, que era o líder do PT. Naquela época, o Plínio não era o radical que veio a ser. Era um sujeito que negociava, um cara ótimo. O texto da esquerda queria "repouso semanal remunerado obrigatoriamente aos domingos". A direita queria "repouso semanal remunerado, na forma de convenção ou contrato coletivo de trabalho". A direita tinha razão, alguns trabalhos não podiam parar no domingo. E deu-se o impasse. Ninguém tinha voto para aprovar nenhuma delas. O dr. Ulysses me chama: "Olha, Jobim, vamos lá resolver esse assunto." Eu peguei o Antônio Britto e fomos trabalhar. Conversa com um, conversa com outro. Ninguém abria mão. Então eu fiz uma redação, aprovada pela direita e pela esquerda, que está na Constituição: "[...] repouso semanal remunerado, preferencialmente aos domingos."[7] Ficou o domingo que o Plínio queria, e ficou o enfraquecimento do verbo, que a direita queria. Não era obrigatório, era preferencial. Todo mundo aprovou [risos de satisfação].

Quanto mais ambíguo, mais fácil de passar...

NJ — O jogo era esse. Tu tinha que trabalhar com ambiguidades. Quando não se conseguia o acordo, e não tinha solução num texto ambíguo, eu usava a técnica de jogar para a lei complementar ou lei ordinária. Na parte dos direitos trabalhistas tem várias coisas que ficaram para a lei ordinária, mas tem uma que ficou para uma lei complementar — o da despedida imotivada, que era o assunto mais complicado. A discussão era se o trabalhador tem estabilidade ou não tem estabilidade. Quem trabalhou nesse acordo foi o Afif Domingos, que representava o outro lado. Nós conseguimos fazer aquela redação que saiu, e que está na Constituição.[8] O que a gente não conseguia acordar ficou para a lei complementar — que tinha que ter maioria absoluta em cada uma das casas do Congresso.

Como eram feitos ou tramados esses acordos?

NJ — Eram acordos das lideranças. Havia entendimentos na casa do dr. Ulysses e reuniões dos líderes, com o Covas. Depois dessas discussões preliminares, ia-se para o Colégio de Líderes. Para os temas complexos havia debates ou entendimentos paralelos, ou na casa do dr. Ulysses, ou com as próprias lideranças. Eu circulava por tudo, porque fiquei amigo de todo mundo.

Depois da mudança do regimento, o projeto que foi a plenário foi o do Centro — com as oito emendas substitutivas que a maioria aprovou. O que foi feito para recuperar as propostas, ou partes delas, do projeto mais à esquerda da Comissão de Sistematização?

NJ — Ficou acertado, primeiro, que não se votaria todo o texto da Constituição, mas título por título. Cada título tinha dois projetos — o da Sistematização e o do Centro. Só dava para avançar com a tática que eu chamo de guerra de guerrilha — recuperando o texto da sistematização através dos destaques supressivos e de emendas aditivas ao texto do Centro. Cada ponto era uma guerra. Foi por isso que demorou pra burro.

Quantos constituintes fizeram efetivamente a Constituição, nas suas contas?

NJ — Nunca cheguei a somar isso. Mas eu diria que uns cinquenta. Basicamente aqueles primeiros escolhidos para a Comissão de Sistematização. Esse era o grupo formador, que a gente chamava "colégio dos cardeais", mais o dr. Ulysses e alguns integrantes da mesa.

E o resto?

NJ — Era o chamado baixo clero. Mas eles participavam do processo, eram ouvidos, aceitavam os acordos de liderança.

Lembra de algum desses acordos?

NJ — Houve um, curioso, quando eu substituía o Mário Covas na liderança, e o senador Virgílio Távora, do PDS, que era um sujeito ótimo, substitui o Amaral Netto, em viagem ao Rio de Janeiro. Nós fizemos um acordo na reunião de líderes. Na hora em que começou a votação chega o Amaral Netto, gritando: "Não tem acordo nenhum, o PDS não aceita." Eu fiquei quieto. Só vi o Virgílio cochichar no ouvido do Amaral Netto. O Amaral foi ficando vermelho, vermelho, e aí falou: "Retiro o que disse, houve acordo. Os senhores me desculpem." O Virgílio olhou para mim, fez um gesto afirmativo, e saiu.

Nunca se soube o que ele disse no ouvido do Amaral?

NJ — Não. O Virgílio era de direita, conservador, mas era um sujeito corretíssimo.

O relator da Constituinte foi o Bernardo Cabral — quando tudo indicava que seria o Fernando Henrique, candidato do dr. Ulysses. Como isso se deu?

NJ — Se a votação fosse só entre Fernando Henrique e Cabral, o Fernando venceria. Mas o Pimenta da Veiga entrou na briga, com aquele discurso de mineiro: "Minas tem que ter um candidato, temos que ter um nome forte. Tá todo mundo com São Paulo, o líder é de São Paulo, o presidente é de São Paulo, tem que ter alguém de Minas", não sei o quê. Tentei conversar com ele, para apoiar o Fernando Henrique, mas o Pimenta é cabeçudo, e não quis acordo. Ganhou do Fernando Henrique, mas, como não teve maioria, disputou o segundo turno com o Cabral. Aí surgiu uma retaliação corporativa. O pessoal do Senado percebeu que o senador Fernando Henrique não foi eleito porque o Pimenta não tinha apoiado. Aí votou tudo no Cabral.

Foi bom que ele fosse o relator?

NJ — O Bernardo tem uma característica. Tu fala com ele e sai convencido de que ele vai fazer tudo que tu pedir. Ele enganou até o Saulo Ramos.

A versão que está no livro do Saulo Ramos é que o Bernardo Cabral chegava na casa dele às 7 horas, levando pão para o café, e pedindo que ele, então consultor-geral do governo Sarney, o ajudasse a ser o relator. "Se eu for relator, Saulo, é a mesma coisa que você ser o relator", dizia ele, segundo o livro, versão, aliás, que o Cabral repele, como mentirosa.

NJ — O Saulo mente muito. Aquele livro tem muita coisa que é pura ficção. Mas o Bernardo enganou o general Leônidas — e depois teve uma crise desgraçada, foi uma coisa horrorosa.

Foi bom que ele fosse o relator?

NJ — Não foi bom. Vou dar um exemplo. Quando a Comissão de Sistematização começou a trabalhar, nós passamos a ocupar uma sala na Secretaria Especial de Informática (Prodasen). O gabinete do Bernardo era lá. Instigado pelo Ulysses, ele chamou o Fernando Henrique, o José Ignácio Ferreira, eu e o Wilson Martins, um sujeito extraordinário que foi governador do Mato Grosso do Sul. Eram os quatro sub-relatores, todos trabalhando no Prodasen. Uma das muitas discussões acirradas era sobre a função das Forças Armadas. Puxa pra cá, puxa pra lá, e se fez um acordo em relação a esse texto.

Qual era a discussão que havia?

NJ — Todas as constituições brasileiras diziam que a função das Forças Armadas era a preservação da lei e da ordem e dos poderes constitucionais. Elas entendiam que podiam intervir no momento em que houvesse perturbação da lei e da ordem interna, porque tinham delegação direta da Constituição. O acordo a que chegamos condicionava essa intervenção a um pedido de qualquer um dos poderes constitucionais. Certa manhã, toda a esquerda foi lá no Prodasen — eu lembro do José Genoino (PT) e do Haroldo Lima (PCdoB) — para oferecer outro texto que não tinha sido o combinado. Me lembro bem da cena. O Bernardo no meio, o Fernando Henrique do outro lado, o José Ignácio e eu na ponta. Conversa vai, conversa vem, e o Bernardo não dizia não para ninguém. Simplesmente aceitou o texto da esquerda — quando outro já tinha sido combinado.

O que aconteceu?

NJ — A esquerda saiu dali efusiva, foi para os jornais, para a televisão. À tarde havia uma solenidade das Forças Armadas e o Bernardo tinha sido convidado para ir. E o Bernardo foi. Era uma sexta-feira. No fim da tarde, ele voltou e chamou o Fernando Henrique. O Fernando me conta, depois, que o Bernardo começou a chorar, dizendo [imita Cabral choramingando] "Vai haver um golpe, vai haver um golpe. O general Leônidas me disse horrores". Ele fez choradeira por causa do tal negócio das Forças Armadas, que o Leônidas viu nos jornais e nas televisões.

O que fez o Fernando Henrique?

NJ — Foi conversar com os generais. Na época, o procurador-geral da República era o Sepúlveda Pertence, que fazia parte do Ministério, segundo a Constituição de 1969. Ele contou que num determinado momento de uma reunião com o Sarney, este pediu que todos os auxiliares se afastassem e que se desligasse a gravação do som. Era para falar dessa história do Cabral. Segundo o Pertence, o Leônidas disse um monte de coisa do Bernardo, inclusive que ele tinha prometido ao Saulo que o Leônidas ia influir na Constituição e que ia obedecer a tudo. Mas o Bernardo não obedecia a ninguém. Ele fazia de conta que obedecia. Era uma coisa incrível. E não tem como brigar com o Bernardo. Aí o Fernando conseguiu, na conversa, acalmar os ânimos. Acabou resultando no texto que está na Constituição.[9]

Uma das grandes manchetes polêmicas do período foi do *Jornal do Brasil*: "Constituição vota presidencialismo sobre ameaça de golpe."[10] Qual foi, afinal, o papel do presidente José Sarney, então defensor do presidencialismo?

NJ — O negócio do Sarney era que ele tinha seis anos de mandato — e resolveu, por conta dele, reduzir para cinco anos, em um pronunciamento na televisão. Todo mundo acha que o Sarney ganhou cinco anos. Não ganhou coisa nenhuma. Ele reduziu um. O Mário Covas queria quatro anos — e uma parte expressiva do PMDB fechava com ele. Tem uma história complicada, inédita, mas que agora já dá para contar.

Como é que começa?

NJ — Com o Projeto Hércules — que era uma proposta alternativa ao projeto do Centrão, como houve outras. Um de seus articuladores era o senador José Richa, do PMDB, um cara ótimo, muito importante na Constituinte, e muito amigo do Sarney. Se reuniam no Instituto Israel Pinheiro, perto do Mosteiro de São Bento, em Brasília. Um dia, o Richa foi conversar com o Sarney, no Palácio do Planalto, para tentar chegar a um acordo sobre as disputas entre quatro ou cinco anos de mandato, e, também, de parlamentarismo e presidencialismo.

Aí é que vem a novidade?

NJ — Justamente. O Richa volta para a casa do dr. Ulysses com uma proposta do Sarney: ele aceitava o parlamentarismo, com o mandato de cinco anos, sob a condição de indicar o primeiro-ministro, que escolheria os demais, e teria estabilidade por um ano. Ou seja: nesse período, não poderia ter voto de desconfiança desse primeiro gabinete. O Richa levou essa proposta ao Ulysses. O Mário Covas foi ouvido e rejeitou: "Não. Tem que ser quatro anos."

Se fossem quatro anos, a eleição do próximo presidente seria em 1988...

NJ — A eleição seria coincidente com o final da Constituinte — em que ele, Mário Covas, teria uma visibilidade grande e poderia ser o candidato. Foi ele que vetou a proposta do Sarney, que o dr. Ulysses e o Fernando Henrique topavam.

E o senhor?

NJ — Eu topava. Dava pra consolidar o parlamentarismo, começava a ter um redesenho, alterava o sistema eleitoral, você mudava a estrutura toda.

Por que essa história nunca foi contada mais amplamente?

NJ — Por causa do Mário, para preservar o Mário. O Fernando Henrique sabe.

Como fluiu o trabalho do Bernardo Cabral com os quatro sub-relatores — entre os quais o senhor?

NJ — O Bernardo começou a se sentir acuado com o fato do Fernando Henrique e eu estarmos controlando o que estava sendo feito. E resolveu fazer reuniões fora do Prodasen, sem a gente, e retomou o controle.

Como é que o senhor virou líder do PMDB?

NJ — O Mário adoeceu, teve um infarto. Assumiu a liderança um sujeito extraordinário, Euclides Scalco, que foi importantíssimo na Constituinte. A convite do Scalco, eu e o Antônio Britto ficamos trabalhando na liderança. Depois criaram o PSDB, e o Covas foi, o Scalco também. O Britto tinha se licenciado, para disputar a prefeitura de Porto Alegre, quando perdeu para o Olívio Dutra. Aí eu virei líder, por falta de gente, porque não tinha ninguém, porque estava todo mundo envolvido em outra coisa.

E das mulheres, quem se destacou?

NJ — A Sandra Cavalcanti. Eu estou falando das que participaram do processo de construção — e não daquelas que fizeram figuração. Tinha a Benedita da Silva, que trazia uma bandeira, mas não tinha importância nenhuma no processo. A Raquel Cândido também, era só barulho.

Tinha muita festa também. Uma das mais animadas era patrocinada pelo empresário João Carlos Di Gênio. O senhor frequentava?

NJ — O Di Gênio era mais amigo do Luiz Eduardo Magalhães, outra grande personagem da Constituinte. O Di Gênio fazia jantares e convidava um grande número de deputados. Eu fui convidado uma vez, e fui. Tinha uma tenda de circo na frente da casa. De repente abria uma porta e começava a sair mulher de dentro. Umas gurias bonitas pra burro. O pessoal se espalhava, e eu, que não queria problema, saltava fora.

Comia-se bem?

NJ — Uma coisa marcante foi a disputa culinária entre o Maluly Netto e o Samir Achoa. Eles ofereciam jantares árabes, os dois. Às vezes, a gente tinha que votar, para ver quem ganhava. Outra coisa que divertiu muito foi o lobby pela criação do estado do Triângulo Mineiro. O governador de Minas era o Newton Cardoso, contra. O líder do movimento separatista era um deputado do PDT mineiro, o Chico Humberto.

Briga boa...

NJ — A coisa mais maluca que eu vi foi essa. Cada bancada nos levava uma cesta básica. Então tu recebia goiabadas, cachaça, manteigas, queijos. O Newtão mandava uma, pelo governo, para manter Minas integrada e o Chico Humberto também. Então nós ganhávamos dos dois lados [risos].

Qual era a melhor mesa da Constituinte?

NJ — A da casa do Severo Gomes. Uma maravilha. O Severo era ótimo, a gente se divertia. Foi ele o responsável pelo texto sobre os direitos indígenas que está na Constituição.[11] Eu ajudei a escrever, mas foi ele o grande autor daquele troço.

Como é que o dr. Ulysses comandava a confusão toda?

NJ — O dr. Ulysses não fazia nada sem estar previamente preparado. Nós íamos para a casa dele, às 7h30, eu e o Paulo Afonso, para preparar a reunião da tarde. O que é que vota, o que é que não vota, como é que organiza a votação. A sessão começava ali pelas 14h30, aberta pelo Mauro Benevides. Quando o Ulysses chegava, começava a votação. Um dia, mesmo com quórum, ele demorou muito para começar, ficou passando a palavra pra um e pra outro. Eu questionei, ele disse que não estava na hora. Bem mais tarde, me chamou [imitando a voz rouca de Ulysses [Guimarães]: "Ô, Jobim, junta o povo porque chegou a hora de votar." Era aquela correria, telefonar para os gabinetes, chamar os deputados todos. Depois ele me explicou [imitando de novo]: "Ô, Jobim, num Plenário desse tamanho, a hora de votar é quando os velhos estão com fome e os novos querem ver as namoradas." [Risos] O "vamos votar, vamos votar" era uma marca registrada dele. Uma das outras frases que eu ouvi: "Ô, Jobim, em política até a raiva é combinada, quem não faz isso é amador."

E era assim que funcionava?

NJ — A gente combinava tudo. Com o Luiz Eduardo Magalhães, que virou líder do PFL depois do Zé Lourenço, se combinava que tipo de briga que ia ter na votação da matéria, se ia ser uma coisa violenta, ou tranquila. Tudo era acertado antes.

Foi tudo um grande conchavo...

NJ — A verdade é que quem fez a Constituição foram os acordos das lideranças. Por isso é que demorou tanto.

Presidentes

BENITO GAMA

Deputado pelo PMDB da Bahia e presidente da Subcomissão de Tributos, Participação e Distribuição de Receitas

"A barganha política ficava com o ministro Antônio Carlos Magalhães."

Mal começa a Constituinte — fase de criação das comissões e subcomissões — e o senhor já estava brigando, como mostram os jornais: "Benito Gama e relator, Fernando Bezerra Coelho, derrotaram na terça-feira a chapa do líder Mário Covas [para a Subcomissão de Tributos, Participação e Distribuição de Receitas,[1] uma das três que integravam a Comissão de Sistema Tributário, Orçamento e Finanças]."[2] Caso único — que, aliás, a literatura da Constituinte não registra —, já que o Covas levou a melhor nas outras indicações.

Benito Gama — Essa nós levamos. Derrotamos o Carlos Virgílio, candidato a presidente, e o Irajá Rodrigues, relator.

Por que vocês ganharam?

BG — Queríamos uma reforma tributária que atendesse o Nordeste. O Irajá era muito do gaúcho e não conhecia tributação. O Carlos Virgílio era filho do senador Virgílio Távora,[3] do PDS. O Covas não quis acordo. Resolvi disputar a presidência no voto e ganhei, por onze a dez. Numa outra rebelião, o Fernando ganhou a relatoria.

Viraram a mesa...

BG — Ainda me emociono. Uma hora depois me liga o Antônio Carlos Magalhães [ministro das Comunicações de Sarney, de quem Gama havia sido secretário da Fazenda no governo da Bahia]: "Ô Covas, o Ulysses e o Virgílio estão me ligando, para reclamar. Sai daí do Congresso, vai pra Bahia e só volta daqui a três dias." [risos] Quando eu voltei já estava tudo calmo.

Os deputados Francisco Dornelles e José Serra eram, respectivamente, presidente e relator da comissão maior. Participaram dessa articulação?

BG — Não participaram, mas gostaram. O Sarney também foi consultado sobre isso, e topou, assim como o Maílson [da Nóbrega, então secretário-geral do Ministério da Fazenda], que na época era ministro da Fazenda. Eu fui secretário da Fazenda, na Bahia, quando o Serra foi secretário do Planejamento em São Paulo. O ministro do Planejamento era o João Sayad. E o Dornelles era da Receita Federal. Então a gente se dava muito bem.

Qual foi o maior problema na sua subcomissão?

BG — Foi um ataque do governo, do Maílson. O Maílson achava que a gente ia quebrar o país.

Escreveu até um artigo na *Veja* afirmando isso.[4]

BG — Um artigo duro, que nós respondemos.

"[...] classifica os argumentos do secretário de falsos e inconsistentes...", assinado pelos deputados Benito Gama e Fernando Bezerra Coelho.

BG — Foi esse aí.

Como era a relação com o Serra, no trabalho da comissão?

BG — O Serra é uma pessoa muito autoritária. Eu já tinha uma antipatia por ele, desde quando era secretário do Planejamento do Montoro, e eu da Fazenda, na Bahia, porque ele queria mandar mais que o Sayad, e acabou engolindo o Sayad. Esse negócio de que o Serra não gosta do Nordeste vem dessa antipatia. Foi o Antônio Carlos Magalhães que espalhou isso, carimbou que o Serra não gostava do Nordeste. E isso pegou, na Constituinte.

Quais eram os principais lobbies que atuaram na sua subcomissão? Onde é que o pau quebrava?

BG — Um foi a proposta do Fernando Gasparian de colocar um limite de 12% na tabela de juros. Lobby de esquerda, ideológico.

Qual foi o seu papel na formação do Centrão?

BG — Articulação. Nós precisávamos ter quantidade para poder mudar o regimento que privilegiava a minoria que o Covas impôs, com viés ideológico muito forte.

Por que vocês demoraram oito meses para reagir?

BG — Porque, como não teve um projeto, foi tudo na base do conta-gotas, todo mundo botava lá dentro. Quando formou o tanque, tinha que depurar o tanque. E foi nessa depuração do tanque que a gente viu que estava engessado. Aí teve que botar cloro, teve que filtrar a água. Quem teve um papel fundamental nesse Centrão foi o Robertão Cardoso Alves. Carimbavam ele como de direita, mas ele era um brasileiro que pensava no Brasil.

O fundamental, para vocês, era conseguir os 309 votos necessários para mudar o regimento. Quem operou essa batalha?

BG — O governo Sarney, os governadores [à exceção de Moreira Franco, do Rio de Janeiro], as federações patronais. O capital internacional não, mas a cultura internacional, sim, também ajudou um pouco. Além do nosso discurso.

Qual foi o peso do Roberto Campos, por exemplo?

BG — O Roberto Campos teve importância no capítulo econômico. Sem o Centrão, teria imposto sobre grandes fortunas...

Mas esse tem[5] — embora até hoje não tenha sido regulamentado. Essa vocês perderam...

BG — Entrou — mas se fosse do jeito que eles queriam seria de imediato, e não dependendo de lei complementar [até hoje não implementada]. Eu viajei para os Estados Unidos e para o Japão [com outros constituintes] para entender como é que essa taxação funcionava por lá.

Como é que atuou o ministro Antônio Carlos Magalhães na concessão das rádios e televisões?

BG — Antônio Carlos articulava isso, ele era o ministro das Comunicações. Tinha o poder político, por ser amigo e muito bem relacionado com o Sarney, e também foi muito amigo do poder militar. E aí entrou essa parte da barganha política de rádio e televisão, aquele negócio todo.

Como é que funcionava?

BG — Por projeto. O operador político do governo era o Antônio Carlos. Ele chamava, falava, trocava, prometia, vote isso, vote aquilo. Na disputa pelos quatro ou cinco anos do Sarney, ele é que operou. Juntava a nossa turma na mesa dele, e a gente ficava lá, contando os votos.

Só para situar o leitor: embora amigos naqueles tempos, o senhor e o Antônio Carlos Magalhães ficaram inimigos depois...

BG — O Antônio Carlos morreu meu inimigo, nem falava mais comigo. Fomos amigos [por] 25 anos e inimigos [por] cinco. Rompemos na época do Collor... [Gama foi o presidente da CPI que investigou o presidente Fernando Collor.][6]

Mas então, voltando à Constituinte, ele chamava o senhor e outros deputados lá no gabinete?

BG — Quase todo dia a gente ia almoçar. Se não chegava até uma hora da tarde, a secretária ligava, "O ministro tá aguardando aqui". Era para fazer um briefingzinho da política da Bahia e do Brasil. Só não podiam ser treze pessoas, porque ele era supersticioso e não sentava na mesa com treze. Eram doze, ou quatorze. Quando dava treze, ele chamava a secretária ou o motorista para sentar na mesa.

Além do briefing, o que mais entrava, da Constituinte?

BG — Quando terminava uma votação daquelas, importantes, ele ligava para o Luís Eduardo [filho de ACM], o Zé Lourenço [líder do PFL], o [Ricardo] Fiúza [vice-líder do PFL], eu e outros. "Vamos lá conversar com o Sarney agora." A gente ia lá no Palácio do Planalto comemorar. Aí ele virava pro Sarney e falava: "Agora, presidente, a partir de amanhã, é pagar essa conta. Eu não quero ver um deputado dizendo que a gente não honrou a palavra." Eu vi o Antônio Carlos falar isso umas dez vezes. "Agora é pagar a conta, a gente não pode desonrar o compromisso com os deputados." Era um filho da puta [risos]. Isso é a fisiologia, é a cara do Brasil. Ainda hoje é assim.

E quando vocês perdiam a votação?

BG — Em uma delas ele falou para o Luís Eduardo: "Vocês são uns frouxos. Se fosse eu saía na porrada." O Luís Eduardo reagiu. Ele era a única pessoa que reagia. O Antônio Carlos estava obcecado pela Constituinte. O Roberto Marinho [Rede Globo] também botava muita pilha nele.

O senhor diria que sem esse fisiologismo Sarney não tinha virado a mesa para cinco anos?

BG — Não tinha, porque a rua estava muito forte para os quatro anos.

O Sarney chamou o senhor pessoalmente ao Palácio do Planalto alguma vez?

BG — Duas vezes, para tomar café da manhã, com o Fernando Bezerra Coelho [relator da subcomissão]. Ele queria mostrar, na mesma linha do Maílson, que aquelas propostas iriam quebrar a República. O interlocutor técnico da conversa era o Saulo Ramos [consultor-geral da República].

Um dos não constituintes mais influentes — na parte social, digamos assim — foi o empresário João Carlos Di Gênio, dono do Grupo Objetivo, da área de educação. Ficaram famosas as festas que ele oferecia, em sua casa do Lago Sul, onde mandava armar uma tenda de circo. O senhor frequentava?

BG — Tem muito exagero nessas histórias... Mas era o lobby da educação nas universidades. Ele tinha o melhor colégio do Brasil, que era o Objetivo, hoje com milhões de alunos. E isso não foi ruim para o Brasil. Foi num momento em que a educação pública estava muito ruim e ele entrou. O Di Gênio é um grande brasileiro.

O senhor ia nas festas?

BG — Eram festas maravilhosas. E você podia levar qualquer pessoa, sua mulher ou sua mãe. Depois cada um cuidava da sua vida, fora de lá. O Di Gênio facilitava muito as coisas.

O Antônio Carlos Magalhães também ia, por exemplo?

BG — Íamos todos nós, muitos jornalistas, todo mundo. Ele [Di Gênio] tinha uns exageros. Uma vez o Antônio Carlos foi comemorar o aniversário lá, no circo, uma coisa mais restrita, com a bancada da Bahia, e mais o [deputado] Heráclito Fortes, assíduo frequentador. De repente, Heráclito anunciou, de surpresa, que ia ter um show. Botou Antônio Carlos na frente da plateia. Quando a cortina se abriu apareceu o [cantor] Miltinho, cantando "Mulher de trinta", que era a música preferida de Antônio Carlos [risos].

O que é que o Di Gênio queria garantir na Constituição, principalmente?

BG — Era a questão da educação, da filantropia, reduzir impostos, manter, mais ou menos, o que já estava garantido na outra Constituição. Ele lutou mais para não tirar do que para colocar.

Outro que dava festas maravilhosas era o deputado Ézio Ferreira, empresário milionário do Amazonas. O senhor ia?

BG — Mas era diferente. As do Ézio eram festas de ostentação, não eram de lobby. Ele usava, na mão, um brilhante de não sei quantos milhões. Mandava trazer aqueles peixes maravilhosos... Era uma pessoa de índole boa — mas acabou que quebrou, e perdeu tudo por causa da ostentação. Ele foi cassado na CPI do Orçamento.[7]

Muitos constituintes se envolveram em escândalos e/ou denúncias de corrupção, de lá para cá. Em cada [busca no] Google, nome a nome, perto da metade tem alguma confusão. Gente que foi presa, até assassinada.

BG — Muita gente. O mais famoso foi o [ex-deputado] João Alves, também cassado na CPI do Orçamento.

A Constituinte teve algum lobby secreto ou disfarçado?

BG — Teve o do SNI [Serviço Nacional de Informações],[8] de péssima fama, comandado pelo general Ivan de Souza Mendes. Aí eles convidavam alguns constituintes para ir lá, ficava no Parque da Cidade. Eu mesmo fui convidado. Era meio esquisito. Tinha que seguir um carro deles, sem se saber aonde ia. Só sabia lá. Um general e um coronel me receberam. Queriam saber o que eu pensava do SNI, o que a Constituinte achava. Eu disse que minha impressão era a pior possível. Foi aí que começou a reforma do SNI. Porque tinha emenda propondo extinguir, mas não entrou.[9]

A Constituinte tinha, entre muitas turmas, as que jogavam futebol. A que ficou mais famosa foi a da pelada organizada pelo Lula. O senhor ia, era do ramo?

BG — Eu era. Tanto que até hoje pago o preço, com um problema na bacia. Nós tínhamos uma pelada sagrada, às 7 horas da manhã de toda quarta-feira, no Corpo de Bombeiros. Dos que eu lembro que eram assíduos: eu, Lula, Valmir Campelo, Maguito Vilela, Paulo Delgado, Aécio Neves... Eram uns doze. A gente até ficava brincando com o Lula: "Como é que você entra aqui na polícia, cara? Vão prender você" [risos]. Teve um dia que ele foi de carona, no fusquinha do Valmir Campelo. Um ônibus quase bate no carro; foi aquele susto, tiveram que descer. O Lula falou pro Valmir [imitando a voz do Lula]: "Ô, Valmir, você quase mata o futuro presidente da República." O Valmir mandou ele arrumar o que fazer.

Sério?

BG — Sério. Mas o melhor vem agora: no dia da posse do Lula na presidência da República, o Valmir Campelo era presidente do Tribunal de Contas da União (TCU) e foi cumprimentá-lo. Quando apertaram a mão, o Lula disse para a dona Marisa: "Esse cara aqui me disse, nos tempos da Constituinte, que eu não ia ser presidente da República, quase me mata..." [risos].

DELFIM NETTO

Deputado pelo PDS de São Paulo e presidente da Subcomissão de Princípios Gerais, Intervenção do Estado, Regime da Propriedade do Subsolo e da Atividade Econômica.

**"Foi um milagre ter terminado.
E saiu melhor do que esperávamos."**

Qual era a sua expectativa com a Constituinte?

Delfim Netto — A Câmara tinha sido constituída depois do maior estelionato eleitoral que o mundo já viu, que foi o Plano Cruzado. Levou para lá algumas pessoas com excesso de generosidade, essa esquerda no fundo despreparada, mas generosa, que achava o seguinte: existe um mundo em que ninguém precisa trabalhar, todos vão viver bem. Muito bem. E eu me perguntava "Quem vai produzir?" Os escravos, naturalmente. Eu nunca briguei com eles. Até me divertia muito, inclusive porque, quando eu entrava no elevador, o pessoal do PT saía. Até eles aprenderem, demorou muito tempo. Mas o importante era compreender que aquilo foi um instante produzido por um fato espantoso, que foi o Plano Cruzado, uma grande ilusão, uma coisa fantástica.

O que não tira a importância da Constituinte, e da Constituição resultante.

DN — Aconteceu aquilo que eu disse lá, continuo dizendo, e já dizia antes. Nós estamos num processo civilizatório e o Brasil avançou imensamente. Com todos os defeitos que se apontam, a Constituição contém algumas coisas importantes para a construção de uma sociedade. A questão do transporte urbano, que teve muita divergência, é típica. Eu tinha grande admiração pelo [Franco] Montoro, que foi meu professor de Direito Privado. Éramos grandes amigos, mas sempre tivemos posições muito divergentes. Quando ele colocou, nos ônibus de São Paulo, "Transporte: um dever do estado e um direito do cidadão", eu disse para ele: "Transporte: direito do Pedro, pago pelo Paulo." Na sociedade, não tem nada grátis. Alguém tem que pagar. Na Constituinte, essa era a essência das discussões, que eram intermináveis.

O senhor foi presidente da subcomissão de Princípios Gerais, Intervenção do Estado, Regime da Propriedade do Subsolo e da Atividade Econômica.[1] O professor Adriano Pilatti, um dos estudiosos da Constituinte — da qual participou como assessor —, analisou o trabalho da sua subcomissão. Diz ele que o senhor ficou praticamente calado durante as discussões — o que as atas realmente comprovam —, mas foi falante e duro durante a votação, conseguindo aprovar o projeto que preferia, bem diferente do apresentado pelo relator, Virgildásio de Senna, seu relator.

DN — O que ele fez, na verdade, foi um relatório da minoria.

Diz Pilatti que o senhor atuou a "golpes de martelo": "É isso, está aprovado, vamos, vamos, vamos."

DN — Mas tudo dentro do regimento. O Virgildásio era uma boa pessoa. Tinha uma generosidade ingênua, maravilhosa, e era um sujeito civilizado. O Ulysses até privilegiou o relatório dele, me dizendo: "Ah, Delfim, você já mandou muito no Brasil" [risos].

Foi uma Constituinte complexa e problemática: subcomissões, comissões, Comissão de Sistematização, Centro...

DN — O importante é o resultado. Saiu uma Constituição longa — talvez mais do que devesse —, com algumas pinturas meio utópicas, mas todas elas na direção correta. Você tinha três vetores que estão implícitos na

Constituição. O primeiro era que nós queríamos um regime republicano. Todos, inclusive o poder incumbente, sujeitos à mesma lei e sob controle de um Supremo Tribunal Federal independente. Isso foi conseguido. É só olhar: o Brasil talvez seja o país emergente que tenha as melhores instituições republicanas em construção e aperfeiçoamento do mundo. Segundo, nós queríamos um país democrático e nós temos aprendido que precisava uma democracia segura, que funcionasse, que precisava ser livre e apurasse os votos com honestidade. Nós desenvolvemos uma metodologia, uma forma de fazer isso. O Brasil deve ser o único país emergente que apura 100 milhões de votos em 8 horas sem ter problema, como no Texas ou na Califórnia. Todo mundo sabe que não tem vícios.

E o terceiro vetor?

DN — O terceiro, que até explica um pouco as pinturas de utopismo, era, no fundo, no fundo, tornar o destino do cidadão independente do acidente do nascimento. Quer dizer: não me interessa se o senhor foi produzido na suíte presidencial do Waldorf Astoria, ou se você foi produzido por acaso num sábado à noite, chuvoso, embaixo do Museu do Ipiranga. Uma vez produzido, você tem direitos. Significa dizer, por exemplo: educação e saúde universais e gratuitas. Nós ainda não temos nenhuma das duas, mas esse é um objetivo absolutamente fundamental, que está lá. Então, o que a Constituição diz é o seguinte: eu vou dar duas pernas pra todo mundo no ponto de partida, depois a sorte vai influir, o DNA vai influir. O fundamental é que tem justiça na partida. Isso está na Constituição. E isso está sendo cumprido. O Lula na presidência foi o acidente necessário para emergir essa compreensão.

Como é que ele foi na Constituinte?

DN — Eu me dou bem com o Lula desde 1982. O Lula é um diamante bruto, de uma intuição, de uma inteligência, de uma sabedoria que não tem nada que ver com educação. Eu brinco com ele: "Se você tivesse feito a USP você estava perdido, ia jogar fora boa parte dos seus talentos." [risos]

E na Constituinte?

DN — Ele comandava um partido que ainda não tinha entendido nada do processo civilizatório. Tanto isso é verdade que o dr. Ulysses teve de convencê-los a assinar a Constituição. Mas é um processo de aprendizado.

Na primeira etapa da Constituinte, o senhor foi um dos que defenderam o movimento pelas Diretas em 1988. Queria eleição para presidente, senado, deputado, prefeito, zerava tudo. Teve apoio nos editoriais do *Estadão* e de *O Globo*, por exemplo, e teve um grande adversário nos debates jornalísticos, que foi o Almino Affonso, para quem, à época, a proposta era golpista.

DN — E que hoje é um grande amigo meu. Não tinha nada de golpe, pelo contrário, era uma solução muito razoável. Ia corrigir algumas das dificuldades que nós estávamos vivendo. O importante, de qualquer forma, é que nós conseguimos terminar aquilo. Com todos os problemas, fomos capazes de ajustar. Seria uma tragédia você não terminar aquilo. E hoje eu acho, honestamente, que o resultado foi melhor do que qualquer um de nós podia esperar.

O senhor percebeu que o regimento aprovado no começo traria problemas depois — como acabou trazendo?

DN — Na primeira etapa, nosso Covas chefiava um grupo de esquerda, visitando as comissões e fazendo seu papel de liderança. Aquilo era natural.

E a discussão sobre o mandato do presidente Sarney, que tinha seis anos e ofereceu cinco?

DN — O Sarney tinha uma grande habilidade para ficar os cinco anos. Não vamos ter ilusão: o dr. Ulysses nunca gostou do Sarney. O Sarney foi ameaçado várias vezes de perder o governo. No fundo, a sua permanência durante cinco anos foi importante, porque ele é um daqueles políticos brasileiros capazes de fazer tricô com quatro agulhas.

Em recente entrevista para o *Estadão* ele disse: "Assumi para ser deposto."[2]

DN — Eu estava lá. De fato, de fato, mais de uma vez o dr. Ulysses armou confusões que podiam terminar na cassação dele.

Durante a Constituinte, mais de uma vez, o general Leônidas, ministro do Exército, quis ditar regras, "isso pode, isso não pode". Havia clima para os militares voltarem?

DN — Não; os militares entregaram, num processo que começou com o Geisel. Na verdade, isso tudo continuou porque o Costa e Silva teve um ataque cardíaco. Senão o Costa e Silva teria assinado a Constituinte em 1969, e ia ter eleição. O acidente é que controla a história.

Foi então que o senhor assinou o maldito do AI-5...

DN — Não é maldito. Isso é uma das coisas mais interessantes: como as pessoas ficam sábias depois que o futuro virou passado. Eu vejo quantos viraram democratas depois que conheceram o futuro. Então, quando o futuro virou passado...

O dr. Ulysses não acabou abaixando a cabeça para o Sarney conseguir os cinco anos?

DN — O Ulysses tinha uma avaliação de risco bastante boa, tinha noção de limite. Ele era valente, mas prudente. Tinha qualidades muito boas. Eu tenho admiração por ele. Ele era correto.

Ele facilitou ou não para o Sarney, se tivesse fincado o pé e dito "Não, são quatro anos e o PMDB não muda de posição"?

DN — Eu não sei se ele ia ganhar. Ele fez uma avaliação que não ia. Aquilo tinha chegado numa grande radicalização. Foi uma negociação e eu acho que terminou muito bem. Podia ter começado tudo de novo. É um milagre ter conseguido terminar.

O milagre está no colégio de líderes — nos acordos entre eles, não?

DN — Evidente. Você não pode fazer 559 sujeitos satisfeitos, a não ser que você dê dois artigos para cada um. Era preciso uma coordenação. O que eu digo é que ela [a Constituição] saiu muito melhor do que nós poderíamos supor, no meio do processo. Quando o Centrão se instalou, a ideia era a seguinte: "Você não vai a lugar nenhum, isso vai terminar num impasse, vamos trocar socos e provar que nós somos incivilizados para produzir uma coisa razoável." E, no entanto, as coisas foram indo. Isso eu acho que é, talvez, a forma de ser do brasileiro, da nossa cultura, de procurar o arranjo, de tentar acomodar. A Constituição é o símbolo disso.

Matéria do *Estadão*, em 27 de outubro de 1987, começo do impasse com o Centrão: "Para Delfim, Ulysses deu golpe no tapetão."[3] Diz o seguinte: "O deputado Delfim Netto criticou em São Paulo as declarações do multipresidente Ulysses Guimarães de que a direita estaria tramando um golpe contra a Constituinte. 'Ele fala em golpe e se queixa, diz que nós é que somos golpistas. Meu Deus, basta olhar e ver quem é o golpista. Quem é que no fundo comanda o grupo do *poire*? Quem comanda toda essa destruição em vigor hoje no Brasil? Quem está destruindo a economia brasileira senão o dr. Ulysses e seu clube? Quem afinal inventou a eleição indireta senão o sr. Diretas, que agora é o sr. Nunca Mais...'" E por aí vai.

DN — Nesse momento, ele também estava sendo instrumento daquele grupo que tinha sido criado na eleição de 1986, pelo Plano Cruzado. Também era um instrumento, não vamos ter dúvida. E isso tudo era meio recíproco. Ele ficava furioso e respondia. O importante é que depois nós nos tornamos grandes amigos.

Quando a Constituinte empacou — no impasse criado pelo Centrão — o senhor propôs eleições gerais em 1988. Quem ia convencer os eleitos a renunciar aos mandatos? A própria Constituinte?

DN — É claro. A Constituinte na verdade ia dizer o seguinte: nós somos incapazes, ponto. Porque, se tivesse prevalecido aquele impasse, não tinha Constituição. O próximo presidente teria que convocar uma Constituinte. Ou a sociedade iria convocar uma Constituinte. Não tinha remédio. Aquela acomodação resolveu um grande problema.

Outra matéria,[4] no auge do impasse, mostra a sua posição naquele momento: "Sugestão de Delfim a Sarney, um ato heroico." O senhor sugeriu que o presidente convocasse eleições para presidente, senadores, deputados federais, e que rompesse com o PMDB, se não tivesse apoio.

DN — Chegou no momento em que o Congresso não era capaz de resolver. Ele só tinha uma saída: "Eu vou convocar uma Constituinte de verdade, vou convocar uma eleição pra produzir uma Constituinte exclusiva."

Mas não era razoável, nem naquele momento.

DN — Naquele momento havia o risco de não ter a Constituição. Era uma sugestão.

O senhor foi pró-Centrão — mas logo passou a criticar. Um exemplo é a matéria "Delfim ataca fisiologismo do 'Centrão'": "O Delfim me disse [a Roberto Jefferson] hoje à tarde no Plenário que se tudo continuar assim ele vai embora do Centrão."[5]

DN — É isso mesmo.

Aqui tem outra que o senhor não vai gostar, de 11 de junho de 1988, no *Estadão*:[6] "Dos 29 Constituintes punidos com desconto no salário por faltar à Constituinte, pelo menos três foram até o mês de maio assíduos e atuantes [...] Só começaram a faltar quando se iniciou a votação dos assuntos da ordem social..."

DN — ...

E o Fernando Henrique, qual o papel o senhor acha que ele teve?

DN — O Fernando sempre teve um papel importante. É um intelectual de verdade. Eu tenho uma grande admiração por ele, ao contrário do que as pessoas pensam. Nós nunca tivemos divergências importantes. No governo dele eu sempre votei a favor do governo. As divergências, aparentemente, eram ideológicas. Mas o Fernando nunca foi um radical, de nenhuma natureza. É uma figura respeitável.

E Mário Covas?

DN — Era um sujeito brilhante, uma liderança brilhante, absolutamente correto. Eu tenho até hoje uma profunda admiração pelo Covas.

Não o da fase das comissões...

DN — Ali ele e seus asseclas passavam pelas comissões, para pressionar. Se aquelas posições tivessem prevalecido, a Constituição não ia durar.

Um desses "asseclas", para usar a sua expressão, foi recebido na sua subcomissão. O senhor parou a reunião e disse, como consta das atas: "Estamos recebendo aqui o senador Severo Gomes, que é o relator na nossa comissão como um todo" — no caso, a Comissão de Ordem Econômica.[7]

DN — O Severo era uma figura extraordinária, um sujeito brilhante, que mudou completamente. Era um empresário, e acabou mudando de posição.

Na Constituinte?

DN — Já tinha mudado. O caso do Severo é uma coisa complicada. Eu acho que é um problema psicológico, aquele negócio do filho, e tudo. E o Severo era um sujeito brilhante, brilhante.

E José Serra?

DN — O Serra é um sujeito determinado, trabalhador, com ideias em geral corretas. Mas com muita dificuldade de convivência [risos]. Na Constituinte, era um sujeito respeitado. Teve um papel importante [de relator] na Comissão do Sistema Tributário, Orçamento e Finanças.[8] Ele era o homem de confiança do dr. Ulysses e do Jobim. O Serra teve um papel importante.

O senhor tem orgulho do seu papel na Constituinte ou reveria alguma posição?

DN — Eu fiz o meu papel.

O senhor já fez grandes elogios à Constituição. E as críticas?

DN — Ela é muito longa, muito detalhista.

E substantivamente?

DN — O defeito fundamental, que precisa ser corrigido, é a indexação das despesas.

Por quê?

DN — Porque é uma desconfiança sobre a competência do poder incumbente. "Se eu não fixar na Constituição que precisa gastar tanto em saúde e tanto em educação, o poder incumbente não vai fazer." Só que é um erro mortal. Porque a sociedade está envelhecendo, e logo as despesas com saúde e com educação vão se alterar. Essas vinculações destroem a boa administração financeira. Naquele momento, a gente já sabia disso, claro. Mas a desconfiança com o poder incumbente era tal que queriam fixar tudo. Na verdade, estavam querendo dispensar o poder incumbente.

FRANCISCO DORNELLES

Deputado pelo PFL do Rio de Janeiro e presidente da Comissão do Sistema Tributário, Orçamento e Finanças

"O ACM me segurou pela gravata: 'Você é um traidor!'"

É verdade que o ministro Antônio Carlos Magalhães o agrediu fisicamente, no gabinete ministerial, porque o senhor se recusou a votar pelo mandato de quatro anos para o presidente José Sarney?

Francisco Dornelles — É verdade. Já que você descobriu, eu vou contar do começo.

Fique à vontade.
FD — Para aprovar os quatro anos na Comissão de Sistematização, o meu voto e o da Sandra Cavalcanti é que iriam decidir. Então veio uma pressão enorme, brutal. Era o Ronaldo Costa Couto [ministro da Casa Civil], era [o general] Ivan Mendes [chefe do SNI]. Na noite anterior, para fugir da pressão, eu resolvi dormir no Hotel Nacional. Só dei o telefone para a minha mulher. Mas o Antônio Carlos seguia meus passos. E passou o número do quarto e o telefone em que eu estava para o Roberto Marinho [dono da Rede Globo de Televisão]. Às 2 horas da madrugada, o telefone tocou. Eu pensei que era a minha mulher e atendi:

"Dornelles, aqui é o Roberto Marinho. Me disseram uma coisa que eu não acredito: que você quer votar contra mim. Quer que o Brizola seja eleito presidente da República?"

"Não, senhor. Eu sou antibrizolista."

"Mas você está aí, querendo encurtar o mandato do Sarney. Se for aprovado que o mandato é de quatro anos, o Brizola é que é o candidato. Como é que você vai votar?"

Me deu um frio na barriga. Eu disse:

"Doutor Roberto, eu estou com o senhor e não abro, em quaisquer condições. Mas nessa daqui eu estou votando pelo Brasil, eu vou votar pelos quatro anos."

Ele respondeu:

"Então as nossas relações estão rompidas."

Como se deu a agressão do ministro Antônio Carlos?

FD — No dia seguinte, ele me chamou, no gabinete, para questionar o meu voto pelos quatro anos. Pediu pra votar por cinco anos. "O que você precisa?", aquela história toda. "Adoro você, estivemos juntos na campanha do Tancredo." Eu falei: "O senhor vai me desculpar..." E então ele me agarrou aqui pela gravata e ficou falando "Você vai votar os quatro anos, você é um traidor!" Ele teve um acesso de fúria.

Como o senhor reagiu?

FD — Eu falei: "Olha aqui, eu não sou de lutar boxe, mas eu tenho princípios. Eu não vou votar pelos cinco anos. E a partir de agora é que eu não voto mesmo, de jeito nenhum. Eu sou votado no Rio, e o meu eleitorado quer quatro anos."

Na época, o senhor deu uma entrevista dizendo que votaria pelos quatro anos porque tinha dignidade. E então ele lhe perguntou, no entrevero, se o deputado Luís Eduardo Magalhães, constituinte e filho dele, que ia votar pelos cinco anos, não tinha dignidade. É isso mesmo?

FD — Ele falou qualquer coisa assim: "Dessa maneira você está agredindo o meu filho." Eu mal sabia quem era Luís Eduardo; naquela época ele não tinha projeção nenhuma.

Quem conhece a história diz que, além de segurá-lo pela gravata, ele lhe deu um tapa no rosto, ou tentou, e o senhor se defendeu.

FD — Não chegou a dar o tapa. E não tinha ninguém na sala, só nós dois.

Como é que a cena acabou?

FD — Depois que eu bati o martelo nos quatro anos, ele voltou atrás, me levou até o elevador, me deu um beijo, e disse algo como "A nossa história ficará para sempre, me desculpe". Acabou bem, não teve escândalo. Eu votei pelos quatro anos na Comissão de Sistematização[1] e, depois, na votação do Plenário. Fui o único ou dos poucos do PFL a tomar essa decisão.

Por que o senhor bancou essa divergência?

FD — Por pressão do eleitorado do Rio, e porque o PFL do estado estava apanhando muito. Mas eu estava puto com o governo Sarney, por razões políticas. Mas hoje eu reconheço que votar nos quatro anos foi uma posição errada.

Por quê?

FD — Porque não ia nem dar tempo para fazer a eleição em quatro anos — 1988, no caso. Ficava muito em cima.

Essa dissidência não foi alguma mágoa que ficou, com o presidente Sarney, dos tempos em que o senhor foi ministro da Fazenda [entre março e agosto de 1985]?

FD — Não, isso já estava superado. O problema, ali, é que eu preparei um time pra jogar basquete e o Sarney disse que o jogo era vôlei. A turma que eu pus no Banco Central era todo mundo dessa linha radical do Joaquim Levy, corte de despesas, aumentos de impostos, aumento de taxas de juros. E o Sarney tinha até razão. Ele não tinha condições políticas de imprimir uma política recessiva. Se ele quisesse imprimir a política que eu queria, seria deposto.

Por que o senhor saiu do ministério?

FD — Quando eu estava na França, o Sebastião Vital, que era meu secretário, esculhambou o governo. O Sarney o demitiu, mas até me telefonou, foi leal. Quando voltei, vi que a demissão era coisa do próprio Palácio do Planalto, querendo me desmoralizar. Decidi pedir demissão. Já tinha uma carta pronta — para qualquer emergência — e pedi que entregassem para o José Hugo [Castelo Branco, ministro da Indústria e Comércio], e imediatamente para a imprensa. Hoje eu acho que fui um pouco irresponsável, porque o país ficou 24 horas sem ter ministro da Fazenda e presidente do Banco Central. Eu quis evitar as formalidades da despedida.

E em 1986 o senhor saiu candidato a [deputado federal] constituinte.

FD — Em 1986, eu virei constituinte. Não ficou nenhuma sequela. O Sarney me ajudou muito na eleição. O Ronaldo Costa Couto, então ministro do Interior, me deu muita infraestrutura para a campanha. O Sarney sempre me tratou muito bem.

Na primeira fase da Constituinte, o senhor foi presidente da Comissão do Sistema Tributário, Orçamento e Finanças, tendo o José Serra como relator. Na segunda etapa, foi um dos 22 titulares do PFL na Comissão de Sistematização. Que lembranças lhe vêm à cabeça?

FD — Uma delas é de que o Lula me ajudou a aprovar uma emenda que até hoje está na Constituição, "A iniciativa privada pode exercer toda e qualquer atividade, a menos que proibida por lei", alguma coisa assim.[2]

Como foi?

FD — Botei em votação, na parte da tarde. Faltavam dois votos para ganhar. Entra no plenário o Valmir Campelo, que me deu um voto. Entra o Lula: "Ô Lula, me dá um voto." Ele disse: "Se a emenda é sua, deve ser contra a pátria ou contra o povo". Eu falei: "Não, essa é a favor da pátria e do povo." Ele respondeu: "Vou dar, mas estou certo que é contra." E me deu o voto.

E o caso do senador Albano Franco, constituinte e presidente da Confederação Nacional da Indústria, que se atrapalhou e votou com a esquerda a favor da nacionalização da distribuição dos derivados de petróleo? O senhor o chamou de "idiota", "irresponsável", "além de outros adjetivos merecidos mas não publicáveis", segundo jornais da época.[3]

FD [risos] — Na hora eu achei que ele tinha votado errado. Mas hoje eu tenho a impressão que não. Acho que quis fazer média com a Petrobras, porque era candidato a governador ou a senador. Eu o critiquei, no calor da hora, mas não falei palavrão [risos].

E o trabalho na comissão, com Serra de relator?

FD — Eu e o Serra éramos muito contra a vinculação de receitas. Tinha um deputado, de Minas, José Olímpio, careca, que parecia muito comigo. Um dia, no final da tarde, saindo do Plenário, eu ouço: "Ô, Zé Olímpio, o Camilo Cola [empresário da área de transportes] mandou dizer para você ficar aí, que logo que o Dornelles e o Serra saírem nós vamos votar a vinculação nos transportes." Voltei, falei com o Serra e derrubamos a vinculação.

O senhor e ele se deram bem?

FD — Muito bem. O problema é que eu acordo de madrugada, que é a hora que ele vai dormir. Muitas vezes eu antecipava a hora de acordar — para despachar às 3, 4 horas da manhã, eu acordando, ele indo dormir [risos]. Mas fizemos uma boa dobradinha.

Quais foram os maiores problemas da comissão?

FD — O problema grave que houve foi o imposto único sobre combustíveis, energia e comunicações. Era um imposto federal fajuto. Nós queríamos transferir para os estados, como ICM. Mas a União não queria. Chamou os estados não produtores e falou o seguinte: "Vocês vão perder, não são produtores." Aí nós fizemos um acordo com os outros estados, para cobrar o ICM do petróleo no estado de consumo. Mesmo assim, passou. O Serra até hoje é apresentado no Rio como o homem que tirou do Rio o ICM na origem. Essa foi a grande parada que nós tivemos. Foi uma decisão dura.

Outra boa história que passou pela sua comissão foi a proposta do Fernando Gasparian de limitar os juros reais em 12%. O senhor e o Serra conseguiram vetar, mas o fato é que ela entrou na Constituição. Qual é a sua versão para esse drible?

FD — Os bancos atuaram para não passar, principalmente com o Basílio Villani [PTB do Paraná, ex-diretor do banco Bamerindus e autor da emenda que propôs os cinco anos de mandato].[4] Ninguém dava bola, todo mundo achava que estava fora de cogitação. A mesa foi virada no Plenário.

De que jeito?

FD — Houve uma votação sobre a reforma agrária — e o Ronaldo César Coelho, banqueiro, votou a favor, com a esquerda. A bancada ruralista resolveu dar o troco no Ronaldo — e votou nos 12% do Gasparian. Pode escrever aí: "Os 12% se devem a Ronaldo César Coelho."

De modo geral, quatro anos à parte, como o senhor viu a atuação do presidente Sarney durante a Constituinte?

FD — Se ele não atuasse com a flexibilidade que atuou, não teria Constituinte. Acredito até que poderia haver uma reversão do quadro democrático. O [general] Leônidas [Pires Gonçalves, ministro do Exército] foi muito importante, porque aguentou firme [os que queriam a "reversão democrática"]. Os ministros militares do Sarney eram muito bons.

E na virada do Centrão — onde o Sarney entrou?

FD — O que o Antônio Carlos [Magalhães, ministro das Comunicações] deu de rádio e de televisão foi fora do gibi. O Roberto Marinho participava ativamente da política. O Sarney deve à Rede Globo, pelo apoio, e a Globo deve ao Sarney, pela força que teve, porque também ganhou televisão no país inteiro. O Sarney também foi a alegria dos governadores — deu muito dinheiro aos governadores. A exceção foi o Moreira Franco [do Rio de Janeiro], que fez bobagem, e aí não recebeu nada. O Moreira foi o único governador que ficou com os quatro anos. O [Orestes] Quércia [governador de São Paulo] ganhou um dinheirão.

Jogo pesado?

FD — Muito pesado. Agora, se não fosse pesado, ele perdia.

E o Saulo Ramos, consultor-geral da República, homem forte do Sarney?

FD — Em determinado momento, o Saulo Ramos me chamou e disse: "O Bernardo Cabral vai apresentar depois de amanhã o capítulo tributário que ele fez. Só você vai examinar se está bem." Era uma coisa enxuta, pequenininha. Eu disse: "Ô, Saulo, isso aqui é uma loucura, é o sistema tributário que eu gostaria, pequeno, enxuto, deixa tudo para a lei. Agora, ele não vai apresentar isso não." O Saulo contou, então, que o Leônidas tinha chamado o Bernardo e dado um carrapé nele, dizendo que tinha que tinha que apresentar um texto enxuto. No dia seguinte, o Bernardo apresentou outro texto, que não tinha nada a ver com o do Saulo. Eu gostava muito do Bernardo. Ele foi fundamental. Se não tivesse a flexibilidade do Bernardo, não saía a Constituição. No sistema tributário, que eu e o Serra fizemos juntos, ele nunca mexeu em nada, teve confiança absoluta.

OSCAR CORRÊA JÚNIOR

Deputado pelo PFL de Minas Gerais e presidente da Comissão de Organização dos Poderes e Sistemas de Governo

"Criamos o Centrão por um instinto de sobrevivência."

Qual era a sua preocupação, desde o começo?

Oscar Corrêa Júnior — Que a influência de esquerda pudesse fazer um Brasil diferente daquele que a gente imaginava. Por isso que mais à frente a gente criou o Centrão. Foi decorrência de um instinto de sobrevivência.

Houve manifestações com esse espírito, à direita, desde o começo.

OCJ — Mas não era [algo] organizado. Eram manifestações individualizadas, escoteiras.

Por que demorou a se organizar?

OCJ — Na Comissão de Sistematização é que ficou claro que sem organização eles iam aprovar aquele projeto esquerdista.

Como o governo interferiu nessa organização?

OCJ — O homem operacional era Antônio Carlos Magalhães [ministro das Comunicações], a alma política do Sarney. Eu me dava muito bem com o Luís Eduardo [deputado constituinte do PFL-BA, filho de ACM].

Operacional pode ser, mas alma política não. O Sarney é que comandou essa virada, quando viu que o mandato podia ser encurtado. Não?

OCJ — Eu disse ao presidente Sarney que ele deveria ficar com os seis anos a que tinha direito. Ele preferiu abrir mão de um, mas não quis perder mais um. Perdeu os anéis, não perdeu os dedos.

E ganhou o Centrão...

OCJ — Com muita influência externa. A decisão política foi dentro da Constituinte, mas não necessariamente toda a formulação. Não vamos ser românticos. Se há uma coisa que funcionou tanto pra A quanto pra B, C, e D foram os lobbies. Pesaram muito.

Quais foram os que mais o impressionaram?

OCJ — O das Forças Armadas, com uma competência extraordinária.

O Supremo Tribunal Federal — onde atuava o ministro Oscar Corrêa, seu pai — também tinha um lobby muito forte. O ministro, inclusive, tinha posições teóricas muito consolidadas sobre o que esperar de uma Constituição.[1]

OCJ — O lobby do Supremo era forte...

O ministro Oscar foi alguma vez à Constituinte, articular?

OCJ — Nunca foi — e acredito que nenhum outro ministro. Mas lá em casa [a casa do ministro, onde morava seu filho] recebíamos informalmente alguns constituintes mais próximos. Meu pai, como você disse, era um profundo conhecedor daqueles temas, tinha posições. Era contra, por exemplo, que ministro do Supremo tivesse mandato, como queriam alguns constituintes. Ele gostava de dar os pitacos dele.

Que mesa o senhor frequentava, na parte social?

OCJ — Toda quarta nós íamos na casa do Ézio [Ferreira, deputado milionário do PFL do Amazonas]. Era um jantar muito bem regado. Meu pai também comparecia, sempre. E o Ézio também ia lá em casa.

Como eram esses jantares?

OCJ — Ia gente de todos os lados. Nós éramos adversários lá dentro [da Constituinte], mas não lá fora.

Altos conchavos?

OCJ — Você vai para um canto e conversa. Pega o Nelson Jobim, um Bernardo Cabral, um Luís Eduardo, um Mário Covas, um Lula... Conversa e resolve. Ou não resolve.

Outra festa famosa, e frequente, era a do empresário Di Gênio, da área de educação, em uma tenda de circo montada no jardim, e muito animada. O senhor ia?

OCJ — Nós todos íamos a todas as festas. Independentemente do que podia acontecer, era um espaço de conversa da Constituinte. Pode ter certeza que muita coisa relacionada ao capítulo da própria educação saiu da casa do Di Gênio.

Festas com muita funcionalidade...

OCJ — Gostei dessa palavra [risos]. A funcionalidade era ampla. Também tinha isso.

Qual era a sua turma?

OCJ — O Luís Eduardo, Afif Domingos, Francisco Benjamim, que era o presidente da Frente Liberal da Bahia. Eram as pessoas com quem eu convivia mais.

Como era a sua relação com o dr. Ulysses?

OCJ — O dr. Ulysses me tratava muito carinhosamente. Por saber quem eu era, sempre perguntava pelo meu pai. As minhas conversas com ele não eram muitas, mas eram conversas objetivas. Foi uma pessoa absolutamente fundamental para a conclusão dos trabalhos.

O braço direito do Ulysses, no andamento prático da Constituinte, era o secretário-geral da Câmara, Paulo Affonso Martins de Oliveira. Quem era o Paulo Affonso?

OCJ — O Paulo Affonso era um homem de centro, muito equilibrado, e sabia que tinha poder. Até as publicações o Paulo Afonso é que controlava. Ele é que ligava pra gráfica do Senado: "Eu quero isso, eu quero aquilo."

Ele conta, no livro que deixou,[2] que facilitou a vida do Centrão — atrasando o relógio para que pudessem entregar algumas emendas dentro do prazo...

OCJ — Aconteceu. O Paulo Afonso tinha a exata noção do poder que tinha.

Ele também trabalhava política e ideologicamente, eventualmente influenciando o dr. Ulysses em uma ou outra posição?

OCJ — Também me pergunto: será que o Paulo Affonso, em determinado momento, não disse pro dr. Ulysses "Olha, não peita essa turma [do Centrão] porque não vale a pena"? E quem sabe o Ulysses não deu uma recuada ali? O Paulo Affonso era um homem que entrava no gabinete do Ulysses a toda hora. É possível — estou colocando isso com todo o cuidado — que em determinado momento ele tenha se identificado com algumas teses que estavam sendo discutidas dentro do Plenário.

O Paulo Affonso era um quadro do Centrão, para ir no ponto?

OCJ — Substantivamente, o Paulo Affonso era um homem ideologicamente de centro. Ponto. Todo mundo ia na sala do Paulo Affonso. Ele ouvia de Lula a Roberto Cardoso Alves, sempre solícito.

Sabia de tudo e mais alguma coisa...

OCJ — Sabia, porque convivia com todos. E não era só lá, não. O maior amigo do Paulo Affonso era o general Ivan [de Souza Mendes], nada mais, nada menos, o chefe do SNI [do governo Sarney].

Não me diga! Como era essa amizade?

OCJ — Eram amigos pessoais.

Qual é a sua avaliação da Constituição?

OCJ — Como dizia meu pai: "Boa ou má, vamos cumpri-la." Ao final, eu, Luís Eduardo e Roberto Campos demos um voto em separado, marcando posição.

E dizia o quê?

OCJ — Dizendo que a Constituinte era uma grande bobagem, era uma grande besteira, que não ia resolver os problemas do povo brasileiro... Mais ou menos isso. A Constituição de 1988 foi o que a gente tinha condição de ter feito na época. Ponto.

Vice-presidentes

AÉCIO NEVES

Deputado pelo PMDB de Minas Gerais e 1º vice-presidente da Comissão da Soberania e dos Direitos e Garantias do Homem e da Mulher

"Os votos não eram meus, eram do presidente Tancredo."

Na solenidade da abertura da Constituinte, em 1º de fevereiro de 1987, comandada pelo presidente do Supremo Tribunal Federal, ministro Moreira Alves, o nome do seu avô, Tancredo Neves, de resto o fiador de tudo aquilo, foi simplesmente esquecido. Foi uma gafe histórica, que o senhor chamou de "grave omissão". Na sessão seguinte, 2 de fevereiro, o senhor protestou, em sua primeira intervenção.[1]

Aécio Neves — Teve isso. Eu não vou dizer que alguém propositadamente esqueceu — mas é algo que não se justificava. Eu falei, pedi um minuto de silêncio.

"Ao mártir da Constituinte"...

AN — Eu era um jovem, de 26 anos, não tinha experiência legislativa. Eu fui o deputado mais votado de Minas, mas os votos não eram meus, eram do presidente Tancredo. Mas eu não tinha expectativa de ser um prócer, de ser uma estrela da Constituinte.

E não foi. O senhor participou pouco, pontualmente.

AN — Foi um grande aprendizado pra mim. O mais importante foram as conversas, as relações políticas que eu construí. Esse é o ativo mais valioso que eu tiro da Constituinte. Eu procurei me aproximar dos setores com que eu tinha identidade — o Mário Covas, o Fernando Henrique, o [José] Richa, o Pimenta [da Veiga].

Todos eles foram para o PSDB, que rachou com o PMDB em plena Constituinte. E o senhor não foi um dos fundadores.

AN — Eu já estava com esse grupo, em todas as reuniões. Depois da fundação, fizemos uma estratégia pro Pimenta ser o nosso candidato a prefeito em Belo Horizonte. Ele foi o primeiro prefeito eleito do PSDB em capital. O outro nome, que tinha sido mais votado que ele, era eu. A estratégia era que eu ficasse no PMDB até o momento da eleição, para criar uma dissidência, não deixar o PMDB vir unido contra o Pimenta. Então eu me filio ao PSDB meses depois da fundação.

O senhor defendeu, na Constituinte, a proposta que estabelecia o voto facultativo a partir dos dezesseis anos — que foi aprovada.[2]

AN — A aprovação foi devida, em grande parte, ao encaminhamento feito pelo Affonso Arinos, que quando falava parava o Plenário.

Na Constituinte, o senhor bateu duro contra a antecipação da maioridade penal. E nos últimos anos mudou de ideia. Por quê?

AN — De lá pra cá o Brasil mudou, são quase trinta anos. Como diz o Lula, que se apropriou da frase do Paulo Coelho, eu prefiro ser uma metamorfose ambulante do que ter uma opinião formada sobre tudo. O que eu defendo, hoje, não é o fim da maioridade, simplesmente. É uma proposta do Aloysio [Nunes Ferreira], que hoje atingiria alguma coisa em torno de 2% do conjunto de menores infratores que estão hoje nas casas de correção; muito difíceis de serem recuperados, nós temos que admitir. São os casos do latrocínio reiterado, estupro seguido de morte, jovens que infelizmente atingiram um nível de delinquência e de deformação social que não podem ser tratados. A proposta permite que nos casos dessa gravidade, ouvido o Ministério Público, o juiz pode, naquele caso determinado, decretar o fim da menoridade. Eu comecei a evoluir da minha posição no governo de Minas. A gente começou a ter relatos de utilização permanente de menores, por quadrilhas, para cometimento de crimes, como assalto a banco. Começou a haver uma indústria da utilização de jovens para cometer crimes. Nesse caso, a proposta seria uma sinalização de que a impunidade não é absoluta aos dezesseis anos.

A Constituinte foi marcada pela discussão do mandato do presidente Sarney. Na Comissão de Sistematização o senhor votou por cinco anos — mas disse, para quem quis ouvir, e a imprensa registrou, que defendia cinco anos para os outros presidentes, mas quatro para o presidente Sarney.

AN — Não me lembro disso. O que houve foi muita especulação, conversas relatadas em *off*, e eu não posso ser responsável por elas. Foi uma dúvida muito grande que eu tive até o final — mas fiquei com os cinco anos. Foi um reconhecimento de que havia um esforço do Sarney em cumprir os compromissos do Tancredo, entre eles a convocação de Assembleia Nacional Constituinte.

O Tancredo teria convocado a Constituinte?

AN — Como espectador privilegiado, posso dizer que o Tancredo convocaria a Constituinte, mas a partir de uma coluna vertebral, provavelmente o projeto da Comissão dos Notáveis. O Sarney não teve condições políticas de fazer isso. O Sarney não queria assumir o governo. Assumiu, trêmulo. Estava com o destino dele concluído: ia ser o vice-presidente da República, ia escrever a história dele, e acho que ele não queria nada além daquilo naquele momento. Eu tendo a confiar muito na experiência do meu avô, que tinha apenas um compromisso: com a história. E estava à altura da dimensão daquele momento.

Teria sido melhor partir de um projeto?

AN — Não seria antidemocrático, de forma alguma. Mas acho que se poderia ter feito algo mais homogêneo, que nos levasse, por exemplo, até para o parlamentarismo, que é um modelo que nos assegura uma maior estabilidade, do que o presidencialismo imperial que o Brasil vive há muito tempo, onde as crises eventuais acabam sendo crises de Estado.

A história mais barulhenta da Constituinte foi a virada de mesa do Centrão — que mudou o regimento e o andamento da carruagem. Qual foi a sua participação nesse imbróglio?

AN — É algo que veio se construindo, atrás de um consenso. Deputados como Roberto Cardoso Alves começaram a assumir certo protagonismo. Era uma coisa apartidária, conservadora, que contava, por exemplo, com o apoio dos ruralistas. Nessa hora eu estava muito próximo do setor mais progressista, mais de centro-esquerda.

Vocês não perceberam o crescimento dessa centro-direita?

AN — Isso só começou a ficar claro quando se percebeu que já existia um conjunto de matérias em que o mesmo bloco conduzia e votava. Começaram a formar maiorias, muitas vezes surpreendendo. Deixou-se de seguir uma lógica partidária. A partir de determinado momento, não existiam mais reuniões de bancada.

A escolha do relator contribuiu para chegar nessa situação?

AN — Nós erramos na eleição do relator-geral. Lançamos o Fernando Henrique, o Pimenta da Veiga e o Cabral. E não tinha que ter lançado o Pimenta e o Fernando Henrique. Tinham que ter se acertado, desde o início, porque passou a impressão de que com essa divisão nós perderíamos. O Covas era o líder do PMDB, não queria uma concorrência em São Paulo, e entre ele e o Fernando Henrique, a vida inteira, por mais que estivessem juntos em questões gerais, existia uma clara disputa de espaço. E pode ter tido algum estímulo do Covas ao Pimenta, para ser candidato. E ali nós rachamos. Porque se o Fernando Henrique fosse o relator talvez não tivesse havido uma influência tão grande do Centrão.

O senhor aparece na mídia, no período, como um interlocutor pontual, mas importante do presidente Sarney, grande articulador do Centrão.

AN — Eu mantive, e jamais escondi, é inegável, uma relação pessoal com o Sarney, pela questão da história. O Sarney era o vice do Tancredo, nós fizemos a campanha juntos. Ele nunca me pressionou ou me impôs absolutamente nada, pelo contrário. Como era ainda um momento muito recente da falta do Tancredo, ele achava importante manter comigo alguma relação. Porque o Sarney sempre se achou, de alguma forma, ilegítimo, pessoalmente. E veio ganhando confiança ao logo do tempo. Eu poderia ter sido um oportunista, com o desgaste do governo Sarney, mandado tudo às favas. Mas eu mantive as relações pessoais, sabia que aquilo ali era um grande aprendizado, tentei votar as coisas na direção que eu achava correta, e tinha me escorado nesse grupo de pessoas que eu achava que era referência para mim.

E o dr. Ulysses, na relação com o Tancredo?

AN — Tem uma frase que para mim é a síntese melhor e mais corajosa que ele poderia fazer: "Eu amava o Tancredo; eu temia o Tancredo." O Ulysses e o Tancredo mantinham um respeito regulamentar. Mas quando o Sarney assume, o Ulysses passa a querer ser o dono do governo. Se achou credor. Por isso foi muito ácido em determinados momentos, impondo ao Sarney quase que um governo paralelo.

Em determinados momentos, o presidente Sarney jogou pesado com a Constituinte? Como é que o senhor viu isso?

AN — Ele queria passar à história como o homem em cuja presidência a Constituição foi feita. A Constituição deu a ele a legitimidade que ele achava que não tinha. Não acho que ele teve uma intervenção excessiva. Jogou o jogo político.

Uma foto conhecida mostra que o senhor, na Constituinte, jogava bola no mesmo time do Lula.

AN [vendo a foto] — O Lula é um boa-praça, um encantador de serpentes. O futebol era um momento de relaxamento, porque a Constituinte era um negócio pesado. Eu é que escalava o time. O Lula entrava no segundo tempo. Eu deixava ele jogar um pouco [risos]. Ele ia pra farra, ele ia pra tomar cerveja com a turma. Mas era um agregador. Isso cria relações. O esporte cria uma intimidade que a atividade política por si não constrói. Isso foi importante em determinado momento da minha relação com ele. Até quando governador, a gente tinha uma intimidade que vem um pouco disso.

Hoje, que a relação está bastante atritada, o senhor olha para essa foto e diz o quê?

AN [risos] — Bons tempos aqueles. O que me parece, com o Lula, é que a história do poder fala mais alto.

Qual papel o senhor acha que o Lula teve na Constituinte?

AN — Era uma liderança sindical que verbalizava os interesses dos sindicatos. Nada mais do que isso. E não jogava nada de futebol, era ruim, mas era o espaço onde ele exercia essa liderança. É um cara carismático, cativante. Não era uma liderança capaz de aglutinar votos. Mas fez relações pessoais.

Vocês fizeram uma Constituinte boa?

AN — Eu acho que ela foi um avanço, na democracia, nos direitos sociais. Aponta na direção correta. Foi um marco. A redemocratização do país não se dá na eleição do Tancredo, nem na posse do Sarney. Se dá, a meu ver, com a nova Constituição, que aponta para um país mais igual, com mais direitos. Está longe da perfeição, porque foi feita por imperfeitos, mas eu me orgulho muito de ter assinado.

Que nota o senhor se dá como constituinte?

AN — Uns 5. Eu estava chegando. Dentro das minhas expectativas, eu acho que fui bem. Meu avô costumava dizer que na Constituição devia ter um artigo que dissesse o seguinte: pra você ter um cargo no Executivo, você tem que passar obrigatoriamente por um mandato no Legislativo. Para mim, a Constituinte foi um grande aprendizado.

O senhor estava solteiro na época?

AN — Solteiro. Mas isso fica para outra conversa. Dá outro livro [risos].

LUÍS ROBERTO PONTE

Deputado pelo PMDB do Rio Grande do Sul e 2º vice-presidente da Subcomissão da Questão Urbana e Transporte

"Se viesse aquela Constituição que a esquerda queria, seria uma loucura."

O senhor foi um dos grandes articuladores do Centrão na Constituinte. Como é que funcionava?

Luís Roberto Ponte — Nós estávamos salvando o país — mas o Centrão virou nome feio, a imprensa metia o pau, todo mundo achando que a gente era o cão, Satanás, o demo. Aqui em Porto Alegre me penduravam nos postes, porque eu votava contra a aposentadoria precoce, contra o empreguismo... Ficamos sozinhos. Aí fomos falar com os donos dos jornais, fazer reunião com eles. Certamente, o dr. Roberto Marinho deve ter sido procurado não por mim, mas por aquele grupo que estava lá. Os ACMs, o pai [Antônio Carlos] e o menino Luís Eduardo, que tinham amizade lá. Eu, hoje, um dos orgulhos que eu digo é: "Sou Centrão, ajudei a salvar o país de uma tragédia que viria." Porque se viesse aquela Constituição que a esquerda queria teria sido uma loucura.

E qual foi a moeda de troca para conseguir virar a mesa?

LRP — As rádios e televisões. O presidente [Sarney] fazia isso para evitar a estupidez da Constituinte. O ACM, que era de direita e tinha uma força política muito grande, comandava o PFL, que era forte. E comandava mais do que o líder do PFL, que era aquele "baiano-português", o Zé Lourenço, que participava até de reuniões que eu mantinha com o presidente.

Como é que funcionava esse oferecimento de concessão de rádios e televisões?

LRP — Eu não sei como se operava e sim quem operava. O meu irmão, que era padre, tinha uma rádio fraca, no Maranhão, e queria ampliar a potência. Um dia, a pedido dele, eu mencionei isso para o Antônio Carlos, "dê uma atenção no processo". Eu era o líder do governo, o que é que custava? Eu não fiquei lá fuçando, nem sabia o mecanismo. Um dia ele me chamou, veja só: "Eu estou autorizando a ampliação da rádio do seu irmão."

O senhor falou a respeito também com o presidente Sarney?

LRP — Se eu tivesse falado, ele mandava o Antônio fazer e saía no dia seguinte. O presidente me tinha o maior respeito, como eu tenho por ele até hoje. Mas o Antônio Carlos queria que eu fosse beijar a mão. É só um exemplo para mostrar como funcionava isso, que era uma moeda de troca. Era uma forma de cooptação de voto. Sem prejudicar, sem tirar um centavo da sociedade. Conceder uma licença de rádio e televisão, mesmo que isso fosse um instrumento forte, e fosse usado porque ajuda a cooptar, não vejo nenhum mal.

O senhor acha que é do jogo?

LRP — É do jogo. Convém à sociedade e me ajuda a cooptar voto. Ele fez para cooptar voto — e devia fazer, porque era uma excrescência o que a Constituinte queria fazer com ele. Tirar dois anos do mandato era uma ignomínia. O Covas era um homem de grande visão. Eu não sei o que é que cegou o Covas naquele momento. Ele queria ser candidato a presidente.

O senhor era bom de conversa, de convencimento? Era bom de briga? O Nelson Jobim diz que o senhor foi importante na fase de negociação das lideranças, para a Constituinte poder avançar.

LRP — Eu tenho consciência de que cumpri um papel importante na Constituinte, como vários outros.

Sessão Solene de Instalação da Assembleia Constituinte em 1º de fevereiro de 1987.

Ulisses Guimarães durante a solenidade de instalação da Constituinte, em 1º de fevereiro de 1987.

Sessão Solene de Instalação da Constituinte em 1º de fevereiro de 1987.

O presidente da Constituinte, do Congresso e do PMDB, deputado Ulysses Guimarães, e o senador Bernardo Cabral (PMDB-AM), relator da Comissão de Sistematização.

Ulysses Guimarães e Bernardo Cabral reunidos com presidentes de comissões. No canto, à esquerda, o deputado Artur da Távola. Em pé, de óculos, o jurista Miguel Reale Júnior.

O senador Fernando Henrique Cardoso, de pé, conversa com o senador Mário Covas e com o deputado Luiz Inácio Lula da Silva. Os dois primeiros foram presidentes da República. Covas tentou, mas não chegou lá.

O senador Affonso Arinos (PFL-RJ), presidente da Comissão de Sistematização, discursa na tribuna da Câmara. Entre os que o aplaudem, está o então deputado Aécio Neves.

Algumas das 26 deputadas constituintes: em primeiro plano, Ana Maria Rattes (PMDB-RJ); em pé, ao fundo, da esquerda para a direita, Myriam Portella (PMDB-PI), Wilma Maia (PDT-RN) e Maria de Lourdes Abadia (PMDB-DF); sentadas, da direita para a esquerda, Moema São Thiago (PDT-CE), Irma Passoni (PT-SP) e duas mulheres do *staff* não identificadas.

Deputado Nelson Jobim (PMDB-RS), um dos líderes do PMDB durante a Constituinte.

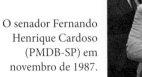

O senador Fernando Henrique Cardoso (PMDB-SP) em novembro de 1987.

O senador Mário Covas em dezembro de 1987. Em primeiro plano, à direita, o deputado Haroldo Lima (PCdoB).

Sessão cheia em dezembro de 1987. Em primeiro plano, o deputado Roberto Cardoso Alves, ou Robertão (PMDB-SP), um dos principais articuladores do Centrão. Atrás dele, os deputados César Maia (PDT-RJ) e Antônio Britto (PMDB-RS). À direita, de costas, Luiz Inácio Lula da Silva.

Os deputados Delfim Netto (PDS-SP), Amaral Netto (PDS-RJ) e Luiz Inácio Lula da Silva (PT-SP).

Michel Temer, mais um constituinte que seria presidente da República, conversa com o senador José Serra, que seria seu ministro das Relações Exteriores, e com o deputado Carlos Sant'Anna, líder do governo Sarney na Constituinte.

Panfleto da campanha de Michel Temer, eleito suplente, que logo assumiu o mandato.

Cadeirantes lutam por seus direitos na Constituinte.

Manifestantes diante do Congresso Nacional no período da Constituinte.

Ulysses Guimarães recebe emendas populares.

Índios nas galerias do Plenário da Câmara.

Donas de casa se manifestam.

O senador Fernando Henrique Cardoso (PMDB-SP) e o deputado Roberto Freire (PCB-PE) nos debates da Constituinte.

Manifestação nas galerias.

Delfim Netto e Roberto Campos (de óculos).

Representante indígena, categoria
de presença marcante durante os
encontros.

Resultado final de uma das votações, em 27 de abril de 1988.

Votação da anistia fiscal às microempresas em setembro de 1988.

Parte das galerias comemora o resultado de uma acirrada votação.

A deputada Benedita da Silva (PT-RJ) assina a Constituição. Ao seu lado, o relator, deputado Bernardo Cabral (PMDB-AM). De pé, à direita, o deputado Adhemar de Barros Filho (PDT-SP).

Reunião do PSDB em 25 de junho de 1988.

Mário Covas discursa durante a criação do PSDB em 25 de junho de 1988.

Fernando Henrique Cardoso, Mário Covas e Affonso Arinos na criação do PSDB em 25 de junho de 1988.

Ulysses Guimarães apresenta o anteprojeto de Constituição, em 19 de julho de 1988. Ao seu lado, os senadores Bernardo Cabral, José Fogaça e o deputado Marcelo Cordeiro (de barba).

Senador Jorge Bornhausen assina a Constituição.

Senador Fernando Henrique Cardoso assina a Constituição em 29 de setembro de 1988.

Senador Mário Covas assina a Constituição.

Sessão de promulgação da Constituição Federal, em 5 de outubro de 1988.

"Declaro promulgado o documento da liberdade, da dignidade, da democracia, da justiça social do Brasil." Ulysses Guimarães na promulgação da Constituição em 5 de outubro de 1988.

Da esquerda para a direita: senador Mauro Benevides, o presidente da República José Sarney, o presidente do STF Rafael Mayer e Ulysses Guimarães no dia da promulgação da Constituição.

Ulysses comanda a sessão de promulgação.

Casa cheia no dia da promulgação da Constituição em 5 de outubro de 1988.

Ulysses Guimarães com o primeiro exemplar da Constituição.

Mas qual foi o seu?

LRP — Eu acho que eu sou um bom argumentador. Uns dizem que é teimosia, eu digo que sou muito persistente. O que eu defendo, vou às últimas consequências, até o fim. Talvez até passe dos limites razoáveis.

Como é que o senhor atuava?

LRP — O meu trabalho foi substancialmente de estudo dos temas econômicos e dos direitos sociais. Me incorporei nas comissões temáticas que me interessavam, e ali fui participando.

A discussão sobre a estabilidade no emprego foi das primeiras que pegou fogo na Constituinte. Qual foi a sua participação?

LRP — Fui designado negociador do Centrão, junto ao Covas, para negociar a parte final da redação, um dispositivozinho que estava difícil de acertar. Está na Constituição. Ninguém imagina o trabalho imenso para chegar lá. É o art. 7º, inciso I, foi negociado vírgula a vírgula.[1]

Por que se criou o Centrão?

LRP — Para se contrapor às teses da esquerda, que eram todas contra o Brasil, na nossa visão.

Por que demorou quase um ano para o Centrão se organizar?

LRP — Você há de dizer: "Os constituintes não queriam se forrar, receber coisas de multinacional ou de empresa brasileira, para defender teses do interesse delas?" Não sei, não digo que sim, nem que não. Só sei que nós nos reunimos e analisamos o que é que estava causando aquilo.

O senhor estava desde o começo dessa articulação?

LRP — Sempre. Não com o nome de Centrão, nem sei o momento em que passou a se chamar Centrão.

Centro Democrático era o nome oficial.

LRP — É isso aí. A mídia é que apelidou de Centrão.

Qual é o capítulo em que mais o senhor botou o seu dedo?

LRP — O da Ordem Econômica. É a coisa mais importante da Constituição, porque ali é que está assegurado o capitalismo. É ali que está amarrado, o direito absoluto de empreender. Você só não tem capitalismo no Brasil se mudar aquilo.

Quem era o principal negociador do outro lado nesse capítulo?

LRP — O Severo Gomes.

Em algum momento da Constituinte a opção pelo regime capitalista esteve em risco?

LRP — Não. Apesar de o muro de Berlim [na época] ainda estar de pé. Só cairia um ano depois. Mas a esquerda era barulhenta. Competente para acusar, para mentir, para denegrir, para pegar falsos argumentos. Eu gosto do Lula. Mas tudo o que o PT defendia era contra o interesse do país. Eles votaram contra a Constituição porque acharam que tinha ido muito pra direita.

Votaram contra, com uma exceção, mas assinaram.

LRP — No dia da assinatura não. Assinaram no dia seguinte, por um apelo do Ulysses.

MARIA DE LOURDES ABADIA

Deputada pelo PFL do Distrito Federal e 2ª vice-presidente da subcomissão de Saúde, Seguridade e Meio Ambiente

"O ACM me ofereceu uma rádio para votar nos cinco anos. Não aceitei."

Por que a senhora quis ser uma deputada constituinte?

Maria Abadia — Eu me formei em 1972, em Serviço Social, pala Universidade de Brasília. Em 1975, fui morar na Ceilândia [cidade satélite de Brasília]. Fiquei dez anos lá, mexendo com a pobreza. Uma vez, o dr. Aureliano Chaves [vice-presidente do general Figueiredo e fundador do PFL] passou por lá, atrás de lideranças para o PFL. Ele me convidou e eu aceitei. Já era a eleição para a Constituinte, que eu nem fazia muita ideia do que era. Fui uma das mais votadas.

No andamento dos trabalhos a senhora reclamou do tratamento que recebia. "É preciso ter cuidado com a forma de atuação, para que as 26 eleitas não formem o Clube da Luluzinha ou o jarro de flor da Constituinte", disse a um jornal.[1]

MA — Eu briguei a vida inteira para não ser cereja de enfeitar bolo. Quando nós chegamos, aquelas 26 constituintes, era como se fôssemos ETs. E nós tínhamos duas filhas de presidentes da Repúblicas [Márcia Kubitscheck e Tutu Quadros], algumas ex-mulheres de governadores [Myriam

Portela, Wilma Maia, Maria Lúcia, Lucia Braga]. Eu e a Benedita [da Silva, PT-RJ] éramos as mais pobres. E eu estranhava muito os empurrões e cotoveladas que a gente recebia quando queria aparecer, entende?

Literalmente?

MA — Os colegas empurravam. Às vezes, a gente queria tirar uma fotografia perto do dr. Ulysses, essas coisas, e haja cotovelada. Na discussão do aborto, por exemplo, a imprensa só ouvia as mulheres, como se fizessem os filhos sozinhas.

Essa matéria em que a senhora fala do "jarrinho de flor" diz que a senhora não era elegante, que seu costureiro não era bom...

MA — Era outra coisa que me irritava muito. Você discutindo avanço nas leis sociais — a mãe poder amamentar na penitenciária, por exemplo, que entrou na Constituição[2] — e eles [imprensa], "que perfume você usa? Qual é seu costureiro predileto?" Foi numa dessas que falei no jarrinho de flor [risos].

O preconceito era grande...

MA — Basta dizer que não tinha banheiro feminino.[3] Sabe o que eles falavam pra gente? "Vocês não querem ser iguais aos homens? Aprendam a mijar em pé."

Lembra de pelo menos um deputado que tenha dito isso?

MA — A memória falhou. Mas eu tenho a foto do dia que a gente foi pedir o banheiro para o dr. Ulysses.

Os próprios parlamentares manifestavam preconceito?

MA — Muito. Nós éramos ridicularizadas.

Por exemplo...

MA — Na indicação dos presidentes e relatores das 24 comissões [e subcomissões]. É só conferir: nenhuma mulher foi presidente, e só uma foi relatora, a Cristina Tavares [da subcomissão da Ciência e da Tecnologia e da Comunicação].[4] E ainda assim, brigando, chutando a canela de todo mundo. Eu consegui ser [2ª] vice-presidente da subcomissão da Seguridade, Saúde e Meio Ambiente.[5] E foi só.

Nessa subcomissão, a figura-chave foi o deputado Fábio Feldman — já especializado em meio ambiente —, que ocupou a 1ª vice-presidência.

MA — Era o nosso líder, de fato. A grande novidade é que conseguimos colocar o meio ambiente como um capítulo específico da Constituição,[6] contra a vontade de muita gente. É dos capítulos mais avançados da Constituição. Foi uma grande conquista.

A senhora entrou na briga?

MA — De cabeça. A gente visitou muitos garimpos, na região de Poconé [no Mato Grosso].

Grandes momentos que a senhora registrou...?

MA — O discurso do Affonso Arinos, o parlamentar mais velho [82 anos], defendendo o voto dos 16 anos.[7]

Como foi o relacionamento com as outras deputadas?[8]

MA — A Sandra Cavalcanti foi a minha orientadora. Fechamos questão na campanha contra o aborto, que não deixamos botar na Constituinte. Uma vez eu fui num debate, no programa do Ferreira Netto. Na chegada, as feministas jogaram tomate na gente.

De quem mais a senhora está lembrando?

MA — Da Cristina [Tavares], que era muito corajosa. Fez um discurso fantástico desafiando o Ronaldo Caiado, que estava na galeria.

No segundo mês da Constituinte, a senhora já reclamava que a discussão sobre a duração do mandato do presidente Sarney poderia atrapalhar os trabalhos. Dizia a senhora: "É claro que sou a favor da soberania da Constituinte, quem não é? O que existe, de fato, são acordos de lideranças em torno do mandato do presidente Sarney, só que ninguém fala abertamente e nós, os parlamentares novos, só ficamos sabendo do que acontece em conversas de corredor."[9]

MA — Eu já estava gritando... Defendi os quatro anos de mandato.

Essa outra matéria diz: "Abadia quer PFL com perfil mais social"...[10]

MA — No capítulo da Ordem Social também tem a minha digital.

Muita divergência entre as deputadas nessa área?

MA — Cristina Tavares e Sandra Cavalcanti, por exemplo, eram fogo e pólvora.

A senhora foi assediada por algum lobby?

MA — Me ofereceram uma rádio, para votar por cinco anos de mandato.

Quem fez?

MA — O ACM [ministro Antônio Carlos Magalhães, das Comunicações], na casa do Osório Adriano, que na época era o presidente do PFL do Distrito Federal.

O próprio ACM, diretamente?

MA — Diretamente. Não só para mim, mas para outros do PFL, como o [Jofran] Frejat.

O que foi que a senhora disse para o ministro, no momento da oferta?

MA — Eu falei que eu não ia votar os cinco anos, porque achava que era muito tempo e que o Brasil estava precisando mudar.

A senhora foi das pouquíssimas do PFL, se não a única, a não embarcar na canoa do Centrão, questão central para o partido. Como administrou uma divergência tão frontal?

MA — Brigando e correndo do Zé Lourenço [líder do PFL]. Eu assinei o primeiro requerimento, para mudar o regimento, mas quando entendi do que se tratava retirei a minha assinatura, ameacei ir até na Justiça.

Por que a senhora não fechou com o Centrão?

MA — Eu achei que foi uma manobra do Sarney, do poder dominante.

Juristas e assessores

CARLOS ARY SUNDFELD

Jurista especializado em Direito Administrativo

"É uma Constituição chapa-branca, que beneficiou as corporações."

Em um artigo de 2008 — quando a Constituição fazia 20 anos —, o senhor escreveu, na contramão do que a literatura e a academia têm dito, que a Constituição é chapa-branca, destinada a assegurar condições de poder a corporações e organismos estatais ou paraestatais. É isso mesmo?

Carlos Ary Sundfeld — Sem dúvida. Na época da Constituinte, eu era professor de Direito Administrativo na PUC de São Paulo, onde havia um grupo relevante de professores muito atuantes na área pública e no debate jurídico. E também era procurador do estado de São Paulo, que era uma das corporações jurídicas importantes a atuantes. Circulei bastante e fui acompanhando concretamente como as pessoas se organizaram e o que fizeram durante a Constituinte.

O que o senhor descobriu?

CAS — Que os segmentos mais organizados da sociedade eram associações profissionais, como as do Ministério Público, e a dos juízes. As próprias instituições estatais ou paraestatais — Petrobras, Telebras, Sesc, Senac — também se organizaram para estar na Constituinte, para cuidar dos seus interesses. Tinham pessoas encarregadas de se aproximar dos deputados e senadores, pressionando, fazendo a mobilização de seus grupos.

Foram todos contemplados na Constituição?

CAS — As corporações se organizaram e lutaram, efetivamente, porque acharam que a Constituição era uma oportunidade para consolidar e cristalizar a sua situação.

Por exemplo...

CAS — A própria corporação que eu fazia parte, na época, a dos advogados públicos, no meu caso do estado de São Paulo. Além de se organizar, em cada estado, os procuradores fortaleceram suas entidades nacionais. Nasceu aí o inciso que inclui as procuradorias de estado no capítulo das funções essenciais à Justiça.[1] É verdade que há um interesse institucional — mas é verdade, também, que há um objetivo de melhor remuneração.

E a Petrobras, como atuou?

CAS — A Petrobras conseguiu colocar na Constituição o monopólio estatal do petróleo, e das atividades derivadas.[2] O monopólio tinha sido criado por lei, na década de 1950, mas não estava na Constituição. A mesma coisa fez a Telebras. Já existia, na Constituição de 1969, a previsão de que a área de telecomunicações era serviço público federal, ou seja, atividade da União, que ela poderia exercer diretamente ou por concessão, permissão, autorização. O que se colocou na Constituição de 1988 é que essa atividade estatal só podia ser exercida por uma empresa estatal,[3] o que impedia a utilização de concessão para particulares, salvo uma hipótese específica que está nas disposições transitórias[4] e que garantiu as poucas empresas que já existiam no setor. São exemplos da atuação de grupos consolidados.

O gás também entrou no monopólio. E naquela época já existia a Comgás, do estado de São Paulo. Como se resolveu isso?

CAS — Conseguiram colocar, na parte referente à competência do Estado, que a distribuição local de gás canalizado seria um serviço público estadual.[5]

Foi uma luta concreta de uma empresa que já existia, para preservar a sua situação diante de uma conquista que a Petrobras tinha feito, em que podia acabar avançando sobre o espaço da Comgás.

Um dos trechos do seu artigo diz: "Abriu-se as portas para os lobbies das organizações estatais e paraestatais mais articuladas. Por isso a parte mais original da Constituição, que se derrama, é o resultado do arranjo político que dividiu poderes dos recursos públicos entre organizações concretas com interesses concretos." Entre elas o senhor cita "órgãos do ensino público básico".

CAS — É a questão da educação, que está disciplinada nos arts. 205 a 214.[6] No art. 206, estão os princípios em que o ensino será ministrado. No inciso IV, tem a gratuidade do ensino público em estabelecimentos oficiais — um grande direito social. Só que no art. 213, que normatiza o destino dos recursos públicos para a educação, essa distribuição fica limitada exclusivamente às escolas públicas. É a articulação entre a garantia de um direito para a população e a garantia de que esse direito seja atendido apenas pelos órgãos estatais e, portanto, pelos grupos que os representam. Foi um lobby muito forte, muito eficiente, e garantiu que a função de fornecer educação gratuita ficasse reservada aos órgãos do Estado. Na saúde, também se quis colocar norma equivalente, mas não conseguiram.

O capítulo sobre a educação teve muitos lobbies — entre eles o do ensino privado e o do ensino religioso.

CAS — Foi uma luta muito concreta, de grupos organizados que tinham interesses muito claros, que não precisavam, necessariamente, ser constitucionalizados.

Por que não?

CAS — Essa Constituição ficou marcada pelos direitos sociais — educação, saúde,[7] mais isso e aquilo. A pergunta é: garantir direito à educação para toda a população significa garantir que o direito à educação só pode ser garantido por meio de órgãos dentro do Estado? Que os recursos do Estado não possam ir para bolsas no ensino privado, no ensino religioso, num sistema de financiamento público da educação executada por particulares, mas gratuita? Não significa. O modo como o Estado vai executar a atividade não precisa estar definido na Constituição. A obrigação de gastar, por exemplo, entre 18% (União) e 25% (estados e municípios) do orçamento em educação pode estar previsto na Constituição — já seria inclusive uma garantia de recursos públicos efetivos ligados ao compromisso —, mas a maneira da execução não precisava estar lá. Como eu disse no artigo, a Constituição foi uma "grande lei de organização administrativa". Com que objetivo? Garantir espaços, posições de poder.

Por que o senhor diz que é uma Constituição chapa-branca?

CAS — Porque é uma Constituição que foi feita segundo os interesses daquelas pessoas que faziam parte de organizações concretas, oficiais, e não exatamente o produto das demandas da sociedade como um todo.

Os setores organizados é que ditaram as regras.

CAS — Uma enorme quantidade de pessoas, grupos que se articularam, conseguiram fazer um acordo político e consolidar ou ampliar os seus interesses.

Um desses lobbies, como o senhor fala no artigo, foi o chamado sistema S — Sesi, Senai etc.

CAS — O sistema S conseguiu uma vitória interessante: garantir as contribuições compulsórias dos empregadores, como está no art. 240.[8] É uma ressalva ao art. 195,[9] que garantiu à seguridade social os recursos de todas as contribuições sociais. Na ressalva do art. 240, parte das contribuições vai para o sistema S.

Qual é o problema dessa ressalva, especificamente?

CAS — Isso garantiu, na Constituição, que o sistema S continuasse existindo. Será que esse é o melhor modelo de aplicação desses recursos? Por que esse dinheiro não vai todo para o orçamento público ou para serviços sociais autônomos?

Ou seja: o art. 195 unifica o orçamento da seguridade social e o 240 abre uma clamorosa exceção para beneficiar o sistema S, lá citado como "entidades privadas de serviço social e de formação profissional vinculadas ao sistema sindical".

CAS — É uma exceção que enrijeceu o sistema. Não só esses recursos foram excluídos da unificação, mas excluídos para sempre, por norma constitucional. Antes não eram. Vinham de leis, [que] já tinham quarenta anos, bem consolidadas, de bastante importância política, como nós vemos hoje, com candidatos a governador do estado e a outros cargos. É um sistema muito forte, muito bem articulado, que garantiu essa posição de poder e impediu, inclusive, que ele fosse controlado pelo Estado.

Outro lobby forte na Constituinte, embora discreto, foi o do Supremo Tribunal Federal, muito avesso a propostas de mudanças.

CAS — Havia muitas ideias, como a de deixar o Supremo só como corte constitucional, deixando as competências mais jurisdicionais para outra corte — como o STJ, também criado pela Constituição. A minha impressão geral daquele processo foi que eles lutaram não só pra manter tudo junto — corte constitucional e até penal —, mas para fazer alguns arranjos que aumentassem o seu poder. Foi um lobby muito bem-feito pelos ministros do Supremo e talvez ex-ministros.

Explica um pouco o que o Supremo é hoje?

CAS — Explica. É um Supremo totalmente inviável do ponto de vista prático, mas que fica evitando reformas que diminuam sua competência.

O lobby dos militares também foi forte. E aparece até na Comissão de Redação, quando o coronel da reserva e senador Jarbas Passarinho tirou do bolso um acréscimo não discutido em plenário, que estende aos militares vários direitos sociais do art. 7º: décimo terceiro salário, salário-família, repouso semanal remunerado, férias anuais remuneradas, licença-maternidade e paternidade.[10] Não foi votado no Plenário — e, portanto, a rigor, não poderia ter entrado. Mas a Comissão de Redação aprovou e acabou entrando. Está no parágrafo 11 do art. 42.[11] Faz alguma diferença em relação a custos?

CAS — Difícil dizer. Mas o fato de ter sido constitucionalizado dificulta qualquer reforma que se pretenda fazer no regime jurídico dos militares. É óbvio que as corporações queiram ir à Constituição, garantir direitos, é do jogo. O problema é que quando constitucionaliza, tira a margem de deliberação do Legislativo, que é muito importante para reorganizações e reformas.

Alguma observação a mais sobre o capítulo das Forças Armadas?

CAS — Tem regras muito específicas sobre a organização da carreira. Uma delas é o parágrafo 4º do art. 142: "O militar da ativa que aceitar cargo, emprego ou função pública temporária, não eletiva, ainda que da administração indireta, ficará agregado ao respectivo quadro e somente poderá, enquanto permanecer nessa situação, ser promovido por antiguidade, contando-se-lhe o tempo de serviço apenas para aquela promoção e transferência para a reserva, sendo depois de dois anos de afastamento, contínuos ou não, transferido para a inatividade." Isso tudo são normas típicas de lei de carreira.

E no capítulo do Poder Judiciário?

CAS — É razoável que uma Constituição traga alguma ordenação sobre a organização do Judiciário. Mas o que há, na nossa, é uma verdadeira lei de organização judiciária nacional. É imensa, com todas as competências, de cada uma das Justiças, dos tribunais, inclusos os benefícios dos juízes, qual a diferença de remuneração entre cada categoria... tudo foi parar na Constituição.

A criação do Superior Tribunal de Justiça e dos tribunais regionais federais também. Essas mudanças todas alteraram alguma coisa de essencial no sistema judiciário. A proposta do Conselho Nacional de Justiça, por exemplo, não passou, só foi criado depois.

CAS — O objetivo de tudo isso foi atender os interesses das organizações que existiam, e de seus ocupantes. Os juízes federais, por exemplo, adorariam se tornar desembargadores federais — e não existia esse cargo. "Opa, seria muito bom se houvesse essa reforma na Justiça federal, criando uma segunda instância, os tribunais regionais federais e o Superior Tribunal de Justiça." A existência do STJ, como terceira instância, lhes dava oportunidade de ascensão profissional. É uma mudança que está muito em linha com as oportunidades da carreira. E foi feita. Mas outras mudanças que colocassem em risco o modelo, como a do Conselho Nacional de Justiça, não foram feitas.

Por que a proposta de criar o CNJ não foi aprovada?

CAS — Porque mudava o arranjo, contrariava de fato o modo de ser da Justiça, com seus diversos escaninhos. Isso reforça a tese da Constituição chapa-branca: todas as normas de organização, sejam aquelas que mantiveram benefícios, sejam aquelas que tiveram alguma mudança, foram feitas para estabilizar as estruturas segundo os interesses das organizações existentes e seus integrantes. Não exatamente para fazer reformas que mexessem profundamente nelas.

Dr. Ulysses a chamou de "Constituição cidadã". Por que o senhor acha que o termo é inadequado?

CAS — Porque o efeito prático da Constituição não foi, na maior parte, o de mudar a condição da cidadania, com a efetiva ou potencial alteração do arranjo organizacional que já existia. Existem normas que com o decorrer do tempo teriam impacto na vida do cidadão — os direitos sociais —, mas sempre passando por uma estrutura de organização estatal, consolidada na Constituição, que passou a ser intermediária entre as demandas sociais difusas na sociedade e a conquista efetiva de prestação do Estado. Falar em Constituição cidadã é ocultar sua característica central — a existência de um Estado intermediário.

JOÃO GILBERTO LUCAS COELHO

Ex-deputado do PMDB do Rio Grande do Sul (de 1982 a 1986), assessor do Centro de Estudos e Acompanhamento da Constituinte (Universidade de Brasília/reitor Cristovam Buarque)

"A Constituinte não teve meios para checar as emendas populares."

O senhor estava no Congresso quando o presidente Sarney enviou a emenda convocatória da Constituinte — relatada pelo deputado Flávio Bierrenbach, do PMDB de São Paulo. Na véspera de apresentar um relatório propondo um plebiscito para decidir a natureza da Constituinte — se exclusiva ou congressual, como queria Sarney —, Bierrenbach foi derrubado do posto.

João Gilberto — A linha do Bierrenbach respeitava a posição dos plenários populares pró-participação na Constituinte, nos quais a Igreja católica progressista estava engajada. O Bierrenbach convocou audiências públicas[1] e isso canalizou uma pressão enorme de várias entidades, como a própria Ordem dos Advogados do Brasil. A melhor prova foram as malas que o Bierrenbach abriu, na comissão, em protesto pela destituição: estavam cheias de correspondência dos movimentos populares. Como não tinha internet, as malas serviram [risos].

Como foi essa destituição intempestiva do Bierrenbach?

JG — Um ato da liderança do PMDB [deputado Pimenta da Veiga, PMDB-MG]. Não foi a única vez que tiraram um relator. Nós fomos surpreendidos. Eu me desliguei da comissão, em protesto, com uma carta. Depois, em Plenário, votei a favor da convocação da Constituinte, mas encaminhei uma declaração de voto registrando a minha posição.

O significado dessa destituição de véspera era a pressão de Sarney sobre o dr. Ulysses?

JG — A posição do governo era por um Congresso Constituinte, como acabou sendo. Desde o Tancredo, que tinha na cabeça que Congresso e Constituinte paralelos iam se pegar aos tapas.

E por que o dr. Ulysses escolheu o Bierrenbach para relator?

JG — Devia esperar que ele apoiasse a posição do governo. O Bierrenbach era muito benquisto, com um trânsito bom.

O senhor votaria pela proposta dele, se tivesse ido a voto e se não tivesse se retirado da comissão?

JG — Sim, eu votaria pelo plebiscito e nele pela Constituinte exclusiva. Mas revisei muito essa minha posição da época. Hoje, quando falam de Constituinte exclusiva, eu lembro muito do que dizia o Tancredo. De qualquer modo, o relatório do Flávio foi muito ousado para as circunstâncias.

O senhor viveu, na Câmara, um episódio, pouco lembrado, de uma tentativa do presidente João Figueiredo, o último ditador, de tentar emplacar uma reforma da Constituição, e num drible em que se tentaria as eleições diretas, depois da derrota das Diretas Já. Como foi?

JG — O Figueiredo tentou fazer, por sugestão do Nelson Marchezan, líder do governo, um grande emendão na Constituição de 1969. A emenda chegou ao Congresso em junho de 1994. Era uma emenda que devolvia as prerrogativas dos parlamentares e mais uma série de mudanças, na linha da abertura política. No texto permanente, propunha a eleição direta, em dois turnos, para a presidência da República. Nas disposições transitórias é que dizia que a sucessão dele próprio seria via colégio eleitoral.

Como a oposição recebeu a proposta?

JG — Houve uma reunião reservada entre as lideranças da oposição e eu apresentei uma estratégia que podia nos levar à aprovação das Diretas, sem necessidade dos 2/3 necessários [na época] para mudar a Constituição.

Qual era o pulo do gato?

JG — Aprovar a emenda, mas com um destaque para votar em separado aquele item das disposições transitórias sobre o colégio eleitoral. Nesse caso, bastava maioria simples para derrubar. Essa nós tínhamos. Cairia, então, a exceção [colégio eleitoral] e ficaria a eleição direta do texto permanente. Um ovo de Colombo, na verdade. Tudo acertado, fechamos um pacto de silêncio: "Ninguém fala nada para qualquer jornalista, senão mela tudo." No outro dia, a manchete, em primeira página, não lembro mais o jornal, [dizia] "Oposição aprovará eleição direta", contando como tudo ia ser feito. Aí o Figueiredo teve que retirar a emenda.[2]

E quem foi o boca-mole?

JG — Até hoje não descobri. E o pior é que muitos desconfiaram de mim, porque a matéria explicava o pulo do gato [risos].

Por questões da política gaúcha, o senhor não se candidatou nas eleições de 1986. Acabou sendo um assessor informal da Constituinte, no centro de acompanhamento da UnB. Como o centro funcionava?

JG — O centro foi uma iniciativa do reitor Cristovam Buarque, que me convidou. Fazia uma ponte entre a Constituinte e a sociedade civil organizada, divulgando e cruzando informações. Fazíamos boletins, trabalhos acadêmicos, pesquisas, estudos relacionados com os temas da Constituinte e com as constituições de outros países. Uma das pesquisas mapeou o processo de coleta de assinaturas das emendas populares. Houve alguma incorreção, porque a Constituinte não teve meios para fiscalizar essas assinaturas. Está tudo em um livro chamado *Cidadão constituinte: a saga das emendas populares*.[3]

Como é que o senhor analisou a revolta do Centrão, no meio dos trabalhos, olhando mais ou menos de fora?

JG — A Comissão de Sistematização ficou tempo demais sem resolver completamente os problemas. A maioria dos constituintes ficou à margem desse processo — e foi o caldo de cultura para a organização do Centrão. Eles tiveram maioria para mudar o regimento e, consequentemente, as regras de votação, mas a verdade é que não foi uma maioria coesa nas demais votações.

O senhor participou, como assessor, das complicadas negociações para se chegar a um texto que conseguisse maioria.

JG — O que ajudou foi a emenda aglutinativa [que se propõe a fundir textos de outras *[emendas]*, solução salvadora do [Nelson] Jobim que não existia no regimento. Pegava pedaços ou até palavras de várias emendas para tentar se chegar a um resultado que contentasse a todos. A dificuldade era enorme. Mas foi a saída de muitos impasses.

O senhor esteve, desde o começo, com a dissidência que criou o PSDB, em plena Constituinte.[4] Qual foi o momento marcante que ficou?

JG — A convenção do PMDB [junho de 1987], em que o Fernando Henrique sequer conseguiu falar, debaixo de vaia. Ali o PMDB abriu as portas para os cinco anos de mandato que o Sarney queria.

Foi uma convenção com forte atuação do MR-8,[5] então aliado ao governador Orestes Quércia, defensor dos cinco anos.

JG — Essa turma do Quércia espalhou o boato de que o programa do leite [do governo federal] iria acabar se o Sarney ficasse com quatro anos. Levaram para a convenção muitos ônibus com beneficiários do programa.

O senhor também conviveu com os diversos lobbies?

JG — Sim. O dos militares era um lobby forte. Eu até convivi muito com os assessores de lá, eram pessoas muito preparadas. Eu não sei qual [era o] lobby mais poderoso, porque era lobby de tudo que era lado. Ainda tenho as pastas com as reivindicações: engenheiros e a Constituinte, geólogos e a Constituinte, agrônomos e a Constituinte... Foi a primeira vez que os homossexuais do Brasil se manifestaram, de forma organizada. Falou por eles o grupo Triângulo Rosa,[6] que compareceu na subcomissão que tratava das minorias. O processo constituinte abrangeu a todos.

JOAQUIM FALCÃO

Jurista que integrou a Comissão Affonso Arinos
(ou Comissão dos Notáveis)

"O mais importante foi garantir os direitos sociais."

O senhor integrou a Comissão Provisória de Estudos Constitucionais ou Comissão Affonso Arinos — também conhecida como Comissão dos Notáveis —, instituída pelo presidente Sarney, em 1985, para fazer um projeto de Constituição.

Joaquim Falcão — A comissão funcionou por pouco mais de um ano [julho de 1985 a setembro de 1986], com uma boa cobertura da mídia. De alguma forma fez a estrutura temática, a pauta da Constituição atual. Várias das suas propostas foram incorporadas — porque os constituintes as viram como uma fonte originária de ideias.

Exemplos de propostas que foram incorporadas.

JF — Tem dois artigos na Constituição que são meus, que eu botei na Comissão Arinos e que permaneceram. Um deles é o [art. 216],[1] que define o patrimônio cultural do Brasil. Antes, você só tinha patrimônio de pedra e pau. Só tinha igreja, santo, museu etc. E eu coloquei que o patrimônio seria constituído de bens materiais e imateriais, que é como é hoje.

O "imateriais" é seu?

JF — É meu, fui eu. Eu estava em dúvida se botava bens fungíveis ou bens infungíveis. Mas preferi bem material e imaterial, que era uma expressão clássica do direito civil, e aí ficou.

Teve muita discussão?

JF — A comissão tinha grandes discussões, de ferro e fogo, mas nesse caso não teve muita polêmica.

Qual é o segundo artigo que tem o seu dedo?

JF — O do veto legislativo, que vem da Constituição de 1946. É outro mecanismo de defesa do Legislativo.

Um tema sempre tenso na comissão era a questão das polícias — a militar e a civil.

JF — As duas tinham grandes lobbies. Algumas vezes a gente se reuniu no Hotel Glória, com os policiais fardados, uns vinte ou trinta. A comissão era aberta ao público.

Quais eram os outros lobbies fortes?

JF — Outro grande lobby ali era o dos procuradores da República — comandados pelo [procurador-geral] Sepúlveda Pertence. Nós votávamos sempre juntos — eu, o Pertence, o Realinho, e mais outros.

"Realinho" é o Miguel Reale Júnior?

JF — É o filho do professor Miguel Reale, que também era da comissão. Eu acho que foi o Realinho que propôs que nós tivéssemos ombudsman, como o representante da sociedade.

O senhor se refere ao "defensor do povo"?[2]

JF — Sim. Aí o Pertence não votava com a gente, escapulia pra lá e pra cá. Como era o procurador-geral da República, estava comprometido com a ideia de que o defensor do povo ia ser o Ministério Público.

Na comissão o Pertence perdeu, porque o defensor passou.

JF — Passou na comissão, está no anteprojeto, mas na Constituinte o Pertence barrou, e entrou essa coisa toda do Ministério Público.

Hoje o senhor ainda acha que "defensor do povo" era defensável, tinha cabimento?

JF — Tinha, porque você precisava ter quem defendesse a sociedade civil. O procurador-geral da República era um leão de chácara. Você só podia arguir inconstitucionalidade se o procurador estivesse de acordo. A instituição estava comprometida com o passado de leão de chácara.

Qual era o papel do Saulo Ramos na Comissão dos Notáveis?

JF — O Saulo Ramos foi um que mexeu muito, era a voz do Sarney. Nós tentamos fundir as duas polícias, militar e civil, e fomos derrotados nisso, muito por causa dele, que era contra.

O escritor Jorge Amado também fez parte da comissão. Lembra da participação dele?

JF — Na discussão do capítulo sobre a cultura, o Candido Mendes propôs um artigo dizendo que a ação do Estado, referente à cultura, respeitará os fins multiculturais da sociedade brasileira etc. e tal. Aí o Jorge Amado pede a palavra e diz: "Que fins multiculturais que nada, Candido. Eu dediquei a minha vida para dizer que o Brasil é mestiço, que a Gabriela é mestiça, que a Tereza Batista é mestiça, que multicultural que nada, nós somos mestiços!" Aí entrou o Miguel Reale, pai, que é conservador: "Que nada, Jorge, você veja eu, que sou neto de italiano e de espanhol." O Jorge Amado arrematou: "Então, mestiço!"[risos].

Durante quatorze meses a comissão atuou, trabalhou, discutiu, brigou, enfrentou, teve uma boa cobertura da imprensa e fez uma entrega solene do anteprojeto para o presidente Sarney. Mas o anteprojeto não foi aceito pela Constituinte, que preferiu partir do zero. Teria sido melhor que a Constituinte partisse dali?

JF — Hoje em dia eu acho que foi até melhor não ser.

Por quê?

JF — Porque aí ela receberia um carimbo de "O Projeto do Sarney".

Que outras ideias digamos, singulares, foram discutidas pela comissão?

JF — O Milton Santos, por exemplo, oftalmologista e cientista mineiro, propôs um artigo dizendo que o corpo do morto pertenceria ao Estado. Já imaginou?

Qual era o argumento?

JF — Que ele precisava ter um banco de transplante de córneas. Eu, Antônio Ermírio [de Moraes] e Cristovam Buarque fomos contra. Para mostrar que não era uma questão pessoal, prometemos doar as nossas córneas. "O senhor tem razão, falta córnea, está aqui a minha, mas não bote na Constituição" [risos]. Eu cumpri. Não sei se o Cristovam e o Antônio Ermírio cumpriram.

Para variar um pouco, essa comissão também rachou, com a saída algo tempestuosa do professor Ney Prado, depois autor de um livro com o notável título de *Os notáveis erros dos notáveis*.

JF — Não se dava muita bola ao Ney. Porque ele era um mala. Ainda é. Ele se apresentava como advogado especializado em lei trabalhista, ou algo assim, mas todo mundo sabia que ele era da Escola Superior de Guerra. E não tinha a menor intenção de discutir com leões como Celso Furtado, Walter Barelli, Antônio Ermírio, e por aí vai.

O Ney trombou, mesmo, foi com o [jornalista] Mauro Santayana, não?

JF — O Mauro tinha um mantra, que a história confirmou: "O mal do país é o corporativismo, público e privado." Naquela época isso não estava tão claro.

Quem deixou claríssimo, pouco tempo depois, foi a própria Constituição...

JF — A nossa é a única Constituição no mundo que tem um capítulo inteiro só para a administração pública.

Em que aspectos a Constituição de 1988 inovou?

JF — Inovou, imensamente, ao estabelecer metas programáticas. Ela diz como deve ser a igualdade, não define só o princípio, como faz, por exemplo, a Constituição norte-americana. Essa é uma contribuição importante: a constitucionalização dos direitos sociais e, mais importante, como chegar lá, como consegui-los.

Algum exemplo específico?

JF — Outro dia, a Constituição da Noruega fez 200 anos [é de 1814]. Aí me chamaram, numa palestra, para eu explicar a nossa Constituição e comparar com a deles.

Convidam o senhor para tudo, não?

JF — Pois é. Mas era pra falar da Constituição do Brasil, na comemoração da deles. Eu disse, então, só para dar um exemplo, que a nossa estabelece que as prisioneiras têm direito a amamentar seus filhos.[3] Ora, isso é que eu chamo de programática. Mas isso é quase que um escândalo internacional, porque a Constituição não deve tratar disso.

Qual é o critério para dizer que não deve? Por que não?

JF — Em princípio, Constituição trata do poder e da liberdade. A nossa enfatizou metas programáticas. Além da liberdade, entrou a igualdade. E a igualdade necessita mais e mais de metas programáticas.

Mas a Constituição também tem, não custa lembrar, metas nada programáticas, como a que determina a manutenção do Colégio Pedro II, do Rio, na órbita federal.[4]

JF — A nossa Constituinte foi a mais mobilizada e participativa de sua época. Muito mais que a da Espanha, muito mais do que qualquer outra. E, quando você acorda o leão, todo mundo quer o seu pedaço. Tecnicamente, não tem sentido botar o Pedro II, não tem sentido limitar os juros... Mas todo mundo quer ir pro trono. A Constituição é o trono.

MIGUEL REALE JÚNIOR

Jurista, integrante da Comissão Affonso Arinos
(ou Comissão dos Notáveis) e assessor da presidência da Constituinte

"Sarney cooptou a Constituinte com o mensalão de rádios e TVs."

A convocação da Constituinte foi para o Congresso na Emenda nº 25, de 1985, enviada pelo presidente José Sarney. O relator, escolhido pelo dr. Ulysses, foi o deputado Flávio Bierrenbach, do PMDB de São Paulo. Ele abriu o debate, convocou personalidades para audiências públicas — entre elas a professora Maria Vitória Benevides e o sindicalista Jair Meneguelli — e, ao final, propôs um plebiscito em que o povo escolheria se queria um Congresso Constituinte, como propunha José Sarney, ou uma Constituinte exclusiva. Na véspera da votação do parecer, Bierrenbach foi liminarmente afastado e substituído por outro relator — Valmor Giavarina —, que deu parecer favorável à proposta do presidente, assim aprovada. Por que, afinal, o dr. Ulysses escolheu Bierrenbach?

Miguel Reale — O Flávio dormiu relator e acabou destituído. Ali ele perdeu um pouco a força que tinha.

Dr. Ulysses não imaginava que ele iria sair do combinado — que era aceitar sem maiores modificações a proposta do Sarney?

MR — Não. O Flávio mesmo estava na dúvida, extremamente perturbado com o caminho a seguir. Tanto que ele não segue nenhum caminho, na medida em que ele acaba jogando a decisão para um plebiscito. O Flavio era um parlamentar muito ativo, independente, com uma formação jurídica consistente, longe de ser considerado ulyssista.

A impressão que dá, com aquela brutal substituição, é que o dr. Ulysses saiu do sério.

MR — Ele desagradou muito o Ulysses, que viu na proposta um complicador do processo constituinte. Eu estava na casa do Ulysses quando ele soube da ideia do plebiscito. Ficou possesso. Viu aquilo como um atraso fenomenal para a Constituinte.

Sempre dá vontade de perguntar se não teríamos ido melhor seguindo o caminho do Bierrenbach. Não?

MR — Eu propus um referendo da Constituição que iria sair — até como julgamento de um trabalho. Era complicado fazer um plebiscito sobre uma questão como essa — se devia ser autônoma ou não. Os ânimos estavam exaltados, demandaria um valor considerável e tornaria a eleição confusa. Havia a ideia de que haveria uma pureza se eles fossem eleitos só para fazer a Constituinte. Mas é bobagem. Você acha, por exemplo, que um Paulo Maluf ia deixar de se candidatar à Constituinte? Não ia. Mesmo que fosse para ser só constituinte, ele não ia perder o seu eleitorado, não ia deixar na mão os seus redutos. Então, no fundo, o fato de ser Constituinte exclusiva, ou um Congresso Constituinte, não ia trazer modificação na composição.

Quando a Constituinte começou, em fevereiro de 1987, já existia um projeto de Constituição produzido pela Comissão Affonso Arinos, ou Comissão dos Notáveis, criada por Sarney, com cinquenta ilustres participantes, entre eles o professor Miguel Reale, seu pai, e também o senhor. O projeto foi entregue ao presidente Sarney com pompa e honra, mas acabou não sendo aceito pela Constituinte como ponto de partida — ao que consta, por uma decisão do dr. Ulysses.

MR — O projeto não foi aceito, de fato, mas teve grande influência nos trabalhos. Dois títulos fundamentais da Constituição já estavam lá: Poder Judiciário e Direitos Fundamentais, quase integralmente.

Essa Comissão dos Notáveis teve muita confusão — e uma briga enorme entre Ney Prado e Mauro Santayana, que virou uma briga pública. Depois, Ney Prado saiu, e escreveu um livro com um título ótimo, *Os notáveis erros dos notáveis*. Que diabos era essa comissão? Como é que funcionava? Qual foi o papel dos Reale pai e filho?

MR — Eu trabalhei muito no capítulo sobre segurança, mas fui derrotado pelo [advogado] Saulo Ramos [depois consultor-geral da República no governo Sarney]. Na Comissão Affonso Arinos, o Saulo representava os interesses das empresas de telecomunicações, especialmente a Globo. Apresentou sugestões totalmente favoráveis às empresas de telecomunicações. Dizia que "a Constituinte é soberana e poderá tudo". Mas, depois, já durante a Constituinte, escreve um livro, como consultor-geral, dizendo que era uma Constituinte congressual e que, portanto, tinha limites.[1] Eu escrevi uma resenha criticando esse livro, na *Folha de S.Paulo*, a pedido do Cláudio Abramo. O Saulo ficou com ódio de mim.

Ele defendia, no livro, que, por ser um Congresso Constituinte, sua soberania devia ser limitada. Não podia, por exemplo, mexer no mandato do presidente da República ou no capítulo das Forças Armadas, por aí.

MR — No artigo eu comparei o que ele dizia no livro com as propostas que fazia na Comissão Affonso Arinos. E perguntava: com quem que eu fico — com o advogado da Globo ou com o consultor-geral da República? Quando ele servia às empresas de telecomunicações, a Constituinte era soberana. Quando ele servia ao presidente da República, a Constituinte era limitada [risos]. Ele ficou com ódio de mim, mortal.

E o professor Ney Prado, lá colocado pelo general Leônidas Pires Gonçalves, depois ministro do Exército?

MR — Ney Prado era um direitista. Representava a Escola Superior de Guerra. Nunca entendi como o Affonso Arinos o chamou para ser secretário-geral da comissão.

A pedido do Sarney — segundo o próprio Ney Prado.

MR — Pode ser.

Voltando ao Flávio Bierrenbach — o que queria o plebiscito —, acabou que não conseguiu nem se eleger para o Congresso Constituinte.

MR — É verdade. Em grande parte, ele foi prejudicado pelo [José] Serra. Como secretário de Planejamento [do governador Franco Montoro], montou uma máquina eleitoral muito forte. E foi o trator da eleição, queria ser o constituinte mais bem votado. Ele chegou a fazer 300 e poucos mil votos. Vem daí as diferenças que o Flávio tem com o Serra. Naquela eleição [novembro de 1986], o Serra passou como um trator em cima de vários colegas, principalmente o Flávio, o José Gregori e o Fernando Gasparian, que ficaram com ódio dele. O Flávio trabalhou na Constituinte, levando alguns pleitos, tendo alguma participação.

Foi contratado pelo setor de comunicações — que tinha um forte lobby na Constituinte.

MR — Foi. Mas não teve uma atuação contínua, não estava em Brasília.

O Gasparian foi eleito e comprou a briga dos juros de 12%, batendo de frente com o Serra.

MR — Foi eleito, mas no talo.

O senhor também foi candidato?

MR — Fui. Tive 18 mil votos — e não deu.

Mas foi para a Constituinte como assessor do dr. Ulysses — ou, para citar uma expressão usada na imprensa, à época, "o apresentável conselheiro jurídico da mesa, Miguel Reale Júnior".

MR — O título era assessor especial da presidência da Constituinte.

No caso, o tripresidente Ulysses Guimarães — da Constituinte, do PMDB e da Câmara, o que ainda o fazia vice do presidente Sarney.

MR — O que o Mário [Covas] chamava de tricoroado. O Mário tinha uma gana do Ulysses.

Como é que funcionou?

MR — O Ulysses constituiu, digamos, uma comissão informal, que era composta por mim, pelo [Euclides] Scalco e pelo Paulo Afonso, o secretário-geral. Nós preparamos algumas ideias-chaves para o regimento, calcadas na Constituinte de 1946, que escolheu uma comissão para apresentar um projeto.

Já temos o Jobim, nesse começo?

MR — O Jobim entra com o grupo mais jovem do PMDB, que era do Sul, ele e o Antônio Britto, que tinha sido porta-voz durante a doença do Tancredo. Eram, digamos, da linha autêntica do PMDB e queriam plena participação. Eles foram contra a ideia de ter uma comissão para fazer o projeto. Achavam que isso criaria constituintes de primeira e segunda classe. Essa posição estava principalmente na cabeça do Jobim, e acho que ele convenceu o Fernando [Henrique].

O dr. Ulysses queria uma comissão, como em 1946?

MR — Queria. Um projeto anterior, que facilitaria todo o processo de votação. A Constituinte não demoraria quase dois anos, como demorou, por conta do sistema que foi escolhido.

Praticamente inédito — e com a participação de todos os 559, pelo menos na primeira fase.

MR — Participativo. "Todo mundo vai fazer a Constituição"... "Não existe Constituinte de primeira e de segunda classe." Então, constituíram-se oito comissões, cada qual com três subcomissões. E mais a Comissão de Sistematização, na segunda etapa. Na prática, acabou tendo Constituinte de primeira e de segunda classe. Tudo isso resultou naquele primeiro projeto que nós chamamos de Frankenstein.

O Fernando Henrique conta que foi escolhido relator, "autoritariamente, pelo dr. Ulysses".

MR — E foi. Primeiro, pelo respeito que o Fernando tinha como intelectual. O Ulysses disse uma coisa que eu lembro: "Como é bom nós termos alguém de capacidade que não seja jurista". O Fernando tinha realmente um reconhecimento da sua capacidade de articulação e a capacidade de pensar. Por isso que ninguém se opôs à escolha dele como relator.

Já no caso do Bernardo Cabral não foi tão simples — e teve disputa.

MR — O Cabral sempre foi muito bom de votação em clube fechado, como a OAB, onde eu fui conselheiro federal. Tem habilidade para costurar, conversar, prometer, dizer o diabo para as pessoas. Eu avisei ao dr. Ulysses: "Eu conheço o Cabral, o senhor toma cuidado." O candidato do Ulysses era o Pimenta da Veiga, não era o Fernando Henrique E o Bernardo ganhou, com o apoio do Covas.

O que unia o Covas ao Cabral?

MR — Eles foram cassados no mesmo período. Mas o que o Mário quis, na verdade, independentemente disso, foi colocar uma cunha no poder do Ulysses. Tanto que depois, quando o Cabral foi indicado, o Ulysses criou, fora do regimento, os sub-relatores.

Nelson Jobim, Fernando Henrique, José Ignácio Ferreira...

MR — Eu convidei o Michel Temer, em nome do dr. Ulysses, e ele não aceitou. Não queria proximidade com o Ulysses, habilmente, para continuar ligado ao Quércia e ter poder no partido. Sendo professor de Direito Constitucional, foi muito apagado na Constituinte. Eu era amigo dele, eu que o indiquei para ser secretário de Segurança [em São Paulo] no meu lugar. De certa forma, fui eu que viabilizei a vinda dele para o mundo político.

O professor Miguel Reale, seu pai, foi um dos integrantes da Comissão dos Notáveis — assim como o senhor. E certo dia provocou alvoroço com uma matéria no *Jornal do Brasil*: "Reale diz que Constituinte virou grande patifaria."[2] O senhor estava lá.

MR — É. Ele ficou desesperado com os textos que estavam sendo produzidos — que realmente eram uma barafunda.

Não. Nessa matéria, o professor Reale repercute a denúncia de que os empresários tinham se organizado, e levantado milhões e milhões pra organizar o Centrão. Essa é a "grande patifaria" a que ele refere.

MR — É. E, na verdade, o que é que foi o Centrão? A Constituinte tinha ido para a esquerda, totalmente. Até porque, de certa forma, legislava com o retrovisor. Houve ali grandes crises institucionais com o Exército. O Cabral ficou apavorado, foi lá no Palácio do Planalto conversar com o Sarney, uma noite; o Fernando [Henrique] acabou indo também. O fato é que foram se constituindo grupos de resistência a essa maioria mais à esquerda, como o grupo dos 32, do Richa, da Sandra Cavalcanti e do Israel Pinheiro Filho. O Centrão, em grande parte, foi o Sarney que montou. Fizeram realmente um trabalho de lobby bem consistente. Mas não me recordo, especificamente, ao que o meu pai se referia.

O deputado Brandão Monteiro, do PDT do Rio, fez essa denúncia contra os empresários em plena Constituinte. Nessa matéria, o professor Miguel Reale, um dos maiores juristas brasileiros, como lembrou o *JB*, disse que os constituintes estavam "aprovando várias normas de puro favorecimento ilícito que representam verdadeiros escândalos públicos". Alguns deputados sugeriram que Affonso Arinos entrasse até com queixa-crime contra o professor Miguel. O Plínio de Arruda Sampaio, do PT, fez outra proposta: "Não, queixa-crime não, vamos perguntar ao professor se ele realmente disse ou deixou de dizer." Aí vem o Affonso Arinos: "Então estou perguntando publicamente, professor Reale, o senhor disse?" Era o seu pai, ilustre e respeitadíssimo, dizendo um negócio pesadíssimo como aquele. Não sobrou para o senhor, que trabalhava lá?

MR — Mais ou menos. Posso dizer que não teve reflexo sobre mim, em termos de desconfiança ou de cobrança. Houve uma separação clara de que não haveria uma responsabilidade objetiva do filho por aquilo que o pai dizia. Eu sempre tive posições políticas diversas das do meu pai. O resumo do que ele pretendeu dizer é uma frase minha, que o Jobim diz que é dele: a Constituinte foi uma grande passarela por onde desfilou a sociedade, da tanga à toga.

Bota tanga nisso. Era índio que não acabava mais. Das cenas mais bonitas está aquela em que o cacique Ailton Krenak pintou o rosto enquanto discursava na tribuna, de arrepiar. Está no YouTube.[3]

MR — Os índios apareciam lá todos pintados de urucum — e eu não aguentava mais cheirar urucum. Era só lobby. O dos magistrados, por exemplo, foi um dos maiores. O do Ministério Público, o da Polícia Militar, da Polícia Civil, do

Banco do Brasil, da Petrobras... Quem conseguiu obter benefícios ou privilégios, fundamentalmente, foram as categorias organizadas. Foi o corporativismo, especialmente o corporativismo estatal. E houve o lado cidadão também.

Meio que sobrou pra todo mundo...

MR — É uma Constituinte que se dividiu. Na ordem econômica, por exemplo, os princípios são liberais, ou social-liberais: livre concorrência, propriedade privada. Depois, quando vai se especificar, com a reforma agrária, e a reforma urbana, é de esquerda. A propriedade, por exemplo, tem que ter sua função social.

Tudo ou quase tudo tem um contraponto.

MR — A Constituição não tem um fio condutor. Não se pode dizer que é de esquerda ou de direita. Ela é antes de tudo corporativa, com vários privilégios garantidos aos funcionários públicos.

Por que não teve esse fio condutor?

MR — Porque o vício era de origem — as 24 subcomissões. Quando foi para a de Sistematização, deu primeiro no Frankenstein e depois em um processo muito longo, em que a grande maioria dos constituintes não tinha muito o que fazer. O grande condutor na Comissão de Sistematização foi o [Euclides] Scalco. O Mário [Covas] teve que fazer a ponte de safena — e foi ele que assumiu a liderança do PMDB.

Como era a relação entre o dr. Ulysses e Mário Covas?

MR — O Covas tinha ciúmes do Ulysses. O Ulysses gerava ciúmes — aquele homem que é como um grande pai, que legitima as pessoas, que faz uma unção. Então, por exemplo, convidava parlamentares para jantar na casa dele. Eu ia sempre, e o grupo ia mudando. Às vezes, um deles ficava um tempo sem ir. E me procurava: "O que aconteceu? O que eu fiz de errado pro dr. Ulysses não me chamar mais?"

Puro exercício do poder...

MR — Às vezes, ele sabia que o camarada não estava muito na linha dele. "Vou dar uma gelada nesse cara." Uma vez, eu fiz uma coisa que o dr. Ulysses não gostou e ele não me convidou mais para jantar na casa dele.

E o que foi que o senhor fez?

MR — Não lembro [risos].

O que o senhor fazia quando houve o golpe de 1964?

MR — Eu era estudante de faculdade de Direito, no primeiro ano.

Foi contra ou a favor?

MR — Fui a favor. Mas sempre muito crítico, porque eu sabia que estava na mão da UDN.

O dr. Ulysses também foi a favor, como se sabe. E até, num primeiro momento, chegou a propor cassações de mandatos feitas pelo próprio Congresso. O senhor ficou sabendo dessa parte?

MR — Não. Mas eu posso até entender o Ulysses. Ele sempre foi um conservador, não era um homem de esquerda, longe disso. O Ulysses era um homem de cultura clássica, ligado ao professorado. O que ele conseguiu encarnar foi o ideal democrático, o ideal de liberdade, e isso ele encarou com coragem e destemor.

Como era a vida durante a Constituinte? O senhor mudou pra Brasília, por exemplo?

MR — Não. Ficava lá entre a segunda e a quinta, às vezes sexta. Morava em hotel, infelizmente, fazia vida de deputado. Eu era contratado pela Assembleia Constituinte, como assessor jurídico. O ritmo era insano, ainda mais com o dr. Ulysses, com inúmeras reuniões na casa dele. Depois que começou a Comissão de Sistematização, a Constituinte foi toda construída nas reuniões na casa do dr. Ulysses e nas reuniões matinais das lideranças, presididas pelo Covas, que era o líder do principal partido.

Essa reunião era chave?

MR — Tudo passava por lá, antes de ir a Plenário. O Mário chegava com a lição de casa pronta: qual vai ser a matéria a ser votada hoje, quais são as emendas principais, o que é que nós temos que negociar. Só mesmo um engenheiro dedicado como ele. Às vezes, era questão de escolher uma palavra, ou outra, para que se pudesse chegar a uma forma de compromisso. A Constituinte foi votada de manhã, pelos líderes partidários. Quando ia a Plenário já estava tudo conchavado.

A tecnologia das ambiguidades.

MR — Das ambiguidades. E é a Constituição dos acordos, de um meio-termo que satisfizesse todas as perspectivas. O Mário vinha com a coisa toda. Eu participava e depois telefonava para o dr. Ulysses, e fazia um relato. A presença do Ulysses era muito importante. Enquanto não ouvissem a voz dele no Plenário, os constituintes não vinham, não saíam de seus gabinetes.

Ficava lá, direto?

MR — O único dia que o Ulysses não foi, que eu me lembre, foi quando a dona Mora [apelido de dona Ida Malani de Almeida, esposa de Ulysses] quebrou o fêmur, aqui em São Paulo. Ele teve que vir. Eu tive que entregar a maleta dos remédios para a aeromoça. Porque ele era esquecidíssimo.

A leitura das atas mostra que o dr. Ulysses chegava, muitas vezes, ao autoritarismo, para não dizer mais. Teve deputado que disse: "O senhor está agindo como um urutu [uma espécie de cobra]."

MR — É que o Ulysses tinha força pessoal. Se não fizesse isso, a Constituição não saía. Diziam o diabo — mas ele ignorava, solenemente.

Essa do urutu ele nem sequer respondeu.

MR — Não respondia nenhuma. Só dizia "vamos ao próximo orador". O cara ficava puto.

O senhor viu de perto o crescimento do Centrão. Como o explica?

MR — Houve participação e euforia dos constituintes na fase das subcomissões e comissões. Depois houve um longo período, na Comissão de Sistematização, em que os demais constituintes ficavam completamente sem fazer nada, e ficaram se sentindo "constituintes de segunda classe de novo", aquela mesma discussão do começo. Foi o caldo de cultura para viabilizar o Centrão.

Entre o final da de Sistematização e a primeira votação no Plenário é que o Centrão conseguiu mudar o regimento e a regra do jogo.

MR — O Centrão virou a mesa porque a Sistematização aprovou um projeto à esquerda, e porque todos os que não eram da Sistematização, a grande maioria, estavam descontentes pela não participação.

Além das dificuldades, digamos, técnicas para mudar o projeto da Sistematização no Plenário, não?

MR — Sim. Mas a exploração desse descontentamento foi muito importante. A maioria dos constituintes ficou sem ter o que fazer, por uns quatro meses. Esse descontentamento se espalhou e teve a força do outro lado da rua, do Sarney. A origem da confusão foi o regimento, que colocou um verniz de participação, depois muito diminuído com a Comissão de Sistematização.

Notícia da época, sobre a sua participação nos trabalhos, metendo o pau no Centrão: "O jurista Miguel Reale Júnior, filho de Miguel Reale e assessor do presidente da Constituinte Ulysses Guimarães, vem chamando de 'basismo de direita' a articulação de parlamentares moderados e conservadores, para modificar o regimento interno constituinte."

MR — [risos] — Era essa base inconformada que achava que esse grupo mais à esquerda, intelectual, mais preparado, tinha tomado conta da Constituição.

Qual foi o momento mais difícil que o senhor viveu com o dr. Ulysses na Constituinte?

MR — O dia da votação da emenda Humberto Lucena — a do presidencialismo [344 a 212, 22/3/1988][4] — foi um dia de muito baque. Não só para o dr. Ulysses, que saiu muito deprimido, mas para a própria Constituinte, que durante dois dias não conseguiu se reunir.

Foi uma das grandes vitórias do Sarney...

MR — O Sarney teve um papel nocivo. Ele era um conspirador. Tinha ciúme do dr. Ulysses, tinha ciúme da Constituinte. Porque ficou reduzido a um papel secundário.

Como assim?

MR — O Sarney assume a presidência da República com o cadáver do Tancredo ainda presente. Vai a São João del-Rei enterrar o cadáver — e continua com aquele fantasma sobre a cabeça dele. Em fevereiro do ano seguinte, ele faz o Plano Cruzado e em 21 de abril, Dia de Tiradentes, vai novamente a São João del-Rei. Atravessa a cidade dentro de um carro de bombeiros, sendo aclamado pela população. É ali que ele enterra definitivamente o fantasma do Tancredo. É ali que ele vira presidente, sobe aos píncaros, aos cumes, e depois ele cai. Então ele esperava ter mais um ano para conseguir se recuperar.

Porque o Plano Cruzado fez água na sequência da eleição para a Constituinte, em novembro de 1986...

MR — Houve uma reunião em Caxambu (MG), da equipe econômica, em que o [João] Sayad [ministro da Fazenda] defendia ardorosamente que devia liberalizar os preços, que era a forma de distender, e ele não quis.

Muito levado pelo João Manoel [Cardoso de Mello], e pelo [Luiz Gonzaga] Beluzzo, ele não aceitou. Acreditou em manter os preços controlados e represados, quando boa parte da equipe econômica contrariava frontalmente isso. Quando estourou, ele virou o presidente da inflação de 84% ao mês. Então queria mais um ano, acreditando que algum plano pudesse recuperar o prestígio que ele tinha tido, para sair glorificado. Por isso ele queria mais um ano.

E aí é que entrou a Constituinte...

MR — Ele jogou para isso e cooptou a Constituinte na base do mensalão. Pode escrever: mensalão constituinte. A Constituição iria proibir que parlamentares fossem donos de canais de rádio e televisão — como de fato proibiu,[5] veto que não havia antes. Então o Antônio Carlos Magalhães [ministro das Comunicações] despejou canais de rádio e televisão para os constituintes.

O senhor acha que o presidente saiu da legalidade ou jogou pesado, mas dentro das regras?

MR — Saiu da legalidade. Cooptou a vontade do constituinte através da outorga de benefício. Mensalão não é só dinheiro vivo, é rádio e televisão também. O Sarney começa odiado pelos constituintes e vai cooptando. Aqueles constituintes que estavam à margem, aguardando a Sistematização terminar, estavam ali mesmo. E o Sarney virou uma fonte de cooptação.

SÉRGIO FERRAZ

Advogado e assessor do relator da Comissão de Sistematização

"Encaixei as emendas do senador atrás dos livros da estante."

O senhor está cercado de ursos de pelúcia — o que nos obriga a começar por eles.

Sérgio Ferraz — Todos têm nome e crachá [nas roupas]. Esse aqui se chama Buba. Um dos meus livros de Direito, *O mandado de segurança*, é dedicado a ele, o que causou grande perplexidade na comunidade jurídica.

Além dos ursos, o senhor também tem uma planta que se move.

SF — Eu comprei em Budapeste, quando fui a um congresso internacional. Tem uma célula fotoelétrica e fica aí comigo. De noite eu fecho a cortina e ela descansa.

Dos ursos, qual é o mais raro, ou o mais caro?

SF — É um alemão, que está em casa, de uma fábrica chamada Steiff. A peça mais cara é esse aqui. Foi comprado na Áustria, em Salsburgo. É um urso montanhês. Além de estar vestido como um tirolês autêntico, ainda faz aquele rugido que o urso faz. Muito simpático.

De fato. Mas vamos aos humanos da Constituinte. Como é que o senhor virou assessor jurídico do relator Bernardo Cabral?[1]

SF — Eu tenho uma amizade de algumas décadas com o Bernardo Cabral, de uns quarenta anos atrás, por conta da militância na Ordem dos Advogados do Brasil. Eu fui chefe de gabinete da presidência do Bernardo Cabral, então nós tínhamos uma convivência diária. E também advogamos juntos em várias causas.

O senhor imaginava que ele seria o relator — quando o Fernando Henrique já estava praticamente certo?

SF — Ele me dizia que ia ser o relator. Eu dizia: "Olhe lá, o Fernando tem um grande prestígio." Aí entra uma capacidade de articulação, que é um dos maiores talentos do Bernardo. Ele já tinha conseguido vencer o Sepúlveda Pertence, na disputa pela presidência da OAB. Com mais o Fernando Henrique [e o Pimenta da Veiga], são duas vitórias extraordinárias.

O que o faz ter essa capacidade?

SF — Em primeiro lugar, muita desinibição. Depois, ele é focado. Se concentra e vai, com eficiência. Ali ele trabalhou o baixo clero de uma maneira muito intensa.

O senhor já estava por lá, nesse período?

SF — Não, mas acompanhava. "Se eu for escolhido relator, vou te levar como meu assessor", ele dizia.

Tudo bem que ele teve, entre outros apoios, o do senador Mário Covas...

SF — Sem dúvida nenhuma. O Covas era amigo de infortúnios do Bernardo. Passaram pela violência da cassação dos mandatos em pleno vigor da carreira política.

O que o senhor fazia, profissionalmente, antes de ir para Brasília assessorá-lo?

SF — Eu era procurador do estado do Rio de Janeiro, advogava e já escrevia livros de direito. O Bernardo, com a minha concordância, pediu ao presidente Ulysses Guimarães que requisitasse ao governador Moreira Franco para me colocar à disposição da Constituinte. E foi assim que aconteceu. Fui com a minha mulher, Vânia [advogada e sócia de Ferraz]. Ficamos morando no Hotel Eron, em um apartamento alugado pelo Congresso.

Como era o trabalho com o relator da Comissão de Sistematização na fase das comissões e subcomissões?

SF — Cabia ao Bernardo trabalhar para que as comissões produzissem os textos — para que depois ele pudesse harmonizar. Ele participava de reuniões nessas comissões temáticas. O objetivo era evitar arestas, incongruências e inconsistências. Depois nos reuníamos para conversar. Mas a conversa no gabinete dele era muito difícil — o meu era em uma sala contígua — porque não parava de chegar gente.

Que tipo de gente?

SF — Tudo que se possa imaginar: juízes, economistas, empresários, todos com reivindicações. As indústrias do fumo e de bebidas queriam, por exemplo, que não houvesse restrição à publicidade de seus produtos.[2] Várias entidades de minorias, ou sexuais, ou raciais, querendo garantias. O fato é que o Brasil estava lá. O Bernardo recebia todo mundo. Quando não podia, pedia que eu recebesse.

Como foram organizando as propostas e as emendas surgidas nas comissões?

SF — O Bernardo escolheu sub-relatores: o senador José Fogaça (PMDB-RS), o deputado Konder Reis (PMDB-SC), o deputado Adolfo Oliveira (RJ), o Nelson Jobim, que foi um dos mais atuantes. Também aparecia o Fernando

Henrique, que teve uma atuação notável. À noite, depois de um dia exaustivo, nós todos nos reuníamos na casa do Bernardo. Eram milhares, pilhas e pilhas de emendas para discutir em conjunto.

Momentos inesquecíveis dessas reuniões...

SF — Na véspera do último dia de trabalho da Comissão de Sistematização nos reunimos na casa do Bernardo, finalizando a última versão do projeto que seria finalmente levado a Plenário. Depois passamos no apartamento do Fogaça. De repente, chega o senador Humberto Lucena [presidente do Senado] com um pacote de cem, duzentas emendas. "Você não pode deixar de considerar essas aqui", disse para o Bernardo. Ele entrou em desespero, não sabia o que argumentar, e aí me deu uma determinação: "Sérgio, encaixa isso no boneco do projeto." O Humberto ficou muito agradecido, despediu-se e saiu.

E o senhor encaixou?

SF — Encaixei, da maneira mais inacreditável. O Fogaça tinha uma estante na sala, com muitos livros. Eu peguei aquele pacote, botei por trás dos livros, e assim foram incorporadas as emendas do senador Humberto Lucena na Constituinte.

Solenemente ignoradas...

SF — Solenemente ignoradas. Porque não havia mais tempo.

O senhor tinha, na verdade, uma proposta sua, de Constituição, que foi chamada de "projeto Sérgio Ferraz", um dos diversos que tiveram influência na Constituição. Reconhecido até pelo professor José Afonso da Silva, autor do projeto provavelmente mais influente de todos.

SF — Não era um projeto meu. Era trabalho de aglutinação do que vinha das comissões, com as minhas contribuições pessoais. Tinha pouco mais de duzentos artigos.

Quais são as contribuições especificamente suas que estão na Constituição?

SF — Tem um acréscimo que eu sugeri à garantia do devido processo legal,[3] que foi uma emenda fundamental, do advogado Siqueira Castro. A dele dizia que "no processo judicial observar-se-ão as garantias ao contraditório da ampla defesa e da ampla recorribilidade, com caracterizações do estado democrático de direito, e da adoção do devido processo legal". Eu sugeri acrescentar "no processo judicial *e administrativo*". A referência à aplicação dessas garantias ao processo administrativo é absolutamente inédita, e de pouca registrabilidade nas constituições modernas. Colaborei, também, nos textos do *habeas data*,[4] e no do mandado de injunção,[5] duas grandes inovações.

Qual foi o peso do presidente Sarney, no processo como um todo?

SF — Ele influenciou desde o começo, e depois deu um estímulo muito grande ao Centrão. O Sarney era praticamente vigiado e supervisionado pela Constituinte, que por seu turno era vigiada e supervisionada pelo próprio Sarney. A Constituinte querendo metrificar o mandato dele... Uma situação difícil, não sei como é que o Brasil não estourou.

O que há de verdade na versão do Saulo Ramos, amigo do Sarney e consultor-geral da República, sobre a subserviência a ele do senador Bernardo Cabral?

SF — Aí é uma briga de duas pessoas extremamente vaidosas, que ocuparam cargos de grande relevância, cada um se achando mais influente que o outro. Houve um choque de egos.

Como era a relação entre eles antes da Constituinte?

SF — Eles se davam muitíssimo bem. Sou amigo do Bernardo e fui amigo de Saulo até a morte dele. O que o Saulo conta no livro é factualmente correto. Tem uns penduricalhos de estilo e de retórica, mas é aquilo mesmo, não posso negar. Factualmente, a influência do Saulo sobre ele é indiscutível.

O Saulo pesou na balança para que o Bernardo fosse o relator?

SF — Para ficar no mais simples possível, é indiscutível que o Saulo ajudou muito, nesse caso. Não vale para interferência no texto, porque logo eles entraram em choque.

Como o Cabral reagiu quando o Centrão foi pra cima?

SF — Ele foi muito condescendente com o avanço do Centrão. Mas as coisas têm sua dinâmica e nem sempre se pode vencer.

O senhor diria que está contando tudo o que sabe?

SF — Tudo o que eu podia contar está no seu gravador. O resto, mais uma meia dúzia, fica para mim mesmo. Quem sabe algum dia aparece.

Por que o senhor não conta?

SF — Não foram momentos luminosos da Constituinte. As coisas não são preto e branco, tem o cinza também. O importante é que dali saiu a mais rica das nossas constituições.

Significa dizer a melhor?

SF — A melhor eu não digo, porque tecnicamente ela tem problemas que extravasam todos e quaisquer parâmetros que os constitucionalistas costumam eleger para textos constitucionais. Mas, em termos de conteúdo, é um repositório de grandes ideias pra uma futura Constituição brasileira.

FUNCIONÁRIOS

ADELMAR SABINO

Diretor-geral da Câmara dos Deputados

"Teve invasão de sem-terra, nego de foice, gente pulando da galeria."

Como é que o senhor e o Paulo Afonso [Martins de Oliveira], funcionários graduados da Câmara dos Deputados, atuaram na Constituinte?

Adelmar Sabino — Eu era o diretor-geral, atuava mais no suporte administrativo. O Paulo Afonso era muito influente no apoio à área legislativa. Foi um dos grandes conhecedores do processo todo. E era mandão.

Em um livro-depoimento sobre o Congresso,[1] ele contou, entre muitas coisas, que um dia mandou atrasar o relógio para garantir que o Centrão entregasse umas emendas fora do prazo.

AS — É, isso acontecia. Teve outros episódios do gênero.

Como diretor-geral da Câmara, o senhor volta e meia aparecia na mídia. "Surge o novo trem da alegria", por exemplo. "Diretor-geral da Câmara dos Deputados, Adelmar Silveira Sabino garante que são 31 o total de funcionários registrados de outros órgãos para prestar assessoria à Constituinte. Mas funcionários da casa afirmam que esse número ultrapassa tranquilamente 500" — quase o número de constituintes. Uma outra: "Quanto à moradia dos deputados, o diretor-

-geral da Câmara disse não haver problemas..." O senhor também era frequentemente chamado à residência do dr. Ulysses — muitas vezes no começo da manhã...

AS — Tem outras?

Tem: "Votação da Constituinte só deixará de ser nominal no segundo semestre. Segundo o diretor-geral da Câmara, o trabalho está sendo acompanhado pelo Ministério da Ciência e Tecnologia, o Prodasen etc."[2] O senhor estava em todas.

AS — Então vamos lá. Primeiramente, o dr. Ulysses era um homem muito assediado, o dia inteiro. E eu tinha que despachar com ele uma pilha de processos desse tamanho. Geralmente às 7h30 da manhã eu já estava na casa dele, porque durante o dia não dava. Ou a gente despachava logo cedinho, ou de noite ia pra casa dele, porque lá no gabinete era praticamente impossível, a não ser assunto de urgência.

Como é que era o dr. Ulysses nessa convivência com o diretor-geral?

AS — Trabalhar com ele foi um privilégio. Além de inteligente, era muito espirituoso, e gozador. Às vezes, a pessoa não percebia e ele estava tirando sarro. Um episódio engraçado foi uma entrevista que a Marília Gabriela fez com ele, na TV Bandeirantes, em São Paulo. Eu fui junto, almoçamos lá. A certa altura, a Marília perguntou: "E as mulheres, dr. Ulysses?" Ele respondeu: "Minha filha, não existe mais 'as mulheres', hoje só existe a mulher. A Mora." A Marília achou lindo. Na saída eu comentei: "O senhor fez uma média danada com a dona Mora, hein." Ele falou: "Você acha que ela acreditou?" [Risos].

O dr. Ulysses implicava com o Mário Covas, e vice-versa. O senhor assistiu a alguma cena entre os dois?

AS — O Covas era um mal-humorado. Um dia, eu não peguei a conversa toda, mas ouvi o dr. Ulysses dizendo pra ele: "Mário, botou o penico tem que mijar!" [Risos] Com o Mário Covas, o santo não cruzava. Ele disputou a liderança do PMDB, com o Luiz Henrique [preferido do dr. Ulysses], e ganhou, achando que foi o discurso que ele fez. Mas não foi o discurso.

O que foi?

AS — Os deputados estavam muito insatisfeitos com o salário, que na época estava muito baixo. Sentindo que o Luiz Henrique ia perder a eleição, eu sugeri ao dr. Ulysses que oferecesse uma gratificação, pelo trabalho na Constituinte. "Isso eu não faço", ele disse. "O senhor vai perder." "Que seja, mas eu não faço." E o Covas ganhou.

O senhor acha que isso pesou na balança na votação?

AS — Ah, pesou.

Mais do que aquele discurso?

AS — Muito mais. Na Câmara ninguém ganha nada com discurso bonito [risos].

E essa tal gratificação chegou a sair, em outro momento?

AS — Depois saiu. Forçado pelas circunstâncias, o dr. Ulysses teve que dar. Tinha que ter, porque o trabalho foi duplo, na Constituinte, na Câmara e no Senado, que continuaram normalmente funcionando. Nem todos os funcionários participaram da Constituinte, mas aqueles que participaram foram gratificados, como os deputados foram. O único sujeito participante da Constituinte que não recebeu gratificação foi o seu amigo aqui. Eu não recebi nada.

Por quê?

AS — Porque eu era meio visado. Tinha um deputado do Rio Grande do Sul, Paulo Mincarone [PTB], que pediu uma reunião secreta porque tinha uma grave acusação a fazer à administração da Constituinte.

Contra quem, especificamente?

AS — Contra mim, dizendo que eu recebia dois salários. Como diretor-geral da Câmara e como diretor-geral da Assembleia Nacional Constituinte. Não era verdade. "Dr. Ulysses, eu não recebo nada, nem a gratificação que vocês vão dar." "Então você faz uma carta ao Paes de Andrade, que é o primeiro-secretário, ele lê na mesa e a gente encerra isso aí." Eu me lembro do começo da carta: "A acusação de Sua Excelência demonstra desconhecimento de normas elementares de administração quando confunde acumulação de encargos com acumulação de cargos. O diretor-geral, pelos encargos, nada recebe da Constituinte." Assunto encerrado. Esse Mincarone era um homem terrível. Acabou assassinado em São Paulo, em um assalto. Deram cinco tiros na cabeça dele. O Luís Eduardo [Magalhães] já era o presidente. Até me ligou, da Bahia, dizendo, brincando: "Porra, mandou matar o Mincarone?" Eu disse "É, fui eu mesmo" [risos]. Ele já tinha a fama de ter jogado a mulher do apartamento, logo no início de Brasília. Era meio doido.

É verdade que o senhor quebrava altos galhos para deputados endividados — adiantando vales, ou coisa assim?

AS — É verdade. Era um adiantamento, R$ 500,00, R$ 1.000,00. No pagamento eu descontava. Isso já vinha desde o Rio de Janeiro. Houve até uma confusão, mas no fim o Tribunal de Contas aprovou. O Ministério Público também abriu uma investigação, mas mandou arquivar.

Quantos funcionários o senhor comandava na época da Constituinte? Qual era a infraestrutura?

AS — Muita gente, porque era Câmara e Senado. Um grupo que foi posto à disposição só da Constituinte, subordinado a mim. Às vezes contratávamos consultores, mas não passaram de uns oito a dez.

Um desses foi o jurista Miguel Reale.

AS — Sim, o Miguelzinho era assessor do dr. Ulysses.

O Osvaldo Manicardi, secretário particular do dr. Ulysses, também era contratado como consultor?

AS — Não. O Osvaldo tinha um cargo de livre nomeação, previsto na estrutura da Câmara.

Qual era o seu trabalho, na prática?

AS — Montar a estrutura, dar suporte administrativo, controlar a segurança, por exemplo.

Momentos dramáticos?

AS — Tinha muito problema de segurança. Invasão de sem-terra, nego de foice, gente pulando da galeria, gente que entrava e queria quebrar tudo. Uma vez foi um barbudão, da CUT, fortão, que começou a gritar palavrão. Eu pedi pra se acalmar, mas não adiantou. Aí mandei os seguranças darem um pau nele. Pegaram o sujeito de porrada, amarraram pelas pernas e jogaram lá fora. Veio uma mulher tomar satisfação. "Dá um pau nessa mulher também." Em algumas ocasiões tinha que fazer esse tipo de coisa.

E os trabalhos constituintes em si, o senhor acompanhava?

AS — O Bernardo Cabral foi um grande relator. Tinha a gentileza de receber todo mundo, ouvir todo mundo, ponderar, conversar. Eu mesmo levei gente de Santa Catarina para falar com ele. Já em matéria de organização, o negócio era com o Jobim. Organizadíssimo. Por isso é que era o dono da Comissão de Sistematização. Esse aí foi o grande trabalho. Além do dr. Ulysses, que comandava.

O painel eletrônico foi inaugurado durante a Constituinte, na sua gestão. Como é que foi?

AS — Nós fizemos uma concorrência internacional. Quem ganhou foi a Montreal. Fizemos para a Constituinte, que não ia conseguir votar sem o painel. Acho que ninguém tinha, no mundo. E até hoje está aí, funcionando.

Tinha algum deputado de quem o dr. Ulysses não gostasse, particularmente, implicâncias com o senador Mário Covas à parte?

AS — O Ulysses não gostava muito do João Cunha, de Ribeirão Preto. Uma vez, no gabinete, ele entrou, efusivo: "Meu presidente, meu grande presidente." O Ulysses respondeu: "Olha, como eu queria que você me esculhambasse em particular e me elogiasse em público." [Risos.]

É verdade que algumas cafetinas prestaram, digamos, grandes serviços à Constituinte?

AS — Tem até um discurso famoso do Roberto Cardoso Alves, defendendo uma menina que foi acusada de agenciar moças pela *Folha de S.Paulo*. O Robertão foi para a tribuna, com um exemplar na mão, disse que a moça era direita, que era maldade. Aí abriu o jornal, pegou aquela página que tem anúncio de garotas de programa e falou: "A *Folha* te acusa, mas olha o que faz aqui."

Esse era o Robertão...

AS — Ele era muito engraçado. Uma vez, eu estava com ele e chegou um repórter da *Veja*. "Deputado, queria falar com o senhor, um assunto meio constrangedor. É que a sua esposa está lá na redação dizendo que o senhor está dilapidando o patrimônio da família, que vive cercado de meninas que o senhor sustenta. O que o senhor tem a dizer?" "É tudo verdade. Tudo que ela está falando é verdade. Eu estou com cada menina linda, bonita, tu acha que eu vou ficar com aquela velha pelancuda?" [Risos.] O repórter não sabia o que dizer. "Pode dizer lá que é tudo verdade, eu estou gastando mesmo, mas estou vivendo bem pra danar." Figuraça.

E o senador Mário Covas?

AS — Esse Covas era um cara antipático pra cacete. Vivia reclamando das instalações. Um dia, na Constituinte, o dr. Ulysses pediu pra ir ver o que ele queria. Depois de um chá de cadeira, ele me recebeu. "Senador, o que o senhor precisa?" "Tá tudo uma merda", ele respondeu. Só dizia isso: "Tudo uma merda." Aí eu disse: "Senador, o senhor me perdoe, mas de merda eu não entendo. Mande o seu chefe de gabinete botar no papel o que o senhor precisa e eu vou tentar resolver, que é ordem do presidente. Com licença." Depois levei a lista pro dr. Ulysses: "Ele quer um monte de coisa, telefones, poltronas, tapetes, e o orçamento está curto." "Então não dá nada", disse o dr. Ulysses. Ficou sem nada. [Risos.]

MOZART VIANNA

Assessor da secretaria-geral da Câmara

"Virávamos noites, sábado, domingo.
Não vi nem meu filho nascer."

Como e quando o senhor entrou na Câmara dos Deputados?

Mozart Vianna — Em 1975, por concurso público. Fui primeiro para a área administrativa, e depois para a Comissão de Redação, havia na época. Tudo que eu sei de processo legislativo eu aprendi lá.

Como é que era?

MV — O secretário-geral era o Paulo Affonso. Quando as emendas eram aprovadas, a Comissão de Redação é que fazia o texto final. Eu acompanhava o processo desde o início, acompanhava as sessões, sabia o que tinha sido aprovado. Fiquei lá até a Constituinte. Desde quando ela estava convocada, no começo de 1986, o Paulo Affonso me deslocou para essa tarefa: "Vamos nos organizar para receber a Constituinte." Quando eles tomaram posse, no começo de 1987, nós já estávamos preparados. Vale lembrar que a Câmara e o Senado continuaram funcionando.

Como foi essa preparação?

MV — Eu coordenei um grupo de trabalho deslocado para essa função. Definimos a estratégia, a logística, a participação do Prodasen. Não tinha internet. Mas quando começou nós já estávamos preparados para processar, por exemplo, as emendas populares,[1] que vinham da sociedade com milhares de assinaturas, checá-las e distribuí-las para as respectivas comissões que tratavam daqueles assuntos. O dr. Ulysses acompanhava de perto.

Haja trabalho...

MV — Virávamos noites, sábado, domingo. Teve semana que eu fiquei direto, só ia em casa tomar banho, café, e voltava, sem dormir. Meu filho nasceu dia 13 de maio. Quem levou minha mulher no hospital não fui eu, porque virei a noite aqui. Foi a irmã dela. Eu fui ver meu filho com 15 minutos depois de nascido e voltei correndo pra cá.

Muitos problemas na checagem das 30 mil assinaturas exigidas para cada emenda, não?

MV — Era impossível conferir. Não tinha estrutura para isso. Como saber se tinham 30 mil assinaturas, se eram válidas, se não eram repetidas, se não foram falsificadas? Impossível. Mas vale frisar que foi a primeira Constituição brasileira que teve a participação popular direta. Houve aquela participação de milhares de pessoas que vinham no dia a dia, cidadãos e entidades. Foram estimadas 10 mil pessoas por dia circulando por lá.

Na discussão do regimento travou-se uma guerra para incluir as emendas populares — na verdade, uma proposta dos movimentos sociais de então, muito articulada, que o relator, senador Fernando Henrique, acatou. Só faltou combinar com os russos — o seu setor, no caso — para saber se havia ou não condições de fazer uma checagem real.

MV — "Vou fazer isso." Como fazer? "Depois se vira."

É isso. De qualquer modo, muitas delas foram aceitas — e quase uma dezena foi defendida em Plenário, às vezes quase vazio, por um representante dos autores.[2]

MV — Era impossível conferir tudo. Até hoje é complicado, nos projetos de lei de iniciativa popular.

Como é que o senhor assistiu ao nascimento do Centrão?

MV — Foi o momento em que a centro-direita se organizou, com o apoio do presidente Sarney e do Saulo Ramos. Me lembro, como se fosse hoje, do [Ricardo] Fiúza, no meio do Plenário, com um cartaz no pescoço, escrito com pincel atômico: "Centro: uma obra de engenharia política". A centro-direita reagiu forte. E aqui o dr. Ulysses balançou.

Como assim?

MV — Se sentiu um pouco fragilizado. Teve receio, naquele momento de impasse, que a Constituinte não chegasse ao fim. Mas foi hábil, negociou e, naturalmente, chegou a uma solução.

Qual era o jeitão do Paulo Afonso, o todo-poderoso secretário-geral?

MV — A Constituinte foi um trabalho tão puxado, tão estressante, que ali pelo meio ele teve um probleminha de saúde. O dr. Ulysses mandou que passasse uns dias em Campos do Jordão, coincidiu com um recesso. O Paulo Afonso era muito sério, um profissional de primeira.

Em que time ele jogava, ideologicamente falando?

MV — O Paulo Afonso era pelo Congresso, até a alma. Começou de baixo, ali, e chegou a secretário-geral. Não posso dizer se ele era mais direita ou esquerda. Era mais naquela linha da isenção.

Quantos vocês eram, só na Constituinte?

MV — Uns noventa.

Quantos o senhor comandava, diretamente?

MV — De cinquenta a sessenta pessoas.

A relação era sempre Mozart/Paulo Afonso — ou o senhor também trabalhou diretamente com alguns constituintes?

MV — Na elaboração do regimento eu tive um contato muito próximo com o Fernando Henrique e com o Eduardo Jorge [Caldas Pereira, funcionário do Senado e uma espécie de Mozart de Fernando Henrique]. Depois de votado o regimento, o Paulo Afonso pediu que eu fosse ajudar na redação final. Lembro do Nelson Jobim resolvendo problema redacional com lógica matemática. E estava certo. Fiquei impressionado. O Jobim fez um trabalho fantástico na Constituinte. O Gilmar Mendes [ministro do STF] estava com ele.

Já naquela época?

MV — Ele trabalhava na Constituinte, como assessor, mas ficava junto com o Jobim o tempo todo.

Muitos anos depois eles foram quase às facadas...

MV — Pois é. Mas se davam muito bem. O Gilmar dava uma assessoria na Comissão de Sistematização, não só ao Jobim, mas ao Affonso Arinos, presidente da comissão.

O senhor é um especialista em técnica legislativa — e já viu de tudo. Como explicar por esse ângulo o impasse que levou ao Centrão?

MV — O problema é que precisava da maioria absoluta do Plenário — 280 votos — para derrubar o que a Comissão de Sistematização tinha aprovado por 46 votos. Na prática, o regimento privilegiava a minoria — que se revoltou. Houve um impasse, sem saída à vista. Nem o dr. Paulo Afonso conseguiu encontrar.

Quem encontrou?

MV — O Jobim, com o Destaque para Votação Separado, o chamado DVS.

Como é que funcionava, exatamente?

MV — Votava-se o texto global — mas os artigos com pedido de DVS ficavam de fora, para votação posterior. A grande jogada é que para derrubar tinha que conseguir a mesma maioria que aprovou o texto global.

Exemplo...

MV — Se eu sou o Mário Covas, e quero reforma agrária, eu aprovo globalmente. Mas se eu sou Centrão, contra, eu destaco reforma agrária, com um DVS nesse artigo. Significa que, aprovado o texto globalmente, a reforma agrária não está votada ainda. Ao votar separadamente, quem vai ter que colocar a maioria pra aprovar a reforma agrária é o Mário Covas, não o Centrão.

É um pulo do gato que inverteu tudo — e, na prática, viabilizou a continuidade da Constituinte.

MV — O Jobim é que buscou isso, não sei se no parlamento italiano ou espanhol. Então se mudou o regimento, para incluir o DVS.

Tudo provocado pela maioria artificial que o primeiro regimento criou...

MV — O centro-esquerda, habilmente, construiu uma maioria na Comissão de Sistematização. Tanto é que aprovou parlamentarismo e quatro anos de mandato, entre outras coisas. Só que ninguém tinha maioria absoluta — ou 280 votos — para garantir no Plenário. O único jeito era negociar. Ou seja: a esquerda queria colocar a reforma agrária, o Centrão não queria, mas a esquerda sozinha não tinha votos para colocar a reforma agrária. Então ficava um impasse. Foi esse o medo do dr. Ulysses, paralisar os trabalhos. E houve esse risco, sim.

Houve até proposta de paralisar os trabalhos por 30 dias — como a do senador José Richa, por exemplo.[3]

MV — A primeira saída foi o DVS. E a outra, tão importante quanto, foi: "Tudo bem, vamos colocar o que for possível de temas, mas jogar para regulamentar posteriormente." Essa foi outra grande jogada. Então a Constituição foi promulgada com 369 dispositivos a serem implementados. Isso é absolutamente incrível.

Esse é o número exato?

MV — Exato, incluindo os incisos. Como é que você elabora uma Constituição deixando 369 dispositivos para serem implementados? Porque se não fosse assim não votava. E, se não votava, parava tudo. E a saída foi essa. O impasse continua até hoje. Dos 369, 257 foram implementados.

Dos que ainda não foram, qual o senhor acha mais absurdo?

MV — O do art. 93, *caput*,[4] que manda o Supremo dispor sobre a estrutura da magistratura por via de lei complementar. Em tese, deveria ser a lei mais importante do Judiciário, por iniciativa privativa do Supremo. Quase trinta anos passados, não está resolvido. O ministro Gilmar Mendes, quando foi presidente, tentou construir um texto, mas não conseguiu.

O senhor estava presente na madrugada emocionante em que a votação terminou?

MV — Foi outro momento importante. O dr. Ulysses dizendo "a criança nasceu", num belo discurso, às 2 horas da madrugada.[5] Momento de júbilo, sem dúvida. Os jornalistas fizeram chuva de papel picado. Inesquecível. E até eu, que não gosto de aparecer, saí em uma foto, bem no canto da mesa. Eu estava lá!

Lobistas

FERNANDO ERNESTO CORRÊA

Assessor da Associação Brasileira de Emissoras de Rádio e Televisão (ABERT) e da Rede Globo

"A moeda de troca era a cobertura do sujeito na região dele."

O senhor atuou na Constituinte representando os interesses dos donos das empresas de comunicação. Como é que foi?

Fernando Ernesto Corrêa — Eu até escrevi um pequeno ensaio,[1] com um resumo sobre o que aconteceu na Constituinte na área da comunicação social. Os outros, importantes, foram o [Luiz Eduardo] Borgherth, que já morreu, e o Afrânio [Nabuco],[2] o diretor da Rede Globo [em Brasília], naquela época, que sabe muito mais do que eu.

Muito amigo do Ulysses Guimarães, do Sarney...

FEC — Era íntimo do Ulysses. E foi ele o sujeito que coordenou. Nós fizemos praticamente todo o nosso trabalho lá, com ele, na sede da Globo. É um cara brilhante.

Obrigado pelo livro [que tem o artigo]. Vou ler com atenção.

FEC — Aí tem mais ou menos toda a história, como é que foi, como é que não foi, o que aconteceu nas [comissões e subcomissões] temáticas, a briga que houve entre a esquerda, com a Cristina Tavares (PMDB-PE), e a direita.

Por que o senhor entrou na confusão, digamos assim?

FEC — Porque eu era o vice-presidente de relações institucionais da RBS [Rede Brasil Sul], que é a principal afiliada da Rede Globo, e, modestamente, muito respeitada pela direção.

Como o senhor foi escolhido para atuar na Constituinte, concretamente?

FEC — Os Sirotsky [família proprietária da RBS] ofereceram a minha contribuição, para formar um grupo de trabalho que defendesse a iniciativa privada, para que a área de comunicação não caísse nas mãos do governo. Aí eu me incorporei a esse grupo — que basicamente era eu, o Afrânio, e o Luiz Eduardo Borgherth. Eu praticamente mudei para Brasília, aluguei um apartamento lá.

Sério?

FEC — Passei mais de um ano, em tempo integral, com o Afrânio, com o Borgherth e com o Joaquim Mendonça, que era o presidente da ABERT [Associação Brasileira de Emissoras de Rádio e Televisão], que é oriundo do Estado de São Paulo. Foi uma ação mais defensiva, porque começou a haver um movimento muito forte da esquerda.

Como assim?

FEC — A esquerda estava saindo de quase vinte e poucos anos de regime militar. Então foi aquela explosão de liberdade. Eles vieram com muita força para tentar estatizar, especialmente a radiodifusão, rádio e televisão, que eram e são concessões do governo. A esquerda achou que podia ser dona da radiodifusão. Aí começou aquela batalha terrível. Começou na comissão temática [da Família, da Educação, Cultura e Esportes, da Ciência e Tecnologia e da Comunicação],[3] e acabou no Plenário. Foi a única comissão temática que não apresentou relatório, tal a confusão.

Conte como foi.

FEC — Foi uma guerra feroz. O [relator] Artur da Távola, embora jornalista, e naquela época ainda muito vinculado à Rede Globo, adotou uma posição muito favorável ao grupo que estava querendo estatizar a radiodifusão — e com apoio do Mário Covas, que era importantíssimo. Então nós tivemos que enfrentar ali uma oposição bastante forte da esquerda.

Quem mais se destacava no lado da esquerda?

FEC — A Cristina Tavares [PMDB-PE, relatora da Subcomissão da Ciência e Tecnologia e da Comunicação, onde primeiro se deu o embate], uma deputada pernambucana raivosa, que queria a estatização da radiodifusão. Então nós tivemos que trabalhar de uma maneira muito forte para nos defender.

E como era esse trabalho? Consistia em quê?

FEC — Trabalho de persuasão, de conversar com todo mundo, deputado por deputado, senador por senador. Para tentar vender as nossas ideias, e estabelecer um convencimento, ou, pelo menos, no momento em que a gente viu que a situação estava muito difícil, estabelecer um conflito na comissão. Para evitar que saísse um relatório estatizante. E foi o que nós fizemos, com uma frente mais liberal, mais na defesa da iniciativa privada, com quem nos agarramos.

Qual foi o papel do senador Mário Covas?

FEC — O Covas trabalhou furiosamente pela estatização. Ele era muito poderoso na Constituinte.

E a Cristina Tavares?

FEC — Com ela nós fizemos inúmeras reuniões, tentando demovê-la daquela posição radical. Ela era totalmente radical, mas tinha uma grande qualidade: ela bebia [risos]. Gostava de uísque que é uma barbaridade. Então nós começamos a nos reunir com ela no fim da tarde, em algum bar, dando bastante uísque, e ela foi diminuindo a raiva.

Resolveu o impasse?

FEC — Não resolvemos. Mas estabelecemos um conflito e a comissão acabou não apresentando relatório.

É verdade. Mas depois a Comissão de Sistematização organizou as propostas e as incluiu no primeiro projeto.

FEC — Aí o relator era o Bernardo [Cabral], o Fernando Henrique era um dos sub-relatores, e o [Nelson] Jobim já estava dando uma mão. Tinha como a gente trabalhar com alguém que pudesse fazer alguma coisa razoável.

Quem, por exemplo?

FEC — O Bernardo Cabral, o Fernando Henrique e o Jobim designaram o Antônio Britto para ser o nosso interlocutor. Embora também tivesse um viés de esquerda, como todo jornalista na época, o Britto era uma pessoa muito mais razoável. Com ele nós conseguimos negociar um texto bastante razoável.[4] Não foi o ideal, como a gente queria, mas conseguimos redigir alguma coisa.

O que passou lá foi o máximo que deu?

FEC — Foi o máximo, está nos arts. 220 a 224. Aquilo ali foi redigido praticamente a quatro mãos, o Britto e eu. O Afrânio Nabuco ficava muito no escritório da Globo, pouco saía. E o Borgherth era um intelectual, conhecia profundamente a matéria, mas era um macaco em loja de louças.

Como é que funcionava entre vocês três?

FEC — Formulávamos lá no escritório do Afrânio, mas quem ia para negociar era eu. Porque o Borgherth era muito autoritário, tinha uma personalidade forte, e não gozava da simpatia dos parlamentares. O Covas tinha horror dele. Eu fui o cara que foi a campo. E fiz isso com o Britto, com quem eu tinha uma relação histórica. Ele trabalhou conosco aqui na RBS, tinha sido nosso diretor de jornalismo durante algum tempo. Depois foi para a Globo, mas começou aqui. Eu tinha uma relação muito saudável com o Britto. O texto em que nós trabalhamos foi resultado do bom-senso, e foi o que se conseguiu fazer. Não satisfez inteiramente a esquerda, como não satisfez a nós. Nós queríamos que os textos fossem mais claros...

Ou menos ambíguos...

FEC — Tinha sempre um "mas", um "porém", "observado o artigo não sei o quê", o "disposto em não sei das quantas". E depois criou uma dificuldade que até hoje ainda é um problema, que é a questão do direito de privacidade versus direito de liberdade, que na redação da Constituinte não ficou muito clara. Outra coisa que não ficou muito bem colocada, eu até tentei colocar com mais clareza, é o direito de resposta. Até hoje [abril de 2014] está criando dificuldade.

Uma derrota que vocês não conseguiram evitar foi a do art. 224 — que manda o Congresso instituir, como órgão auxiliar, o Conselho de Comunicação Social, de resto até hoje não instituído...

FEC — Volta e meia eles ameaçam com esse conselho, que ameaça a liberdade de imprensa.

A Constituição acha o contrário.

FEC — Não conseguimos evitar que entrasse. Mas conseguimos deixar uma coisa nebulosa.

Explique melhor.

FEC — Não ficou "Vai ser criado o Conselho". Ficou uma coisa mais, digamos assim, teórica. Vou pegar a Constituição.

O senhor sempre a tem ao alcance da mão?

FEC — Evidente que tenho.

Vou aproveitar e fazer umas fotos.

FEC [com a Constituição aberta] — Olha aqui [lê o art. 220]: "A manifestação do pensamento, a criação, a expressão e a informação, sob qualquer forma, processo ou veículo não sofrerão qualquer restrição, observado o disposto nesta Constituição." Eu queria que fosse "Não sofrerão qualquer restrição", ponto. Mas aí vêm os "poréns", vêm os "mas". São algumas restrições que foram colocadas, objetos de uma negociação.

E o senhor ali, no centro da discussão...

FEC — Tinha lá um grupo poderoso que queria que fosse colocado na Constituição a proibição de qualquer tipo de publicidade de cigarro, bebidas alcoólicas e agrotóxicos. Proibição completa e absoluta. O que nós conseguimos? [Lendo o parágrafo 4º do inciso 2, do art. 220]: "A propaganda comercial de tabaco, bebidas alcoólicas, agrotóxicos, medicamentos e terapias estará sujeita a *restrições* legais." Essa palavra, "restrições", fui eu que coloquei. Porque restrição é uma coisa, proibição é outra. Ao botar restrição, está claro que não é um impedimento. Pode haver uma redução, mas não um impedimento, então nós conseguimos botar "restrições". E assim nós fomos fazendo, trabalhando a quatro mãos. Outra coisa importante: eles queriam, como diziam, "acabar com o monopólio da Globo". Então nós colocamos aqui [lendo o parágrafo 5º, do inciso II, do art. 220]: "Os meios de comunicação social não podem, direta ou indiretamente, ser objeto de monopólio ou oligopólio."

O que mais vocês conseguiram?

FEC — Queriam colocar que 30% da programação tinha que ser local, regional. Nós colocamos aqui [lendo o art. 221]: "A produção e a programação das emissoras de rádio e televisão atenderão aos seguintes princípios."

Depois teria que haver uma lei [inciso III do art. 221], "regionalização da produção cultural, artística e jornalística, conforme percentuais estabelecidos em lei", que até hoje, quase trinta anos depois, não saiu. Foram essas jogadas aí que a gente fez.

Naquelas alturas do campeonato era uma vitória...

FEC — Porra! E o artigo [222] de que a radiodifusão tem que ser privativa de brasileiros? Tinha a questão do Adolfo Bloch [dono da Rede Manchete], que não é brasileiro. Então, aí, em vez de botar [lendo o 222] "a propriedade dos veículos de radiodifusão tem que pertencer a brasileiros natos", nós botamos "brasileiros natos ou naturalizados há mais de dez anos", para salvar o Bloch. Eles também queriam que o capital das empresas fosse 100% nacional; nós limitamos em 70% [parágrafo 2º do 222], com possibilidade de sociedade em até 30%.

O senhor circulava exatamente por onde?

FEC — Por todo o Congresso, por todos os gabinetes, por todos os deputados e senadores. Então eu frequentava o gabinete do Fernando Henrique, que foi um excelente parceiro. Do Britto, do Jobim, do José Fogaça, que era senador gaúcho, do Luís Eduardo, filho do ACM [Antônio Carlos Magalhães, ministro das Comunicações], que ajudou uma barbaridade.

O senhor segue lendo o livrinho. Algum outro detalhe que queira observar?

FEC — Aqui [lendo o parágrafo 4º do art. 223]: "O cancelamento da concessão ou permissão, antes de vencido o prazo, depende de decisão judicial." A esquerda queria que o Congresso pudesse caçar uma concessão. Nós tiramos essa competência do Congresso. Foi uma grande vitória.

Essa foi.

FEC [depois de ler o último artigo do capítulo "Da Comunicação Social", o 224, que manda criar o Conselho de Comunicação Social] — O que eles queriam era criar um Conselho de Comunicação constituído pela sociedade civil, certamente para nos foder, evidente. O que nós botamos? "Para os efeitos dispostos neste capítulo o Congresso Nacional instituirá como órgão auxiliar o Conselho de Comunicação Social na forma da lei." Como órgão auxiliar do Congresso, e na forma da lei. Há quase trinta anos eles estão querendo criar o conselho e nós não deixamos até agora. Tem um conselhinho lá, mas meramente opinativo. Foi tudo objeto de negociação. Nós fomos, artigo por artigo, fazendo as coisas.

O senhor ainda vibra como se fosse hoje...

FEC — A participação na Constituinte foi a coisa mais importante que eu fiz na minha vida, do ponto de vista profissional, a minha maior contribuição para a Comunicação Social brasileira. Eu me vejo aqui [aponta para a Constituição], está entendendo? Eu vejo aqui o que eu escrevi com o Britto.

Qual é a melhor cena desse "Eu escrevi com o Britto"?

FEC — No gabinete do Britto, depois de conversar com todo mundo. O Britto conversava com o time deles, lá, eu conversava com o meu time, a gente sentava no gabinete dele e ia escrevendo. Eu submetia um texto a dois ou três daqui, ele submetia o texto dele a dois ou três de lá e a gente então chegava num texto, que foi aprovado na votação do Plenário.

Com alguns votos contrários, não?

FEC — Meia dúzia, só. O Delfim Netto votou contra, porque ele queria uma liberdade plena. Mas tudo bem. O Delfim estava inteiramente do nosso lado.

E quem eram os principais adversários — tirando a Cristina Tavares e o Covas, que o senhor já citou?

FEC — O Artur da Távola.

Alguém do PT se meteu?

FEC — O PT era um partidinho de merda naquela época ainda. Eu conversei um pouco com o Olívio Dutra, que depois foi governador aqui do estado [Rio Grande do Sul]. Também era muito radical, mas depois a gente acomodou ele. Eu usei muito a minha bancada aqui do Rio Grande do Sul.

Algum constituinte foi comprado?

FEC — Nenhum deputado comprado. Não houve absolutamente nada disso. É claro que naquela época a gente tinha um instrumento que não tem mais hoje, com relação a botar matérias em jornais. Naquela época, havia um pouco mais de liberdade. É evidente, eu não sou bobo, então eu pegava um deputado lá de Pernambuco, por exemplo, e o cara falava "Pô, preciso divulgar uma matéria lá". Então eu falava com a afiliada da Globo de lá e eles davam uma colher de chá pro cara. Isso eu fazia, o cara recebia uma colher.

Acontecia com frequência?

FEC — Tinha uma boa margem para usar os veículos dessa maneira. "O cara lançou lá um projeto interessante? Dá uma colher pro cara lá." Então dava uma colher pro cara, na região dele. Saía uma matéria a favor, o cara ficava feliz da vida. Isso aí é uma coisa que aconteceu muito. Aconteceu numa boa.

Jogava o jogo?

FEC — Jogo jogado. Ninguém comprou ninguém. E ninguém me pediu um tostão. A nossa moeda de troca era a simpatia pela cobertura do sujeito na região dele.

Como é que o presidente Sarney era visto por vocês nessa negociação toda? Ajudou, atrapalhou, participou?

FEC — O Sarney delegou tudo para o Antônio Carlos Magalhães, ministro das Comunicações, que ajudou muito. Era poderoso, forte e autoritário, e um sujeito que sempre que pode defendeu as nossas teses. Muitas vezes eu me reportei a ele. Ia no gabinete saber como é que estavam andando as coisas. Ajudou muito. E o menino dele, o Luís Eduardo, foi incansável.

O ACM com a liberação das concessões...

FEC — Ele ainda não era concessionário da Rede Globo. Depois é que ele ganhou.

Eu me refiro aos deputados que ganharam rádios, TVs...

FEC — Mas na Constituinte ele não fez isso. Pelo menos do meu conhecimento. Ele usou o prestígio político dele pra ajudar. Era muito amigo do Roberto Marinho, então ele procurava atender os interesses da causa do Roberto Marinho, que era a favor da iniciativa privada. O ACM foi muito importante. Uma vez ele me tocou para fora do gabinete.

Como foi?

FEC — Eu defendi uma tese, já não lembro mais qual, e comecei a falar com ele com muita ênfase, com voz alta, uma tese da qual ele divergia parcialmente. De repente ele reagiu: "Olha aqui, ô guri de merda, nem Roberto fala comigo assim. Retire-se do meu gabinete." Aí eu saí [risos].

O senhor também se divertiu, durante a Constituinte?

FEC — Não comi ninguém, e também não dei pra ninguém [risos]. Mas bebi muito. Usei muito o happy hour para me aproximar e me tornar mais íntimo da Cristina [Tavares] e de outros deputados. Porque bebiam muito.

E do Afrânio [Nabuco], quais são as histórias boas?

FEC — O Afraninho bebia muito também. O Afraninho fazia muito happy hour, muito jantar na casa maravilhosa que ele tinha no Lago Sul. Fazíamos grandes encontros lá, com quatro, cinco, seis deputados, regados à bebida.

De vocês três — o senhor, o Afraninho e o Borgherth —, qual era o mais próximo do Roberto Marinho?

FEC — O Afrânio era íntimo dele. Ele ia para Brasília jogar gamão com o Afrânio. O dr. Roberto a gente tratava com solenidade. Ele nunca me deu intimidade.

A ABERT contratou outros assessores para atuar na Constituinte?

FEC — O Flávio Bierrenbach nos deu assessoria técnica e jurídica. Ele me ajudou, também. Outro foi o Piquet Carneiro. Nós os contratamos, remuneradamente, porque o Flávio atuava muito bem na esquerda e o Piquet na direita. Nós também usamos muito o Fernando Henrique, mas ele tinha uma dificuldade de enfrentar o Covas. Tinha que ir com muito jeito, porque o Covas era de pavio curto.

Covas não foi cooptado, em nenhum momento.

FEC — Nenhum momento. Ele se considerou derrotado. Queria nos enrabar, mas não conseguiu.

Os outros veículos — Editora Abril, *Estadão*, *Folha de S.Paulo* — também tiveram essa participação tão direta como a Rede Globo?

FEC — A Editora Abril tinha um rapaz que ajudou muito, menos do que eu, mas eu não me lembro do nome. Os jornais impressos, ninguém. A responsabilidade institucional era da ABERT e da ANJ [Associação Nacional dos Jornais]. Os jornais e revistas não tinham maiores problemas — então nós nos concentramos na defesa da radiodifusão.

Os jornais e revistas tinham a questão da isenção tributária, garantida na Constituição que vigorava, mas correndo algum risco na Constituinte.

FEC — Iam acabar com a imunidade tributária dos jornais e revistas, e nós conseguimos manter.[5]

Quem queria acabar, especificamente?

FEC — A esquerda queria tirar a imunidade tributária dos jornais e revistas, e estatizar a radiodifusão. A questão da imunidade tributária nós vencemos, rapidamente. Repetiu-se o texto da Constituição de 1969, e foi resolvido.

JAIR MENEGUELLI
Presidente da Central Única dos Trabalhadores (CUT)

"Os cartazes com 'traidores do povo' assustavam os deputados."

Durante as votações na Comissão de Sistematização, *O Globo* publicou um editorial[1] protestando energicamente contra a sua presença no plenário, como se fosse um constituinte. Primeiro parágrafo: "A presença constante do presidente da CUT, Jair Meneguelli, nas reuniões da Comissão de Sistematização da Constituinte, representa algo bem mais grave do que uma simples infração das regras de funcionamento do Legislativo. § Trata-se de uma invasão consentida; seu objetivo é a coação."

Jair Meneguelli [risos; olhando o recorte] — Na época eu era muito famoso, como presidente da CUT. Estava todo dia na imprensa e até os seguranças deviam achar que eu era um constituinte. Eu entrava no Plenário, sentava, conversava com todos os constituintes defendendo as nossas reivindicações. Até que um dia o Ulysses Guimarães percebeu essa minha frequência, constante [risos], e mandou proibir a minha entrada.

Vai ver que foi no dia desse editorial...

JM — É bem capaz... [Lendo trechos]: "suas repetidas tentativas de influenciar as votações"... "representa ofensa ao Poder Legislativo"... "invasão ilegal do Plenário"... Puta que pariu! Eu não invadi. Me deixaram entrar, eu entrei.

O Globo editorializou, a seu estilo, mas o primeiro registro, em 10 de outubro, foi do *Jornal do Brasil*: "No plenário, Meneguelli, o Constituinte", assinado por Ricardo Noblat.[2] Começa assim: "Ele só não teve direito a voto e a utilizar o microfone para defender emendas, formular apartes ou pedir questões de ordem. No mais, nas últimas 72 horas, o metalúrgico Jair Meneguelli, presidente da CUT, metido em um elegante mas discreto terno azul, comportou-se como um dos 93 membros da Comissão de Sistematização, que vota o anteprojeto de Constituição do deputado Bernardo Cabral."

JM [risos] — Eu ficava feliz por me permitirem estar lá e poder discutir. A CUT teve uma importância muito grande na discussão dos direitos dos trabalhadores — como a redução da jornada de trabalho de 48 para 44 horas semanais.[3] Só essa conquista, histórica, e contra forte resistência, já mostra o nosso papel.

A CUT pressionou e assustou os constituintes com seus cartazes de "traidores do povo" — estampando as fotos dos deputados que votassem contra as propostas. No dia da votação sobre a estabilidade no emprego — 23 de fevereiro de 1988 — o senhor ameaçou até o senador Mário Covas de figurar em um próximo cartaz...

JM [risos] — Além dos cartazes, nós colocávamos placares, em algumas cidades. Claro que isso assusta qualquer deputado. Nós íamos na base dos caras, onde eles eram votados. Eles reclamavam, pela imprensa, mas era uma maneira de marcar posição, que muitas vezes funcionou.

Teve a Polícia Federal invadindo gráficas — atrás dos cartazes —, além de inquéritos abertos para apurar os responsáveis...

JM — Não deu em nada. O que eles poderiam fazer? Tínhamos todo o direito.

O senhor lembra da cena em que o deputado Jayme Paliarin, do Centrão, subiu na tribuna do Plenário com um penico escrito CUT — e no dia seguinte o senhor o rebateu?

JM — Não lembro [risos]. A CUT incomodava. Mas nem tudo era eu. Naquele episódio de atirar moedas da galeria, para o Plenário, que eu ganhei a fama, não fui eu. Foi o Joaquinzão [Gonçalves dos Santos, presidente do Sindicato dos Metalúrgicos de São Paulo, outra presença ativa na Constituinte]. Eu gosto dele — nos ajudou muito em momentos difíceis —, mas ali foi ele. Eu até achei errado, tanto é que nós não jogamos [risos].

No geral, a Constituinte manteve a velha estrutura sindical...[4]

JM — Foi a parte ruim. A CUT defendia a unidade sindical e o fim do imposto sindical. Teria acabado ou pelo menos diminuído esse absurdo de sessenta pedidos de novos sindicatos a cada mês. É uma mudança que ainda está por ser feita.

Outros constituintes

EDUARDO JORGE

Deputado pelo PT de São Paulo

"O PT viu o processo com mau humor. Votamos contra, mas assinamos."

A esquerda foi minoritária na Constituinte. Tudo somado, não passou de 32 parlamentares. Mesmo assim fez barulho e conseguiu ter voz ativa em muitas decisões. Qual foi a tática?

Eduardo Jorge — Eram três: povo pressionando; insistir nas teses, mesmo sabendo que vai perder; negociar com o centro, com a esquerda do PMDB, e até com alguns setores liberais que a gente pudesse conquistar.

Dê um exemplo de conquistas da esquerda no regimento que estabeleceu as regras do jogo.

EJ — O Fernando Henrique [relator] queria que a gente ficasse numa subcomissão enorme, com educação e tudo o mais. E a gente brigou para ter uma subcomissão específica para a seguridade social.[1] Foi uma batalha. A gente conseguiu, o PT e a ala mais à esquerda do PMDB. O relator foi o Carlos Mosconi, médico, e o presidente foi Elias Murad, farmacêutico, os dois de Minas.

O senhor estava nessa subcomissão.

EJ — Eu era o único especialista em saúde, do PT, e não tinha vaga pra mim. Quem me deu a vaga foi o PMDB, que tirou um deles e me botou lá. O PT tinha dezesseis deputados — e eram 24 comissões. Não tinha gente para todas. O

Lula chamou os voluntários e eu me apresentei para a saúde. Ele disse: "Você vai ficar com saúde, assistência social e previdência." Eu falei: "Mas eu não entendo nada de previdência". "Então vai estudar", ele disse. Eu fui. Foi uma coisa interessantíssima, porque eu tive que estudar mesmo, o que foi ótimo pra mim, mas também foi um dos motivos da minha perdição dentro do PT [risos].

O setor de saúde, onde o senhor atuava, foi o que chegou mais organizado na Constituinte — sabendo bem o que queria, principalmente o sistema universal de atendimento.

EJ — Isso foi por conta da VIII Conferência Nacional de Saúde [em março de 1986],[2] que conseguiu somar movimentos populares, sindicatos de categorias e intelectuais. Isso gerou uma unidade muito grande e uma proposta coerente, que levava em conta a história do Brasil e experiências internacionais, como a da Inglaterra, por exemplo. A gente já estava discutindo a reforma sanitária, desde o regime militar. E não deixava de questionar quem estava responsável pela saúde pública — como dois secretários maravilhosos de São Paulo, o Walter Leser, que morreu com 100 anos, e o dr. Adib Jatene.

Com que espírito o PT entrou na Constituinte?[3]

EJ — A Constituinte foi uma festa da democracia. Nós apresentamos um projeto inteirinho de Constituição — o do Fábio Konder Comparato.[4] Mas o PT foi muito crítico das limitações da Constituinte e viu o processo com mau humor. No final das contas, não houve nem uma vitória total, nem uma derrota total. É uma Constituição com avanços, mas com insuficiências. Nós votamos contra, mas assinamos. Eu concordei. Só o João Paulo [Pires Vasconcelos, PT-MG] é que votou a favor.[5] Era muito moderado.

[Vendo agora uma foto da bancada do PT.] Essa bancada era terrível [risos]. Olha o João Paulo aqui, bonachão, cabelo branco, mineiro, estava realmente meio deslocado, mas era uma figura maravilhosa. A Benedita [da Silva], moça muito autêntica, ligação popular muito grande, morro da Mangueira. O Lula, sempre enfezado. Os líderes carismáticos não gostam do parlamento. "Como é que eu, um líder máximo, posso valer um voto igual a esse burguês? Porra. Isso não pode!" [Tirando sarro do Lula.]

O Lula dizia isso?

EJ — Não. Mas esse é o mal de todos os carismáticos. Aqui é Paulo Delgado: intelectual muito brilhante, muito sensível, muito inteligente. O Virgílio Guimarães, mineiro. O [Paulo] Paim, figura sensacional, um verdadeiro buldogue. Quando ele morde, nunca mais solta. Mas muito independente. O Plínio Sampaio: era o nosso democrata-cristão. Foi fundamental no processo. Mas na bancada era considerado da ultradireita. A gente tinha que engolir, porque ele era um sujeito habilidoso, educado. O Lula delegava tudo pra ele. Este é o Florestan Fernandes. Nunca se conformou que um aluno dele [Fernando Henrique Cardoso] tivesse um protagonismo muito maior. Muito aferrado às ideias marxistas-leninistas, não queria se desviar nenhum milímetro. Olívio Dutra, muito autêntico. Vitor Buaiz, nosso único ecologista. Gumercindo Milhomem, da educação.

Alguma história interessante que o senhor tenha vivido com algum deles durante a Constituinte?

EJ — Eu, Vitor e Gumercindo moramos no mesmo apartamento, porque não tinha um apartamento para cada um. Eu e o Gumercindo éramos completamente avoados, dois revolucionários semiprofissionais, mas não tinha bagunça, porque o Vitor tomava conta de tudo. Era o mais velho, macrobiótico, vegetariano, sistemático demais. Dos nossos, era um dos únicos que tinha clareza sobre as questões do meio ambiente. Aqui é o [Luiz] Gushiken, que era o nosso homem das finanças, que trabalhou no sistema bancário.

O Gumercindo tem um episódio famoso — de ter ido para a tribuna sem gravata.[6]

EJ — Gumercindo e a gravata, eu lembro. Eu e ele nunca ligávamos pra roupa nem pra coisa nenhuma. Um dia ele entrou no Plenário com pressa, esqueceu de colocar e falou assim mesmo, no pinga-fogo. O presidente de sessão disse: "Deputado, o senhor está sem gravata." Ele respondeu: "Estou e vou ficar assim." Não foi planejado nem nada. É porque a gente só botava a gravata na hora de entrar.

Qual é a sua avaliação do trabalho da bancada do PT?

EJ — A contribuição da bancada foi desproporcional ao tamanho dela e proporcional à inserção que a gente tinha nos movimentos populares. Para dezesseis, no meio de 559, isso pesou. A qualidade e a dedicação deixaram uma marca importante na Constituição. A esquerda ainda tinha três do PCB: Roberto Freire, Augusto Carvalho e aquele baiano, que andava com roupa de brim, toda branquinha, o Fernando Santana. Tinha ainda o Edmilson [Valentim], do PCdoB, e mais um ou dois. Era uma coisa mínima.

E por que funcionou?

EJ — A mesma tática: mobilização, que é onde a gente tinha força; marcar posição para tensionar; perdíamos, mas ajudávamos na conformação dos consensos; e ter paciência para negociar.

Que avaliação o senhor faz da atuação do Lula, particularmente?

EJ — O papel dele era ser a encarnação dessa autoridade popular. O pessoal sabia que quando ele falava tinha muita gente por trás dele. Na negociação propriamente dita, ele fez pouco. Não tinha paciência pra isso. A negociação era infinita: ponto por ponto, perde uma vírgula, ganha uma vírgula, põe o inciso, tira o inciso. Ele nunca se interessou. Não tinha paciência para isso. Nunca teve.

Quais momentos o senhor registra como marcantes?

EJ — Na área da saúde, toda essa articulação, essa pressão popular, com uma posição mais firme de reforma social. O curioso é que nós contávamos com o líder do governo, e um dos líderes do Centrão, o Carlos Sant'Anna, homem de confiança do Sarney. Na hora de discutir a questão da saúde ele fechava com a gente, para o desespero da direita. Antes da Constituinte ele tinha sido ministro da Saúde. Ele um baiano, médico pediatra, que sabia da importância da saúde pública. E casado com a Fabíola, uma sanitarista que era do Partido Comunista. Só na Bahia podia acontecer uma coisa dessas [risos]. A mulher era do Partido Comunista, casada com um sujeito altamente conservador em todos os assuntos, menos na saúde. O Santana pesou na balança na Comissão de Sistematização — onde somou com a gente, que já vinha acumulando vitórias desde a subcomissão.

Ficou mais difícil depois que o Centrão se organizou e conseguiu mudar o regimento, não?

EJ — É. No final, quase que a gente entra pelo cano, porque teve uma hora que, com essa história de ter uma Constituição sintética, eles tinham tirado tudo o que a gente tinha produzido, botando numa frase só. Eu negociei com o [Bernardo] Cabral, diretamente, mas depois que eles radicalizaram tiraram tudo. A gente foi atrás de recompor — e conseguimos.

Como foi essa reação ao Centrão?

EJ — Nós reagimos de várias formas. Houve até uma tentativa de invasão na fortaleza do Centrão. Eles se escondiam na ermida Dom Bosco, entre o Lago Norte e o Lago Sul. Numa tentativa desesperada, a gente pegou um ônibus e foi lá, para invadir o bunker deles. Foi aquela briga, muito desagradável, com gritaria e empurra-empurra. No final das contas, o Cabral decidiu nos ouvir — e reabriu uma porta. A gente também tinha o direito de estrebuchar, de reclamar e de agir como movimento popular, fazendo barulho, fazendo pressão.

Qual foi o papel do presidente Sarney?

EJ — Jogou com a maioria que ele tinha. A derrota política principal foi a permanência do presidencialismo e a queda do parlamentarismo. Essa foi a votação mais importante da Constituinte.

Nesse caso o PT fechou questão com o presidencialismo — como queria o Sarney.

EJ — É que na época nós tínhamos uma visão de ruptura. E, para a ruptura revolucionária, o presidencialismo era mais favorável do que o parlamentarismo. Nós éramos pela revolução. Queríamos usar o presidencialismo para provocar uma ruptura.

Tipo a história do colégio eleitoral?

EJ — Pois é. No colégio eleitoral nós expulsamos o Airton [Soares], a Bete [Mendes] e o [José] Eudes [por terem votado em Tancredo Neves], três parlamentares excelentes, gente maravilhosa. Um partido que não tinha ninguém no parlamento, e nós expulsamos os três.

E na questão dos quatro ou cinco anos de mandato?

EJ — Enquanto o pessoal do Sarney se manteve coeso, a gente se dividiu. Queríamos a eleição em 1988, mas não queríamos o parlamentarismo. E quem mais não queria era o Brizola [então governador do Rio de Janeiro].

Quem fez a Constituição foi o colégio de líderes, onde eram feitas todas as negociações?

EJ — Essa é a visão do [Nelson] Jobim, porque ele acha que foi um dos artistas principais do filme. E de certa forma até foi. Mas ele não pode ignorar que o povo foi lá e pressionou. É só lembrar das votações apertadas — como as do preâmbulo e da questão da propriedade agrária. Uns trinta ou quarenta votos, sempre em disputa. E a direita teve que conceder muita coisa ao Mário Covas, ao pessoal da esquerda do PMDB. Centro e centro-esquerda sentaram junto com o Centrão e negociaram. Foi o que a gente não quis fazer. O Mário Covas fez certo. A gente, da esquerda, com uns quarenta votos, é que continuava marcando posição.

HERÁCLITO FORTES

Deputado pelo PMDB do Piauí e terceiro-secretário da mesa da Câmara

"O erro terrível foi querer reduzir o mandato do Sarney para quatro anos."

No começo de 1988, com a Constituinte começando seu segundo ano, o senhor entrou com uma emenda que propunha eleições gerais e simultâneas em 1989, com prorrogação dos mandatos de prefeitos e vereadores, e redução do mandato dos governadores, com direito à reeleição. Deu o que falar.

Heráclito Fortes — É que em determinado momento queriam apressar a promulgação, a toque de caixa, para não atrapalhar as eleições municipais de 1988. Eu mesmo vivia um drama: era candidato natural a prefeito de Teresina e ao mesmo tempo queria ser um bom constituinte. Era difícil de conciliar. Mas a proposta não prosperou — e, felizmente, consegui me eleger prefeito.

De qualquer modo, a Constituinte ainda aprovou casuísmos para a eleição municipal de 15 de novembro de 1988, como consta nas disposições transitórias.[1]

HF — É verdade. Tem um penduricalho que garante, na sucessão dos prefeitos em exercício, a disputa de parentes em primeiro grau. Nós tivemos um caso concreto: em Campina Grande, na Paraíba, o [deputado constituinte] Cássio Cunha Lima sucedeu Ronaldo [Cunha Lima], que era seu pai.

O dr. Ulysses chamava essas disposições transitórias de lata do lixo...

HF — Lixo atômico, ele dizia, porque naquela época estava muito fresco o acidente com o Césio 137, em Goiânia.

Esse começo de 1988 é marcado pelo fortalecimento do Centrão, e pelo início das votações em plenário.

HF — O erro, terrível, da Comissão de Sistematização, foi querer reduzir o mandato do Sarney para quatro anos. Aí o Sarney entrou no jogo, fez o Roberto Cardoso Alves virar ministro da Indústria e Comércio [em agosto de 1988] e o Centrão se consolidou. Ficou uma coisa interessante, porque pegava os teóricos, como o Roberto Campos e o Luís Eduardo Magalhães, e os fisiológicos.

O senhor estava no Congresso, na legislatura anterior, quando o Sarney mandou a convocatória da Constituinte, relatada pelo Flávio Bierrenbach, depois destituído liminarmente do cargo...

HF — A proposta do Bierrenbach era oportunista. Nós já tínhamos perdido as Diretas Já e tentar reeditá-la daquela forma era um golpe. Naquele momento, você tinha uma sincronia muito grande entre Ulysses e Tancredo. Eles cumpriam um papel de emuladores, dentro do PMDB, para não permitir uma terceira via.

Como é que o senhor se aproximou mais do dr. Ulysses?

HF — Eu era membro da executiva do PMDB e ele tinha uma dificuldade muito grande nos relacionamentos. Tinha uma relação muito tumultuada com o Roberto Cardoso Alves, por exemplo. Uma noite ele me chamou. "Vou precisar de uma ajuda sua. Nós vamos ter que comunicar à executiva, amanhã, que o Sarney pode ser o candidato a vice do Tancredo, vai ser um mal-estar danado. Eu queria que você, com esse seu vozeirão, pedisse uma questão de ordem e propusesse que o primeiro a se queixar do Sarney deveria ser o Renato Archer, porque é maranhense..." E não deu outra. O [Miguel] Arraes ficou vermelho. Todo mundo tomou um susto. Aí o Renato Archer deu um cacete no Sarney, mas dizendo que deveríamos aceitá-lo, em nome do processo democrático [risos].

Quem eram os outros contrariados, além do Arraes?

HF — O [Epitácio] Cafeteira, naturalmente, por ser adversário do Sarney. Mas uma hora ele disse: "Em nome do Brasil, eu ponho a mão no nariz e concordo."

O que fazia o terceiro-secretário, durante a Constituinte?

HF — O Ulysses jogava o grosso da administração nas minhas costas. Participei, pontualmente, de várias comissões, mas me dediquei mais às tarefas da mesa, de fazer a coisa andar.

Em relação ao Centrão, de que lado o senhor ficou?

HF — Eu era ulyssista, não me envolvia. Mas confesso que tinha alguns conflitos internos. Era contra, por exemplo, o nacionalismo excessivo do Renato Archer e do Severo Gomes. O Ulysses ficava nervoso, não queria brigar, mas achava que eu tinha razão. Não tinha sentido a gente estar na contramão da história.

Mário Covas lhe traz alguma recordação?

HF — Teve um episódio curioso, entre ele e o Bernardo Cabral, por questões relativas ao porto de Santos, não lembro mais quais. O Bernardo prometia a mesma coisa pra todo mundo. Ele prometeu uma emenda que atendia o Covas e outra que atendia um interesse contrário. O Mário achou que ele ia pegar o texto na gráfica do Senado, de madrugada. E se plantou por lá. Nós também fomos, porque podia ter briga. De repente chega o Bernardo, entra e pega o texto. Quando ele pegou o texto, o Mário entrou na sala, puxou o texto da mão dele, que saiu, com o Mário atrás.

Não lembra qual era a questão?

HF — Acho que era um negócio totalmente ultrapassado, que o Covas queria manter, em benefício das categorias que atuavam no porto. Aquilo foi um negócio de lascar.

E as implicâncias entre o Covas e o dr. Ulysses?

HF — Eram divergências mais de olho na sucessão de São Paulo do que por qualquer outra coisa. Aí veio o episódio da criação do PSBD e o Ulysses viu-se até aliviado, porque tirou essa carga do Covas...

O senhor ficou sabendo alguma coisa, pela sua proximidade com o dr. Ulysses, sobre a proposta de parlamentarismo, com o aval do Sarney, que Covas vetou?

HF — Levaram a proposta com uma dose da maldade — dizendo que o Sarney apoiaria, se o Fernando Henrique fosse o primeiro-ministro. Houve isso.

IBSEN PINHEIRO
Deputado pelo PMDB do Grande do Sul

"A seção do Ministério Público foi a inovação mais importante."

A discussão sobre o mandato do presidente José Sarney — quatro ou cinco anos — dominou a Constituinte. Como o senhor se posicionou?

Ibsen Pinheiro — Foi um dos maiores danos da Constituinte, causado por uma das melhores e mais decentes figuras que eu conheci na vida pública: Mário Covas.

Qual foi o dano?

IP — Paulistanizar a Constituinte e antecipar a sucessão do Sarney. Quase todos os candidatos à sucessão eram de São Paulo: Covas, Ulysses, Lula, Afif. Cada vez que se falava nisso, cada um pensava na sua candidatura. Se não houvesse essa questão, a Constituinte teria durado metade do tempo.

E o presidente Sarney?

IP — O Sarney perdeu uma batalha de propaganda como eu nunca vi. Passou para a história como quem aumentou o mandato de quatro para cinco anos — quando, na verdade, ele baixou de seis para cinco.

O PMDB tinha a grande maioria da Constituinte, numericamente...

IP — Tinha maioria, mas não tinha hegemonia. Não conseguia exercitar sua maioria por causa das suas divisões internas.

Na contramão dessa paulistanização, usando a sua expressão, o Bernardo Cabral ganhou a eleição para relator, derrotando o Fernando Henrique e, depois, o Pimenta da Veiga.

IP — O Bernardo é conciliador por excelência, um homem de bom trânsito, bom temperamento e muito sensível. A gestão dele foi conduzir pelo leito, onde vinham os estuários naturais, é por ali que ele caminhava. Isso foi bom para a convivência, mas produziu um acordismo que levou para a seguinte circunstância: alguns dos piores textos da Constituinte foram unânimes, porque com frequência a gente optava pela inocuidade.

A Constituinte não aceitou um texto básico como ponto de partida — como o da Comissão Affonso Arinos —, nem que uma comissão da própria Constituinte fizesse um.

IP — Nós montamos o avião em pleno voo. Decidimos que não haveria um texto básico. Tecnicamente foi um erro. Politicamente se justificava, porque a Constituinte não queria tutela. Além disso, muito por culpa do Covas, aprovamos um regimento interno que daria direito à minoria de escrever a Constituição. É aí que está a origem de toda a confusão.

Já é a segunda vez que o senhor culpa o Mário Covas...

IP — O Covas tinha um cacife desproporcional. Tinha sido eleito pelos conservadores [líder do MDB na Constituinte, derrotando Luiz Henrique], com o apoio de alguns setores da esquerda. Num dado momento o Covas desequilibrou a Constituinte. Deu para a esquerda uma força que ela não tinha e paralisou por um tempo o setor conservador. Até ficar claro, para esse setor, que o texto da Comissão de Sistematização — uma minoria — só se derrubava por maioria absoluta.

Em qual subcomissão o senhor se integrou neste começo?

IP — Na Subcomissão do Poder Judiciário e Ministério Público [como suplente].[1] O Plínio [de Arruda Sampaio, PT-SP] era o relator. Eu fui decisivo, porque a proposta do Ministério Público fui eu que levei. E fui [titular] da Comissão de Sistematização.

A sua subcomissão integrava a Comissão da Organização dos Poderes e Sistemas de Governo — que foi presidida pelo Oscar Corrêa Filho (PFL-MG), filho do ministro Oscar Corrêa, do Supremo Tribunal Federal.

IP — O Oscarzinho é que enxertou o Ministério Público de Contas. Tivemos que fazer um acordo, para não dar conflito.

Se teve um lobby bem-sucedido na Constituinte foi o do Ministério Público, que ganhou status de quarto poder.[2] O senhor foi a grande figura desse lobby. Algum arrependimento?

IP — Eu me arrependo de não ter posto as correspondentes responsabilidades. As prerrogativas são importantes, mas a irresponsabilidade é muito grave. O promotor pode fazer uma ação civil pública, ao gosto dele, para mandar alguém fazer tratamento nos Estados Unidos, por exemplo, ou trocar uma ponte de um lugar para o outro — e não responde por isso com o seu bolso quando é lide temerária. Faltou essa responsabilização, entre outras.

O senhor foi um lobista tão aplicado que até na Comissão de Redação — a última fase da Constituinte — ainda tentou emplacar que o Ministério Público tivesse não uma seção, como tem [a I, do Capítulo IV, "Das Funções Essenciais à Justiça"], mas um título próprio. Não colou...

IP — Tentei. A seção do Ministério Público foi a única proposta inovadora no aparelho de Estado em todo o processo constituinte. A única. O resto ficou como estava — ou piorou. O modelo legislativo, por exemplo, foi quase o mesmo da Constituição de 1946, que já vinha fracassando.

Em que momento o Centrão percebeu que seria difícil mudar o texto aprovado na Comissão de Sistematização?

IP — No momento em que ia dar parlamentarismo, desapropriação de terras produtivas, mecanismos de controle da imprensa e contra o monopólio. Tudo isso o Centrão percebeu, fez uma mobilização, paralisou a Constituinte e mostrou que tinha maioria. Eu estava do outro lado, mas hoje reconheço que o Centrão tinha razão. Foi melhor pagar esse preço do que fazer uma Constituição do conflito, que é o que nós íamos fazer.

JORGE BORNHAUSEN

Senador pelo PFL de Santa Catarina e ministro da Educação
(de fevereiro 1986 a outubro de 1987)

"A Constituinte foi aviltada pela discussão do mandato do Sarney."

O senhor estreou na Constituinte como ministro da Educação do presidente Sarney — prestando um depoimento na Comissão de Educação. Depois, na fase de maior impasse da Constituinte, saiu do ministério, por divergências com o governo Sarney, e entrou na Constituinte.

Jorge Bornhausen — Eu fui constituinte na etapa de votação do segundo turno na Comissão de Sistematização, onde tive oportunidade de uma participação maior. Foram momentos de certa tensão e euforia exagerada, até chegar ao texto final.

A imprensa publicou, em setembro de 1987: "Sarney cobra da Constituinte favores prestados. Caça ao voto mobiliza 7 ministros."[1] O senhor era um deles.

JB — Eu saí do governo para que ele pudesse mudar o ministério e fazer com que, na Constituinte, as coisas acontecessem de forma adequada. Eu não era defensor de seis, nem de cinco, nem de quatro anos de mandato. Eu acabei votando quatro anos.

O senhor votou por quatro anos?

JB — Eu votei quatro. Na verdade, ele tinha seis e defendeu cinco. Eu, o senador Marco Maciel e o senador Guilherme Palmeira, que tínhamos sido a liderança inicial da Frente Liberal, chegamos à conclusão que o presidente precisava tomar uma série de atitudes. Porque o governo ia bem, sob o ponto de vista democrático, mas ia mal na gestão da economia. Nós três fomos ao presidente Sarney — como era da nossa obrigação de amigos e responsáveis maiores na sua indicação para vice do Tancredo — e levamos um documento com sugestões. Se ele viesse a adotar, nós iríamos apoiar o desejo dele, de cinco anos. Ele afirmou que sim, mas na prática não houve nenhum gesto naquele sentido. E aí nós três votamos por quatro anos.

A Constituinte teve dois períodos. O primeiro, enquanto o senhor era ministro, durou quase um ano, de fevereiro a novembro, e era aquela coisa democrática das comissões e subcomissões...

JB — O que eu acho que foi um erro. Nós deveríamos ter partido do projeto da Comissão dos Notáveis.

Por que o presidente Sarney — que criou a comissão — não encaminhou o projeto para os constituintes?

JB — Ele ficou dominado pela maioria formada pelo PMDB. E o dr. Ulysses certamente não quis tomar o rumo do projeto da comissão.

Que era parlamentarista.

JB — É. Mas o importante é que tinha um documento básico, que podia ter orientado melhor. Foi muito difícil fazer do jeito que foi feito. E por isso mesmo nós tivemos grandes exageros: colocamos a CLT dentro da Constituição, consideramos o Estado todo-poderoso, capaz de resolver a saúde e a educação de todos os brasileiros. Houve certo utopismo. A Constituinte se deu em um período anterior à queda do muro de Berlim. Isso tudo de certa forma atrapalhou. Havia um grande desejo de liberdades e ao mesmo tempo um entendimento que o Estado era capaz de tudo.

A segunda etapa começou com a revolta do Centrão para mudar o regimento...

JB — O movimento do Centrão conteve alguns exageros. Mas pode-se ver, pela quantidade de reformas constitucionais que já foram feitas, que nós estávamos um pouco longe da realidade. Eu mesmo sou autor, com grande alegria, de uma emenda constitucional[2] que conseguiu retirar da Constituinte o monopólio dos radioisótopos para fins medicinais,[3] o que permitiu que nós pudéssemos ter os PET-Scans que estão aí, nos hospitais. O PET-Scan é um instrumento que salva muitas vidas.

Como foi a sua relação com a Constituinte nos tempos de ministro da Educação?

JB — Eu dei depoimentos sobre o que ocorria nessa área e defendi que a educação tivesse um percentual estabelecido no orçamento — o que ainda é necessário no Brasil, porque se não for obrigatória acaba não ocorrendo, infelizmente. Mostrei também que nós estávamos com a pirâmide invertida: o gasto no ensino superior era muito maior do que no ensino fundamental. E depois eu entrei com uma emenda garantindo a gratuidade da universidade pública para os que não podiam pagar e tinham um efetivo aproveitamento curricular. Essa emenda foi rejeitada. Mas eu consegui negociar, nas disposições transitórias, um artigo que diz que a gratuidade é para quem tem a contribuição preponderante do poder público. Com isso, as nossas faculdades continuaram podendo cobrar as mensalidades como fazem até hoje. Nós temos uma série de universidades bem-sucedidas.

O senhor foi eleito em 1982. E uma das grandes polêmicas da Constituinte, eleita em 1986, foi sobre a legitimidade da participação dos senadores de 1982. Um deles, inclusive — Fábio Lucena,[4] que depois se suicidou —, renunciou ao mandato para concorrer de novo, em 1986, e foi um constituinte eleito. Como o senhor se posicionou em relação a essa participação?

JB — Os senadores eleitos em 1982, com mandato de oito aos, votaram pela abertura da Constituinte, ainda em 1985. Então estavam absolutamente legitimados para poder participar.

O senhor participou da engenharia política que criou o Centrão.

JB — Não, porque o Centrão foi feito na Câmara, não no Senado. Os líderes eram o [Ricardo] Fiúza, e o Robertão [Cardoso Alves], entre outros. Eu era sempre informado pelo deputado Luís Eduardo Magalhães, que ali começava a sua carreira política, e que passou a ter uma grande ligação comigo. O Centrão veio em boa hora, salvou muita coisa de mais errado que ia se fazer ali na Constituição.

E o papel do presidente Sarney, na criação desse Centrão?

JB — Não houve. Mas houve um momento em que o Sarney passou a se interessar apenas pela questão do mandato. Lamentavelmente, mas isso ocorreu. O presidente Sarney devia ter parado nos quatro anos, e sairia muito melhor. Eu me lembro que a dona Marly [Sarney] dizia para ele que era melhor quatro anos, e ela estava certa.

O presidente também brigou pelo sistema de governo.

JB — Pelo mandato de cinco anos, principalmente. Sobre sistema de governo, o senador Passarinho contou que no dia em que ia ser votado o Sarney chamou os líderes dos partidos governistas e disse que renunciaria se o parlamentarismo passasse. Isso teria tido influência na decisão do dr. Ulysses, que defendia então o parlamentarismo e comandou a ida para o presidencialismo.

Durante a Constituinte, o senhor bateu de frente, algumas vezes, com o líder de seu próprio partido, o PFL, José Lourenço. A imprensa da época registrou: "Líder ataca Bornhausen. 'Senador Jorge Bornhausen está querendo se promover nas minhas costas', comentou secamente o líder

do PFL na Câmara e na Constituinte, deputado Zé Lourenço referindo-se às acusações do senador catarinense de que Lourenço vem agindo irresponsavelmente ao assumir posições em plenário sem consultar a bancada do partido."[5] E por aí foi.

JB — O Zé Lourenço era um homem de rompantes. Ganhou a eleição para líder na Câmara do deputado José Thomaz Nonô, que era o candidato preferido pela direção partidária. Era um homem que tinha seus méritos, evidentemente, mas que não fazia o que o partido pensava. Daí surgiu esse tipo de divergência.

Como era o seu dia a dia durante a Constituinte? Mudou-se para Brasília de mala e cuia?

JB — Não, mas eu chegava toda segunda-feira, porque aprendi uma lição com o senador Marco Maciel. "Quem chega segunda-feira faz a agenda, quem chega terça é agendado." Na segunda-feira, nós normalmente jantávamos juntos, o Marco Maciel, o Luís Eduardo e eu, e aí fazíamos a pauta da semana. Ou na minha casa, muitas vezes, ou em restaurantes, principalmente no Piantella. Nós três estávamos sempre juntos e afinados nas posições partidárias.

O fato de Luís Eduardo ser filho do Antônio Carlos Magalhães, ministro das Comunicações, pesava na balança de alguma maneira?

JB — Pesava sim, porque ele tinha uma representação forte no partido. A maior bancada do PFL foi sempre a da Bahia. A voz dele [ACM] sempre tinha força, mas o Luís Eduardo tinha capacidade de filtrar as ideias do Antônio Carlos, que era uma usina de ideias.

Filtrar, no caso, significa diminuir as arestas?

JB — Não, porque Antônio Carlos era um vulcão sempre em ebulição. Um homem inteligente, mas radical em suas posições. O Luís Eduardo não, ele era inteligente e sabia ser conciliador. Enquanto ele foi vivo, a participação dele no partido foi fundamental. O partido era muito forte em função dessa integração que existia entre Câmara, Senado, bancadas. Isso se perdeu muito com a morte do Luís Eduardo.

Como era a convivência com o senador Mário Covas, líder do PMDB na Constituinte?

JB — Não, o senador Mário Covas era um homem muito interessante, que tinha espírito público. Mas ao mesmo tempo era tomado por emoções e às vezes reagia de forma forte. A questão do juros de 12%, por exemplo, foi uma reação dele a uma votação na véspera a respeito da questão de terras.

Da reforma agrária?

JB — É. Como ele tinha sido derrotado, deixou progredir a proposta do Gasparian, que não tinha eira nem beira, de colocar limite de juros na Constituição.

Foi retaliação do Covas, então, muito mais que uma costura do [Fernando] Gasparian?

JB — Foi ressaca do Covas. O Gasparian perdeu na subcomissão, perdeu na comissão, porque o Serra não deixou entrar, e perdeu na Comissão de Sistematização, mas essa proposta apareceu na votação de Plenário.

O senhor lembra bem?

JB — Isso foi no dia seguinte da votação da desapropriação de terras. A proposta que ganhou tinha tomado certo equilíbrio, deixado de ser radical, o que desagradou o senador Mário Covas. Aí ele largou de mão e deixou passar os juros de 12%.

Quais foram os momentos inesquecíveis que o senhor viveu ali?

JB — Eu não vivi momentos inesquecíveis na Constituinte. Ela ficou muito longe dos meus sonhos. Foi muito aviltada pela disputa dos quatro ou cinco anos de mandato, que era o menos importante.

Aviltada não é forte demais?

JB — Aviltada. Essa discussão desvirtuou muito a Constituinte, porque ficou focado na discussão secundária, tomou conta da mídia, tomou conta do Plenário, e passou a ser a grande sensação, enquanto outras coisas muito mais importantes estavam sendo votadas sem a sociedade acompanhar.

E aí não tem como diminuir a responsabilidade do presidente Sarney?

JB — Não.

E o dr. Ulysses — não lhe parecia muito autoritário no comando da Constituinte?

JB — A Constituinte só chegou ao final porque ele foi um presidente enérgico. Certa ou errada, chegou ao final.

Uma das últimas polêmicas foram as modificações feitas pela Comissão de Redação.

JB — É um fato passado e a discussão é apenas de natureza histórica.

O senhor teve conhecimento de que modificações tinham sido feitas antes da última votação?

JB — Não.

Alguém teve?

JB — Não sei. Eu não tive.

É uma boa Constituição?

JB — Sob o ponto de vista dos direitos individuais, evidentemente que ela é boa. É falha na parte econômica, tanto que vem sendo modificada. É falha no engessamento da legislação trabalhista. Perdeu-se muito no detalhismo e algumas heranças graves permaneceram com o pacto federativo, que precisa ser compatibilizado com a questão dos recursos e com a distribuição desses recursos.

JORGE HAGE
Deputado pelo PMDB da Bahia

"O Centrão foi patrocinado pelo governo Sarney."

Foi bom ou ruim a Constituinte começar do zero?

Jorge Hage — Fui a favor do trabalho inteiramente livre e aberto, como foi, partindo da consulta à sociedade. Foi um período inusitado e singular. O grau de abertura do parlamento para receber os influxos da sociedade não tem paralelo em nenhum outro período da nossa história, não sei se teria no mundo.

Como é que era esse movimento?

JH — Eu me recordo do entra e sai de grupos de todos os tipos: de índio a ruralista, de professor até trabalhador braçal. Teve de tudo, em todas as áreas: Ministério Público, juízes, sanitaristas. A sociedade organizada realmente marcou presença.

Isso no primeiro tempo do jogo. E depois?

JH — No segundo tempo o jogo mudou completamente: o Centrão deu a volta por cima e o retrocesso foi muito grande. Teria sido melhor se tivéssemos conseguido manter o projeto da Comissão de Sistematização.

Por que o Centrão foi criado?

JH — Os setores conservadores se deram conta de que tinham sido driblados pelos segmentos mais progressistas.

Como de fato aconteceu?

JH — Depende do que a gente chama de drible. Esse era o argumento dos segmentos conservadores: que havia uma maioria artificial, que aquilo não correspondia realmente à maioria do Congresso.

O senhor concorda com isso, hoje?

JH — Não necessariamente, porque eu não tenho uma análise matemática, nem de memória, nem me detive numa pesquisa para fazer essa análise aritmética das coisas. O que eu tenho, como clara sensação, é que o projeto da Sistematização refletiria muito mais os anseios da sociedade brasileira.

O senhor tinha posições bem à esquerda naquele momento. Fez a emenda pelos quatro anos de mandato e bateu forte no presidente Sarney, dizendo que ele deveria sair imediatamente após a Constituinte ser promulgada.

JH — Não me indisponha com o presidente Sarney [risos]. Hoje [abril de 2014] eu sou um defensor da ampliação do mandato presidencial. Defendo seis ou cinco anos, sem reeleição.

E na Constituinte?

JH — O que estava em jogo, ali, não era a dimensão de um mandato normal. Era o encerramento de um período histórico, de uma transição. Por isso eu defendia tão ardorosamente os quatro anos. Eu entendia que a tarefa daquele governo se encerrava ali, com a Constituição, fosse quem fosse o presidente.

Qual foi a participação que o presidente Sarney teve na articulação do Centrão?

JH — O Centrão tinha todo o suporte do governo Sarney. De fato, era patrocinado pelo governo, sem dúvida alguma. Eu tive inclusive uma relação muito boa, muito próxima, com o deputado Carlos Sant'Anna, da Bahia, como eu...

Que era o líder do governo na Constituinte.

JH — Conversávamos muito bem. Mas em nenhum momento deixei de dizer o que eu pensava, inclusive a ele: que o governo estava patrocinando toda aquela virada do jogo sem quaisquer limites ou preocupações éticas. Mas o fato é que eles tinham força, na Constituinte, e tinham o respaldo do Poder Executivo. Essas duas coisas somadas são irresistíveis.

O senhor integrou a Subcomissão do Poder Legislativo.[1] O presidente era o Bocaiúva Cunha (PDT-RJ) e o relator, José Jorge (PFL-PE). Muita confusão?

JH — A subcomissão me fazia sentir um pouco limitado. Eu não queria ficar sujeito a discutir só Poder Legislativo. Queria discutir a reforma agrária, educação e depois sair me metendo em outras coisas — que na prática foi o que eu fiz. Minha participação está mais na reforma agrária e nos direitos sociais do que no Poder Legislativo.

É uma boa Constituição?

JH — É uma boa Constituição. Mas não avançou o que devia no sistema político eleitoral. Manteve praticamente tudo. É a grande frustração da Constituição. Deixou completamente em aberto o financiamento de campanhas[2] — porteira aberta para a corrupção. Eu defendo o financiamento público exclusivo, ou combinado com o financiamento privado, de pessoa física, com um teto bastante limitado por cabeça, mil, 2 mil reais.

Por que a Constituinte não avançou nisso?

JH — Pela dificuldade de obter consensos nessa área, o que extrapola a clivagem direita/esquerda.

E o capítulo do Poder Judiciário?

JH — Avançou-se, sim. A criação do Superior Tribunal de Justiça, para poder desafogar o Supremo, foi um grande avanço. Mas acontece que apostou-se demasiado no STJ, como se isso fosse resolver o problema do Judiciário. A experiência está mostrando que está muito longe disso. O STJ é uma instância inteiramente atolada e congestionada por recursos, tanto quanto o Supremo. O único mérito do sistema recursal que resultou da Constituição, em termos das instâncias superiores, foi desmembrar o recurso especial extraordinário. O recurso, portanto, ao STJ, e o recurso ao Supremo. Mas, ao manter os dois, de certo modo até agravou o problema da eternização dos processos. E não mexeu nas outras etapas processuais.

Por quê?

JH — Nós estávamos tão preocupados com a transição da ditadura para a democracia que colocamos toda a prioridade nas garantias do cidadão frente ao Estado. É natural e compreensível que toda a preocupação se concentrasse nas garantias — e daí para o excesso de garantismo foi um passo. Hoje o sistema judicial brasileiro sofre de excesso de garantismo. Ou seja, as garantias do devido processo legal, do contraditório e da ampla defesa, se transformaram na amplíssima e interminável defesa, que faz com que os processos no Brasil não cheguem a um fim.

Em que pontos a Constituição contribui, concretamente, para o combate à corrupção?

JH — A Constituição colaborou para o combate à corrupção, sem nenhuma dúvida, com o fortalecimento do Ministério Público, a institucionalização do sistema de controle interno, a saudável garantia da liberdade ampla de imprensa, a garantia do amplo acesso à informação, tornando o sigilo a exceção. Pena que algumas dessas coisas demoraram muito pra produzir efeitos. No Ministério Público, por exemplo, apesar de todas as garantias, não gozou de efetiva autonomia até 2003, que foi quando o presidente Lula inaugurou o sistema de acolher o procurador-geral da República eleito pelos seus pares.

O direito de acesso à informação demorou muito mais.

JH — Demorou até 2011 para vir a Lei de Acesso à Informação.[3] O conceito de transparência pública também demorou a acontecer — como os portais de transparência e outros do gênero, que só vieram a partir de 2004. Mas tudo isso veio da Constituição. E não é pouco.

LUIZ ALFREDO SALOMÃO

Deputado pelo PDT do Rio de Janeiro

"O Sarney conseguiu cinco anos de mandato subornando deputados."

O senhor foi eleito deputado estadual, em 1982, pelo PDT do Rio, mas logo virou secretário de Obras e Meio Ambiente do governador Leonel Brizola (1983-1987).

Luiz Alfredo Salomão — Ou seja: a minha experiência parlamentar era quase nenhuma, e foi assim que eu cheguei na Constituinte. Me dediquei a estudar o regimento, o funcionamento, para não ficar na estratosfera.

Quais foram as suas primeiras observações?

LAS — O peso extraordinário do PMDB, principalmente do PMDB de São Paulo, que teve um papel muito maior do que qualquer outra bancada na elaboração da Constituinte. A começar do presidente, Ulysses Guimarães, uma figura respeitada e querida, por muitos.

Inclusive pelo senhor?

LAS — Eu nunca fui íntimo do Ulysses. Nossas personalidades não cruzaram muito. Eu não tinha nada contra, nem nada a favor. Mas reconhecia a autoridade política dele.

E as outras lideranças do PMDB de São Paulo?

LAS — O Fernando Henrique foi o relator do regimento. Eu já o conhecia e admirava da militância política, mas logo percebi que não era de meter a mão na massa. Já tinha aquele Eduardo Jorge [Caldas Pereira, qualificado assessor do Senado, cedido para o gabinete de Fernando Henrique] para fazer as coisas, e ele só chancelava. O fato é que o PMDB de São Paulo tomou as rédeas do processo nesse começo.

Não esqueça do senador Mário Covas...

LAS — O Covas, líder da bancada do PMDB, muito querido de toda a esquerda, ficava dividido por ter no partido uma ala muito pesada da direita.

O senhor gostava dele?

LAS — Muito. Outro, da bancada paulista, que foi o meu guru, por quem eu tinha grande admiração e carinho, foi o [senador] Severo Gomes. É pouco lembrado, mas foi o sujeito mais intelectualmente sofisticado daquela Constituinte.

Mais que o Fernando Henrique?

LAS — Mais. O Fernando era sociólogo, o príncipe das Ciências Sociais, como era chamado. Mas o Severo era muito mais experiente, tinha um lado empresário, tinha sido ministro [durante a ditadura: da Agricultura, no governo Castelo Branco; da Indústria e do Comércio, no governo Geisel]. Eu o conheci ministro do Geisel, quando era assessor econômico do [Mário Henrique] Simonsen [ministro da Fazenda de Geisel].

O Severo Gomes foi o relator da Comissão da Ordem Econômica,[1] presidida pelo José Lins (PFL-CE), da qual o senhor participou, como membro titular.

LAS — O Severo teve um papel muito importante na estruturação do capítulo da ordem econômica.[2]

Tem muita diferença entre aquilo que vocês decidiram nessa primeira fase das comissões temáticas e o resultado final?[3]

LAS — O essencial foi preservado, mas algumas coisas fundamentais caíram. A que eu me lembro com mais relevância foi a questão da função social da propriedade.

Uma guerra...

LAS — Onde o Covas fraquejou. Não é que eu o esteja culpando, mas ele ficou ali entre a cruz e a caldeirinha, preferindo conciliar com o Centrão.

Como o senhor definiria essa Comissão da Ordem Econômica?

LAS — Como um ofidiário [risos]. Lá estavam Roberto Campos, Delfim Netto, Alysson Paulinelli, outro que tinha sido ministro do Geisel, Afif Domingos. Na esquerda tinha o Vladimir Palmeira — um disciplinado soldado do PT, muito focado no projeto de Constituinte que o PT apresentou, feito pelo jurista Fábio Konder Comparato. O Vladimir não era de briga. Quem duelava com essa direita era então este jovem mancebo e uma deputada corajosa e atirada chamada Raquel Cândido.

A comissão da Ordem Econômica tinha muita gente que depois formaria o Centrão...

LAS — O que vai aglomerar e aglutinar essa gente, lá na frente, é justo essa questão do direito de propriedade. Eles se sentiram ameaçados com a redação que saiu da subcomissão [de Política Agrícola e Fundiária e da Reforma Agrária][4] e, depois, da própria comissão [da Ordem Econômica]. As batalhas continuaram na Comissão de Sistematização. Quando houve a coesão, eles formaram um bloco inexpugnável. Não tinha conversa, era sim ou não, amigo ou inimigo.

Por que a esquerda achou que dava para radicalizar, digamos assim, se estava muito longe de ter maioria?

LAS — Algumas pessoas, eu entre elas, tinham a ilusão de conseguir o apoio da burguesia industrial, especialmente a paulista. Não para uma reforma agrária radical, mas para uma reforma agrária de fato, que botasse gente excluída dentro do mercado. Acabou que ela se aliou com o capital rural. Acharam que o direito de propriedade, *lato sensu*, estava ameaçado.

Qual o papel do presidente Sarney na Constituinte?

LAS — O Sarney conseguiu os cinco anos de mandato subornando deputados com canais de rádio e televisão ou com outros favores do governo.

Exemplos?

LAS — Vou citar dois caras, que eram meus amigos. Um é o deputado Mauro Campos (PMDB-MG), que tinha sido do Partido Comunista do Brasil, e naquele tempo era armador. Eu cheguei nele: "Vamos negar os cinco anos do Sarney." "Eu não posso." "Porra, Mauro, você está de brincadeira." "Não, eu estou me despedaçando por dentro, mas eu não posso, eu tenho um financiamento..." O lado empresarial o fez votar pelos cinco anos.

E o outro caso?

LAS — O outro era o Feres Nader, do PDT do Rio, que ganhou uma concessão de TV em Barra Funda. É irmão do José Nader, que na mesma época foi deputado estadual, presidente da Assembleia, objeto de muitos escândalos na imprensa do Rio.

O Feres era do seu partido, que, aliás, era o partido do ex-governador Brizola. O senhor não falou com ele?

LAS — Claro. Ele disse: "Eu não posso. Ele vai me dar uma concessão de televisão. Porra, Salomão..."

Assim?

LAS — Assim. Esse cara era de uma sinceridade total. Quando eu disputei com o Cesar Maia, na bancada do PDT, a indicação para a comissão de Ordem Econômica, e ganhei, ele me apoiou sem maiores explicações. "Não precisa me explicar nada, você é meu querido amigo e voto em você." Fim de papo.

Foi bom que o Bernardo Cabral tenha sido o relator da Comissão de Sistematização ou o senhor preferia o Fernando Henrique, que relatou o regimento?

LAS — O Fernando foi um relator horrível do regimento. E ali se desqualificou para ser o relator geral.

Por quê?

LAS — Ele não tinha apetite para aquilo e não era o estilo dele. O relator tem que ter um ouvido de elefante. E nisso o Bernardo Cabral é um craque, na paciência, no sorriso permanente e indefectível, na gentileza, na camaradagem. Além de não procurar impor os seus pontos de vista. O Bernardo era capaz de agradar a todo mundo. Esse era o seu grande dom.

Isso é um elogio ou uma crítica?

LAS — Para um relator é um elogio. Um relator não está ali para impor a sua vontade. Ele tem que ouvir as partes e procurar fazer uma síntese que agrade a maioria, para que o seu projeto seja aprovado.

MARCELO CORDEIRO

Deputado pelo PMDB da Bahia e primeiro-secretário da mesa (responsável pela comunicação)

"Não divulguei a fraude para não prejudicar a Constituinte."

O senhor ficou conhecido como o Roberto Marinho da Constituinte, porque comandava toda a estrutura de comunicação: televisão, rádio, jornal...

Marcelo Cordeiro — É. O pessoal brincava. Conseguimos montar uma estrutura eficiente, democrática, e fundamental na divulgação do processo.

O senhor contou, há pouco, que teve na mão a imagem gravada, pela TV da Câmara, de dois deputados constituintes cometendo fraude em uma votação — um crime de decoro parlamentar —, e que, por decisão sua, confirmada pelo dr. Ulysses, isso não foi divulgado. Confere?

MC — É isso mesmo. Para preservar a instituição. Porque aí colocava em xeque todas as votações. Quem me garante que não aconteceu em outras?

Quantas vezes o senhor censurou cenas assim?

MC — Essas duas vezes.

Mas pelo menos chamaram os parlamentares para mostrar os flagrantes?

MC — Chamamos, para mostrar a gravidade. Era o mínimo que poderíamos fazer.

Com o dr. Ulysses presente?

MC — Não. Nesse momento era só eu.

E qual era a cena?

MC — Muito constrangedora. O cara ficava muito naquela de agradecer, achando que estava sendo um benefício para ele. O meu papel era mostrar que não era benefício nenhum, e que nós estávamos desapontados. Era um benefício para a Assembleia Constituinte, que nós estávamos preservando.

Como é que o senhor falava?

MC — "Colega, estou lhe chamando aqui porque realmente você votou para fulano de tal, está comprovado. Vou ligar aqui agora a televisão, você está vendo aí? Não há dúvida."

Dedo na cara?

MC — Dedo na cara. "Nós não vamos divulgar porque temos uma responsabilidade com a nação."

Qual seria a atitude correta?

MC — Abrir um processo na Comissão de Ética e o cara ia se lascar lá. Só que, de fato, ia acontecer uma suspensão nas votações da Constituinte.

Quem participou dessa decisão, além do senhor e do dr. Ulysses?

MC — Eu só falei com o dr. Ulysses, sem testemunha. Ele concordou com a minha posição de não divulgar, porque ia ser merda no ventilador. No frigir dos ovos, essa decisão não comprometeu a Constituinte, não comprometeu o resultado.

Até hoje o senhor acha que foi uma decisão correta?

MC — Não tenho arrependimento nenhum disso. Hoje eu não faria, hoje você tem que cumprir as normas. Naquelas circunstâncias, foi correto. Não faltava gente para desmoralizar a Constituinte.

Em que momento o senhor decidiu não divulgar?

MC — Na mesma noite em que assisti à gravação. "Não vou botar essa porra no ar." As câmeras não estavam ali para isso, colheram aquela prova sem querer. Era mais importante a nação concluir a sua Constituinte do que punir os transgressores.

E o que aconteceu com as fitas?

MC — Esses momentos foram apagados, não existem mais. Eu apaguei.

Quem foram esses dois fraudadores?

MC — Isso eu não vou dizer, porque não posso provar.

Claro. Se o senhor apagou as fitas, como é que vai provar?

MC — Mas eles sabem.

De que partido eles eram?

MC — Não vou dizer, pelo mesmo motivo.

Como é que o senhor dividia o espaço das mídias disponíveis — TV, rádio, jornais — entre os constituintes e os diversos lobbies que faziam pressão?

MC — Eu tratava muito com todos os lobistas, desde o segmento operário, camponês, ao segmento dos banqueiros. Todo mundo falou. É só rever o material disponível.

Os vídeos, parte à disposição,[1] demonstram que sim. Tem até reportagens acompanhando os parlamentares em incursões pelo Brasil. Uma delas, que emociona, é a chegada do deputado Ivo Lech, que usava cadeira de rodas, e da deputada Benedita da Silva a uma aldeia de índios gorotire, no sul do Pará. Os índios colocaram um cocar na cabeça do Ivo.

MC — A ideia era fazer a melhor cobertura possível de tudo o que estava acontecendo — que não era pouco. Eu também escrevia aqueles pequenos editoriais que saíam no *Jornal da Constituinte*.[2,3] Em quase todas as edições tinha um.

Uma vez o senhor saiu aos murros com o Robertão, como era mais conhecido o deputado Roberto Cardoso Alves. Em uma matéria ótima sobre quem saiu no braço durante a Constituinte,[4] *O Globo* contou a sua assim: "Outros brigões usam o Salão Verde para as suas contendas. Foi neste local que aconteceu, ainda na fase da Comissão de Sistematização, uma luta de outra modalidade: o boxe tailandês. Ofendido pelo 'peso-pesado' Roberto Cardoso Alves (PMDB-SP), o 'meio-médio-ligeiro' Marcelo Cordeiro (PMDB-BA) não se intimidou e revidou com um violento pontapé na canela do adversário. Robertão jogou a toalha e desistiu imediatamente." Como é que foi?

MC [risos] — Eu fiquei ali com a preocupação de que aquilo pudesse respingar na Assembleia. Mas não aconteceu nada de mais.

O Robertão perdeu...

MC — É porque eu fui o primeiro a bater, de surpresa. Tirei os óculos, botei no bolso, e sentei a zorra nele, que não estava preparado. Eu não sei nem onde é que a mão bateu. O que mais me chamou atenção foi que ele caiu, porque eu dei uma rasteira. Então esse foi o golpe que mais chamou atenção. Mas não creio que eu ganhasse aquela luta, se tivesse continuado, porque ele era muito mais forte do que eu [risos].

MICHEL TEMER

Deputado pelo PMDB de São Paulo

"A Constituição tem princípios do liberalismo e do socialismo."

Como o senhor foi recebido na Constituinte?

Michel Temer — Quando eu cheguei lá, sabiam que eu era da área de direito constitucional. Então fui muito convocado para as grandes discussões e tive uma participação muito intensa, uma atuação muito concreta.

O senhor integrou a Subcomissão do Poder Judiciário e Ministério Público — uma das três da Comissão da Organização dos Poderes e Sistema de Governo. O presidente foi José Costa, do PMDB de Alagoas, e o relator foi o Plínio de Arruda Sampaio, do PT de São Paulo.

MT — Exatamente. Eu trabalhei muito nessa subcomissão — e também na Comissão de Sistematização [como suplente] e na Comissão de Redação. Muitas vezes eu era chamado: "Temer, você concorda com essa tese?" "Concordo." "Então você vai defender isso aqui." As pessoas confiavam muito na capacidade de sustentação que eu tinha em relação a certos temas de direito constitucional.

Dia desses o ex-governador José Serra, também constituinte, foi fazer uma palestra no Instituto Brasiliense de Direito Público, que pertence ao ministro Gilmar Mendes, do STF. Lá pelas tantas — o senhor pode assistir no YouTube[1] — ele disse que o senhor participou do chamado Centrão, que ele

próprio situou "como sendo a direita da Constituinte". Disse o Serra [em 32:55]: "Do Centrão faziam parte o líder do PTB, Gastone Righi, e o Michel Temer, que na verdade era um deputado suplente. Assumiu porque alguém foi para a secretaria do Quércia, mas estava lá, alinhado com o Centrão."

MT — Eu não vi isso, não. Ele até se posiciona como meu amigo... Mas eu conheço bem o Serra, ele tem um jeito todo especial.

Um jeito Serra de ser...

MT [risos] — Eu nunca fui do Centrão. Assinei o requerimento em que o Centrão pedia para mudar as regras do jogo porque era o único caminho plausível para a Constituinte avançar. Os que constituíram o Centrão achavam que não tinham voz ativa na Constituinte — e de fato acontecia isso.

Então o senhor estava com o Centrão no aspecto formal...

MT — A mudança que o Centrão propôs, e que venceu, ampliou e amplificou o debate constituinte — até ali muito restrito ao poder da Comissão de Sistematização.

O senhor também foi membro titular da Comissão de Redação — que deu o arremate na Constituição — e propôs uma modificação importante. Como foi essa história?

MT — Havia um artigo que dizia: "São poderes do Estado o Legislativo, o Executivo e o Judiciário." Eu propus que se colocasse de outra maneira: "São poderes do Estado — independentes e harmônicos entre si — o Executivo, o Legislativo e o Judiciário." Foi aprovado, e foi assim que ficou.

Por que esse adendo não entrou na primeira versão?

MT — Porque a ideia prevalecente era que nós teríamos uma Constituição parlamentarista. E no parlamentarismo a independência entre os poderes não é tão enaltecida. Como fomos para regime presidencialista, não se fez o ajuste necessário. Só na Comissão de Redação.

É sabido que a Comissão de Redação alterou algumas coisas sem o conhecimento prévio da maioria dos constituintes.

MT — É. Fala-se.

Depois houve uma votação final, bem às pressas, que aprovou tudo...

MT — Eu acho que arrematou tudo, convalidou tudo.

Que Constituição saiu dali — na sua avaliação?

MT — A Constituição tem princípios do liberalismo e princípios do socialismo, e foi isso que ajudou a manter uma estabilidade institucional, como nós nunca tivemos. Como houve um amálgama dessas duas democracias, a liberal e a social, se pôde avançar para o que eu chamo de democracia da eficiência. É assim que eu vejo os movimentos que foram para a rua em junho de 2013. São massas que de repente começaram a perceber que podem ter participação na vida do Estado — e passam a exigir mais eficiência. É fruto desse ciclo histórico montado precisamente pelos dizeres da Constituição de 1988.

Como o senhor avalia o papel do presidente José Sarney durante a Constituinte?

MT — A ponderação e o equilíbrio do Sarney permitiram o trânsito da Constituinte.

Sem contar que ele jogou duro pelo presidencialismo e pelos cinco anos de mandato, não?

MT — Na verdade ele tinha seis.

Sim. Mas abriu mão de um, propondo cinco, quando uma boa parte dos constituintes queria quatro anos.

MT — O presidente trabalhou pelos cinco anos, mas dentro das regras do jogo. O equilíbrio que ele manteve foi benéfico para o país.

Tinha algum clima para dar um golpe e fechar a Constituinte — como algumas vezes foi aventado?

MT — Não tinha, porque a euforia democrática era muito forte. O que houve é que o Sarney trabalhou pelos cinco anos — o que era mais do que lógico, porque ele tinha direito a seis e já abrira mão de um. Essa postura do Sarney colaborou muito para que a Constituição, o novo Estado, viessem à luz. O Ulysses Guimarães [presidente da Constituinte] também, com a liderança que teve.

O senhor esteve pessoalmente com o presidente Sarney durante a Constituinte?

MT — Uma vez pedi uma audiência. Ele me recebeu muito simpaticamente e me disse "O Montoro fala muito de você" [risos].

E era para tratar de quê?

MT — Uma visita de cortesia. É claro que hoje eu me sinto mais à vontade com os presidentes, mas naquela época era uma coisa um pouco cerimoniosa. E ele me tratou com muita delicadeza, eu fiquei ali coisa de 25 minutos, e não me pediu absolutamente nada.

No caso dos cinco anos nem precisava pedir — já que era essa a sua posição.

MT — Desde logo eu fui pelos cinco anos — que considerei direito adquirido, já que ele tinha direito a seis.

É verdade que o senhor estava presente na noite dramática em que o Tancredo foi para o hospital — quando se decidiu que o Sarney assumiria a presidência?

MT — É verdade. Eu era secretário de Segurança (SP) e estava em Brasília acompanhando o Almir Pazzianotto, que ia tomar posse no Ministério do Trabalho. Fomos a um jantar, oferecido pelo ministro Murilo Macedo. Ali ficamos sabendo que o Tancredo estava sendo internado no Hospital de Base — e fomos para lá. No primeiro momento que eu entrei, o Montoro disse: "Olha, o Temer aqui é constitucionalista! Temer, quem é que tem que tomar posse?" Imagina que pergunta.

Pois é...

MT — Estavam lá o [general] Leônidas, o Marco Maciel, o Sarney, o Ulysses. O Leônidas dizendo: "Quem tem que tomar posse é o Sarney." Pego de surpresa, eu disse que precisava estudar a questão. Aí eu ouvi o Sarney dizer uma coisa que me marcou muito, talvez daí a minha simpatia pelo Sarney.

O que foi que ele disse?

MT — "Eu faço o que o Ulysses quiser." Me pareceu de uma sabedoria e de uma modéstia incríveis. O Ulysses naquele momento era uma figura exponencial.

Podia até ter sido presidente — até que o nosso constitucionalista, o general Leônidas, resolveu que seria o Sarney...

MT — [O Ulysses] Podia ter sido até presidente. Mas ele foi muito correto. Até porque, convenhamos, não se esperava que ia dar no que deu. Esperava-se que o Tancredo ia se recuperar e, portanto, assumir em seguida.

Voltando à Constituinte: existia um anteprojeto, feito pela Comissão Affonso Arinos, que foi descartado como ponto de partida, embora tenha sido muito usado...

MT — Eu acho que foi bom ter partido do zero. Nascidas como nasceram — nas comissões e subcomissões —, as propostas são mais reveladoras da própria sociedade. Está certo que demorou um pouco, mas teve a presença de toda a sociedade brasileira. Todos os setores estiveram lá, pressionando. Diferentemente da Convenção da Filadélfia [onde se fez a Constituição dos Estados Unidos], em que os constituintes trabalharam com portas e janelas fechadas, sem interferência nenhuma. E até fizeram uma boa Constituição, uma Constituição principiológica. A nossa é aquilo que o dr. Ulysses disse — a Constituição Cidadã, com a cara do povo.

O senhor fez uma proposta para o Supremo Tribunal Federal, que acabou não sendo aprovada. Qual era?

MT — Que tivesse nove membros, três indicados pelo Legislativo, três pelo Judiciário e três pelo Executivo. E com mandato de doze anos.

O senhor ainda acha que seria melhor se fosse assim?

MT — Eu não acho ruim, não. Porque você tem a representação dos órgãos do poder no poder que julga. E doze anos, convenhamos, é um período robusto.

À época, o Supremo fez um lobby muito eficiente contra essa e outras propostas semelhantes...

MT — Essa proposta ganhou o aplauso de alguns e o repúdio de outros, inclusive do Supremo, dos membros do Supremo de então. Então houve um bombardeio, e ao final não prosperou.

Que outras causas o senhor defendeu na Constituinte?

MT — O art. 133, por exemplo. "O advogado é indispensável à administração da Justiça, sendo inviolável no exercício da profissão por seus atos e manifestações, nos termos da lei." Eu propus, e foi aprovado.

Esse artigo tem muito pai, não?

MT — Mas o pai original sou eu, e aí eu não abro mão [risos].

Como surgiu?

MT — Em uma reunião com a Ordem dos Advogados de São Paulo, quando o presidente era o Antônio Claudio Mariz de Oliveira, meu amigo. Muito tempo depois, quando começou a haver invasões de escritórios de advocacia aqui em São Paulo, pela Polícia Federal, eles me procuraram para propor um projeto de lei que tornasse inviolável o local de trabalho do advogado. Então eu propus, e depois foi aprovado.

Foi difícil aprovar?

MT — Houve resistência. O acréscimo "nos termos da lei" foi inserido num acordo que nós fizemos com o Fernando Henrique Cardoso. Eu me lembro do Fernando Henrique dizendo: "Como é que vai deixar isso tão amplo assim? Acrescenta nos limites da lei, que fica mais fácil de aprovar." Botamos. Foi uma lei que nunca veio, aliás.

Dos artigos que têm a sua digital, esse é o que o senhor mais se empolga?

MT — Eu acho que é o mais expressivo. Mas houve outros em que eu trabalhei muito — como o dos procuradores do estado e o da Advocacia Geral da União, nesse caso com o Bonifácio de Andrada, que era constitucionalista, até hoje na Câmara dos Deputados. Também trabalhei muito na divisão de funções entre a Polícia Militar e a Polícia Civil, e no tema dos juizados especiais, entre outros temas.

O senhor sugeriu algum artigo do qual se arrependa — por ser corporativo demais, interesseiro demais, pragmático demais?

MT — Um, nas disposições transitórias, que estabeleceu que depois de cinco anos no serviço público o servidor ganhava estabilidade, naquela época. Foi uma proposta minha e de tantos outros.

Essa é feia.

MT — É feia. É por isso que eu me arrependo de ter entrado nessa história.

Por que o senhor entrou?

MT — A pressão era muito grande — e eu me deixei sensibilizar. Eu não faria isso de novo. Tanto que a regra pela qual também trabalhei era a do concurso público.

De que outras disposições o senhor não gosta?

MT — Da medida provisória. Eu sempre combati, na medida em que ela era pior que decreto-lei, porque no primeiro momento ela poderia versar sobre qualquer matéria. E o decreto-lei tinha limites. Ela entrou no bojo de um projeto parlamentarista, com o qual é compatível, mas acabou ficando quando prevaleceu o presidencialismo, como meio de fortalecer o Poder Executivo.

Os anais registram embates entre o senhor e o professor Affonso Arinos, o respeitado decano, que era o presidente da Comissão de Sistematização.

MT — Eu era ousado. Fiquei mais tímido agora que cresci [risos]. Eu era professor da PUC desde os 28 anos. Fui para a Constituinte com um orgulho extraordinário. Nós estávamos criando o novo Estado brasileiro.

Uma parte do PMDB — Fernando Henrique, Mário Covas, José Serra, Franco Montoro e muitos outros — rachou com o partido em plena Constituinte e criou o PSDB. Por que o senhor não foi junto, se era da turma do Montoro?

MT — Eu tinha muito apreço pelo Montoro. Quando surgiu o PSDB, ele me disse: "Temer, não sai do PMDB, não. No PSDB vai ter muito cacique. Se você ficar no PMDB, vai fazer uma carreira preciosa." Eu fiquei no PMDB. Acabei sendo três vezes presidente da Câmara, líder do PMDB, presidente do PMDB. O Montoro tinha uma visão fantástica.

O fantástico não é ele ter dito, é o senhor ter acreditado...

MT — Eu acreditei. Ele me apreciava muito, sabe? Porque quando secretário da Segurança eu era de uma ousadia extraordinária...

Qual é a sua explicação para esse racha que levou ao PSDB, em plena Constituinte?

MT — Aí era uma disputa local, do Quércia com o Montoro, que tomou dimensão nacional.

Quais foram os momentos mais interessantes da Constituinte?

MT — Um deles é a licença-paternidade, proposta pelo Alceni Guerra. Estava claro que a grande maioria ia votar contra. Mas aí o dr. Ulysses fez uma brincadeira: "A alegria do pai se faz nove meses antes." O Alceni foi à tribuna, se emocionou, disse que não aceitava aquilo, e acabou virando o jogo. Todo mundo que ia votar contra votou a favor [risos].

RAQUEL CÂNDIDO
Deputada pelo PFL de Rondônia

"A Constituinte foi uma história de amor, de ódio e de esperança."

Quais foram as histórias boas, engraçadas, curiosas, secretas, que a senhora viveu na Constituinte?

Raquel Cândido — Tem um negócio bacana: um dia foi marcado um jantar na casa da Roseana Sarney. A Roseana tinha a mansão, tinha o glamour. Ela me convidou para me convencer a votar nos cinco anos de mandato para o pai dela. O trabalho dela foi esse.

Foi um bom trabalho, não?

RC — Foi brilhante. Dela e daquele ministro [do Planejamento no governo José Sarney, 1987-1988] que dava leite,[1] o Aníbal Teixeira. Que abria tudo pra mim, queria me dar leite, queria me dar casa, carro, tudo. Eu disse "Eu não quero, eu quero eleição".

Sem contar o Antônio Carlos Magalhães, com as rádios e televisões.

RC — Me ofereceram muito, muito. O derramamento de concessões era uma forma de angariar votos pelos cinco anos. Foi a única coisa [pela qual] o Sarney brigou, diga-se com justiça.

Cinco anos e presidencialismo.

RC — O presidencialismo nem foi tão forte quanto os cinco anos. O presidencialismo foi meio consensual. Houve uma unanimidade com o Brizola, com o PT, com todo mundo. Mas os cinco anos ele comprou. Eu tenho o maior respeito pela postura dele, porque na Constituinte, no geral, ele teve uma postura de um estadista. Mas quando chegaram os cinco anos, valeu tudo. Fizeram o diabo para ganhar cinco anos.

Como era a bancada feminina?

RC — Eu era uma garota. Fui uma aprendiz da Sandra [Cavalcanti] e da Cristina Tavares. Elas me ensinaram como trafegar na Constituinte, como aprovar coisas, como me mexer. A Sandra tinha a escola do Lacerda. A Cristina tinha a escola do Sartre. Eu era um touro de ideias, faminta de mudanças. Então elas me utilizavam, pela coragem, pela ousadia. O Affonso Arinos me pegava no colo, dizia: "Devemos tudo a você, uma coragem que com essa idade eu já não tenho mais..."

A senhora era brava mesmo. Algum deputado a paquerou ou assediou?

RC — Teve um que eu disse pra ele: "Tira a mão de mim que eu não sou maçaneta." Foi o Luiz Eduardo [Magalhães], o Dudu. "Esse negócio de você vim aqui falar comigo me alisando, não dá. Eu sou tão constituinte quanto você. Você é supercheiroso, bonito, mas não me alisa!"

É verdade que uma cafetina circulava pela Constituinte, oferecendo garotas de programa?

RC — É verdade. Ficava por ali, recolhendo assinatura para os projetos de lei. Até me chamou para ir numa festa. Quase eu dei um pau nela. Essa mulher tem muita história.

Como é que funcionava?

RC — Eram festas no Lago Sul. Não sei a quadra, porque nunca fui. Essa que ainda hoje está lá me dizia: "Você é muito linda, um broto, não sei o quê."

Qual era o lobby mais ostensivo, entre os muitos que atuavam ali?

RC — O dos banqueiros, e o da mineração. Um negócio seriíssimo, por onde eu mais transitei.

Teve deputado que levou dinheiro para votar em algum lobby?

RC — Nunca soube. A Constituinte era um caldeirão, um fervor de ideias, de paixão, e de lados — que ficaram bem claros. Agora, os [constituintes] penduricalhos, que não sabiam o que queriam, esses eram municiados com viagens de transatlântico, com altos jantares. Isso é uma forma de corrupção. Diferente, por exemplo, do Delfim [Netto] e do Roberto Campos, que tinham certeza do que defendiam.

Como é que esses lobbies agiam?

RC — Às vezes te tiravam da comissão que estava discutindo a questão. Ficar vinte dias fora, por exemplo, viajando. Eu presidi uma comissão numa viagem para os Estados Unidos, para um evento na ONU. Até o Geraldo Alckmin foi. Tem cabimento isso? Era uma coisa que eu não podia dizer não, como é que eu não ia falar na ONU?

Como que o Alckmin se comportou?

RC — O Alckmin fez a maior cena comigo, porque quem falou na ONU fui eu. Era uma forma de me tirar da Constituinte. Eu aparecia muito na mídia, brilhava tanto, e incomodava essas coisas que estavam feitas lá, no fundo. Eu estourava! Igual um fura-tumor! O tumor estava assim, ó, e eu chegava lá e — páááá — saía pus pra todo lado, aquilo não sobrevivia.

Por causa dos lobbies?

RC — Dos lobbies e dos interesses contrários ao que acabou entrando, como os direitos sociais. O dr. Ulysses teve um papel, o [Nelson] Jobim teve um papel, o Bernardo [Cabral] teve um papel. Porque o Bernardo dizia que era o palhaço da jogada, mas não era, e no fim prevalecia. A esquerda transitava e avançava por causa do Bernardo, muito mais do que por causa do Jobim, e muito mais do que por causa do dr. Ulysses. Era uma engrenagem.

Explique melhor o papel do Bernardo. Palhaço em que sentido?

RC — Palhaço no sentido de dizer "tudo bem, tudo bem" e na hora H ele — pááá! — surpreendia, arranjava um jeito de enfiar uma vírgula, um quê... Palhaço, no bom sentido.

Na maciota ele ia conseguindo o que queria.

RC — Caraca, ele foi o malabarista da Constituição. Bota essa frase: O Bernardo foi o malabarista da Constituição.

Você ganhou fama de [ser] meio maluca...

RC — Eu mesma dizia "Deixa comigo, eu sou doida; deixa, que eu sou doida." Falar com o Aureliano Chaves, por exemplo, era uma loucura. E lá ia eu.

Olhe esta notícia da época: "Alguns estreantes, como Raquel Cândido (PFL-RO), não escondem que sofreram grande impacto com o início da vida parlamentar." A senhora disse: "A discussão da Constituinte é um jogo de cartas marcadas. Os grandes tentam a todo custo manter o jogo que já está pronto e nós somos uma ameaça a esse tipo de maquinação."[2]

E aqui está outra: "Raquel Cândido acha que depois da votação do capítulo da ordem econômica a Constituinte tomou o rumo certo. 'Com isso viabilizamos em termos financeiros e de correlação de forças o cumprimento dos avanços conseguidos nos direitos sociais', diz. Raquel tem fama de brigona na Constituinte"...

RC — Nesse dia, eu e o Mário Covas falamos a mesma coisa. De tanto que a gente brigava, eles nos deram o "Troféu Limão". Quando aprovou o texto, de madrugada, eu e o Mário nos abraçamos. "Vencemos, Mário, vencemos, os avanços sociais estão garantidos..."

A notícia do "Troféu Limão" foi esta: "Parlamentar ganha medalha por mau humor e indelicadeza. Deputada Raquel Cândido, por sua destemperada atuação no Plenário, ganhou o *Troféu Limão*. A *Medalha Ferradura*, no entanto, ainda é disputada pelo líder do PFL, Zé Lourenço, mas quem ganhou a medalha foi o Covas."[3]

RC — Eu e o Covas sentávamos no fundo. "Covas, no argumento não adianta", eu dizia. Porque você varava noites, dias, e não ia. E lá vinha o Robertão [Cardoso Alves] do "é dando que se recebe", com as patadas dele. Eu dizia: "Mário, vamos arrebentar isso que eles vão ficar com medo, se a gente ficar só no nhé-nhé-nhé não vai." Isso era tudo combinado. Eu e o Mário, era uma coisa simbiótica, por causa do nosso temperamento, da nossa objetividade e dos nossos ideais. Nós éramos capazes de tirar a calça.

A senhora também disse, na imprensa: "Essa casa é machista e enrustida, porque finge que nos trata como iguais, mas quando o deputado Amaral Netto grita, ele é exasperado e eu, porque sou mulher e pequena, tenho que ser brigona..."[4]

RC — Histérica, louca... [risos]

Qual foi a sua participação quando o Centrão se organizou e virou a mesa da Constituinte?

RC — O Centrão não ganhou como queria, não ganhou. Nós, como minoria, conseguimos avanços que me surpreenderam.

Por que o Centrão surgiu?

RC — Porque o negócio não ia. Do jeito que a gente queria, não ia. Impasse definitivo. O cérebro do Centrão chama-se [Jorge] Bornhausen.

Ele diz que nunca teve nada com o Centrão...

RC — Ele foi totalmente cerebral. Eu lembro de uma conversa do Bornhausen com o Delfim, o Roberto Cardoso Alves, o Roberto Campos, o Zé Lourenço. O Bornhausen falando: "Se nós não nos juntarmos, o país vai ser sovietizado." A frase era essa. Aí o Delfim passou umas anotações para ele, e o Bornhausen ligou pro Gastone [Righi]. Foi naquele dia que começou. As forças que auxiliavam eram de bancos internacionais, todas. Aí o jogo foi pesado.

A senhora saiu do PFL durante a Constituinte. Por quê?

RC — Fui para o PDT, por causa dos cinco anos do Sarney. Eu tinha como orientação política duas cabeças preponderantes: o dr. Ulysses dizia que eu era mascote dele; e o Brizola dizia que eu era como o Davi contra o Golias, atiradora da funda. Então eu transitava com essas duas cabeças. Eles sabiam que eu era limpa, que eu não tinha rabo preso, que eu não queria dinheiro nem status. Eu fui lá para mexer no caldeirão do país. O grande foco do país naquele momento eram as questões sociais. Quando a maioria do PMDB aderiu aos cinco anos, eu fiquei com o PDT, nos quatro.

Entre as 26 mulheres Constituintes, quem a senhora destacaria como a mais importante, sem demérito das demais?

RC — A Sandra Cavalcanti era uma mola propulsora, respeitada dentro da Constituinte. A outra, à esquerda, era a Cristina Tavares. As duas jogavam de igual pra igual. Quem queria fazer alguma coisa tinha que respeitá-las, tinha que consultá-las. A Sandra tem uma coisa melhor do que a Cristina, que é a tolerância de ouvir. Ela ouve, ouve, ouve, depois argumenta com histórias, com documentos. Eu dormi várias vezes na casa da Sandra.

Como a senhora define aqueles vinte meses?

RC — A Constituinte foi um fato em que o Brasil [sic] viveu o seu grande momento de amor, de ódio, de paixão, de amargura, de esperança. Foi a história do século.

Tem uma história tão boa que a senhora não esqueceu?

RC — Tem uma do Amaral Netto. Era uma emenda sobre os proprietários de imóveis, tudo assinado, tudo arrumadinho. Aí ele recebe um telefonema do Conselho Regional de Corretores de Imóveis (Creci) e depois diz: "Olha, eu não só quero tirar minha assinatura, como quero rasgar. Quero rasgar! Depois desse telefonema eu nunca assinei, não sei quem botou meu nome, olha, eu estou rasgando, dr. Ulysses, eu estou rasgando que é para não aparecer." Isso aconteceu na Constituinte, algumas vezes.

ROBERTO JEFFERSON

Deputado pelo PTB do Rio de Janeiro

"A CUT me colocava nos postes e cartazes como traidor do povo."

O senhor propôs, na Constituinte, entre várias coisas, o fim puro e simples das polícias militares: "Estão extintas as polícias militares. Seus efetivos serão integrados à Polícia Civil." Simples assim.

Roberto Jefferson — Ainda sou a favor disso. Devia ter só a Polícia Civil. E depois, esse negócio de PM é muito oneroso. Tem rancho, que é uma fortuna, aquartelamento, tudo muito caro. A ordem democrática requer a extinção das polícias militares. O poder tem que ser civil, não pode ser militar.

A proposta não passou nem na primeira fase...

RJ — A Polícia Militar fez um grande lobby contra. A Polícia Federal é que errou, de não ter feito [lobby]. Os delegados deveriam ter garantido os inquéritos e algumas prerrogativas que o Ministério Público conseguiu avocar para si.

Mas a PF fez lobby também.

RJ — Fez, mas no sentido da carreira, vencimentos, os peritos queriam ganhar igual aos delegados, houve essa luta. Mas não conseguiram a garantia do inquérito. Acabou ficando com o MP, que é um absurdo. Quem denuncia, investiga? Só falta querer julgar. Em relação ao MP, os delegados da PF ficaram na sombra.

O que mais o senhor gosta de lembrar?

RJ — A defesa da ordem social, dentro do Centrão, na Comissão de Sistematização. Quem sugeriu a multa de 40% do Fundo de Garantia fui eu.[1] Escrevi aquela emenda em cima da perna — e depois o Gastone [Righi] chancelou, pela liderança do PTB. Foi um dos grandes momentos. Estávamos eu e o pessoal do sindicalismo de resultados: Paulinho, da Força Sindical, Alemão, Magri, Medeiros.

Uma das guerras na Comissão de Sistematização foi incluir ou não a Ordem Social como um capítulo autônomo, não?

RJ — Foi um momento importante. O Robertão [Cardoso Alves], que era do nosso campo, não queria a Ordem Social no texto constitucional. Aí eu ameacei: "Gastone, se nós não insistirmos, eles vão tirar." O Gastone: "Chuta o balde, Roberto." Nós éramos o ponto de equilíbrio do Centrão. Se saíssem os onze do PTB, o Centrão deixava de ser maioria [na Comissão de Sistematização].

Por que a Constituinte teve o Centrão?

RJ — Porque a esquerda avançou com muita violência pra cima da Constituinte. Muita voracidade. Todos nós éramos assim um pouco inibidos de assumir uma posição de centro ou de centro-direita. Na época da ditadura militar, se você se colocasse como um homem de centro ou de centro-direita, você era imediatamente tachado de torturador, de adesista do regime que matava preso político. Era uma coisa que inibia, você fazia uma autocensura. Eu entendo que o maior desserviço da ditadura militar foi impedir o surgimento das lideranças de centro-direita e de direita.

O senhor, pessoalmente, se sentia inibido?

RJ — Eu me sentia.

Naquela época o senhor era um grandalhão, tinha uns 170 kg.

RJ — Mas não era medo físico. A Constituinte ia apagar aqueles anos de chumbo da ditadura. Quando você se colocava contra uma tese de alguém de esquerda — "saúde: direito de todos, dever do Estado", por exemplo, que é frase de passeata —, era um Deus nos acuda.

A esquerda era francamente minoritária, mesmo contando com a esquerda do PMDB...

RJ — Mas a imprensa embarcava, junto com o movimento universitário, todos na tese da esquerda. Eu tirei 10 na primeira votação do DIAP [Departamento Intersindical de Assessoria Parlamentar, que avaliava o desempenho dos constituintes] e 9 na segunda. Só não fiquei a favor da expropriação da terra. E eu era esculhambado como se fosse um cara da direita. A Central Única dos Trabalhadores (CUT) pichava meu nome no poste como traidor do povo. Meus filhos tinham problema nas escolas, escolas de alto nível, de classe média, "traidor do povo", e a imprensa reverberava. Eu entrei nesses cartazes.

O senhor foi deputado desde a legislatura anterior — a que convocou a Constituinte. Também teve pressão?

RJ — A minha briga começou na própria convocação, no mandato anterior. A casa não era automatizada, tudo era lista de chamada. Fizeram um painel aqui na Cinelândia [centro do Rio] dizendo que eu tinha ficado contra a anistia ampla, geral e irrestrita. Porque o Bocaiúva Cunha tirou uma certidão e o meu nome não constava nem como tendo votado a favor, nem contra. Eu vim pro painel da Cinelândia como traidor do povo, contra a ordem democrática e contra a anistia. Uma coisa massacrante, você não tinha assim muita defesa. Eu derrubei o painel a machado. Vim de noite, com dois amigos, e botamos abaixo [risos].

A imprensa também pegava no seu pé?

RJ — Direto. Em *O Globo*, aquela Tereza Cruvinel me punha no pelotão de fuzilamento, como se eu fosse o maior gorila, como se eu tivesse sido membro da ditadura militar desde que nasci. Me lembro que a Cristina Tavares, lá de Pernambuco, fez um aparte me chamando de torturador. Eu disse: "Ô amiga, quando a revolução de 1964 foi feita eu tinha 11 anos. Tô fora disso. Meu pai era do PTB. Esteve pra ser cassado várias vezes. Era vereador do PTB. Tá todo mundo maluco." Mas era assim. Era fácil você encrespar uma pessoa, estigmatizar o adversário, como se fosse de direita, contra o progresso social, contra o trabalhador. Havia uma histeria que era um negócio terrível, sem inteligência.

No seu entendimento, é isso que explica a demora para o Centrão se organizar?

RJ — No início, sim. Foi um sofrimento se posicionar. A Constituinte era tocada por "manchetismo". As redações dos jornais eram muito de esquerda. Aqueles rótulos eram um peso pra todos nós.

Qual era a linha do PTB na Constituinte?

RJ — Eram os princípios de [Alberto] Pasqualini [ideólogo do trabalhismo, foi senador do PTB nos anos 1960]: liberdade de iniciativa, a propriedade privada e a proteção do trabalhador, da ordem social. Os fundamentos do trabalhismo. Mas havia o sentimento de que tudo tinha que ser estatal, um negócio doentio, uma ressaca da esquerda dos vinte anos de ditadura militar, que acabou levando a várias distorções na nossa Constituição.

O *Jornal do Brasil* publicou essa matéria, que fez barulho, afirmando, baseado em uma foto, que o senhor estava armado com um revólver em plena Constituinte, durante uma discussão com o deputado Jorge Uequed. Segundo o jornal, ele disse pro senhor "Cala a boca, fica quietinho, olha a lista da Cobal",[2] insinuando corrupção. Estava ou não estava armado?

RJ — [Lendo a matéria do *JB* e apontando a foto] Isso era a capa dos meus óculos! [risos] Não ameacei atirar, não houve isso. Foi só uma discussão verbal. E eu não ouvi que ele tenha dito essa frase.

Já se vão quase trinta anos, está tudo prescrito. O senhor estava ou não estava com um revólver na cintura, em plena Constituinte, como afirma o jornal?

RJ — Não estava. Era uma capa de óculos. Mas, se você me perguntar se eu andava armado, eu andava armado.

Aqui na legenda fala em coldre, na sua cintura...

RJ — Eu não usava coldre fechado. O meu coldre era aberto, por dentro do cinto. O que apareceria seria a empunhadura da arma. Eles assinalaram como se fosse um coldre fechado. E não é.

Por que o senhor não desmentiu o jornal?

RJ — Você não desmente fama de mulherengo, rico e valente. Ninguém desmente. Mas não era arma. A discussão com o deputado Jorge Uequed não passou de uma discussão. Nessa foto não estava armado. Mas eu sempre usei arma.

Inclusive na Constituinte?

RJ — Nas discussões, não. Na rua eu andava armado.

Tem outro episódio com armas, envolvendo o senhor, igualmente noticiado: "Tiros assustam a Constituinte."[3] O senhor estava no gabinete do deputado Gastone Righi, e os tiros saíram de lá, tarde da noite.

RJ — [Lendo a matéria, às gargalhadas] O Gastone estava me mostrando um revólver pequeno, um Nagant, calibre 6.35, com a coronha retrátil, que você fechava, dobrava o gatilho e cabia no bolso. Eu olhei aquela munição de ponta verde, da década de 1950, e falei: "Gastone, essa munição não atira." Atira, não atira, atira, não atira, eu abri a janela da liderança — e ali era um fosso, com uma parede de terra — e atirei. Os dois primeiros tiros picotaram em falso, mas os três subsequentes saíram, pou, pou, pou, naquela parede de grama. Coisa de 23 horas, não tinha mais ninguém, tudo escuro. E era um 6.35, que não faz muito barulho.

E como é que a imprensa ficou sabendo?

RJ — Aí vem a parte hilária. O chefe da segurança foi falar comigo e contou que o tiro passou 2 metros acima da cabeça de um segurança que estava próximo. Ele tomou um susto danado, teve uma incontinência intestinal e encheu a bota [risos], se borrou todo de medo. O problema foi esse.

A sua fama na Constituinte era de truculento, que ia pra cima.

RJ — Vias de fato, comigo, em hipótese alguma. Lembro do Gastone [Righi] brigando com o Luiz Salomão. Mas eu não. Na minha vida não tem registro de soco em ninguém, lesão corporal, ter agredido uma pessoa, nada. O que eu tinha eram posições vigorosas. Para enfrentar o PT, só mesmo com truculência verbal, mas nunca física.

Por que o senhor se engajou no Centrão?

RJ — O projeto que passou na Comissão de Sistematização tinha um viés claramente socialista. Nunca fui socialista. Repilo as ideias. Foi um sentimento ideológico muito forte. Foram as forças da nossa liderança do PTB, Gastone [Righi] e Roberto Cardoso Alves.

Que entrou para a história com o famoso "é dando que se recebe"...

RJ — Ele nunca devia ter dito isso. Isso é frase que as meninas do mangue dizem no casarão rosa da rua Alice [gargalhadas], aquele velho lupanar. São aqueles excessos que você comete e que marcam para sempre. Foi mal compreendido e estigmatizado. Você está na luta ideológica, não quer se prostituir. Não é 10 mil réis que vai mudar [sic] a tua posição. Não é um carguinho qualquer.

Mas ele disse uma verdade. Sarney e ACM jogaram pesado.

RJ — Para mim não ofereceram nada. Eu não quis fazer do meu mandato uma gazua. Eu não fiz fortuna. O meu patrimônio, hoje [2014], deve ter R$ 1,2 milhão de reais. Com 24 anos de mandato de deputado federal. Isso aqui pra mim [esfrega o polegar no indicador] nunca foi importante. Tô fora, senão eu perco a liberdade de falar.

E o presidente Sarney?

RJ — O Sarney se houve muito bem, ele foi democrático. Aturou o PMDB, com o dr. Ulysses em pé, na porta do gabinete dele, não deixando que governasse. Não rompeu, não tomou nenhuma atitude passional. Eu era por cinco anos, sem direito à reeleição.

Por que a Sistematização aprovou um projeto "com um viés claramente socialista", para usar as suas palavras?

RJ — Clamor, gritos. O dr. Ulysses franqueava a galeria para eles, pô. O pessoal cuspia na cara da gente, jogava moeda na cara da gente. Isso dentro do Congresso. Na rua, você era ameaçado. No aeroporto de Brasília, eu tive vários problemas com essas representações sindicais da CUT.

Algum entrevero direto com o Jair Meneghelli, que era o presidente da CUT, e frequentava direto a Constituinte, inclusive no Plenário?

RJ — Tivemos uma ríspida conversa, na entrada do Congresso. Estávamos eu e o Gastone de um lado quando ele passou. O Gastone tinha um diálogo com ele e me apresentou. Eu disse ao Meneghelli: "Não conheço, não quero conhecer e não aperto a sua mão. Oura coisa: traidor do povo é a puta que te pariu. E vou te falar mais, Meneghelli, se alguém fizer mal a um filho meu por causa daqueles cartazes que você está colocando no posto, traidor do povo, aquele anátema, se alguma pessoa mais desinformada fizer uma violência a filho meu eu vou cobrar de você, olho no olho, é de você que eu vou cobrar, que é o mentor intelectual disso aí."

Qual era o seu papel em Plenário, no dia a dia?

RJ — Eu era coordenador de Plenário — um bom orador, e corajoso. Era o único cara que tinha peito de enfrentar um Covas num aparte e levar o troco. Uma vez ele me deu uma esculhambação tão forte, e eu revidei mais fortemente ainda. Soube que a dona Lila [esposa de Covas] ficou ofendida, comprei rosas e fui levar pra ela, com um pedido de desculpas. O Covas era sedutor. Quando começava a fazer um discurso, até a turma do Centrão ficava prestando atenção. Eu é que tinha que sair gritando, mandando todo mundo virar as costas. "Vocês vão aí ficar batendo palmas pra maluco dançar?" [risos].

Qual é a sua avaliação da Constituição que vocês fizeram?

RJ — É uma bela Constituição. Coteja muito bem os direitos dos menos favorecidos, idealiza um mundo da saúde e educacional muito bom. Ainda não foi cumprido — até porque não há orçamento no mundo que sustente um sonho —, mas é fundamental a cidadania constar no livrinho.

SANDRA CAVALCANTI

Deputada pelo PFL do Rio de Janeiro

"Teve muita batalhazinha de minhoca, de catar pulga."

Por que a senhora quis ser constituinte?

Sandra Cavalcanti — Eu só fui porque era liderada pelo Affonso Arinos, meu amigo aqui do Rio, amigo do meu pai. Nós sempre fomos parlamentaristas — e eu fui para lutar por esse sistema. Fiz parte do grupo parlamentarista, foi onde eu mais trabalhei.

No Grupo dos 32, como ficou conhecido, com o senador José Richa?

SC — Nós éramos 34. Eu era a secretária-geral do grupo. O Richa me deu todo o suporte. O Covas e o Israel Pinheiro faziam parte. Apresentamos o Projeto Hércules.

A senhora começa a aparecer já no começo da Constituinte, na discussão do regimento interno, onde botou pra quebrar.

SC — Enfrentei, nada mais, nada menos, do que o meu querido amigo Fernando Henrique Cardoso. Que não se esquece disso, mas não ficou magoado. Eu já pedi desculpas a ele.

A senhora disse, entre outros desaforos, que o primeiro regimento que ele propôs era "pior do que o AI-5".

SC — O Fernando é um estudioso de outras coisas, não de regimento. Eu levei a proposta pra casa, corrigi todos os erros de português horríveis que estavam lá — minha obrigação, como professora de Português — e percebi que havia um grupo absolutamente ditatorial querendo enganar os incautos. Porque ninguém ali tinha tradição de constituinte, ninguém. Poucas pessoas tinham tido a sorte de ter sido constituinte do estado da Guanabara, na fusão dos estados.

Como a senhora, por exemplo.

SC — Eu sabia o que é que um regimento interno significa numa hora dessas. Essa experiência da Constituinte da Guanabara foi fundamental. A minha turma tinha o Affonso Arinos, filho, mas com o pai por trás o tempo todo, o Aliomar Baleeiro, o professor Themístocles Cavalcanti, e por aí vai, todos parlamentaristas roxos.

O projeto que a Comissão de Sistematização aprovou, para ir a Plenário, é um projeto à esquerda, tanto que se organiza o Centrão, que vira a mesa com aquela mudança do regimento. A senhora foi membro destacada da Comissão de Sistematização.

SC — Na Constituinte nós tínhamos algumas pessoas de esquerda muito acessíveis, muito boas, com quem a gente tinha uma relação muito cordial, como o professor Florestan Fernandes. Ele queria que as tribos indígenas se chamassem nações — nós não deixamos, continuou sendo tribo. Onde nós falhamos, a meu ver, foi na parte tributária e no conceito real de federação. Nessa parte, infelizmente, não entrava nem direita nem esquerda, entrava bairrismo, e, pior, o que eu chamava de paulistanismo. Porque ficou na mão do [José] Serra. O Serra é uma das pessoas mais difíceis com quem se pode negociar para tentar alguma coisa. O Serra é teimoso, ele não ouve. É ele, e só ele.

E a bancada feminina?

SC — Boa parte era de esposas de governadores.

Funcionava como bancada feminina, o gênero pesou na balança?

SC — Teve a luta pelo banheiro feminino, que não tinha, absurdamente. Foi uma coisa louca. Fui ao dr. Ulysses. Ele foi muito amável e disse: "Sandra, essa aqui é a chave do meu gabinete, fica aqui atrás, passa a ser o banheiro de vocês. Ninguém mais vai usar, só vocês, enquanto eu tomo providências para providenciar o banheiro feminino."

Como a senhora se posicionou em relação ao Centrão?

SC — Eu nunca entrei naquele Centrão. Era um grupo de gente que estava sempre a serviço do pessoal endinheirado, sempre foi.

Mas a senhora é uma das assinantes daquele pedido pra mudar o regimento, aquelas 319 assinaturas.

SC — Mas aquilo foi para mudar o regimento. Muitos deputados assinaram, sem ser necessariamente do Centrão, como eu.

A senhora fez uma denúncia que abalou a Constituinte: "Sandra denuncia manipulação na Sistematização [...] denunciou ontem a manipulação dos relatórios das Comissões Temáticas por assessores do PMDB que auxiliaram o deputado Bernardo Cabral a elaborar o primeiro anteprojeto da nova Carta."[1]

SC — Mas isso aconteceu.

Depois a senhora recuou, não?

SC — Não. Ele descobriu e tirou os caras. Hoje em dia ainda é um dos meus melhores amigos. Me agradeceu um monte por essas coisas. Isso aí nem ficou público no momento. Só apareceu na imprensa depois, quando alguém soube.

Qual é a história boa que a senhora tem pra contar sobre o Bernardo?

SC — O Bernardo foi um herói, um santo, de tanta paciência que tinha.

Outra acusação que a senhora fez na imprensa: "Sandra denuncia corrupção: revoltada com o resultado da votação, que deu a vitória por larga margem ao presidencialismo, a deputada Sandra Cavalcanti não escondeu o descontentamento" [...] 'Vocês são uns irresponsáveis', disparava a cada grupo de presidencialistas que passava por ela. Mais do que isto, denunciava da cadeira em que votava a compra de votos."[2]

SC — Essa notícia também não é verdadeira.

"Foi a corrupção mais deslavada que já ocorreu aqui", disse a senhora na mesma notícia.

SC — Isso tudo eu devo ter dito conversando, não da tribuna. Isso aí é notícia que saiu naquele *Correio Braziliense*.

Não, é do *Jornal do Brasil*.

SC — No *Jornal do Brasil*, mas pelo pessoal que apoiava o presidencialismo.

A senhora não mantém isso hoje?

SC — Não mantenho. Posso ter dito assim para alguém que fosse passando, mas não de forma oficial.

Mas, se disse, era isso que a senhora achava.

SC — De forma oficial tem a minha fala: "Vocês acabam de impedir o Brasil de progredir e se tornar um país realmente democrático. E isso resultou, segundo eu estou informada, da concessão de 26 estações de rádio para grupos de pessoas que trabalham aqui nesta casa." O Sarney deu na madrugada. A nossa derrota foi no dia 30 de agosto.

Isso a senhora disse no Plenário.

SC — Com todas as letras. É uma corrupção deslavada? É. Mas eu não disse isso na tribuna. Eu disse como é que tinha sido a corrupção. E o Sarney nunca desmentiu, porque ele deu 26 estações de rádio para grupos evangélicos e outros grupos.

Como a senhora avalia o papel do presidente Sarney e de seus assessores — general Leônidas, Antônio Carlos Magalhães, Roseana Sarney — no processo constituinte?

SC — O Sarney entrou na política no mesmo ano que eu, na UDN, porque o partido ainda não tinha uma pessoa do Maranhão. Senão, ele teria entrado para o PSD ou para qualquer partido que fosse do governo. Para se justificar, ele inventou que não era uma UDN antiga, mas a bossa nova da UDN. Minha impressão sobre ele é muito desagradável. A única coisa que vale, para ele, é estar no poder.

E na Constituinte?

SC — Foi muito ruim. Todas as vezes que alguém precisava de alguma coisa, nessa linha que eu falei, ele entrava no circuito. Houve muita negociação.

Onde é que está a sua marca? No chamado "livrinho"?

SC — Já no preâmbulo, que foi muito discutido.

Muito. É um preâmbulo de onze linhas, sem nenhum ponto.[3] Mas fundamental e definidor.

SC — A única coisa que eles não queriam, de jeito nenhum, era citar a proteção de Deus. Foi outra guerra. É um preâmbulo que assegura não apenas os direitos sociais e individuais, mas o exercício desses direitos. A palavra "exercício" era o centro da discussão. O certo seria assegurar os direitos sociais e individuais.

Mas é justamente esse "exercício" que faz toda a diferença e radicaliza a conquista desses direitos. Na concepção liberal, que é a sua, não teria "exercício".

SC — Na concepção liberal você tem os direitos assegurados. Na concepção estatal é que você tem um Estado que vai dizer a você até como é que deve usar o papel higiênico.

O fato é que cada palavrinha como essa provocava uma batalha particular?

SC — Nossa! Uma batalhazinha de minhoca, de catar pulga. Ficava-se dias inteiros nisso. Eu trabalhei uma média de 12 horas por dia naquele período. Não foi menos, não.

No capítulo "Da família, da criança, do adolescente e do idoso",[4] a senhora também brigou muito — especialmente na questão do aborto.

SC — A última guerra foi essa. O art. 227, por exemplo, diz que assegurar direitos à criança e aos adolescentes "é dever da família, da sociedade e do Estado". Foi uma luta encaixar "sociedade". Eles queriam que ficasse só "dever da família e do Estado". Mas nós conseguimos.

E na questão do aborto?

SC — A guerra foi em torno de acrescentar ou não, depois de "direito à vida", a expressão "desde a concepção", defendida pelos grupos mais contrários ao aborto. O Bernardo Cabral e eu chegamos à conclusão de que nem se devia tocar nesse assunto. Direito à vida já diz tudo. Essa foi uma vitória espetacular.

É uma boa Constituição?

SC — Tem coisas que podiam ter ficado muito melhores, mas ela é boa.

THEODORO MENDES
Deputado do PMDB de São Paulo

"Ganhei uma rádio, mas sem vender o voto."

O senhor provocou barulho, na Comissão de Sistematização, ao apresentar uma emenda propondo o presidencialismo, de claro interesse do governo Sarney. Perdeu — o parlamentarismo ganhou —, mas ficou com a fama de estar a serviço do Saulo Ramos [consultor-geral da República], como saiu, por exemplo, na Coluna do Castello: "A identidade básica do governo [...] é com a emenda Theodoro Mendes."[1]

Theodoro Mendes — Antes da Constituinte, no mandato anterior, eu já tinha apresentado uma emenda presidencialista. Apresentei uma emenda igual. Aí eles dizem que a participação era do Saulo Ramos. É uma bruta injustiça. Antes, quando eu nem era muito conhecido, ninguém dizia que havia mãos indignas escrevendo por mim.

"Mãos indignas" é por sua conta.

TM — Foi ele que escreveu a minha emenda? Não. Quem escreveu fui eu. Se interessava a ele, como ministro do Sarney, aí tudo bem. Mas não dizer que eles tivessem escrito. E eu fiz muitas outras emendas, também, não só essa.

Algum exemplo preferencial?

TM — A proposta do art. 37 dizia assim: "A primeira investidura em cargo público dependerá de concurso de provas e de títulos." Ou seja: o cara entrava como ascensorista, por concurso, e depois ia pulando de galho em galho. Eu fiz uma emenda retirando a palavra "primeira". Pode conferir.[2] O plenário aprovou 117 emendas de minha autoria.

O senhor ganhou rádio do presidente Sarney?

TM — Ganhei uma concessão, mas não foi de presente, não vendi voto meu, nem nada. É que aqui [em Sorocaba] abriram duas rádios. Eu já era locutor, de carteira profissional, desde 1963. O meu sonho era realmente ter uma rádio. Naquela época, saiu uma para mim e outra para um empresário de Sorocaba. Não tem nada a ver com política. Fizeram barulho a respeito disso, mas eu não dei bola.

O senhor tem ainda a rádio?

TM — Está com o meu filho. Eu comecei fazendo um programa chamado *História da Música Popular Brasileira*, que eu criava e transmitia. Noel Rosa, Aracy de Almeida, Silvio Caldas...

Que bacana. O senhor ganhou a concessão no período da Constituinte?

TM — É por isso que falam mal. O outro empresário daqui, que ganhou, não era político. Dele ninguém fala que foi vendido.

Como foi que o senhor ganhou a concessão?

TM — Eu me habilitei em Brasília, com uma empresa que fazia os projetos. Mas nem Antônio Carlos Magalhães [ministro das Comunicações] nem nenhum líder chegou pra mim e disse que eu tinha de votar assim senão eu não ganharia aquilo lá. De jeito nenhum. O meu projeto dava preferência para a música nacional, pra uma programação nacional. Se isso influenciou ou não, não sei. Você vai dizer que o que influenciou foi o fato de eu ser constituinte.

Ajudou muito, não?

TM — O senhor pode entender isso, mas não vi relação. Porque a minha posição foi uma posição clara, transparente. Eu não votei porque o governo pediu que fosse assim ou assado.

Coincidiu de o senhor achar a mesma coisa...

TM — Pode ser que ele tenha dito "Libera para aquele cara lá, que ele é bom".

Devem ter olhado para a sua emenda [do presidencialismo] e dito: "Olha, a canoa boa que tem pra gente embarcar é a emenda do deputado Theodoro Mendes, vamos nessa." Convenhamos...

TM — Isso tem que perguntar para eles.

Bibliografia consultada

Livros

ANDRADE, Paes de; BONAVIDES, Paulo. *História constitucional do Brasil*. Rio de Janeiro: Paz e Terra, 1991.

AYRES, Ana Lúcia. *Mário Covas*: o legado de uma "repórter" involuntária. São Paulo: Global Editora, 2002.

BACKES, Ana Luiza; AZEVEDO Débora Bithiah de; ARAÚJO, José Cordeiro de (Orgs.). *Audiências públicas na Assembleia Nacional Constituinte*. Brasília: Edição Câmara, 2009.

BARBOSA, Alaor. *Meu diário da Constituinte*. Brasília: A. Barbosa, 1990.

BAROUD, José Jabre. *Senado*: fatos ou versões. Brasília: Alpha, 2009.

BARROSO, Luís Roberto — *Interpretação e aplicação da Constituição*. São Paulo: Editora Saraiva, 1998.

BIERRENBACH, Flávio. *Quem tem medo da Constituinte*. Rio de Janeiro: Paz e Terra, 1986.

BRAGA, Sérgio (Org.). *Carlos Lacerda na Tribuna da Imprensa*: crônicas sobre a Constituinte de 1946. Rio de Janeiro: Nova Fronteira, 2000.

BRANDÃO, Gildo Marçal; OLIVEN, Ruben George; RIDENTI, Marcelo. *A Constituição de 1988 na vida brasileira*. São Paulo: Aderaldo & Rothschild Editores, 2008.

BRASIL. Assembleia Nacional Constituinte (1987). *O processo histórico da elaboração do texto constitucional*. Brasília: Centro de Documentação e Informação, 1993.

BRESSER-PEREIRA, Luiz Carlos. *A construção política do Brasil*: sociedade, economia e Estado desde a independência. São Paulo: Editora 34, 2014.

BRITTO, Antônio. *O Brasil a caminho da Constituinte*. Porto Alegre: Tchê, 1986.

CAMPOS, Roberto. *A lanterna na popa*: memórias. Rio de Janeiro: Topbooks, 1994.

CARDOSO, Fernando Henrique. *A arte da política*: a história que vivi. Rio de Janeiro: Civilização Brasileira, 2006.

COELHO, João Gilberto Lucas. *A nova Constituição*: avaliação do texto e comentários. Rio de Janeiro: Revan, 1991.

COELHO, João Gilberto Lucas et al. *Cidadão constituinte*: a saga das emendas populares. Rio de Janeiro: Paz e Terra, 1989.

CHRISTIANO, Raul. *De volta ao começo! Raízes de um PSDB militante, que nasceu na oposição*. São Paulo: Fundação Teotônio Vilela; Geração Editorial, 2003.

COMPARATO, Fábio Konder. *Muda Brasil*: uma Constituição para o desenvolvimento democrático. São Paulo: Brasiliense, 1986.

CORRÊA, Fernando Ernesto. *Liberdade de expressão*. In: REDECKER, Ana Cláudia; ANDRADE, Fábio Siebeneichler de (Coords.). *Direito no plural*. Porto Alegre: Campos Escritórios Associados, 2012.

DELGADO, Tarcísio. *A história de um rebelde*. Brasília: Fundação Ulysses Guimarães, 2006.

DEPARTAMENTO Intersindical de Assessoria Parlamentar (DIAP). *Quem foi quem na Constituinte nas questões de interesse dos trabalhadores*. São Paulo: Cortez Editora; Oboré, 1988.

DINIZ, Simone; PRAÇA, Sérgio (Orgs.). *Vinte anos de Constituição*. São Paulo: Paulus, 2008.

ECHEVERRIA, Regina. *Sarney*: a biografia. São Paulo: Leya, 2011.

FAORO, Raymundo. *Assembleia Constituinte*: a legitimidade recuperada. São Paulo: Brasiliense, 1981.

FERNANDES, Florestan. *A Constituição inacabada*: vias históricas e significado político. São Paulo: Estação Liberdade, 1989.

FIGUEIREDO, Angelina Cheibub; LIMONGI, Fernando. *Executivo e Legislativo na nova ordem constitucional*. São Paulo: Fapesp; FGV, 1999.

FORTES, Luiz Roberto Salinas; NASCIMENTO, Milton Meira do (Org.). *A Constituinte em debate*. São Paulo: Sofia Editora, 1987.

FRANCO, Affonso Arinos de Mello. *A escalada*: memórias. Rio de Janeiro: José Olympio, 1965.

GASPARIAN, Fernando. *A luta contra a usura*. Rio de Janeiro: Edições Graal, 1988.

GOMES, Marcos Emílio (Coord.). *A Constituição de 1988, 25 anos*. São Paulo: Instituto Vladimir Herzog, 2013.

GURAN, Milton. *O processo constituinte*: 1987-1988. Brasília: Agil; UnB, 1988.

GUTEMBERG, Luiz. *Moisés, codinome Ulysses Guimarães*: uma biografia. São Paulo: Companhia das Letras, 1994.

GUTEMBERG, Luiz (Org.). *Mapa geral das ideias e propostas para a nova Constituição*. Brasília: Ministério da Justiça; Fundação Petrônio Portela, 1987.

KERCHE, Fábio. *Virtude e limites*: autonomia e atribuição do Ministério Público no Brasil. São Paulo: Edusp, 2009.

LOPES, Júlio Aurélio Vianna. *A carta da democracia*: o processo constituinte da ordem pública de 1988. Rio de Janeiro: Topbooks, 2008.

MARTINS, Osvaldo. *Mário Covas*. Brasília: Edições Câmara, 2014.

MARTINS, Osvaldo (Org.). *Mário Covas*: democracia: defender, conquistar, praticar. São Paulo: Imprensa Oficial, 2011.

MELHEM, Celia Soibelmann; RUSSO, Sonia Morgenstern; GOLDMAN, Alberto. *Dr. Ulysses, o homem que pensou o Brasil*: 39 depoimentos sobre a trajetória do Sr. Diretas. Artemeios: São Paulo, 2004.

NÓBREGA, Maílson da. *O futuro chegou*: instituição e desenvolvimento no Brasil. Porto Alegre: Editora Globo, 2005.

PEREIRA, Osny Duarte. *Constituinte*: anteprojeto da comissão Affonso Arinos. Brasília: Universidade de Brasília, 1987.

PERFIL da Constituinte: Anuário Parlamentar Brasileiro. Brasília: Semprel, 1987.

PRADO, Ney. *Os notáveis erros dos notáveis*. Rio de Janeiro: Forense, 1987.

OLIVEIRA, Paulo Affonso Martins de. *O Congresso em meio século*: depoimento a Tarcísio Holanda. 2. ed. Brasília: Centro de Documentação e Informação; Edições Câmara, 2009.

PILATTI, Adriano. *A Constituinte de 1987-1988*: progressistas, conservadores, ordem econômica e regras do jogo. Rio de Janeiro: Editora PUC-Rio; Lumen Juris, 2008.

RAMOS, Saulo. *Código da vida*. São Paulo: Planeta, 2007.

RODRIGUES, Leôncio Martins. *Quem é quem na Constituinte*. 1. ed. São Paulo, SP: Oesp-Maltese, 1987.

SALGADO, Eneida Desirée. *Constituição e democracia*: tijolo por tijolo em um desenho (quase) lógico: vinte anos de construção do projeto democrático brasileiro. Belo Horizonte: Fórum, 2007.

SAMPAIO, José Adércio Leite (Coord.). *Quinze anos de Constituição*. Belo Horizonte: Del Rey, 2004.

SCARTEZINI, A. C. *Dr. Ulysses*: uma biografia. São Paulo: Marco Zero, 1993.

SILVA, José Afonso da. *Um pouco de direito constitucional comparado*: três projetos de constituição. São Paulo: Malheiros Editores, 2009.

SUNDFELD, Carlos Ary. *Direito administrativo para céticos*. São Paulo: Malheiros Editores; SBDP; FGV, 2012.

Teses

CARDOSO, Rodrigo Mendes. *A iniciativa popular legislativa da Assembleia Nacional Constituinte ao regime da Constituição de 1988*: um balanço (Tese de doutorado, PUC-Rio, 2011. Íntegra disponível em: <http://www.maxwell.vrac.puc-rio.br/Busca_etds.php?strSecao=resultado&nrSeq=17613@1>.).

COELHO, Ricardo Corrêa. *Partidos políticos, maioria parlamentares e tomada de decisão na Constituinte*. São Paulo, 1999. Departamento de Ciência Política da Faculdade de Filosofia, Letras e Ciências Humanas da Universidade de São Paulo, maio de 1999.

Dissertações

CORRÊA, Ingrid da Silva Mendonça. *Ulysses Guimarães*: trajetória política de um liberal-democrata na luta contra a ditadura militar (1971-1984). 2011. Dissertação (Mestrado em História Social) — Instituto de Ciências Humanas e Filosofia, Universidade Federal Fluminense, Niterói, 2011. Disponível em: <http://www.historia.uff.br/stricto/td/1474.pdf>.

MEDEIROS, Danilo Buscatto. *Organizando maiorias, agregando preferências*: a Assembleia Nacional Constituinte de 1987-88. 2013. Dissertação (Mestrado em Ciência Política) — Faculdade de Filosofia, Letras e Ciências Humanas, Universidade de São Paulo, São Paulo, 2013. Disponível em: <http://www.teses.usp.br/teses/disponiveis/8/8131/tde-10052013-125220/pt-br.php>.

Artigos acadêmicos

ARANTES, Rogério Bastos; COUTO, Cláudio Gonçalves. "Constituição, governo e democracia no Brasil". *Revista Brasileira de Ciências Sociais*, v. 21, n. 61, jun. 2006. Disponível em: <http://www.scielo.br/pdf/rbcsoc/v21n61/a03v2161>.

ARAÚJO, Cícero. "O processo constituinte brasileiro, a transição e o poder constituinte". *Lua Nova*, n. 88, p. 327-380, 2013. Disponível em: <http://www.scielo.br/pdf/ln/n88/a11n88.pdf>.

COUTO, Cláudio Gonçalves. "A longa Constituinte: reforma do Estado e fluidez institucional no Brasil". *Dados*, Rio de Janeiro, v. 41, n. 1, 1998. Disponível em: <http://www.scielo.br/scielo.php?script=sci_arttext&pid=S0011-52581998000100002&lng=en&nrm=iso>.

MADEIRA, Rafael Machado. "A atuação de ex-arenistas e ex-emedebistas na Assembleia Nacional Constituinte". *Revista Brasileira de Ciências Sociais*, São Paulo, v. 26, n. 77, p. 189-204, out. 2011. Disponível em: <http://www.scielo.br/scielo.php?script=sci_arttext&pid=S0102--69092011000300015&lng=en&nrm=iso>.

MEDEIROS, Danilo. "Instituições e preferências: uma análise da ANC 1987-88". In: SEMINÁRIO DISCENTE DA PÓS-GRADUAÇÃO EM CIÊNCIA POLÍTICA DA UNIVERSIDADE DE SÃO PAULO, 4., 2012, São Paulo. Estudos legislativos I: comportamento legislativo. Disponível em: <http://www.fflch.usp.br/dcp/assets/docs/SemDisc2012/04-1_Danilo_Medeiros.pdf>.

NORONHA, Lincoln; PRAÇA, Sérgio. "Estimando a importância das instituições: o impacto da descentralização na Assembleia Constituinte brasileira, 1987-1988". In: SEMINÁRIO NACIONAL SOCIOLOGIA & POLÍTICA, 2., 2009, Paraná. Sociedade e política em tempos de incerteza. Disponível em: <http://www.humanas.ufpr.br/site/evento/SociologiaPolitica/GTs-ONLINE/GT2/EixoI/Estimando_a_importancia_das_instituicoes-SergioPraca.pdf>.

ROCHA, Antônio Sérgio. "Genealogia da Constituinte: do autoritarismo à democratização". *Lua Nova*, n. 88, 2012. Disponível em: <http://www.scielo.br/scielo.php?script=sci_arttext&pid=S0102-64452013000100004>.

SOUZA, Márcia Teixeira de. "O processo decisório na Constituição de 1988: práticas institucionais". *Lua Nova*, São Paulo, n. 58, p. 37-59, 2003. Disponível em <http://www.scielo.br/scielo.php?script=sci_arttext&pid=S0102-64452003000100004&lng=pt&nrm=iso>.

Sites

Anais da Constituinte (integral):

<http://www.senado.gov.br/publicacoes/anais/asp/CT_Abertura.asp>.

Lista dos deputados constituintes:

<http://www2.camara.leg.br/atividade-legislativa/legislacao/Constituicoes_Brasileiras/constituicao-cidada/constituintes/deputados-constituintes>.

Bibliografia consultada 433

Lista dos senadores constituintes:

<http://www2.camara.leg.br/atividade-legislativa/legislacao/Constituicoes_Brasileiras/constituicao-cidada/constituintes/senadores-constituintes>.

Diário da Constituinte:

<http://imagem.camara.gov.br/prepara.asp?selDataIni=02/02/1987&selDataFim=05/10/1988&opcao=1&selCodColecaoCsv=R>.

Processo constituinte (todas as fases, com os respectivos projetos):

<http://www2.camara.leg.br/atividade-legislativa/legislacao/Constituicoes_Brasileiras/constituicao-cidada/o-processo-constituinte>.

A gênese do texto da Constituição de 1988:

LIMA, João Alberto de Oliveira; PASSOS, Edilenice; NICOLA, João Rafael. *A gênese do texto da Constituição de 1988*. Brasília: Senado Federal, Coordenação de Edições Técnicas, 2013. v. 1. Disponível em: <http://www.senado.leg.br/publicacoes/GeneseConstituicao/pdf/genese-cf-1988-1.pdf>.

Vinte e cinco anos da Constituição Cidadã:

<http://www.senado.gov.br/noticias/especiais/constituicao25anos>.

Imprensa (entre 1986 e 1988)

Revistas: *Veja*; *Senhor*.
Jornais: *Estado de S.Paulo*; *Folha de S.Paulo*; *Jornal da Tarde*; *O Globo*; *Jornal do Brasil*; *Correio Braziliense*; *Jornal de Brasília*.

Notas

Apresentação

1. É a única entrevista deste livro já parcialmente publicada, em *O Estado de S. Paulo*, no dia seguinte à sua posse como presidente interino. CARVALHO, Luiz Maklouf. O "homem do livrinho" relembra a Constituinte: Temer rebate Serra, que o ligou ao "Centrão", e diz que Franco Montoro aconselhou a não ir para o PSDB. *O Estado de S. Paulo*, 13 maio 2016. Disponível em: <http://politica.estadao.com.br/noticias/geral,o-homem-do-livrinho-relembra-a--constituinte,10000050955>.
2. Art. 2º. São Poderes da União, independentes e harmônicos entre si, o Legislativo, o Executivo e o Judiciário.
3. Disponíveis nos acervos on-line dos respectivos jornais. Parte do acervo do *Jornal do Brasil* (incluindo a edição citada) está disponível em: <em www.jb.com.br/paginas/news-archive>.
4. Os dados citados estão principalmente em *Perfil socioeconômico e político da Constituinte*, de David Fleisher, e *Perfil da Constituinte: quem são os 487 deputados e os 72 senadores que a compõem*, 1987, da Semprel (empresa de assessoria política e relações governamentais). No site da Câmara dos Deputados, os números incluem os 35 suplentes, o que dá 594 parlamentares. Mas toda a literatura a respeito adota o número de 559.
5. Lista completa, em ordem alfabética, disponível em: <http://www2.camara.leg.br/atividade-legislativa/legislacao/Constituicoes_Brasileiras/constituicao--cidada/constituintes/deputados-constituintes>.
6. Lista completa, em ordem alfabética, disponível em: <http://www2.camara.leg.br/atividade-legislativa/legislacao/Constituicoes_Brasileiras/constituicao--cidada/constituintes/senadores-constituintes>.

7. Entre elas, duas filhas de ex-presidentes da República: Dirce Tutu Quadros (PTB-SP) e Márcia Kubitscheck (PMDB-DF). Algumas ainda estão no Congresso (junho de 2016): Benedita da Silva (PT-RJ), Lídice da Mata (PCdoB-BA), Lucia Vânia (PMDB-GO), Raquel Capiberibe (PMDB-AP) e Rose de Freitas (PMDB-ES). A fonte mais completa sobre as mulheres constituintes está disponível aqui: <http://www2.camara.leg.br/atividade-legislativa/plenario/discursos/escrevendohistoria/25-anos-da-constituicao-de-1988/mulher-constituinte>. Há dezenas de trabalhos acadêmicos sobre sua participação, facilmente encontráveis nos sites de busca.
8. Emenda Constitucional nº 26, art. 1º: "Os Membros da Câmara dos Deputados e do Senado Federal reunir-se-ão, unicameralmente, em Assembleia Nacional Constituinte, livre e soberana, no dia 1º de fevereiro de 1987, na sede do Congresso Nacional". Íntegra em: <http://www.planalto.gov.br/ccivil_03/Constituicao/Emendas/Emc_anterior1988/emc26-85.htm>.
9. Entre eles estavam José Ignácio Ferreira (PMDB-ES), Severo Gomes (PMDB-SP) e Virgílio Távora (PDS-CE), de grande importância na condução dos trabalhos...
10. As outras mortes ocorridas durante a Constituinte: deputado Alair Ferreira (PFL-RJ), de infarto, em uma suíte do Hotel Nacional, 3/9/1987; senador Virgílio Távora (PDS-CE), de câncer, em São Paulo, junho de 1988; deputado Norberto Schwantes (PMDB-MT), de câncer, em Brasília, 17/9/1988. Todos devidamente citados por Ulysses Guimarães no discurso de promulgação.
11. Decreto nº 91.450, de 18 de julho de 1985. Institui a Comissão Provisória de Estudos Constitucionais. Disponível em: <http://www2.camara.leg.br/legin/fed/decret/1980-1987/decreto-91450-18-julho-1985-441585-publicacaooriginal-1-pe.html>.
12. COMISSÃO Affonso Arinos elaborou anteprojeto de Constituição. *Agência Senado*, Brasília, 1 out. 2008. Disponível em: <http://www12.senado.leg.br/noticias/materias/2008/10/01/comissao-afonso-arinos-elaborou-anteprojeto-de-constituicao>.
13. ANTEPROJETO Constitucional. *Diário Oficial*, Suplemento Especial, Brasília, n. 185, p. 3, 26 set. 1986. Disponível em: <http://www.senado.leg.br/publicacoes/anais/constituinte/AfonsoArinos.pdf>.
14. Ata da primeira reunião ordinária da Comissão de Sistematização, 24 de abril de 1987. Todas as atas estão disponíveis em: <http://www.senado.leg.br/publicacoes/anais/constituinte/sistema.pdf>.
15. As outras foram: 1891, 1934, 1937, 1946 e 1967.

16. Comissão de Sistematização. Ata da reunião de instalação da Comissão de Sistematização. Disponível em: < http://www.senado.leg.br/publicacoes/anais/constituinte/sistema.pdf>.
17. I — Soberania e dos Direitos e Garantias do Homem e da Mulher; II — Organização do Estado; III — Organização dos Poderes e Sistema de Governo; IV — Organização Eleitoral Partidária e Garantia das Instituições; V — Sistema Tributário, Orçamento e Finanças; VI — Ordem Econômica; VII — Ordem Social; VIII — Família, Educação, Cultura, Esportes, da Ciência e Tecnologia e da Comunicação.
18. Comissões e Subcomissões Temáticas. Disponível em: <http://www2.camara.leg.br/atividade-legislativa/legislacao/Constituicoes_Brasileiras/constituicao-cidada/o-processo-constituinte/lista-de-comissoes-e-subcomissoes>.
19. "Centro" consegue 314 assinaturas para mudar regimento. *Folha de S.Paulo*, 11 nov. 1987. Disponível em: <http://www2.senado.leg.br/bdsf/item/id/152808>.

Cronologia

1. Antecedentes à Assembleia Nacional Constituinte. Disponível em: <http://www2.camara.leg.br/atividade-legislativa/legislacao/Constituicoes_Brasileiras/constituicao-cidada/assembleia-nacional-constituinte/linha-do-tempo/antecedentes-a-assembleia-nacional-constituinte>.
2. Principais eventos do ano de 1987. Disponível em: <http://www2.camara.leg.br/atividade-legislativa/legislacao/Constituicoes_Brasileiras/constituicao-cidada/assembleia-nacional-constituinte/linha-do-tempo/principais-eventos-de-1987>.
3. Principais eventos do ano de 1988. Disponível em: <http://www2.camara.leg.br/atividade-legislativa/legislacao/Constituicoes_Brasileiras/constituicao-cidada/assembleia-nacional-constituinte/linha-do-tempo/linha-do-tempo-da-constituinte88>.

José Sarney

1. SARNEY dirá na TV quanto tempo quer para seu mandato. *Jornal do Brasil*, p. 3, 18 maio 1987. Disponível em: <http://memoria.bn.br/pdf/030015/per030015_1987_00040.pdf>.
2. Art. 82 da Constituição de 1946: "O presidente e o vice-presidente da República exercerão o cargo por cinco anos."

3. COMISSÃO entrega o anteprojeto da Constituição ao presidente Sarney. *Folha de S.Paulo*, 19 set. 1986. Disponível em: <http://www2.senado.leg.br/bdsf/bitstream/handle/id/113810/1986_AGOSTO%20a%20OUTUBRO_093.pdf?sequence=3>.
4. COVAS vence disputa para líder do PMDB na Constituinte. *Folha de S. Paulo*, 19 mar. 1987. Disponível em: <http://www2.senado.leg.br/bdsf/bitstream/handle/id/112543/1987_12%20a%2020%20de%20Marco_104b.pdf?sequence=1>.
5. Art. 3º do Ato das disposições constitucionais provisórias: "A revisão constitucional será realizada após cinco anos, contados da promulgação da Constituição, pelo voto da maioria absoluta dos membros do Congresso Nacional, em sessão unicameral."

General Leônidas Pires Gonçalves

1. Art. 142. As Forças Armadas, constituídas pela Marinha, pelo Exército e pela Aeronáutica, são instituições nacionais permanentes e regulares, organizadas com base na hierarquia e na disciplina, sob a autoridade suprema do Presidente da República, e destinam-se à defesa da Pátria, à garantia dos poderes constitucionais e, por iniciativa de qualquer destes, da lei e da ordem.

    §1º Lei complementar estabelecerá as normas gerais a serem adotadas na organização, no preparo e no emprego das Forças Armadas.

    §2º Não caberá *habeas corpus* em relação a punições disciplinares militares.

Luiz Carlos Bresser-Pereira

1. CONSTITUINTE não será intimidada, diz Ulysses. *Jornal de Brasília*, p. 3, 20 ago. 1987. Disponível em: <http://www2.senado.leg.br/bdsf/bitstream/handle/id/134972/Agosto%2087_%20-%200234.pdf?sequence=1>.

Maílson da Nóbrega

1. Projeto de Constituição (A) da Comissão de Sistematização. Disponível em: <http://www.camara.gov.br/internet/constituicao20anos/DocumentosAvulsos/vol-253.pdf>.
2. Art. 49. É da competência exclusiva do Congresso Nacional:

    I — resolver definitivamente sobre tratados, acordos ou atos internacionais que acarretem encargos ou compromissos gravosos ao patrimônio nacional;

3. MAÍLSON e Constituintes estudam opção à anistia. *Correio Braziliense*, 4 jun. 1988. Disponível em: <http://www2.senado.leg.br/bdsf/bitstream/handle/id/111603/01_05%20jun88%20-%200022.pdf?sequence=1>.
4. NÓBREGA, Maílson da. Reforma rumo ao desastre. *Veja*, 30 set. 1987.
5. Art. 93. Lei complementar, de iniciativa do Supremo Tribunal Federal, disporá sobre o Estatuto da Magistratura, observados os seguintes princípios:
   [...]
   VII — o juiz titular residirá na respectiva comarca.
6. Art. 144. A segurança pública, dever do Estado, direito e responsabilidade de todos, é exercida para a preservação da ordem pública e da incolumidade das pessoas e do patrimônio, através dos seguintes órgãos:
   I — polícia federal;
   II — polícia rodoviária federal;
   III — polícia ferroviária federal;
   IV — polícias civis;
   V — polícias militares e corpos de bombeiros militares.
7. Art. 170. A ordem econômica, fundada na valorização do trabalho humano e na livre iniciativa, tem por fim assegurar a todos existência digna, conforme os ditames da justiça social, observados os seguintes princípios:
   I — soberania nacional;
   II — propriedade privada;
   III — função social da propriedade;
   IV — livre concorrência;
   V — defesa do consumidor;
   VI — defesa do meio ambiente;
   VII — redução das desigualdades regionais e sociais;
   VIII — busca do pleno emprego;
   IX — tratamento favorecido para as empresas brasileiras de capital nacional de pequeno porte.
   Parágrafo único. É assegurado a todos o livre exercício de qualquer atividade econômica, independentemente de autorização de órgãos públicos, salvo nos casos previstos em lei.

Bernardo Cabral

1. CABRAL tem um "stress", faz um exame e volta ao trabalho. *O Globo*, 2 jul. 1987. Disponível em: <http://www2.senado.leg.br/bdsf/bitstream/handle/id/135374/Jul_1987%20-%200008.pdf?sequence=1>.

2. CABRAL isenta ônibus de pagar imposto. *Jornal do Brasil*, 5 set. 1987. Disponível em: <http://www2.senado.leg.br/bdsf/bitstream/handle/id/127262/Setembro%2087%20-%200338.pdf?sequence=1>.

Carlos Eduardo Mosconi

1. O presidente foi o deputado José Elias Murad (PTB-MG). Subcomissão de Saúde, Seguridade e do Meio Ambiente. Documentos e atas. Disponível em: <http://www2.camara.leg.br/atividade-legislativa/legislacao/Constituicoes_Brasileiras/constituicao-cidada/o-processo-/comissoes-e-subcomissoes/comissao7/subcomissao7b>.
2. Cf. VIII Conferência Nacional de Saúde. Disponível em: <http://bvsarouca.icict.fiocruz.br/sanitarista06.html>.
3. Foram ouvidos em audiências públicas: Amaury Soares Silveira, João Régis Ricardo dos Santos, Obed Dornelles Vargas, Laércio Moreira Valença, Arlindo Fábio Gomes de Souza, Roney Edmar Ribeiro, Ézio Albuquerque Cordeiro, Roberto Chabo, José Luiz Riani Costa, Geraldo Justo, João José Cândido da Silva, Maria José dos Santos Rossi, Maria Luiza Jaeger, Cristina Albuquerque, José Alberto Hermógenes de Souza, Nelson dos Santos, Raphael de Almeida Magalhães, Silio Andrade, Alexandre Lourenço, Francisco Ubiratan Dellape, Francisco dos Santos, Sônia Republicano, Regina Senna, Maria Aladilce de Souza, Moisés Goldbaum, Eleutério Gomes Neto, Pedro Demitrof, Célia Chaves, Renato Baruffaldi, Antônio Carlos Lyra, Francisco Álvaro Barbosa Costa, Marta Nóbrega Martinez, Arimar Ferreira Bastos, Ogari de Castro Pacheco, Hosana Garcez Moreira, Wolney Garrafa, Roberto Figueira Santos, Antônio Sérgio da Silva Arouca, Altair Mosselin, Sérgio A. Draibe, Fernando Alberto Campos de Lemos, Ueide Fernando Fontana, Victor Gomes Pinto, Reinhold Stephanes, Carlos Abe Petrelluzzi, Jaime Rosembjom, José da Rocha Cavalheiro, Nelson Proença, Mário Rigatto, Jorge Kalil, Edmundo Castilho, Jaqueline Pitangui, Eric Rosas, Wilson Aude Freua, Zuleica Portella Albuquerque, Cora M. B. Montoro, Roberto Messias Franco, Carlos Alberto Ribeiro Xavier, Fernanda Colagrossi, Ângelo Barbosa Machado, Fernando Salino Côrte, Paulo Mente, Dernival da Silva Brandão, Carlos Alberto Oliveira Roxo.
4. Art. 197. São de relevância pública as ações e serviços de saúde, cabendo ao Poder Público dispor, nos termos da lei, sobre sua regulamentação, fiscalização e controle, devendo sua execução ser feita diretamente ou através de terceiros e, também, por pessoa física ou jurídica de direito privado.

Art. 198. As ações e serviços públicos de saúde integram uma rede regionalizada e hierarquizada e constituem um sistema único, organizado de acordo com as seguintes diretrizes:

I — descentralização, com direção única em cada esfera de governo;

II — atendimento integral, com prioridade para as atividades preventivas, sem prejuízo dos serviços assistenciais;

III — participação da comunidade.

Parágrafo único. O sistema único de saúde será financiado, nos termos do art. 195, com recursos do orçamento da seguridade social, da União, dos Estados, do Distrito Federal e dos Municípios, além de outras fontes.

Art. 199. A assistência à saúde é livre à iniciativa privada.

§1º As instituições privadas poderão participar de forma complementar do sistema único de saúde, segundo diretrizes deste, mediante contrato de direito público ou convênio, tendo preferência as entidades filantrópicas e as sem fins lucrativos.

§2º É vedada a destinação de recursos públicos para auxílios ou subvenções às instituições privadas com fins lucrativos.

§3º É vedada a participação direta ou indireta de empresas ou capitais estrangeiros na assistência à saúde no País, salvo nos casos previstos em lei.

§4º A lei disporá sobre as condições e os requisitos que facilitem a remoção de órgãos, tecidos e substâncias humanas para fins de transplante, pesquisa e tratamento, bem como a coleta, processamento e transfusão de sangue e seus derivados, sendo vedado todo tipo de comercialização.

Art. 200. Ao sistema único de saúde compete, além de outras atribuições, nos termos da lei:

I — controlar e fiscalizar procedimentos, produtos e substâncias de interesse para a saúde e participar da produção de medicamentos, equipamentos, imunobiológicos, hemoderivados e outros insumos;

II — executar as ações de vigilância sanitária e epidemiológica, bem como as de saúde do trabalhador;

III — ordenar a formação de recursos humanos na área de saúde;

IV — participar da formulação da política e da execução das ações de saneamento básico;

V — incrementar em sua área de atuação o desenvolvimento científico e tecnológico;

VI — fiscalizar e inspecionar alimentos, compreendido o controle de seu teor nutricional, bem como bebidas e águas para consumo humano;

VII — participar do controle e fiscalização da produção, transporte, guarda e utilização de substâncias e produtos psicoativos, tóxicos e radioativos;

VIII — colaborar na proteção do meio ambiente, nele compreendido o do trabalho.

5. Mazzilli presidiu o Brasil por um breve período em duas oportunidades: a primeira (de 25 de agosto a 8 de setembro de 1961) ocorreu depois da renúncia de Jânio Quadros, quando era vice-presidente, e durante a ausência do vice-presidente João Goulart, que visitava oficialmente a China. A segunda (de 2 de abril até 15 de abril de 1964) foi logo após a deposição de Jango pelo Congresso Nacional.

Fernando Henrique Cardoso

1. CASTELLO BRANCO, Carlos. O comando da Constituinte. *Jornal do Brasil*, 16 dez. 1986. Disponível em: < http://www2.senado.leg.br/bdsf/bitstream/handle/id/116677/1986_DEZEMBRO_067.pdf?sequence=1>.
2. Fundação Mario Covas. Discurso na votação da escolha do líder da bancada da maioria na Assembleia Nacional Constituinte. Disponível em: <http://www.fundacaomariocovas.org.br/mariocovas/pronunciamentos/votacao-constituinte/>.
3. CONSTITUINTE: fim da confusão? *O Estado de S. Paulo*, p. 9, 2 jul. 1987. Disponível em: <http://www2.senado.leg.br/bdsf/bitstream/handle/id/134708/Jul_1987%20-%200145.pdf?sequence=3>.
4. PIRES, Cecília. Fernando Henrique prega volta às ruas. *Jornal do Brasil*, Rio de Janeiro, p. 4, 26 fev. 1986.
5. GREENHALGH, Laura. "Eu assumi para ser deposto", revela o apoiador do golpe que depois garantiria a volta dos milicos para casa. *O Estado de S. Paulo*, 28 mar. 2014. Disponível em: <http://politica.estadao.com.br/noticias/geral,eu-assumi-para-ser-deposto,1146389>.
6. SANTANA, Simeia S. 1988: A Constituinte na revista *Veja*. *A década perdida reencontrada:* Experimentos com as historicidades dos Anos 80, 30 nov. 2015. Disponível em: <http://osanos80s.blogspot.com.br/2015/11/1988--constituinte-na-revista-veja.html>.
7. Sarney disse mais de uma vez, em momentos diferentes, que a Constituição tornaria o país ingovernável. A que teve maior repercussão, aqui referida, foi um pronunciamento em rede nacional de rádio e TV na noite de 26 de julho de 1988, com a Constituinte na etapa final. Trechos: "Os brasileiros receiam

que a Constituição torne o país ingovernável"; e país "corre também o risco de tornar-se ingovernável nas empresas, nas relações de trabalho, nas famílias e na sociedade". Íntegra em: <http://www2.senado.leg.br/bdsf/bitstream/handle/id/120240/1988_26%20a%2031%20de%20Julho_032.pdf?sequence=3>.

8. Em longo e contundente discurso no plenário da Constituinte, em 27/7/88, muito aplaudido, Ulysses disse, entre outras coisas: "A Constituição, com as correções que faremos, será a guardiã da governabilidade"; "Ingovernáveis são a fome, a miséria, a ignorância, a doença inassistida" Íntegra em: <http://www2.senado.leg.br/bdsf/bitstream/handle/id/120465/1988_26%20a%20 31%20de%20Julho_064.pdf?sequence=1>.

9. "Nós, representantes do povo brasileiro, reunidos em Assembleia Nacional Constituinte para instituir um Estado democrático, destinado a assegurar o exercício dos direitos sociais e individuais, a liberdade, a segurança, o bem--estar, o desenvolvimento, a igualdade e a justiça como valores supremos de uma sociedade fraterna, pluralista e sem preconceitos, fundada na harmonia social e comprometida, na ordem interna e internacional, com a solução pacífica das controvérsias, promulgamos, sob a proteção de Deus, a seguinte Constituição da República Federativa do Brasil."

10. BRASIL. Assembleia Nacional Constituinte. *Diário da Assembleia Constituinte,* Suplemento B, set. 1988. Disponível em: <http://www.senado.gov.br/publicacoes/anais/Constituinte/redacao.pdf>.

11. Art. 207. As universidades gozam de autonomia didático-científica, administrativa e de gestão financeira e patrimonial, e obedecerão ao princípio de indissociabilidade entre ensino, pesquisa e extensão.

12. Art. 49. É da competência exclusiva do Congresso Nacional: [...] X) fiscalizar a controlar, diretamente, ou por qualquer de suas casas, os atos do Poder Executivo, incluídos os da administração indireta.

13. A citação literal é: "Fica, assim, bem claro que a revolução não procura legitimar-se através do Congresso. Este é que recebe deste Ato Institucional, resultante do exercício do Poder Constituinte, inerente a todas as revoluções, a sua legitimação." Íntegra em: <http://www.planalto.gov.br/ccivil_03/AIT/ait-01-64.htm>.

14. Ulysses usou a expressão no dia 17 de fevereiro 1988, durante entrevista no Palácio dos Bandeirantes, em São Paulo, depois de encontro com o governador Orestes Quércia. A Constituinte vivia sob grande pressão, em que se aventava até "zerar" os trabalhos até ali realizados. Ao repelir essa ameaça, ele lembrou o período em que a Junta Militar "os três patetas" — outorgou

a Constituição de 1969. Segundo relato da Folha de S.Paulo, a frase literal foi: "Não acredito que os militares vão fazer [...] aquilo que fizeram os três patetas em 1969." No dia seguinte, o ministro do Exército, general Leônidas Pires Gonçalves, divulgou nota: "[...] a referência do dr. Ulysses a três antigos chefes militares respeitáveis e respeitados foi infeliz e injusta." Em: <http://acervo.folha.uol.com.br/fsp/1988/02/18/2/>.

15. Disponível em: <http://www2.camara.leg.br/camaranoticias/radio/materias/CAMARA-E-HISTORIA/339277-INTEGRA-DO-DISCURSO-PRESIDEN-TE-DA-ASSEMBLEIA-NACIONAL-CONSTITUINTE,--DR.-ULYSSES--GUIMARAES-(10-23).html>.
16. GUIMARÃES, Ulysses. *Íntegra do discurso presidente da Assembleia Nacional Constituinte.* Brasília: Rádio Câmara, 1988. Arquivo sonoro (10'23"). Disponível em: <http://www2.camara.leg.br/camaranoticias/radio/materias/CAMARA-E-HISTORIA/339277--INTEGRA-DO-DISCURSO-PRESIDEN-TE-DA-ASSEMBLEIA-NACIONAL-CONSTITUINTE,--DR.-ULYSSES--GUIMARAES-(10-23).html>.
17. OLIVEIRA, Paulo Affonso Martins de, em depoimento a HOLANDA, Tarcisio. Plenarium, 2005
18. SERRA, José. *Cinquenta anos esta noite — o golpe, a ditadura e o exílio.* Record, 2014

Flávio Bierrenbach

1. Foram ouvidos na comissão os professores Maria Vitória Benevides e Affonso Arinos de Mello Franco; dom Luciano Mendes de Almeida, presidente da Conferência Nacional dos Bispos do Brasil (CNBB); o jurista Raymundo Faoro, ex-presidente da Ordem dos Advogados do Brasil (OAB); os professores da Faculdade de Direito da USP Fábio Konder Comparato e Dalmo de Abreu Dallari; o presidente da OAB Hermann Assis Baeta; o professor da Faculdade de Direito da Universidade Federal de Recife Nelson Saldanha; o presidente da Central Única dos Trabalhadores (CUT) Jair Meneguelli; o presidente da Conferência Nacional das Classes Trabalhadoras (Conclat) Joaquim dos Santos Andrade; o presidente do grupo jornalístico Visão Henry Maksoud; o professor de Direito da PUC de São Paulo Carlos Eduardo Moreira Ferreira; o professor Geraldo Ataliba; e o consultor-geral da República Paulo Brossard.

Francisco Rossi

1. O presidente foi o deputado Israel Pinheiro Filho (PMDB-MG). Cf. Documentos e atas da Subcomissão do Sistema Eleitoral e Partidos Políticos. Disponível em: <http://www2.camara.leg.br/atividade-legislativa/legislacao/Constituicoes_Brasileiras/constituicao-cidada/o-processo-constituinte/comissoes-e-subcomissoes/comissao-da-organizacao-eleitoral-partidaria-e/subcomissao4a>.

José Fogaça

1. Cf. Anteprojeto n° 219, de 26 de junho de 1987, mais conhecido como "Frankenstein". Disponível em: <http://www.camara.gov.br/internet/constituicao20anos/DocumentosAvulsos/vol-219.pdf>.
2. Exatas 877, somando-se os comparecimentos às oito Comissões, citados no livro "Audiências públicas na Assembleia Nacional Constituinte — A sociedade na tribuna" da Câmara dos Deputados, 2009. A mais concorrida foi a Comissão da Família, da Educação, Cultura e Esportes, da Ciência e Tecnologia e da Comunicação, com 196 convidados. O menor comparecimento, com 52 depoentes, foi na Comissão de Organização de Poderes e Sistema de Governo. O livro, de 653 páginas, está disponível em: <http://bd.camara.gov.br/bd/handle/bdcamara/1882>.
3. Art. 62. Em caso de relevância e urgência, o Presidente da República poderá adotar medidas provisórias, com força de lei, devendo submetê-las de imediato ao Congresso Nacional, que, estando em recesso, será convocado extraordinariamente para se reunir no prazo de cinco dias.
    [...]
    Parágrafo único. As medidas provisórias perderão eficácia, desde a edição, se não forem convertidas em lei no prazo de trinta dias, a partir de sua publicação, devendo o Congresso Nacional disciplinar as relações jurídicas delas decorrentes.
4. Neste momento, junho de 2016, ministro do Turismo do governo Michel Temer.
5. No artigo "Estimando a importância das instituições: o impacto da descentralização na Assembleia Constituinte brasileira, 1987-1988", os cientistas políticos Sérgio Praça e Lincoln Noronha afirmam, com base em acurado levantamento nos projetos apresentados, que "mais da metade do texto constitucional teve sua redação final elaborada ainda na fase das comissões,

sob o primeiro regimento, e que o aproveitamento do anteprojeto elaborado pela Comissão de Sistematização foi muito mais alto do que se imaginava". Disponível em: <http://www.humanas.ufpr.br/site/evento/SociologiaPolitica/GTs-ONLINE/GT2/EixoI/Estimando_a_importancia_das_instituicoes--SergioPraca.pdf>.

6. Outra greve de fome no palco da Constituinte foi a do ambulante cego Afonso Victor, em junho de 1988, em protesto contra Jânio Quadros, então prefeito de São Paulo, que revogou um decreto que regulamentava a atuação dos ambulantes deficientes em pontos fixos. CEGO termina greve de fome na Constituinte. *Jornal de Brasília*, n. 4.762, p. 4, 30 jun. 1988. Disponível em: <http://www2.senado.leg.br/bdsf/handle/id/118842>.

7. Ato das Disposições Constitucionais Provisórias, art. 13: "É criado o Estado do Tocantins, pelo desmembramento da área descrita neste artigo, dando-se sua instalação no quadragésimo sexto dia após a eleição prevista no §3º, mas não antes de 1º de janeiro de 1989."

8. Art. 18. A organização político-administrativa da República Federativa do Brasil compreende a União, os Estados, o Distrito Federal e os Municípios, todos autônomos, nos termos desta Constituição.

9. Art. 45. A Câmara dos Deputados compõe-se de representantes do povo, eleitos, pelo sistema proporcional, em cada Estado, em cada Território e no Distrito Federal.

    §1º O número total de Deputados, bem como a representação por Estado e pelo Distrito Federal, será estabelecido por lei complementar, proporcionalmente à população, procedendo-se aos ajustes necessários, no ano anterior às eleições, para que nenhuma daquelas unidades da Federação tenha menos de oito ou mais de setenta Deputados.

    §2º Cada Território elegerá quatro Deputados.

José Serra

1. Documentos e atas da Comissão do Sistema Tributário, Orçamento e Finanças. Disponível em: <http://www2.camara.leg.br/atividade-legislativa/legislacao/Constituicoes_Brasileiras/constituicao-cidada/o-processo-constituinte/comissoes-e-subcomissoes/comissao5/comissao5>.

2. SERRA, José. "Non è vero, ma...". *Folha de S.Paulo*, 8 jan. 1987. Disponível em: <http://www1.folha.uol.com.br/fsp/opiniao/fz080907.htm>.

3. Art. 159. A União entregará:

    I — do produto da arrecadação dos impostos sobre renda e proventos de qualquer natureza e sobre produtos industrializados, quarenta e sete por cento na seguinte forma:
    a) vinte e um inteiros e cinco décimos por cento ao Fundo de Participação dos Estados e do Distrito Federal;
    b) vinte e dois inteiros e cinco décimos por cento ao Fundo de Participação dos Municípios;
    c) três por cento, para aplicação em programas de financiamento ao setor produtivo das Regiões Norte, Nordeste e Centro-Oeste, através de suas instituições financeiras de caráter regional, de acordo com os planos regionais de desenvolvimento, ficando assegurada ao semiárido do Nordeste a metade dos recursos destinados à região, na forma que a lei estabelecer; [...]
4. SERRA desagrada norte e nordeste com seu relatório. *O Globo*, Rio de Janeiro, p. 5, 9 jun. 1987. Disponível em: <http://www2.senado.leg.br/bdsf/bitstream/handle/id/130249/junho87%20-%200081.pdf>.sequence=1>.
5. Art. 7º. São direitos dos trabalhadores urbanos e rurais, além de outros que visem à melhoria de sua condição social:

    [...]

    II — seguro-desemprego, em caso de desemprego involuntário; [...]
6. Art. 239. A arrecadação decorrente das contribuições para o Programa de Integração Social, criado pela Lei Complementar nº 7, de 7 de setembro de 1970, e para o Programa de Formação do Patrimônio do Servidor Público, criado pela Lei Complementar nº 8, de 3 de dezembro de 1970, passa, a partir da promulgação desta Constituição, a financiar, nos termos que a lei dispuser, o programa do seguro-desemprego e o abono de que trata o §3º deste artigo. (Regulamento).

    §1º Dos recursos mencionados no "caput" deste artigo, pelo menos quarenta por cento serão destinados a financiar programas de desenvolvimento econômico, através do Banco Nacional de Desenvolvimento Econômico e Social, com critérios de remuneração que lhes preservem o valor.
7. Art. 77. A eleição do Presidente e do Vice-Presidente da República realizar-se--á, simultaneamente, noventa dias antes do término do mandato presidencial vigente.

    [...]

    §3º Se nenhum candidato alcançar maioria absoluta na primeira votação, far-se-á nova eleição em até vinte dias após a proclamação do

resultado, concorrendo os dois candidatos mais votados e considerando-se eleito aquele que obtiver a maioria dos votos válidos.
8. Art. 29. O Município reger-se-á por lei orgânica, votada em dois turnos, com o interstício mínimo de dez dias, e aprovada por dois terços dos membros da Câmara Municipal, que a promulgará, atendidos os princípios estabelecidos nesta Constituição, na Constituição do respectivo Estado e os seguintes preceitos:
[...]
II — eleição do Prefeito e do Vice-Prefeito até noventa dias antes do término do mandato dos que devam suceder, aplicadas as regras do art. 77 no caso de Municípios com mais de duzentos mil eleitores; [...]
9. Art. 192. O sistema financeiro nacional, estruturado de forma a promover o desenvolvimento equilibrado do País e a servir aos interesses da coletividade, será regulado em lei complementar, que disporá, inclusive, sobre:
[...]
§3º As taxas de juros reais, nelas incluídas comissões e quaisquer outras remunerações direta ou indiretamente referidas à concessão de crédito, não poderão ser superiores a doze por cento ao ano; a cobrança acima deste limite será conceituada como crime de usura, punido, em todas as suas modalidades, nos termos que a lei determinar.
10. Luiz Gushiken morreu em 13 de setembro de 2013, com 63 anos, no Hospital Sírio-Libanês, em São Paulo, onde estava internado, em consequência de um câncer no aparelho digestivo.
11. Art. 192. O sistema financeiro nacional, estruturado de forma a promover o desenvolvimento equilibrado do País e a servir aos interesses da coletividade, será regulado em lei complementar, que disporá, inclusive, sobre:
[...]
VII — os critérios restritivos da transferência de poupança de regiões com renda inferior à média nacional para outras de maior desenvolvimento;
[...]
12. [...] CAPÍTULO IV — DO SISTEMA FINANCEIRO NACIONAL
[...]
Art. 192. O sistema financeiro nacional, estruturado de forma a promover o desenvolvimento equilibrado do País e a servir aos interesses da coletividade, será regulado em lei complementar, que disporá, inclusive, sobre:
I — a autorização para o funcionamento das instituições financeiras, assegurado às instituições bancárias oficiais e privadas acesso a todos os instrumentos do mercado financeiro bancário, sendo vedada a essas instituições a participação em atividades não previstas na autorização de que trata este inciso;

II — autorização e funcionamento dos estabelecimentos de seguro, previdência e capitalização, bem como do órgão oficial fiscalizador e do órgão oficial ressegurador;

III — as condições para a participação do capital estrangeiro nas instituições a que se referem os incisos anteriores, tendo em vista, especialmente:
   a) os interesses nacionais;
   b) os acordos internacionais;

[...]

IV — a organização, o funcionamento e as atribuições do banco central e demais instituições financeiras públicas e privadas;

V — os requisitos para a designação de membros da diretoria do banco central e demais instituições financeiras, bem como seus impedimentos após o exercício do cargo;

VI — a criação de fundo ou seguro, com o objetivo de proteger a economia popular, garantindo créditos, aplicações e depósitos até determinado valor, vedada a participação de recursos da União;

VII — os critérios restritivos da transferência de poupança de regiões com renda inferior à média nacional para outras de maior desenvolvimento;

VIII — o funcionamento das cooperativas de crédito e os requisitos para que possam ter condições de operacionalidade e estruturação próprias das instituições financeiras.

§1º A autorização a que se referem os incisos I e II será inegociável e intransferível, permitida a transmissão do controle da pessoa jurídica titular, e concedida sem ônus, na forma da lei do sistema financeiro nacional, a pessoa jurídica cujos diretores tenham capacidade técnica e reputação ilibada, e que comprove capacidade econômica compatível com o empreendimento.

§2º Os recursos financeiros relativos a programas e projetos de caráter regional, de responsabilidade da União, serão depositados em suas instituições regionais de crédito e por elas aplicados.

§3º As taxas de juros reais, nelas incluídas comissões e quaisquer outras remunerações direta ou indiretamente referidas à concessão de crédito, não poderão ser superiores a doze por cento ao ano; a cobrança acima deste limite será conceituada como crime de usura, punido, em todas as suas modalidades, nos termos que a lei determinar.

13. Emenda Constitucional nº 40. Disponível em: <http://www.planalto.gov.br/ccivil_03/Constituicao/Emendas/Emc/emc40.htm>.

14. Constituintes entrevistados nas "Páginas Amarelas" da revista *Veja* em 1987: José Lourenço, Luiz Inácio Lula da Silva, Fernando Henrique Cardoso, Bernardo Cabral, Fábio Konder Comparato, Luís Eduardo Magalhães. Em 1988: Euclides Scalco, Delfim Netto, Fernando Henrique Cardoso, José Serra, Nelson Jobim, Roberto Freire. Disponível em: <http://veja.abril.com.br/complemento/acervodigital/index-novo-acervo.html>.
15. O acervo digital da revista *Veja* pode ser acessado aqui: <http://veja.abril.com.br/complemento/acervodigital/index-novo-acervo.html>.

Antônio Britto

1. COVAS, Mário. Discurso na votação da escolha do líder da bancada da maioria na Assembleia Nacional Constituinte. *Fundação Mario Covas*, 18 mar. 1987. Disponível em: <http://www.fundacaomariocovas.org.br/mariocovas/pronunciamentos/votacao-Constituinte/>.
2. DOENÇA de Covas conduz Fernando Henrique ao posto de líder informal. *O Globo*, Rio de Janeiro, p. 2, 13 out. 1987. Disponível em: <http://www2.senado.leg.br/bdsf/bitstream/handle/id/128789/Setembro%2087%20-%200397.pdf?sequence=1>.
3. ESQUERDA admite aparecer só para alertar partido. *Correio Braziliense*, Brasília, n. 9.035, p. 4, 9 jan. 1988. Disponível em: <http://www2.senado.leg.br/bdsf/handle/id/125857>.
4. Art. 223. Compete ao Poder Executivo outorgar e renovar concessão, permissão e autorização para o serviço de radiodifusão sonora e de sons e imagens, observado o princípio da complementaridade dos sistemas privado, público e estatal.

    §1º O Congresso Nacional apreciará o ato no prazo do art. 64, §§2º e 4º, a contar do recebimento da mensagem.

    §2º A não renovação da concessão ou permissão dependerá de aprovação de, no mínimo, dois quintos do Congresso Nacional, em votação nominal.

    §3º O ato de outorga ou renovação somente produzirá efeitos legais após deliberação do Congresso Nacional, na forma dos parágrafos anteriores.

    §4º O cancelamento da concessão ou permissão, antes de vencido o prazo, depende de decisão judicial.

    §5º O prazo da concessão ou permissão será de dez anos para as emissoras de rádio e de quinze para as de televisão.

José Lourenço

1. Que virou o inciso XXIII, art. 5º: "[...] a propriedade atenderá a sua função social".
2. LÍDER do PFL discute com relator e rasga em plenário o texto do projeto. *O Globo*, O País, Rio de Janeiro, 17 out. 1987. Disponível em: <https://www2.senado.leg.br/bdsf/bitstream/handle/id/151509/Out_87%20-%200265.pdf?sequence=3>.
3. LÍDER do PFL defende criação de um bloco centrista na Constituinte. *Folha de S.Paulo*, São Paulo, p. A5, 4 fev. 1987. Disponível em: <http://www2.senado.leg.br/bdsf/bitstream/handle/id/113946/1987_01%20a%2004%20de%20Fevereiro_129e.pdf?sequence=3>.
4. O primeiro, na verdade, nas "Páginas Amarelas", edição de 8 de abril de 1987. Disponível em: <http://veja.abril.com.br/complemento/acervodigital/index-novo-acervo.html>.
5. Art. 150. Sem prejuízo de outras garantias asseguradas ao contribuinte, é vedado à União, aos Estados, ao Distrito Federal e aos Municípios:
    VI — instituir impostos sobre:
    d) livros, jornais, periódicos e o papel destinado a sua impressão.

Nelson Jobim

1. TARTAGLIA, Cesar. Sem votação: caderno sobre os 15 anos da Constituição de 88 revela que artigos entraram em vigor sem passar pelo plenário. *O Globo*, Memória, Rio de Janeiro, 5 out. 2003. Disponível em: <http://memoria.oglobo.globo.com/jornalismo/edicoes-especiais/sem-votaccedilatildeo-9938719>.
2. JURISTAS pedem impeachment de Jobim; OAB avalia outros 2 pedidos. *Folha Online*, 30 out. 2003. Disponível em: <http://www1.folha.uol.com.br/folha/brasil/ult96u54931.shtml>.
3. Íntegra na revista *Senhor*, 10/2/87.
4. JOBIM e seu projeto de maioridade. *Senhor*, São Paulo, 10 fev. 1987. O subtítulo diz: "Em respeito à história que um dia ainda haverá de ser escrita sobre o episódio em que a bancada do PMDB na Câmara tentou tirar a Constituinte dos trilhos da 'conciliação das elites', aqui vai o texto da proposta de seu inspirador, o deputado gaúcho Nelson Jobim, e suas justificativas."
5. Jobim falou mais detalhadamente sobre esse 'método' na exposição "O colégio de líderes e a Câmara dos deputados". Disponível em: <http://www.cebrap.org.br/v2/app/webroot/files/upload/biblioteca_virtual/o_colegio_de_lideres.pdf>.

6. *Diários da Assembleia Nacional Constituinte*, Brasília, 26 fev. 1987, p. 598. Disponível em: <http://www2.camara.leg.br/atividade-legislativa/legislacao/Constituicoes_Brasileiras/constituicao-cidada/publicacoes/diarios/diarios-da-assembleia-nacional-constituinte>.
7. Art. 7º, inciso XV.
8. Art. 7º, inciso I.
9. Art. 142: "As Forças Armadas, constituídas pela Marinha, pelo Exército e pela Aeronáutica, são instituições nacionais permanentes e regulares, organizadas com base na hierarquia e na disciplina, sob a autoridade suprema do Presidente da República, e destinam-se à defesa da Pátria, à garantia dos poderes constitucionais e, por iniciativa de qualquer destes, da lei e da ordem."
10. NOBLAT, Ricardo. A história do golpe que não houve (II). *Jornal do Brasil*, Rio de Janeiro, p. 2, 25 mar. 1988. Disponível em: <http://www2.senado.leg.br/bdsf/bitstream/handle/id/123255/23%20a%2025%20de%20marco%20-%200089.pdf?sequence=1>.
11. Art. 231. São reconhecidos aos índios sua organização social, costumes, línguas, crenças e tradições, e os direitos originários sobre as terras que tradicionalmente ocupam, competindo à União demarcá-las, proteger e fazer respeitar todos os seus bens.

    §1º — São terras tradicionalmente ocupadas pelos índios as por eles habitadas em caráter permanente, as utilizadas para suas atividades produtivas, as imprescindíveis à preservação dos recursos ambientais necessários a seu bem-estar e as necessárias a sua reprodução física e cultural, segundo seus usos, costumes e tradições.

    §2º — As terras tradicionalmente ocupadas pelos índios destinam-se a sua posse permanente, cabendo-lhes o usufruto exclusivo das riquezas do solo, dos rios e dos lagos nelas existentes.

    §3º — O aproveitamento dos recursos hídricos, incluídos os potenciais energéticos, a pesquisa e a lavra das riquezas minerais em terras indígenas só podem ser efetivados com autorização do Congresso Nacional, ouvidas as comunidades afetadas, ficando-lhes assegurada participação nos resultados da lavra, na forma da lei.

    §4º — As terras de que trata este artigo são inalienáveis e indisponíveis, e os direitos sobre elas, imprescritíveis.

    §5º — É vedada a remoção dos grupos indígenas de suas terras, salvo, ad referendum do Congresso Nacional, em caso de catástrofe ou epidemia que ponha em risco sua população, ou no interesse da soberania do País, após deliberação do Congresso Nacional, garantido, em qualquer hipótese, o retorno imediato logo que cesse o risco.

§6º — São nulos e extintos, não produzindo efeitos jurídicos, os atos que tenham por objeto a ocupação, o domínio e a posse das terras a que se refere este artigo, ou a exploração das riquezas naturais do solo, dos rios e dos lagos nelas existentes, ressalvado relevante interesse público da União, segundo o que dispuser lei complementar, não gerando a nulidade e a extinção direito a indenização ou a ações contra a União, salvo, na forma da lei, quanto às benfeitorias derivadas da ocupação de boa-fé.

§7º — Não se aplica às terras indígenas o disposto no art. 174, §§3º e 4º.

Art. 232. Os índios, suas comunidades e organizações são partes legítimas para ingressar em juízo em defesa de seus direitos e interesses, intervindo o Ministério Público em todos os atos do processo.

Benito Gama

1. Documentos da Subcomissão de Tributos, Participação e Distribuição das Receitas. Disponível em: <http://www2.camara.leg.br/atividade-legislativa/legislacao/Constituicoes_Brasileiras/constituicao-cidada/o-processo-constituinte/comissoes-e-subcomissoes/comissao5/subcomissao5a>.
2. BRIGAS entre grupos e desorganização param Constituinte. *Jornal do Brasil*, Política, Rio de Janeiro, p. 2, 10 abr. 1987. Disponível em: <http://www2.camara.leg.br/atividade-legislativa/legislacao/Constituicoes_Brasileiras/constituicao-cidada/o-processo-Constituinte/comissoes-e-subcomissoes/comissao5/comissao5>.
3. Pai e filho foram constituintes. Os outros parentescos foram: Jutahy Magalhães / Jutahy Júnior (filho); Virgilio Távora / Carlos Virgílio (filho); Luiz Viana Filho/ Luiz Viana Netto (filho) Albano Franco / Antonio Carlos Franco (irmãos); Plínio Martins / Wilson Martins (filho); Gerson Camata / Rita Camata (casados), José Lourenço / Rita Furtado (casal). Alguns filhos tinham pais no Executivo como Zequinha Sarney, filho do presidente Sarney, e Luiz Eduardo Magalhães, filho do ministro Antônio Carlos Magalhães. O pai de Oscar Corrêa Filho, Oscar Corrêa, era ministro do Supremo Tribunal Federal.
4. "Reforma rumo ao desastre", 30/9/1987.
5. Art. 153. Compete à União instituir impostos sobre:
    [...]
    VII — grandes fortunas, nos termos de lei complementar.

6. FARIA tudo de novo, diz ex-presidente da CPI que investigou Collor. Disponível em: <http://noticias.terra.com.br/brasil/politica/faria-tudo-de-novo-diz-ex-presidente-da-cpi-que-investigou-collor,156e0a43aa1da310VgnCLD200000bbcceb0aRCRD.html>.
7. BRASIL. Congresso Nacional. CPI do orçamento. Brasília: Senado Federal, 1994. Disponível em: <http://www2.senado.leg.br/bdsf/item/id/84896>.
8. Documentos do Arquivo Nacional, revelados em 2013, mostram que o SNI monitorava alguns constituintes. Cf. BRASIL. Câmara dos Deputados. Documentos revelam que agentes do SNI monitoraram constituintes. *Câmara Notícias*, Brasília, 20 set. 2013. Disponível em: <http://www2.camara.leg.br/camaranoticias/noticias/POLITICA/452600-DOCUMENTOS-REVELAM--QUE-AGENTES-DO-SNI-MONITORARAM-CONSTITUINTES.html>.
9. O SNI foi extinto no governo Fernando Collor de Mello.

Delfim Netto

1. Documentos da Subcomissão de Princípios Gerais, Intervenção do Estado, Regime da Propriedade do Subsolo e da Atividade Econômica. Disponível em: <http://www2.camara.leg.br/atividade-legislativa/legislacao/Constituicoes_Brasileiras/constituicao-cidada/o-processo-constituinte/comissoes-e--subcomissoes/comissao6/subcomissao6a>.
2. GREENHALGH, Laura. "Eu assumi para ser deposto", revela o apoiador do golpe que depois garantiria a volta dos milicos para casa. *O Estado de S. Paulo*, 28 mar. 2014. Disponível em: <http://politica.estadao.com.br/noticias/geral,eu-assumi-para-ser-deposto,1146389>.
3. PARA Delfim, Ulysses deu golpe no "tapetão". *O Estado de S. Paulo*, São Paulo, 27 out. 1987. Disponível em: <http://www2.senado.leg.br/bdsf/bitstream/handle/id/152685/Out_87%20-%200052.pdf?sequence=3>.
4. CHAGAS, Carlos. Sugestão de Delfim a Sarney: "Um ato heroico." O heroísmo: solicitar eleições para presidente, deputados federais e senadores. E romper com o PMDB se não houver apoio. *O Estado de S. Paulo*, Política, São Paulo, p. 7, 12 nov. 1987. Disponível em: <http://www2.senado.leg.br/bdsf/bitstream/handle/id/153574/Nov_87%20-%200835.pdf?sequence=1>.
5. NOBLAT, Ricardo. Delfim ataca fisiologismo do "Centrão". *Jornal do Brasil*, Rio de Janeiro, p. 4, 29 jan. 1988. Disponível em: <http://www2.senado.leg.br/bdsf/bitstream/handle/id/122739/1988_23%20a%2031%20de%20Janeiro_178.pdf?sequence=1>.

6. DELFIM, Serra e Dornelles são punidos. *O Estado de S. Paulo*, São Paulo, p. 5, 11 jun. 1988. Disponível em: <http://www2.senado.leg.br/bdsf/bitstream/handle/id/121355/1988_11%20a%2015%20de%20Junho_008c.pdf?sequence=1>.
7. BRASIL. Câmara dos Deputados. *Comissão da ordem econômica*. Brasília: Câmara dos Deputados, [20-?]. Disponível em: <http://www2.camara.leg.br/atividade-legislativa/legislacao/Constituicoes_Brasileiras/constituicao-cidada/o-processo-constituinte/comissoes-e-subcomissoes/comissao6/comissao6>.
8. BRASIL. Câmara dos Deputados. *Comissão do sistema tributário, orçamento e finanças*. Brasília: Câmara dos Deputados, [20-?]. Disponível em: <http://www2.camara.leg.br/atividade-legislativa/legislacao/Constituicoes_Brasileiras/constituicao-cidada/o-processo-constituinte/comissoes-e-subcomissoes/comissao5/comissao5>.

Francisco Dornelles

1. A votação ocorreu no dia 15 de novembro de 1987, com a vitória dos quatro anos por 48 a 45. Dornelles apresentou a seguinte declaração de voto:
   1. A Campanha da Aliança Democrática uniu o País em torno de Tancredo Neves e de José Sarney.
   2. O Presidente José Sarney assumiu a Presidência da República num momento difícil e procurou manter unido o povo brasileiro.
   3. Foram realizadas eleições para a Assembleia Nacional Constituinte, visando dar ao Brasil uma nova organização política, econômica e social.
   4. Tive a oportunidade de manifestar várias vezes minha posição a favor da duração de seis anos para o mandato presidencial em curso por entender que deveria, após a promulgação da Nova Constituição, haver tempo para a elaboração da legislação complementar e por entender ser conveniente a coincidência de eleições parlamentares e presidenciais.
   5. Entretanto, seja por erros no campo político, seja por erros no campo econômico, a segurança, a confiança e a tranquilidade do povo brasileiro deixaram de existir.
   6. Num curtíssimo período de tempo, erros e omissões do Governo fizeram com que ele perdesse a confiança da sociedade que é fundamental para o processo de transição. E quando a confiança é perdida, qualquer medida deixa de ter a eficácia necessária para atingir seus objetivos.

7. Não há no posicionamento que agora assumo nenhum motivo pessoal, muito menos relativamente à figura do Presidente José Sarney. Tenho por ele o maior apreço.
Falo agora como constituinte preocupado com a preservação da ordem legal e com a institucionalização definitiva da democracia.
8. Diante do quadro político atual a realização de eleições em 1988 representa um anseio nacional.
9. Por essas razões, voto para que o mandato presidencial em curso seja de quatro anos.
10. Entretanto, minha escola política é a da conciliação e do entendimento. O convencimento que agora determina o meu voto não é radical, nem imutável. Mantenho-me aberto a um entendimento nacional que crie um fato político novo capaz de unir os brasileiros em torno do bem comum de toda a sociedade.

2. Art. 170. A ordem econômica, fundada na valorização do trabalho humano e na livre iniciativa, tem por fim assegurar a todos existência digna, conforme os ditames da justiça social, observados os seguintes princípios:

    I — soberania nacional;
    II — propriedade privada;
    III — função social da propriedade;
    IV — livre concorrência;
    V — defesa do consumidor;
    VI — defesa do meio ambiente;
    VII — redução das desigualdades regionais e sociais;
    VIII — busca do pleno emprego;
    IX — tratamento favorecido para as empresas brasileiras de capital nacional de pequeno porte.

Parágrafo único. É assegurado a todos o livre exercício de qualquer atividade econômica, independentemente de autorização de órgãos públicos, salvo nos casos previstos em lei.

3. OS IDIOTAS somos nós, se permitirmos tanta idiotice. *Jornal da Tarde*, São Paulo, n. 6.738, p. 4, 12 nov. 1987. Disponível em: <http://www2.senado.leg.br/bdsf/item/id/133507>.
4. QUEM é Basílio Villani. *Folha de S.Paulo*, São Paulo, 17 jun. 1988. Disponível em: <http://www2.senado.leg.br/bdsf/bitstream/handle/id/121819/06_30jun88%20-%200422a.pdf?sequence=1>.

Oscar Corrêa Júnior

1. Os principais artigos de Oscar Dias Corrêa sobre o tema estão reunidos no livro *Estudos de direito político-constitucional* (Rio de Janeiro: Renovar, 2010, 1.108pp). Entre os artigos está "A Constituição de 1988: contribuição crítica".
2. OLIVEIRA, Paulo Affonso Martins de. *O Congresso em meio século*: depoimento a Tarcísio Holanda. 2. ed. Brasília: Centro de Documentação e Informação; Edições Câmara, 2009. Disponível em: <http://bd.camara.gov.br/bd/bitstream/handle/bdcamara/1859/congresso_meio_seculo_oliveira.pdf?sequence=3>.

Aécio Neves

1. "Tendo sido, Sr. Presidente, no momento histórico da instalação da Assembleia Nacional Constituinte, cometida uma grave omissão, vejo-me no dever de, na certeza de que represento o pensamento de milhões de brasileiros e de grande parte desta Casa, solicitar que V. Ex. conceda um minuto de silêncio em homenagem àquele que viveu e morreu pela reinstitucionalização deste País e, sem dúvida, o grande inspirador desta Assembleia Nacional Constituinte.

    "Portanto, Sr. Presidente, solicito conceda um minuto de silêncio em homenagem ao mártir da Constituinte, em homenagem ao Presidente Tancredo Neves." BRASIL. Assembleia Nacional Constituinte. Ata da 2ª Sessão da Assembleia Nacional Constituinte. *Diário da Assembleia Nacional Constituinte*, Brasília, p. 3, 2 fev. 1987. Disponível em: <http://imagem.camara.gov.br/Imagem/d/pdf/002anc03fev1987.pdf#page=:>.
2. Art. 14: [...]
    §1º O alistamento eleitoral e o voto são:
    I — obrigatórios para os maiores de dezoito anos;
    II — facultativos para:
    a) os analfabetos;
    b) os maiores de setenta anos;
    c) os maiores de dezesseis e menores de dezoito anos.

Luís Roberto Ponte

1. "Relação de emprego protegida contra despedida arbitrária ou sem justa causa, nos termos de lei complementar, que preverá indenização compensatória, dentre outros direitos."

Maria de Lourdes Abadia

1. CONSELHO da mulher só reuniu onze. *Correio Braziliense*, Brasília, n. 8.699, p. 5, 1 fev 1987. Disponível em: <https://www2.senado.leg.br/bdsf/bitstream/handle/id/113447/1987_01%20a%2004%20de%20Fevereiro_058b.pdf?sequence=1>.
2. Art. 5º. Todos são iguais perante a lei, sem distinção de qualquer natureza, garantindo-se aos brasileiros e aos estrangeiros residentes no País a inviolabilidade do direito à vida, à liberdade, à igualdade, à segurança e à propriedade, nos termos seguintes:
 [...]
 L — às presidiárias serão asseguradas condições para que possam permanecer com seus filhos durante o período de amamentação; [...]
3. MULHERES brigam por gabinete com banheiro. *Jornal do Brasil*, Rio de Janeiro, p. 2, 5 fev. 1987. Disponível em: <http://www2.senado.leg.br/bdsf/handle/id/116419?show=full>. http://www2.senado.leg.br/bdsf/bitstream/handle/id/116419/1987_05%20a%2008%20de%20fevereiro_025a.pdf?sequence=1>.
4. BRASIL. Assembleia Nacional Constituinte. Subcomissão de Ciência e Tecnologia e da Comunicação. Atas de Comissões. *Ata da reunião de instalação*. Brasília: Senado Federal, 1987. Disponível em: <http://www.senado.leg.br/publicacoes/anais/Constituinte/8b%20-%20SUB.%20CI%C3%8ANCIA%20E%20TECNOLOGIA%20E%20DA.pdf>.
5. Documentos da Subcomissão de Saúde, Seguridade e do Meio Ambiente.
6. CAPÍTULO VI — DO MEIO AMBIENTE
 [...]
 Art. 225. Todos têm direito ao meio ambiente ecologicamente equilibrado, bem de uso comum do povo e essencial à sadia qualidade de vida, impondo-se ao Poder Público e à coletividade o dever de defendê-lo e preservá-lo para as presentes e futuras gerações.
 §1º Para assegurar a efetividade desse direito, incumbe ao Poder Público:
 I — preservar e restaurar os processos ecológicos essenciais e prover o manejo ecológico das espécies e ecossistemas;
 II — preservar a diversidade e a integridade do patrimônio genético do País e fiscalizar as entidades dedicadas à pesquisa e manipulação de material genético;
 III — definir, em todas as unidades da Federação, espaços territoriais e seus componentes a serem especialmente protegidos, sendo a alteração e a supressão permitidas somente através de lei, vedada qualquer utilização que comprometa a integridade dos atributos que justifiquem sua proteção;

IV — exigir, na forma da lei, para instalação de obra ou atividade potencialmente causadora de significativa degradação do meio ambiente, estudo prévio de impacto ambiental, a que se dará publicidade;

V — controlar a produção, a comercialização e o emprego de técnicas, métodos e substâncias que comportem risco para a vida, a qualidade de vida e o meio ambiente;

VI — promover a educação ambiental em todos os níveis de ensino e a conscientização pública para a preservação do meio ambiente;

VII — proteger a fauna e a flora, vedadas, na forma da lei, as práticas que coloquem em risco sua função ecológica, provoquem a extinção de espécies ou submetam os animais a crueldade.

§2º Aquele que explorar recursos minerais fica obrigado a recuperar o meio ambiente degradado, de acordo com solução técnica exigida pelo órgão público competente, na forma da lei.

§3º As condutas e atividades consideradas lesivas ao meio ambiente sujeitarão os infratores, pessoas físicas ou jurídicas, a sanções penais e administrativas, independentemente da obrigação de reparar os danos causados.

§4º A Floresta Amazônica brasileira, a Mata Atlântica, a Serra do Mar, o Pantanal Mato-Grossense e a Zona Costeira são patrimônio nacional, e sua utilização far-se-á, na forma da lei, dentro de condições que assegurem a preservação do meio ambiente, inclusive quanto ao uso dos recursos naturais.

§5º São indisponíveis as terras devolutas ou arrecadadas pelos Estados, por ações discriminatórias, necessárias à proteção dos ecossistemas naturais.

§6º As usinas que operem com reator nuclear deverão ter sua localização definida em lei federal, sem o que não poderão ser instaladas.

7. NA CONSTITUINTE de 88, jovens de 16 anos conquistam direito de votar no Brasil. *O Globo*, O País, Rio de Janeiro, 20 jun. 2014. Disponível em: <http://acervo.oglobo.globo.com/fatos-historicos/na-Constituinte-de-88-jovens--de-16-anos-conquistam-direito-de-votar-no-brasil-12938949>.

8. A lista com os nomes da bancada feminina pode ser conferida aqui: <http://www2.camara.leg.br/atividade-legislativa/legislacao/Constituicoes_Brasileiras/constituicao-cidada/constituintes/parlamentaresconstituintes/copy_of_index.html>. Cf. também SANTOS, Maria do Carmo Carvalho Lima. *Bancada feminina na Assembleia Constituinte de 1987/1988*. Mato Grosso do Sul, 2008. 84p. Trabalho final (Especialização) — Universidade do Legislativo Brasileiro (Unilegis) e Universidade Federal de Mato Grosso do Sul (UFMS). Disponível em: <http://www2.senado.leg.br/bdsf/handle/id/161501>.

9. ABADIA acha que a causa é o mandato. *Jornal de Brasília*, Brasília, n. 4.352, p. 2, 4 mar. 1987. Disponível em: <http://www2.senado.leg.br/bdsf/bitstream/handle/id/113080/1987_01%20a%2005%20de%20Marco_057f.pdf?sequence=3>.
10. ABADIA quer PFL com perfil mais social. *Correio Braziliense*, Brasília, n. 8.705, p. 3, 7 fev. 1987. Disponível em: <http://www2.senado.leg.br/bdsf/bitstream/handle/id/116231/1987_05%20a%2008%20de%20fevereiro_073g.pdf?sequence=1>.

Carlos Ary Sundfeld

1. Art. 128. O Ministério Público abrange:
    I — o Ministério Público da União, que compreende:
    a) o Ministério Público Federal;
    b) o Ministério Público do Trabalho;
    c) o Ministério Público Militar;
    d) o Ministério Público do Distrito Federal e Territórios;
    II — os Ministérios Públicos dos Estados.
2. Art. 177. Constituem monopólio da União:
    I — a pesquisa e a lavra das jazidas de petróleo e gás natural e outros hidrocarbonetos fluidos;
    II — a refinação do petróleo nacional ou estrangeiro;
    III — a importação e exportação dos produtos e derivados básicos resultantes das atividades previstas nos incisos anteriores;
    IV — o transporte marítimo do petróleo bruto de origem nacional ou de derivados básicos de petróleo produzidos no País, bem assim o transporte, por meio de conduto, de petróleo bruto, seus derivados e gás natural de qualquer origem;
    V — a pesquisa, a lavra, o enriquecimento, o reprocessamento, a industrialização e o comércio de minérios e minerais nucleares e seus derivados.
    §1º O monopólio previsto neste artigo inclui os riscos e resultados decorrentes das atividades nele mencionadas, sendo vedado à União ceder ou conceder qualquer tipo de participação, em espécie ou em valor, na exploração de jazidas de petróleo ou gás natural, ressalvado o disposto no art. 20, §1º.
    §2º A lei disporá sobre o transporte e a utilização de materiais radioativos no território nacional.

3. Art. 21. Compete à União:

    [...]

    XI — explorar, diretamente ou mediante concessão a empresas sob controle acionário estatal, os serviços telefônicos, telegráficos, de transmissão de dados e demais serviços públicos de telecomunicações, assegurada a prestação de serviços de informações por entidades de direito privado através da rede pública de telecomunicações explorada pela União;

4. Art. 45. Ficam excluídas do monopólio estabelecido pelo art. 177, II, da Constituição as refinarias em funcionamento no País amparadas pelo art. 43 e nas condições do art. 45 da Lei nº 2.004, de 3 de outubro de 1953.

    Parágrafo único. Ficam ressalvados da vedação do art. 177, § 1º, os contratos de risco feitos com a Petróleo Brasileiro S.A., para pesquisa de petróleo, que estejam em vigor na data da promulgação da Constituição.

5. Art. 25. Os Estados organizam-se e regem-se pelas Constituições e leis que adotarem, observados os princípios desta Constituição.

    [...]

    §2º Cabe aos Estados explorar diretamente, ou mediante concessão a empresa estatal, com exclusividade de distribuição, os serviços locais de gás canalizado.

6. Art. 205. A educação, direito de todos e dever do Estado e da família, será promovida e incentivada com a colaboração da sociedade, visando ao pleno desenvolvimento da pessoa, seu preparo para o exercício da cidadania e sua qualificação para o trabalho.

    Art. 206. O ensino será ministrado com base nos seguintes princípios:

    I — igualdade de condições para o acesso e permanência na escola;

    II — liberdade de aprender, ensinar, pesquisar e divulgar o pensamento, a arte e o saber;

    III — pluralismo de ideias e de concepções pedagógicas, e coexistência de instituições públicas e privadas de ensino;

    IV — gratuidade do ensino público em estabelecimentos oficiais;

    V — valorização dos profissionais do ensino, garantido, na forma da lei, planos de carreira para o magistério público, com piso salarial profissional e ingresso exclusivamente por concurso público de provas e títulos, assegurado regime jurídico único para todas as instituições mantidas pela União;

    VI — gestão democrática do ensino público, na forma da lei;

    VII — garantia de padrão de qualidade.

Art. 207. As universidades gozam de autonomia didático-científica, administrativa e de gestão financeira e patrimonial, e obedecerão ao princípio de indissociabilidade entre ensino, pesquisa e extensão.

Art. 208. O dever do Estado com a educação será efetivado mediante a garantia de:

I — ensino fundamental, obrigatório e gratuito, inclusive para os que a ele não tiveram acesso na idade própria;

II — progressiva extensão da obrigatoriedade e gratuidade ao ensino médio;

III — atendimento educacional especializado aos portadores de deficiência, preferencialmente na rede regular de ensino;

IV — atendimento em creche e pré-escola às crianças de zero a seis anos de idade;

[...]

VI — oferta de ensino noturno regular, adequado às condições do educando;

[...]

VIII — atendimento ao educando, no ensino fundamental, através de programas suplementares de material didático-escolar, transporte, alimentação e assistência à saúde.

§1º O acesso ao ensino obrigatório e gratuito é direito público subjetivo.

§2º O não oferecimento do ensino obrigatório pelo Poder Público, ou sua oferta irregular, importa responsabilidade da autoridade competente.

§3º Compete ao Poder Público recensear os educandos no ensino fundamental, fazer-lhes a chamada e zelar, junto aos pais ou responsáveis, pela frequência à escola.

Art. 209. O ensino é livre à iniciativa privada, atendidas as seguintes condições:

I — cumprimento das normas gerais da educação nacional;

II — autorização e avaliação de qualidade pelo Poder Público.

Art. 210. Serão fixados conteúdos mínimos para o ensino fundamental, de maneira a assegurar formação básica comum e respeito aos valores culturais e artísticos, nacionais e regionais.

§1º O ensino religioso, de matrícula facultativa, constituirá disciplina dos horários normais das escolas públicas de ensino fundamental.

§2º O ensino fundamental regular será ministrado em língua portuguesa, assegurada às comunidades indígenas também a utilização de suas línguas maternas e processos próprios de aprendizagem.

Art. 211. A União, os Estados, o Distrito Federal e os Municípios organizarão em regime de colaboração seus sistemas de ensino.

§1º A União organizará e financiará o sistema federal de ensino e o dos Territórios, e prestará assistência técnica e financeira aos Estados, ao Distrito Federal e aos Municípios para o desenvolvimento de seus sistemas de ensino e o atendimento prioritário à escolaridade obrigatória.

§2º Os Municípios atuarão prioritariamente no ensino fundamental e pré-escolar.

Art. 212. A União aplicará, anualmente, nunca menos de dezoito, e os Estados, o Distrito Federal e os Municípios vinte e cinco por cento, no mínimo, da receita resultante de impostos, compreendida a proveniente de transferências, na manutenção e desenvolvimento do ensino.

§1º A parcela da arrecadação de impostos transferida pela União aos Estados, ao Distrito Federal e aos Municípios, ou pelos Estados aos respectivos Municípios, não é considerada, para efeito do cálculo previsto neste artigo, receita do governo que a transferir.

§2º Para efeito do cumprimento do disposto no caput deste artigo, serão considerados os sistemas de ensino federal, estadual e municipal e os recursos aplicados na forma do art. 213.

§3º A distribuição dos recursos públicos assegurará prioridade ao atendimento das necessidades do ensino obrigatório, nos termos do plano nacional de educação.

§4º Os programas suplementares de alimentação e assistência à saúde previstos no art. 208, VII, serão financiados com recursos provenientes de contribuições sociais e outros recursos orçamentários.

§5º O ensino fundamental público terá como fonte adicional de financiamento a contribuição social do salário-educação, recolhida, na forma da lei, pelas empresas, que dela poderão deduzir a aplicação realizada no ensino fundamental de seus empregados e dependentes.

Art. 213. Os recursos públicos serão destinados às escolas públicas, podendo ser dirigidos a escolas comunitárias, confessionais ou filantrópicas, definidas em lei, que:

I — comprovem finalidade não lucrativa e apliquem seus excedentes financeiros em educação;

II — assegurem a destinação de seu patrimônio a outra escola comunitária, filantrópica ou confessional, ou ao Poder Público, no caso de encerramento de suas atividades.

§1º Os recursos de que trata este artigo poderão ser destinados a bolsas de estudo para o ensino fundamental e médio, na forma da lei, para os que demonstrarem insuficiência de recursos, quando houver falta de vagas e cursos regulares da rede pública na localidade da residência do educando, ficando o Poder Público obrigado a investir prioritariamente na expansão de sua rede na localidade.

§2º As atividades universitárias de pesquisa e extensão poderão receber apoio financeiro do poder público.

Art. 214. A lei estabelecerá o plano nacional de educação, de duração plurianual, visando à articulação e ao desenvolvimento do ensino em seus diversos níveis e à integração das ações do Poder Público que conduzam à:

I — erradicação do analfabetismo;

II — universalização do atendimento escolar;

III — melhoria da qualidade do ensino;

IV — formação para o trabalho;

V — promoção humanística, científica e tecnológica do País.

7. Art. 196. A saúde é direito de todos e dever do Estado, garantido mediante políticas sociais e econômicas que visem à redução do risco de doença e de outros agravos e ao acesso universal e igualitário às ações e serviços para sua promoção, proteção e recuperação.

Art. 197. São de relevância pública as ações e serviços de saúde, cabendo ao Poder Público dispor, nos termos da lei, sobre sua regulamentação, fiscalização e controle, devendo sua execução ser feita diretamente ou através de terceiros e, também, por pessoa física ou jurídica de direito privado.

Art. 198. As ações e serviços públicos de saúde integram uma rede regionalizada e hierarquizada e constituem um sistema único, organizado de acordo com as seguintes diretrizes:

I — descentralização, com direção única em cada esfera de governo;

II — atendimento integral, com prioridade para as atividades preventivas, sem prejuízo dos serviços assistenciais;

III — participação da comunidade.

Parágrafo único. O sistema único de saúde será financiado, nos termos do art. 195, com recursos do orçamento da seguridade social, da União, dos Estados, do Distrito Federal e dos Municípios, além de outras fontes.

Art. 199. A assistência à saúde é livre à iniciativa privada.

§1º As instituições privadas poderão participar de forma complementar do sistema único de saúde, segundo diretrizes deste, mediante contrato de direito público ou convênio, tendo preferência as entidades filantrópicas e as sem fins lucrativos.

§2º É vedada a destinação de recursos públicos para auxílios ou subvenções às instituições privadas com fins lucrativos.

§3º É vedada a participação direta ou indireta de empresas ou capitais estrangeiros na assistência à saúde no País, salvo nos casos previstos em lei.

§4º A lei disporá sobre as condições e os requisitos que facilitem a remoção de órgãos, tecidos e substâncias humanas para fins de transplante, pesquisa e tratamento, bem como a coleta, processamento e transfusão de sangue e seus derivados, sendo vedado todo tipo de comercialização.

Art. 200. Ao sistema único de saúde compete, além de outras atribuições, nos termos da lei:

I — controlar e fiscalizar procedimentos, produtos e substâncias de interesse para a saúde e participar da produção de medicamentos, equipamentos, imunobiológicos, hemoderivados e outros insumos;

II — executar as ações de vigilância sanitária e epidemiológica, bem como as de saúde do trabalhador;

III — ordenar a formação de recursos humanos na área de saúde;

IV — participar da formulação da política e da execução das ações de saneamento básico;

V — incrementar em sua área de atuação o desenvolvimento científico e tecnológico;

VI — fiscalizar e inspecionar alimentos, compreendido o controle de seu teor nutricional, bem como bebidas e águas para consumo humano;

VII — participar do controle e fiscalização da produção, transporte, guarda e utilização de substâncias e produtos psicoativos, tóxicos e radioativos;

VIII — colaborar na proteção do meio ambiente, nele compreendido o do trabalho.

8. Art. 240. Ficam ressalvadas do disposto no art. 195 as atuais contribuições compulsórias dos empregadores sobre a folha de salários, destinadas às entidades privadas de serviço social e de formação profissional vinculadas ao sistema sindical.

9. Art. 195. A seguridade social será financiada por toda a sociedade, de forma direta e indireta, nos termos da lei, mediante recursos provenientes dos orçamentos da União, dos Estados, do Distrito Federal e dos Municípios, e das seguintes contribuições sociais:

I — dos empregadores, incidente sobre a folha de salários, o faturamento e o lucro;

II — dos trabalhadores;

III — sobre a receita de concursos de prognósticos.

10. Ata da terceira reunião da Comissão de Redação, 14/9/1988:

O SENHOR CONSTITUINTE JARBAS PASSARINHO: — Senhor Presidente, V. Ex.ª me deu a palavra para abordar uma sucessão de seis pontos. Ainda estou com três para apresentar e gostaria de merecer a atenção para prosseguir e concluir. Este ponto aqui me é particularmente pertinente. Não acredito que os Constituintes tenham decidido eliminar dos vencimentos dos militares as vantagens, por exemplo, do salário-família, do 13º salário, que só conquistaram agora. Por este texto, *data venia*, parece-me que elas estão eliminadas, porque o artigo que trata dos servidores públicos civis, §2º do art. 39, diz: "Aplica-se a esses servidores o disposto no art. 7º..." — e cita todos os incisos pertinentes ao serviço público civil, que listam direitos sociais. Nestes incisos encontram-se o 13º salário, o salário-família e vários outros que são pertinentes só à atividade civil, como, por exemplo, hora extra de 50%, ou o que seja de adicional. Quando se passa a Seção III, Dos Servidores Públicos Militares, já no art. 42, não se faz a mesma remissão. Então, na parte específica da remuneração dos militares, desaparece completamente qualquer referência a salário-família, a 13º salário, a férias etc. A mim parece que houve uma omissão, a menos que seja intenção da Constituinte penalizar os militares neste aspecto. Quem sabe? Por isto estou levantando a hipótese.

O SENHOR PRESIDENTE (Ulysses Guimarães): — Vamos ouvir o relator.

O SENHOR RELATOR (Bernardo Cabral): — Senhor Presidente, o art. 37, XV diz: "O vencimento dos servidores públicos, civis e militares, é irredutível e a remuneração observará o que dispõem os arts. 37, XI, XII, 150, II, 153, III, e 153, §2º, I", mas não faz menção ao que levantou o eminente Senador Jarbas Passarinho. Poderia ser incluído aqui.

O SENHOR CONSTITUINTE JARBAS PASSARINHO: — Se V. Ex.ª concordasse, Senhor Presidente, e também o Senhor Relator, poderíamos incluir isto na redação que será apresentada à tarde.

Ata da quarta reunião da Comissão de Redação do dia 14/9/1988:

Havendo número regimental, o Senhor Presidente declarou abertos os trabalhos, anunciando que seriam examinadas, preliminarmente, as matérias pendentes da reunião matutina, tendo sido adotadas as decisões a seguir enumeradas, ordinariamente, com os expositores indicados:

I — Jarbas Passarinho — 1ª) art. 136, *in fine* — referente à sugestão do Relator de retirar a expressão "naturais", propondo a redação "grave e iminente instabilidade institucional ou atingidas por calamidades de grandes proporções na natureza" — aprovada; 2ª) art. 39, §2º, combinado com os arts. 42 e 7º, VI — estender aos militares as vantagens dos incisos do art. 7º (VIII, XII, XV, XVII, XVIII e XIX) — aprovada.

11. Art. 42. São servidores militares federais os integrantes das Forças Armadas e servidores militares dos Estados, Territórios e Distrito Federal os integrantes de suas polícias militares e de seus corpos de bombeiros militares.
[...]
§11. Aplica-se aos servidores a que se refere este artigo o disposto no art. 7.º, VIII, XII, XVII, XVIII e XIX.

João Gilberto Lucas Coelho

1. As audiências ocorreram entre 3 e 26 de setembro. Foram ouvidos Affonso Arinos, Maria Vitória Benevides, dom Luciano Mendes de Almeida, Raymundo Faoro, Herman Assis Baeta, Fábio Konder Comparato, Jair Meneghelli, Nelson Saldanha, Henry Maksoud, Carlos Eduardo Moreira Ferreira, Dalmo Dallari, Geraldo Ataliba, Paulo Brossard e Joaquim dos Santos Andrade. Bierrenbach contou a sua versão em *Quem tem medo da Constituinte*, Paz e Terra, 1986.
2. FIGUEIREDO volta atrás e retira emenda; Tancredo já se prepara. *Folha de S.Paulo*, 29 jun. 1984. [Banco de Dados Folha]. Disponível em: <http://almanaque.folha.uol.com.br/brasil_29jun1984.htm>.
3. MICHILES, Carlos et al. *Cidadão constituinte*: a saga das emendas populares. Rio de Janeiro: Paz e Terra, 1989.
4. SILVA, Adriana Vera. Mais três constituintes deixam o PMDB e vão para a nova legenda. *Gazeta Mercantil*, Política, São Paulo, 17 jun. 1988. Disponível em: <http://www2.senado.leg.br/bdsf/bitstream/handle/id/121823/06_30jun88%20-%200187.pdf?sequence=1>.
5. "Nome adotado sucessivamente por dois grupos revolucionários que pretendiam derrubar, através da luta armada, o regime militar instaurado no Brasil em abril de 1964. O dia 8 de outubro corresponde à data da morte de Ernesto 'Che' Guevara, líder da Revolução Cubana assassinado na Bolívia em 1967 quando preparava núcleos guerrilheiros para dar início à revolução socialista nesse país.

"O primeiro MR-8, formado por dissidentes do Partido Comunista Brasileiro (PCB) no estado do Rio de Janeiro, atuou no centro-oeste do Paraná e foi praticamente dizimado pela polícia em agosto de 1969. O segundo MR-8, criado nesse ano também por antigos membros do PCB, integrantes da chamada Dissidência da Guanabara, persiste até os dias atuais." FUNDAÇÃO GETULIO VARGAS. Movimento Revolucionário 8 de Outubro (MR-8). In: _____.*Dicionário Histórico-Biográfico Brasileiro*, Rio de Janeiro, [2009]. Disponível em: <http://www.fgv.br/cpdoc/acervo/dicionarios/verbete-tematico/movimento-revolucionario-8-de-outubro-mr-8>.

6. ENTIDADE defende hoje direito dos homossexuais na nova Constituição. *Folha de S.Paulo*, São Paulo, p. A16, 29 abr. 1987. Disponível em: <http://www2.senado.leg.br/bdsf/bitstream/handle/id/114355/1987_%2024%20a%2030%20de%20Abril_089.pdf?sequence=1>. O grupo, do Rio de Janeiro, era liderado por João Antônio Mascarenhas.

Joaquim Falcão

1. Art. 216. Constituem patrimônio cultural brasileiro os bens de natureza material e imaterial, tomados individualmente ou em conjunto, portadores de referência à identidade, à ação, à memória dos diferentes grupos formadores da sociedade brasileira, nos quais se incluem:

    I — as formas de expressão;

    II — os modos de criar, fazer e viver;

    III — as criações científicas, artísticas e tecnológicas;

    IV — as obras, objetos, documentos, edificações e demais espaços destinados às manifestações artístico-culturais;

    V — os conjuntos urbanos e sítios de valor histórico, paisagístico, artístico, arqueológico, paleontológico, ecológico e científico.

2. Anteprojeto Constitucional, elaborado pela Comissão Provisória de Estudos Constitucionais:

    Art. 56 — É criado o Defensor do Povo, incumbido, na forma da lei complementar, de zelar pelo efetivo respeito dos poderes do Estado aos direitos assegurados nesta Constituição, apurando abusos e omissões de qualquer autoridade e indicando aos órgãos competentes as medidas necessárias à sua correção ou punição.

    §1º — O Defensor do Povo poderá promover a responsabilidade da autoridade requisitada no caso de omissão abusiva na adoção das providências requeridas.

§2º — Lei complementar disporá sobre a competência, a organização e o funcionamento da Defensoria do Povo, observados os seguintes princípios:

I — o Defensor do Povo é escolhido, em eleição secreta, pela maioria absoluta dos membros da Câmara dos Deputados, entre candidatos indicados pela sociedade civil e de notório respeito público e reputação ilibada, com mandato não renovável de cinco anos;

II — são atribuídos ao Defensor do Povo a inviolabilidade, os impedimentos, as prerrogativas processuais dos membros do Congresso Nacional e os vencimentos dos Ministros do Supremo Tribunal Federal;

III — as Constituições Estaduais poderão instituir a Defensoria do Povo, de conformidade com os princípios constantes deste artigo.

A íntegra do Anteprojeto está disponível em: <http://www.senado.leg.br/publicacoes/anais/constituinte/AfonsoArinos.pdf>.

3. Art. 5º Todos são iguais perante a lei, sem distinção de qualquer natureza, garantindo-se aos brasileiros e aos estrangeiros residentes no País a inviolabilidade do direito à vida, à liberdade, à igualdade, à segurança e à propriedade, nos termos seguintes:

[...]

L — às presidiárias serão asseguradas condições para que possam permanecer com seus filhos durante o período de amamentação; [...]

4. Artigo 242, §2º: "O Colégio Pedro II, localizado na cidade do Rio de Janeiro, será mantido na órbita federal."

Miguel Reale Júnior

1. RAMOS, Saulo J. *Assembleia Constituinte*: o que pode, o que não pode: natureza, extensão e limitação de seus poderes. Rio de Janeiro: Alhambra, 1987.
2. MOREIRA, Aristeu. Reale diz que Constituinte virou grande patifaria. *Jornal do Brasil*, Política, Rio de Janeiro, p. 3, 6 nov. 1987. Disponível em: <http://memoria.bn.br/pdf/030015/per030015_1987_00212.pdf>.
3. É possível ver parte do discurso aqui: <https://www.youtube.com/watch?v=kWMHiwdbM_Q>.
4. SARNEY ganha de 344 a 212: sistema de governo continuará presidencialista com mandatos de cinco anos. *O Estado de S. Paulo*, Política, São Paulo, p. 4, 23 mar. 1988. Disponível em: <http://www2.senado.leg.br/bdsf/item/id/124149>.
5. Art. 54. Os deputados e senadores não poderão:

I — desde a expedição do diploma:
  a) firmar ou manter contrato com pessoa jurídica de direito público, autarquia, empresa pública, sociedade de economia mista ou empresa concessionária de serviço público, salvo quando o contrato obedecer a cláusulas uniformes;
  b) aceitar ou exercer cargo, função ou emprego remunerado, inclusive os de que sejam demissíveis ad nutum, nas entidades constantes da alínea anterior;

II — desde a posse:
[...]

Sérgio Ferraz

1. Cabral teve dois outros assessores jurídicos, além de Ferraz: Vicente Cascione e Aurélio Vander Bastos. A Constituinte teve vários outros: Miguel Reale Júnior, que assessorava Ulysses Guimarães; o constitucionalista José Afonso da Silva e a dra. Ada Pellegrini Grinover, assessores de Mário Covas; e Carlos Roberto Siqueira Castro, que assessorava o PDT.
2. Art. 220. A manifestação do pensamento, a criação, a expressão e a informação, sob qualquer forma, processo ou veículo não sofrerão qualquer restrição, observado o disposto nesta Constituição.
    [...]
    §4º A propaganda comercial de tabaco, bebidas alcoólicas, agrotóxicos, medicamentos e terapias estará sujeita a restrições legais, nos termos do inciso II do parágrafo anterior, e conterá, sempre que necessário, advertência sobre os malefícios decorrentes de seu uso.
3. Art. 5º Todos são iguais perante a lei, sem distinção de qualquer natureza, garantindo-se aos brasileiros e aos estrangeiros residentes no País a inviolabilidade do direito à vida, à liberdade, à igualdade, à segurança e à propriedade, nos termos seguintes:
    [...]
    LIV — ninguém será privado da liberdade ou de seus bens sem o devido processo legal;
    LV — aos litigantes, em processo judicial ou administrativo, e aos acusados em geral são assegurados o contraditório e a ampla defesa, com os meios e recursos a ela inerentes; [...]

4. Art. 5º Todos são iguais perante a lei, sem distinção de qualquer natureza, garantindo-se aos brasileiros e aos estrangeiros residentes no País a inviolabilidade do direito à vida, à liberdade, à igualdade, à segurança e à propriedade, nos termos seguintes:
[...]
LXXII — conceder-se-á habeas data: a) para assegurar o conhecimento de informações relativas à pessoa do impetrante, constantes de registros ou bancos de dados de entidades governamentais ou de caráter público;
[...]
    b) para a retificação de dados, quando não se prefira fazê-lo por processo sigiloso, judicial ou administrativo; [...]
5. Art. 5º Todos são iguais perante a lei, sem distinção de qualquer natureza, garantindo-se aos brasileiros e aos estrangeiros residentes no País a inviolabilidade do direito à vida, à liberdade, à igualdade, à segurança e à propriedade, nos termos seguintes:
[...]
LXXI — conceder-se-á mandado de injunção sempre que a falta de norma regulamentadora torne inviável o exercício dos direitos e liberdades constitucionais e das prerrogativas inerentes à nacionalidade, à soberania e à cidadania; [...]

Adelmar Sabino

1. OLIVEIRA, Paulo Affonso Martins de. *O Congresso em meio século*: depoimento a Tarcísio Holanda. 2. ed. Brasília: Centro de Documentação e Informação; Edições Câmara, 2009.
2. Disponível em: <http://www2.senado.leg.br/bdsf/bitstream/handle/id/116075/1987_1%20a%2010%20DE%20JANEIRO_040.pdf?sequence=1>. Sobre o trabalho de Sabino no período: <http://www2.senado.leg.br/bdsf/bitstream/handle/id/111814/1987_01%20a%2004%20de%20Fevereiro_022.pdf?sequence=1>.

Mozart Vianna

1. Autorizadas pelo Regimento Interno:
Art. 24: Fica assegurada, no prazo estabelecido no §1º, do artigo anterior, a apresentação de proposta de emenda ao Projeto de Constituição, desde que subscrita por 30.000 (trinta mil) ou mais eleitores brasileiros, em listas

organizadas por, no mínimo, 3 (três) entidades associativas, legalmente constituídas, que se responsabilizarão pela idoneidade das assinaturas, obedecidas as seguintes condições:

 I — a assinatura de cada eleitor deverá ser acompanhada de seu nome completo e legível, endereço e dados identificadores de seu título eleitoral;

 II — a proposta será protocolizada perante a Comissão de Sistematização, que verificará se foram cumpridas as exigências estabelecidas neste artigo para sua apresentação;

 III — a Comissão se manifestará sobre o recebimento da proposta, dentro de 48 (quarenta e oito) horas da sua apresentação, cabendo, da decisão denegatória, recurso ao Plenário, se interposto por 56 (cinquenta e seis) Constituintes, no prazo de 3 (três) sessões, contado da comunicação da decisão à Assembleia;

 IV — a proposta apresentada na forma deste artigo terá a mesma tramitação das demais emendas, integrando sua numeração geral, ressalvado o disposto no inciso V deste artigo;

 V — se a proposta receber, unanimemente, parecer contrário da Comissão, será considerada prejudicada e irá ao Arquivo, salvo se for subscrita por um Constituinte, caso em que irá a Plenário no rol das emendas de parecer contrário;

 VI — na Comissão, poderá usar da palavra para discutir a proposta, pelo prazo de 20 (vinte) minutos, um de seus signatários, para esse fim indicado quando da apresentação da proposta;

 VII — cada proposta, apresentada nos termos deste artigo, deverá circunscrever-se a um único assunto, independentemente do número de artigos que contenha;

 VIII — cada eleitor poderá subscrever, no máximo, 3 (três) propostas.

2. CARDOSO, Rodrigo Mendes. "A iniciativa popular legislativa da Assembleia Nacional Constituinte ao regime da Constituição de 1988: um balanço" (Tese de doutorado, PUC/RJ, 2011. Íntegra disponível em http://www.maxwell.vrac.puc-rio.br/Busca_etds.php?strSecao=resultado&nrSeq=17613@1); COELHO, João Gilberto Lucas et al. *Cidadão constituinte*: a saga das emendas populares. Paz e Terra, 1989.

3. RICHA insiste em parar Constituinte por 30 dias. *O Globo*, O País, p. 3, 5 jul. 1987. Disponível em: <http://www2.senado.leg.br/bdsf/bitstream/handle/id/135299/Jul_1987%20-%200034.pdf?sequence=1>.

4. "Lei complementar, de iniciativa do Supremo Tribunal Federal, disporá sobre o Estatuto da Magistratura [...]"
5. Eis um pequeno trecho: "Minhas irmãs e meus irmãos constituintes, quando partimos para a travessia, em 1º de fevereiro de 1987, a esperança estava no cais, com os olhos nos corações e nas reivindicações dos 65 milhões de brasileiros que para Brasília nos mandaram. Hoje é o alvoroço da chegada, com a âncora da Constituição achatada no chão da democracia. [...] Seja o amparo dos fracos e injustiçados e o castigo dos fortes prepotentes. [...] Expulse a ditadura no Brasil, pela prática do ofício público com honestidade, competência, compromissos sociais e pela autoridade do exemplo, mais do que pelo ruído das palavras." BRASIL. Assembleia Nacional Constituinte. *Diário da Assembleia Constituinte*, Brasília, p. 199, 2 set. 1988. Disponível em: <http://www.senado.gov.br/publicacoes/anais/Constituinte/N025.pdf>.

Fernando Ernesto Corrêa

1. ANDRADE, Fábio de e REDECKER, Ana Cláudia. "Liberdade de expressão", in *Direito no plural*. Campos Escritórios Associados, 2012.
2. PRESIDENTE diz que Constituinte é instrumento da unidade nacional. *O Globo*, Rio de Janeiro, 29 nov. 1985. Disponível em: < http://www2.senado.leg.br/bdsf/handle/id/116919>.
3. Documentos e atas da Comissão da Família, da Educação e Esportes. Disponível em: <http://www2.camara.leg.br/atividade-legislativa/legislacao/Constituicoes_Brasileiras/constituicao-cidada/o-processo-constituinte/comissoes-e-subcomissoes/comissao8/comissao8>. O presidente era Marcondes Gadelha (PFL-PB) e o relator, Artur da Távola (PMDB-RJ).
4. CAPÍTULO V — DA COMUNICAÇÃO SOCIAL
[...]
Art. 220. A manifestação do pensamento, a criação, a expressão e a informação, sob qualquer forma, processo ou veículo não sofrerão qualquer restrição, observado o disposto nesta Constituição.

§1º Nenhuma lei conterá dispositivo que possa constituir embaraço à plena liberdade de informação jornalística em qualquer veículo de comunicação social, observado o disposto no art. 5º, IV, V, X, XIII e XIV.

§2º É vedada toda e qualquer censura de natureza política, ideológica e artística.

§3º Compete à lei federal:

I — regular as diversões e espetáculos públicos, cabendo ao Poder Público informar sobre a natureza deles, as faixas etárias a que não se recomendem, locais e horários em que sua apresentação se mostre inadequada;

II — estabelecer os meios legais que garantam à pessoa e à família a possibilidade de se defenderem de programas ou programações de rádio e televisão que contrariem o disposto no art. 221, bem como da propaganda de produtos, práticas e serviços que possam ser nocivos à saúde e ao meio ambiente.

§4º A propaganda comercial de tabaco, bebidas alcoólicas, agrotóxicos, medicamentos e terapias estará sujeita a restrições legais, nos termos do inciso II do parágrafo anterior, e conterá, sempre que necessário, advertência sobre os malefícios decorrentes de seu uso.

§5º Os meios de comunicação social não podem, direta ou indiretamente, ser objeto de monopólio ou oligopólio.

§6º A publicação de veículo impresso de comunicação independe de licença de autoridade.

Art. 221. A produção e a programação das emissoras de rádio e televisão atenderão aos seguintes princípios:

I — preferência a finalidades educativas, artísticas, culturais e informativas;

II — promoção da cultura nacional e regional e estímulo à produção independente que objetive sua divulgação;

III — regionalização da produção cultural, artística e jornalística, conforme percentuais estabelecidos em lei;

IV — respeito aos valores éticos e sociais da pessoa e da família.

Art. 222. A propriedade de empresa jornalística e de radiodifusão sonora e de sons e imagens é privativa de brasileiros natos ou naturalizados há mais de dez anos, aos quais caberá a responsabilidade por sua administração e orientação intelectual.

§1º É vedada a participação de pessoa jurídica no capital social de empresa jornalística ou de radiodifusão, exceto a de partido político e de sociedades cujo capital pertença exclusiva e nominalmente a brasileiros.

§2º A participação referida no parágrafo anterior só se efetuará através de capital sem direito a voto e não poderá exceder a trinta por cento do capital social.

Art. 223. Compete ao Poder Executivo outorgar e renovar concessão, permissão e autorização para o serviço de radiodifusão sonora e de sons e imagens, observado o princípio da complementaridade dos sistemas privado, público e estatal.

§1º O Congresso Nacional apreciará o ato no prazo do art. 64, §§2º e 4º, a contar do recebimento da mensagem.

§2º A não renovação da concessão ou permissão dependerá de aprovação de, no mínimo, dois quintos do Congresso Nacional, em votação nominal.

§3º O ato de outorga ou renovação somente produzirá efeitos legais após deliberação do Congresso Nacional, na forma dos parágrafos anteriores.

§4º O cancelamento da concessão ou permissão, antes de vencido o prazo, depende de decisão judicial.

§5º O prazo da concessão ou permissão será de dez anos para as emissoras de rádio e de quinze para as de televisão.

Art. 224. Para os efeitos do disposto neste Capítulo, o Congresso Nacional instituirá, como órgão auxiliar, o Conselho de Comunicação Social, na forma da lei.

5. Art. 150. Sem prejuízo de outras garantias asseguradas ao contribuinte, é vedado à União, aos Estados, ao Distrito Federal e aos Municípios:

[...]

VI — instituir impostos sobre:
   a) patrimônio, renda ou serviços, uns dos outros;
   b) templos de qualquer culto;
   c) patrimônio, renda ou serviços dos partidos políticos, inclusive suas fundações, das entidades sindicais dos trabalhadores, das instituições de educação e de assistência social, sem fins lucrativos, atendidos os requisitos da lei;
   d) livros, jornais, periódicos e o papel destinado a sua impressão.

Jair Meneguelli

1. INVASORES, fora. *O Globo,* O País, Rio de Janeiro, p. 4, 16 out. 1987. Disponível em: <https://www2.senado.leg.br/bdsf/bitstream/handle/id/133482/out_1987%20-%200006.pdf?sequence=1>.
2. NOBLAT, Ricardo. No plenário, Meneguelli, o constituinte. *Jornal do Brasil,* Política, Rio de Janeiro, p. 6, 10 out. 1987. Disponível em: <https://www2.senado.leg.br/bdsf/bitstream/handle/id/152572/Out_87%20-%200233.pdf?sequence=3>.

3. Art. 7º São direitos dos trabalhadores urbanos e rurais, além de outros que visem à melhoria de sua condição social:
[...]
XIII — duração do trabalho normal não superior a oito horas diárias e quarenta e quatro semanais, facultada a compensação de horários e a redução da jornada, mediante acordo ou convenção coletiva de trabalho; [...]
4. Art. 8º É livre a associação profissional ou sindical, observado o seguinte:

I — a lei não poderá exigir autorização do Estado para a fundação de sindicato, ressalvado o registro no órgão competente, vedadas ao poder público a interferência e a intervenção na organização sindical;

II — é vedada a criação de mais de uma organização sindical, em qualquer grau, representativa de categoria profissional ou econômica, na mesma base territorial, que será definida pelos trabalhadores ou empregadores interessados, não podendo ser inferior à área de um Município;

III — ao sindicato cabe a defesa dos direitos e interesses coletivos ou individuais da categoria, inclusive em questões judiciais ou administrativas;

IV — a assembleia geral fixará a contribuição que, em se tratando de categoria profissional, será descontada em folha, para custeio do sistema confederativo da representação sindical respectiva, independentemente da contribuição prevista em lei;

V — ninguém será obrigado a filiar-se ou a manter-se filiado a sindicato;

VI — é obrigatória a participação dos sindicatos nas negociações coletivas de trabalho;

VII — o aposentado filiado tem direito a votar e ser votado nas organizações sindicais;

VIII — é vedada a dispensa do empregado sindicalizado a partir do registro da candidatura a cargo de direção ou representação sindical e, se eleito, ainda que suplente, até um ano após o final do mandato, salvo se cometer falta grave nos termos da lei.

Parágrafo único. As disposições deste artigo aplicam-se à organização de sindicatos rurais e de colônias de pescadores, atendidas as condições que a lei estabelecer.

Eduardo Jorge

1. Documentos e atas da Subcomissão de Saúde, Seguridade e do Meio Ambiente. Disponível em: <http://www2.camara.leg.br/atividade-legislativa/legislacao/Constituicoes_Brasileiras/constituicao-cidada/o-processo-constituinte/comissoes-e-subcomissoes/comissao7/subcomissao7b>.

2. É possível acessar o relatório final do evento aqui: <http://conselho.saude.gov.br/biblioteca/relatorios/relatorio_8.pdf>.
3. Cf. O PT e a Constituinte, 1985-1988. *Revista Perseu Abramo*, ano 5, n. 6, p. 99, 11 abr. 2013. Disponível em: <http://novo.fpabramo.org.br/sites/default/files/4.perseu6.documentos.pdf>.
4. COMPARATO, Fábio Konder. *Muda Brasil!*: uma constituição para o desenvolvimento democrático. São Paulo: Brasiliense, 1986.
5. DEPUTADO do PT diz que houve ameaça de golpe. *Jornal do Brasil*, Rio de Janeiro, 21 nov. 1987. Disponível em: <http://www2.senado.leg.br/bdsf/bitstream/handle/id/132776/Nov_87%20-%200221.pdf?sequence=1>.
6. DEPUTADO tira a gravata e agita a Constituinte. *Folha de S.Paulo*, São Paulo, 13 mar. 1987. Disponível em: <http://www2.senado.leg br/bdsf/handle/id/113084>.

Heráclito Fortes

1. §5º do artigo 5º: "Para as eleições de 15 de novembro de 1988, ressalvados os que já exercem mandato eletivo, são inelegíveis para qualquer cargo, no território de jurisdição do titular, o cônjuge e os parentes por consanguinidade ou afinidade, até o segundo grau, ou por adoção, do Presidente da República, do Governador de Estado, do Governador do Distrito Federal e do Prefeito que tenham exercido mais da metade do mandato." O pulo do gato está na expressão "ressalvados os que já exercem mandato eletivo".

Ibsen Pinheiro

1. Cf. Subcomissão do Poder Judiciário e do Ministério Público. Disponível em: <http://www2.camara.leg.br/atividade-legislativa/legislacao/Constituicoes_Brasileiras/constituicao-cidada/o-processo-Constituinte/comissoes-e-subcomissoes/copy_of_comissao-da-organizacao-dos-poderes-e-sistemas-de/subcomissao3c>.
2. CAPÍTULO IV — DAS FUNÇÕES ESSENCIAIS À JUSTIÇA
SEÇÃO I — DO MINISTÉRIO PÚBLICO
[...]
   Art. 127. O Ministério Público é instituição permanente, essencial à função jurisdicional do Estado, incumbindo-lhe a defesa da ordem jurídica, do regime democrático e dos interesses sociais e individuais indisponíveis.

§1º São princípios institucionais do Ministério Público a unidade, a indivisibilidade e a independência funcional.

§2º Ao Ministério Público é assegurada autonomia funcional e administrativa, podendo, observado o disposto no art. 169, propor ao Poder Legislativo a criação e extinção de seus cargos e serviços auxiliares, provendo-os por concurso público de provas e de provas e títulos; a lei disporá sobre sua organização e funcionamento.

§3º O Ministério Público elaborará sua proposta orçamentária dentro dos limites estabelecidos na lei de diretrizes orçamentárias.

Art. 128. O Ministério Público abrange:

I — o Ministério Público da União, que compreende:
 a) o Ministério Público Federal;
 b) o Ministério Público do Trabalho;
 c) o Ministério Público Militar;
 d) o Ministério Público do Distrito Federal e Territórios;

II — os Ministérios Públicos dos Estados.

§1º O Ministério Público da União tem por chefe o Procurador-Geral da República, nomeado pelo Presidente da República dentre integrantes da carreira, maiores de trinta e cinco anos, após a aprovação de seu nome pela maioria absoluta dos membros do Senado Federal, para mandato de dois anos, permitida a recondução.

§2º A destituição do Procurador-Geral da República, por iniciativa do Presidente da República, deverá ser precedida de autorização da maioria absoluta do Senado Federal.

§3º Os Ministérios Públicos dos Estados e o do Distrito Federal e Territórios formarão lista tríplice dentre integrantes da carreira, na forma da lei respectiva, para escolha de seu Procurador-Geral, que será nomeado pelo Chefe do Poder Executivo, para mandato de dois anos, permitida uma recondução.

§4º Os Procuradores-Gerais nos Estados e no Distrito Federal e Territórios poderão ser destituídos por deliberação da maioria absoluta do Poder Legislativo, na forma da lei complementar respectiva.

§5º Leis complementares da União e dos Estados, cuja iniciativa é facultada aos respectivos Procuradores-Gerais, estabelecerão a organização, as atribuições e o estatuto de cada Ministério Público, observadas, relativamente, a seus membros:

I — as seguintes garantias:
 a) vitaliciedade, após dois anos de exercício, não podendo perder o cargo senão por sentença judicial transitada em julgado;
 b) inamovibilidade, salvo por motivo de interesse público, mediante decisão do órgão colegiado competente do Ministério Público, por voto de dois terços de seus membros, assegurada ampla defesa;
 c) irredutibilidade de vencimentos, observado, quanto à remuneração, o que dispõem os arts. 37, XI, 150, II, 153, III, 153, §2º, I;
II — as seguintes vedações:
 a) receber, a qualquer título e sob qualquer pretexto, honorários, percentagens ou custas processuais;
 b) exercer a advocacia;
 c) participar de sociedade comercial, na forma da lei;
 d) exercer, ainda que em disponibilidade, qualquer outra função pública, salvo uma de magistério;
 e) exercer atividade político-partidária, salvo exceções previstas na lei.

Art. 129. São funções institucionais do Ministério Público:

I — promover, privativamente, a ação penal pública, na forma da lei;

II — zelar pelo efetivo respeito dos Poderes Públicos e dos serviços de relevância pública aos direitos assegurados nesta Constituição, promovendo as medidas necessárias a sua garantia;

III — promover o inquérito civil e a ação civil pública, para a proteção do patrimônio público e social, do meio ambiente e de outros interesses difusos e coletivos;

IV — promover a ação de inconstitucionalidade ou representação para fins de intervenção da União e dos Estados, nos casos previstos nesta Constituição;

V — defender judicialmente os direitos e interesses das populações indígenas;

VI — expedir notificações nos procedimentos administrativos de sua competência, requisitando informações e documentos para instruí-los, na forma da lei complementar respectiva;

VII — exercer o controle externo da atividade policial, na forma da lei complementar mencionada no artigo anterior;

VIII — requisitar diligências investigatórias e a instauração de inquérito policial, indicados os fundamentos jurídicos de suas manifestações processuais;

IX — exercer outras funções que lhe forem conferidas, desde que compatíveis com sua finalidade, sendo-lhe vedada a representação judicial e a consultoria jurídica de entidades públicas.

§1º A legitimação do Ministério Público para as ações civis previstas neste artigo não impede a de terceiros, nas mesmas hipóteses, segundo o disposto nesta Constituição e na lei.

§2º As funções de Ministério Público só podem ser exercidas por integrantes da carreira, que deverão residir na comarca da respectiva lotação.

§3º O ingresso na carreira far-se-á mediante concurso público de provas e títulos, assegurada participação da Ordem dos Advogados do Brasil em sua realização, e observada, nas nomeações, a ordem de classificação.

§4º Aplica-se ao Ministério Público, no que couber, o disposto no art. 93, II e VI.

Art. 130. Aos membros do Ministério Público junto aos Tribunais de Contas aplicam-se as disposições desta Seção pertinentes a direitos, vedações e forma de investidura.

Jorge Bornhausen

1. SARNEY cobra da Constituinte favores prestados. Caça ao voto mobiliza 7 ministros. *Jornal do Brasil*, Política, Rio de Janeiro, p. 2, 19 set. 1987. Disponível em: <http://www2.senado.leg.br/bdsf/bitstream/handle/id/127452/Setembro%2087%20-%200460.pdf?sequence=1>.
2. Emenda constitucional nº 49, de 8 de fevereiro de 2006. Disponível em: <http://www.planalto.gov.br/ccivil_03/Constituicao/Emendas/Emc/emc49.htm>.
3. Art. 21. Compete à União:
   [...]
   XXIII — explorar os serviços e instalações nucleares de qualquer natureza e exercer monopólio estatal sobre a pesquisa, a lavra, o enriquecimento e reprocessamento, a industrialização e o comércio de minérios nucleares e seus derivados, atendidos os seguintes princípios e condições:
   [...]
   b) sob regime de concessão ou permissão, é autorizada a utilização de radioisótopos para a pesquisa e usos medicinais, agrícolas, industriais e atividades análogas; [...]

4. Depressivo, suicidou-se em Brasília, no dia 14 de junho de 1987. Foi substituído por Áureo Bringel de Melo (PMDB), seu suplente.
5. LÍDER ataca Bornhausen. *Jornal de Brasília*, Brasília, n. 4.790, p. 4, 2 ago. 1988. Disponível em: <http://www2.senado.leg.br/bdsf/bitstream/handle/id/106093/1988_01%20a%2009%20de%20Agosto_%20026.pdf?sequence=1>.

Jorge Hage

1. Cf. Subcomissão do Poder Legislativo. Disponível em: <http://www2.camara.leg.br/atividade-legislativa/legislacao/Constituicoes_Brasileiras/constituicao-cidada/o-processo-Constituinte/comissoes-e-subcomissoes/copy_of_comissao-da-organizacao-dos-poderes-e-sistemas-de/subcomissao3a>.
2. CAPÍTULO V — DOS PARTIDOS POLÍTICOS
[...]
Art. 17. É livre a criação, fusão, incorporação e extinção de partidos políticos, resguardados a soberania nacional, o regime democrático, o pluripartidarismo, os direitos fundamentais da pessoa humana e observados os seguintes preceitos:

I — caráter nacional;

II — proibição de recebimento de recursos financeiros de entidade ou governo estrangeiros ou de subordinação a estes;

III — prestação de contas à Justiça Eleitoral;

IV — funcionamento parlamentar de acordo com a lei.

§1º É assegurada aos partidos políticos autonomia para definir sua estrutura interna, organização e funcionamento, devendo seus estatutos estabelecer normas de fidelidade e disciplina partidárias.

§2º Os partidos políticos, após adquirirem personalidade jurídica, na forma da lei civil, registrarão seus estatutos no Tribunal Superior Eleitoral.

§3º Os partidos políticos têm direito a recursos do fundo partidário e acesso gratuito ao rádio e à televisão, na forma da lei.

§4º É vedada a utilização pelos partidos políticos de organização paramilitar.
[...]
Art. 92. São órgãos do Poder Judiciário:

I — o Supremo Tribunal Federal;

II — o Superior Tribunal de Justiça;

III — os Tribunais Regionais Federais e Juízes Federais;
IV — os Tribunais e Juízes do Trabalho;
V — os Tribunais e Juízes Eleitorais;
VI — os Tribunais e Juízes Militares;
VII — os Tribunais e Juízes dos Estados e do Distrito Federal e Territórios.
3. Lei nº 12.527, de 18 de novembro de 2011. Disponível em: <http://www.planalto.gov.br/ccivil_03/_ato2011-2014/2011/lei/l12527.htm>.

Luiz Alfredo Salomão

1. Comissão da Ordem Econômica: <http://www2.camara.leg.br/atividade-legislativa/legislacao/Constituicoes_Brasileiras/constituicao-cidada/o-processo-Constituinte/comissoes-e-subcomissoes/comissao6>.
2. §1º A lei poderá, em relação à empresa brasileira de capital nacional:
   I — conceder proteção e benefícios especiais temporários para desenvolver atividades consideradas estratégicas para a defesa nacional ou imprescindíveis ao desenvolvimento do País;
   II — estabelecer, sempre que considerar um setor imprescindível ao desenvolvimento tecnológico nacional, entre outras condições e requisitos:
   a) a exigência de que o controle referido no inciso II do caput se estenda às atividades tecnológicas da empresa, assim entendido o exercício, de fato e de direito, do poder decisório para desenvolver ou absorver tecnologia;
   b) percentuais de participação, no capital, de pessoas físicas domiciliadas e residentes no País ou entidades de direito público interno.
   §2º Na aquisição de bens e serviços, o poder público dará tratamento preferencial, nos termos da lei, à empresa brasileira de capital nacional.
   Art. 172. A lei disciplinará, com base no interesse nacional, os investimentos de capital estrangeiro, incentivará os reinvestimentos e regulará a remessa de lucros.
   Art. 173. Ressalvados os casos previstos nesta Constituição, a exploração direta de atividade econômica pelo Estado só será permitida quando necessária aos imperativos da segurança nacional ou a relevante interesse coletivo, conforme definidos em lei.
   §1º A empresa pública, a sociedade de economia mista e outras entidades que explorem atividade econômica sujeitam-se ao regime jurídico próprio das empresas privadas, inclusive quanto às obrigações trabalhistas e tributárias.

§2º As empresas públicas e as sociedades de economia mista não poderão gozar de privilégios fiscais não extensivos às do setor privado.

§3º A lei regulamentará as relações da empresa pública com o Estado e a sociedade.

§4º A lei reprimirá o abuso do poder econômico que vise à dominação dos mercados, à eliminação da concorrência e ao aumento arbitrário dos lucros.

§5º A lei, sem prejuízo da responsabilidade individual dos dirigentes da pessoa jurídica, estabelecerá a responsabilidade desta, sujeitando-a às punições compatíveis com sua natureza, nos atos praticados contra a ordem econômica e financeira e contra a economia popular.

Art. 174. Como agente normativo e regulador da atividade econômica, o Estado exercerá, na forma da lei, as funções de fiscalização, incentivo e planejamento, sendo este determinante para o setor público e indicativo para o setor privado.

§1º A lei estabelecerá as diretrizes e bases do planejamento do desenvolvimento nacional equilibrado, o qual incorporará e compatibilizará os planos nacionais e regionais de desenvolvimento.

§2º A lei apoiará e estimulará o cooperativismo e outras formas de associativismo.

§3º O Estado favorecerá a organização da atividade garimpeira em cooperativas, levando em conta a proteção do meio ambiente e a promoção econômico-social dos garimpeiros.

§4º As cooperativas a que se refere o parágrafo anterior terão prioridade na autorização ou concessão para pesquisa e lavra dos recursos e jazidas de minerais garimpáveis, nas áreas onde estejam atuando, e naquelas fixadas de acordo com o art. 21, XXV, na forma da lei.

Art. 175. Incumbe ao Poder Público, na forma da lei, diretamente ou sob regime de concessão ou permissão, sempre através de licitação, a prestação de serviços públicos.

Parágrafo único. A lei disporá sobre:

I — o regime das empresas concessionárias e permissionárias de serviços públicos, o caráter especial de seu contrato e de sua prorrogação, bem como as condições de caducidade, fiscalização e rescisão da concessão ou permissão;

II — os direitos dos usuários;

III — política tarifária;

IV — a obrigação de manter serviço adequado.

Art. 176. As jazidas, em lavra ou não, e demais recursos minerais e os potenciais de energia hidráulica constituem propriedade distinta da do solo, para efeito de exploração ou aproveitamento, e pertencem à União, garantida ao concessionário a propriedade do produto da lavra.

§1º A pesquisa e a lavra de recursos minerais e o aproveitamento dos potenciais a que se refere o caput deste artigo somente poderão ser efetuados mediante autorização ou concessão da União, no interesse nacional, por brasileiros ou empresa brasileira de capital nacional, na forma da lei, que estabelecerá as condições específicas quando essas atividades se desenvolverem em faixa de fronteira ou terras indígenas.

§2º É assegurada participação ao proprietário do solo nos resultados da lavra, na forma e no valor que dispuser a lei.

§3º A autorização de pesquisa será sempre por prazo determinado, e as autorizações e concessões previstas neste artigo não poderão ser cedidas ou transferidas, total ou parcialmente, sem prévia anuência do poder concedente.

§4º Não dependerá de autorização ou concessão o aproveitamento do potencial de energia renovável de capacidade reduzida.

Art. 177. Constituem monopólio da União:

I — a pesquisa e a lavra das jazidas de petróleo e gás natural e outros hidrocarbonetos fluidos;

II — a refinação do petróleo nacional ou estrangeiro;

III — a importação e exportação dos produtos e derivados básicos resultantes das atividades previstas nos incisos anteriores;

IV — o transporte marítimo do petróleo bruto de origem nacional ou de derivados básicos de petróleo produzidos no País, bem assim o transporte, por meio de conduto, de petróleo bruto, seus derivados e gás natural de qualquer origem;

V — a pesquisa, a lavra, o enriquecimento, o reprocessamento, a industrialização e o comércio de minérios e minerais nucleares e seus derivados.

§1º O monopólio previsto neste artigo inclui os riscos e resultados decorrentes das atividades nele mencionadas, sendo vedado à União ceder ou conceder qualquer tipo de participação, em espécie ou em valor, na exploração de jazidas de petróleo ou gás natural, ressalvado o disposto no art. 20, §1º.

§ §2º A lei disporá sobre o transporte e a utilização de materiais radioativos no território nacional.

Art. 178. A lei disporá sobre:

I — a ordenação dos transportes aéreo, marítimo e terrestre;

II — a predominância dos armadores nacionais e navios de bandeira e registros brasileiros e do país exportador ou importador;

III — o transporte de granéis;

IV — a utilização de embarcações de pesca e outras.

§1º A ordenação do transporte internacional cumprirá os acordos firmados pela União, atendido o princípio de reciprocidade.

§2º Serão brasileiros os armadores, os proprietários, os comandantes e dois terços, pelo menos, dos tripulantes de embarcações nacionais.

§3º A navegação de cabotagem e a interior são privativas de embarcações nacionais, salvo caso de necessidade pública, segundo dispuser a lei.

Art. 179. A União, os Estados, o Distrito Federal e os Municípios dispensarão às microempresas e às empresas de pequeno porte, assim definidas em lei, tratamento jurídico diferenciado, visando a incentivá-las pela simplificação de suas obrigações administrativas, tributárias, previdenciárias e creditícias, ou pela eliminação ou redução destas por meio de lei.

Art. 180. A União, os Estados, o Distrito Federal e os Municípios promoverão e incentivarão o turismo como fator de desenvolvimento social e econômico.

Art. 181. O atendimento de requisição de documento ou informação de natureza comercial, feita por autoridade administrativa ou judiciária estrangeira, a pessoa física ou jurídica residente ou domiciliada no País dependerá de autorização do Poder competente.

3. PRAÇA, Sergio e NORONHA, Lincoln. "Estimando a importância das instituições: o impacto da descentralização na Assembleia Constituinte Brasileira, 1987-1988." O estudo demonstra que "mais da metade do texto constitucional teve sua redação final elaborada ainda na fase das comissões, sob o primeiro regimento, e que o aproveitamento do anteprojeto elaborado pela Comissão de Sistematização foi muito mais alto do que se imaginava". Disponível em <http://www.humanas.ufpr.br/site/evento/SociologiaPolitica/GTs-ONLINE/GT2/EixoI/Estimando_a_importancia_das_instituicoes--SergioPraca.pdf>.

4. O presidente foi Edson Lobão (PFL-MA) e o relator Oswaldo Lima Filho (PMDB-CE). Cf. Documentos e atas da Subcomissão da Política Agrícola e Fundiária e da Reforma Agrária. Disponível em: <http://www2.camara.leg.br/atividade-legislativa/legislacao/Constituicoes_Brasileiras/constituicao-cidada/o-processo-Constituinte/comissoes-e-subcomissoes/comissao6/subcomissao6c>.

Marcelo Cordeiro

1. Cf. Edições dos *Diários da Constituinte* (Radiobras, 1988). Disponível em: <http://bd.camara.gov.br/bd/handle/bdcamara/18>.
2. Cf. Edições do *Jornal da Constituinte*. Disponível em: <http://www2.camara.leg.br/atividade-legislativa/legislacao/Constituicoes_Brasileiras/constituicao-cidada/Jornal%20da%20Constituinte>.
3. *Jornal da Constituinte*. Brasília, n. 40, 21/27 mar. 1988. Disponível em: <http://www2.camara.leg.br/atividade-legislativa/legislacao/Constituicoes_Brasileiras/constituicao-cidada/Jornal%20da%20Constituinte/n-%2040%20-%2021%20a%2027%20marco%201988.pdf>.
4. VAZ, Lúcio. Soa o gongo: parlamentares vão à luta na Constituinte. *O Globo*, O País, Rio de Janeiro, p. 13, 12 jun. 1988. Disponível em: <http://www2.senado.leg.br/bdsf/bitstream/handle/id/121325/1988_11%20a%2015%20de%20Junho_029.pdf?sequence=1>.

Michel Temer

1. Palestra: *Reconstrução Histórica da Constituinte*, José Serra. Disponível em: <https://www.youtube.com/watch?v=q1hdj879kNA>.

Raquel Cândido

1. Refere-se ao "Programa Nacional do Leite", que integrava a política do "Tudo pelo social" do governo José Sarney.
2. LUCENA, Eliana. Bloco feminista é machismo. *O Estado de S. Paulo*, Política, São Paulo, p. 7, 15 fev. 1987. Disponível em: <https://www2.senado.leg.br/bdsf/bitstream/handle/id/116204/1987_15%20a%2019%20de%20fevereiro_012.pdf?sequence=1>.

3. "A deputada Raquel Cândido (PFL-RO), por sua destemperada atuação no plenário e com os funcionários de seu gabinete, levou o *Troféu Limão*. A *Medalha Ferradura*, no entanto, ainda é disputada pelos líderes do PFL na Câmara e do PMDB na Constituinte. José Lourenço é imbatível na indelicadeza em plenário, Mário Covas ainda não perdeu pontos no quesito 'grossura' no trato com os funcionários." FUSCO, Tânia. Constituinte põe educação à prova: parlamentar ganha 'medalha' por mau humor e delicadeza. *Jornal do Brasil*, Política, Rio de Janeiro, p. 2, 2 maio 1988. Disponível em: <https://www2.senado.leg.br/bdsf/bitstream/handle/id/106785/1988_01%20a%2005%20de%20Maio_%20050a.pdf?sequence=1>.
4. LIMA, Dora Tavares de. Realidade do plenário muda sonhos de parlamentares. *Jornal do Brasil*, Política, Rio de Janeiro, p. 8, 1 maio 1988. Disponível em: <http://www2.senado.leg.br/bdsf/bitstream/handle/id/107159/1988_01%20a%2005%20de%20Maio_%20022.pdf?sequence=1>.

Roberto Jefferson

1. Ato das Disposições Constitucionais Transitórias — ADCT:
[...]
Art. 10 — Até que seja promulgada a lei complementar a que se refere o art. 7º, I, da Constituição:
I — fica limitada a proteção nele referida ao aumento, para quatro vezes, da porcentagem prevista no art. 6º, *caput* e §1º, da Lei nº 5.107, de 13/09/66;
Art. 7º São direitos dos trabalhadores urbanos e rurais, além de outros que visem à melhoria de sua condição social:
I — relação de emprego protegida contra despedida arbitrária ou sem justa causa, nos termos de lei complementar, que preverá indenização compensatória, dentre outros direitos;
2. DEPUTADOS trocam ofensas. Prisão de petebista em greve paulista tumultua o plenário. *Jornal do Brasil*, Rio de Janeiro, p. 4, 3 fev. 1988. Disponível em: <http://www2.senado.leg.br/bdsf/bitstream/handle/id/124566/1988_01%20a%2010%20de%20Fevereiro%20-%200050.pdf?sequence=1>.
3. TIROS assustam a Constituinte. *Correio Braziliense*, Brasília, p. 6, 21 maio 1988. Disponível em: < http://www2.senado.leg.br/bdsf/bitstream/handle/id/106653/1988_21%20a%2025%20de%20Maio_%20002a.pdf?sequence=1>.

Sandra Cavalcanti

1. SANDRA denuncia manipulação na Sistematização. Segundo ela, anteprojeto do relator não respeita decisões das Comissões da Constituinte. *Correio Braziliense*, Brasília, Política, p. 3, 11 jul. 1987. Disponível em: <http://www2.senado.leg.br/bdsf/bitstream/handle/id/135015/Jul_1987%20-%200073.pdf?sequence=1>.
2. SANDRA denuncia corrupção. *Jornal do Brasil*, Rio de Janeiro, p. 8, 23 mar. 1988. Disponível em: <https://www2.senado.leg.br/bdsf/bitstream/handle/id/123013/23%20a%2025%20de%20marco%20-%200007.pdf?sequence=1>.
3. "Nós, representantes do povo brasileiro, reunidos em Assembleia Nacional Constituinte para instituir um Estado democrático, destinado a assegurar o exercício dos direitos sociais e individuais, a liberdade, a segurança, o bem-estar, o desenvolvimento, a igualdade e a justiça como valores supremos de uma sociedade fraterna, pluralista e sem preconceitos, fundada na harmonia social e comprometida, na ordem interna e internacional, com a solução pacífica das controvérsias, promulgamos, sob a proteção de Deus, a seguinte CONSTITUIÇÃO DA REPÚBLICA FEDERATIVA DO BRASIL." Disponível em <http://www2.camara.leg.br/legin/fed/consti/1988/constituicao-1988-5-outubro-1988-322142-publicacaooriginal-1-pl.html>.
4. Art. 226. A família, base da sociedade, tem especial proteção do Estado.

    §1º O casamento é civil e gratuita a celebração.

    §2º O casamento religioso tem efeito civil, nos termos da lei.

    §3º Para efeito da proteção do Estado, é reconhecida a união estável entre o homem e a mulher como entidade familiar, devendo a lei facilitar sua conversão em casamento.

    §4º Entende-se, também, como entidade familiar a comunidade formada por qualquer dos pais e seus descendentes.

    §5º Os direitos e deveres referentes à sociedade conjugal são exercidos igualmente pelo homem e pela mulher.

    §6º O casamento civil pode ser dissolvido pelo divórcio, após prévia separação judicial por mais de um ano nos casos expressos em lei, ou comprovada separação de fato por mais de dois anos.

    §7º Fundado nos princípios da dignidade da pessoa humana e da paternidade responsável, o planejamento familiar é livre decisão do casal, competindo ao Estado propiciar recursos educacionais e científicos para o exercício desse direito, vedada qualquer forma coercitiva por parte de instituições oficiais ou privadas.

§8º O Estado assegurará a assistência à família na pessoa de cada um dos que a integram, criando mecanismos para coibir a violência no âmbito de suas relações.

Art. 227. É dever da família, da sociedade e do Estado assegurar à criança e ao adolescente, com absoluta prioridade, o direito à vida, à saúde, à alimentação, à educação, ao lazer, à profissionalização, à cultura, à dignidade, ao respeito, à liberdade e à convivência familiar e comunitária, além de colocá-los a salvo de toda forma de negligência, discriminação, exploração, violência, crueldade e opressão.

§1º O Estado promoverá programas de assistência integral à saúde da criança e do adolescente, admitida a participação de entidades não governamentais e obedecendo aos seguintes preceitos:

I — aplicação de percentual dos recursos públicos destinados à saúde na assistência materno-infantil;

II — criação de programas de prevenção e atendimento especializado para os portadores de deficiência física, sensorial ou mental, bem como de integração social do adolescente portador de deficiência, mediante o treinamento para o trabalho e a convivência, e a facilitação do acesso aos bens e serviços coletivos, com a eliminação de preconceitos e obstáculos arquitetônicos.

§2º A lei disporá sobre normas de construção dos logradouros e dos edifícios de uso público e de fabricação de veículos de transporte coletivo, a fim de garantir acesso adequado às pessoas portadoras de deficiência.

§3º O direito a proteção especial abrangerá os seguintes aspectos:

I — idade mínima de quatorze anos para admissão ao trabalho, observado o disposto no art. 7º, XXXIII;

II — garantia de direitos previdenciários e trabalhistas;

III — garantia de acesso do trabalhador adolescente à escola;

IV — garantia de pleno e formal conhecimento da atribuição de ato infracional, igualdade na relação processual e defesa técnica por profissional habilitado, segundo dispuser a legislação tutelar específica;

V — obediência aos princípios de brevidade, excepcionalidade e respeito à condição peculiar de pessoa em desenvolvimento, quando da aplicação de qualquer medida privativa da liberdade;

VI — estímulo do Poder Público, através de assistência jurídica, incentivos fiscais e subsídios, nos termos da lei, ao acolhimento, sob a forma de guarda, de criança ou adolescente órfão ou abandonado;

VII — programas de prevenção e atendimento especializado à criança e ao adolescente dependente de entorpecentes e drogas afins.

§4º A lei punirá severamente o abuso, a violência e a exploração sexual da criança e do adolescente.

§5º A adoção será assistida pelo Poder Público, na forma da lei, que estabelecerá casos e condições de sua efetivação por parte de estrangeiros.

§6º Os filhos, havidos ou não da relação do casamento, ou por adoção, terão os mesmos direitos e qualificações, proibidas quaisquer designações discriminatórias relativas à filiação.

§7º No atendimento dos direitos da criança e do adolescente levar-se-á em consideração o disposto no art. 204.

Art. 228. São penalmente inimputáveis os menores de dezoito anos, sujeitos às normas da legislação especial.

Art. 229. Os pais têm o dever de assistir, criar e educar os filhos menores, e os filhos maiores têm o dever de ajudar e amparar os pais na velhice, carência ou enfermidade.

Art. 230. A família, a sociedade e o Estado têm o dever de amparar as pessoas idosas, assegurando sua participação na comunidade, defendendo sua dignidade e bem-estar e garantindo-lhes o direito à vida.

§1º Os programas de amparo aos idosos serão executados preferencialmente em seus lares.

§2º Aos maiores de sessenta e cinco anos é garantida a gratuidade dos transportes coletivos urbanos.

Theodoro Mendes

1. CASTELLO, Carlos. Sarney fixa-se na emenda Theodoro. *Jornal do Brasil*, Coluna do Castello, Rio de Janeiro, p. 2, 19 set. 1987. Disponível em: <http://www2.senado.leg.br/bdsf/bitstream/handle/id/186959/264719.pdf?sequence=1>.
2. Art. 37. A administração pública direta, indireta ou fundacional, de qualquer dos Poderes da União, dos Estados, do Distrito Federal e dos Municípios obedecerá aos princípios de legalidade, impessoalidade, moralidade, publicidade e, também, ao seguinte:
   [...]
   II — a investidura em cargo ou emprego público depende de aprovação prévia em concurso público de provas ou de provas e títulos, ressalvadas as nomeações para cargo em comissão declarado em lei de livre nomeação e exoneração; [...].

Índice onomástico

Abílio Diniz, 72
Ada Pellegrini Grinover, 470
Adelmar Silveira Sabino, 25, 319
Adib Jatene, 354
Adolfo Bloch, 341
Adolfo de Oliveira, 157, 313
Adriano Pilatti, 232, 430
Aécio Neves, 16, 230, 257, 457
Affonso Arinos de Mello Franco, 20, 21, 22, 28, 35, 47, 48, 98, 112, 132, 136, 193, 202, 209, 210, 258, 271, 300, 304, 330, 398, 402, 417, 418, 429, 444, 467
Afif Domingos, 211, 251, 363, 383
Afonso Victor, 446
Afrânio Nabuco, 335, 336, 338, 345
Agripino Oliveira Lima, 188, 189
Ailton Krenak, 304
Airton Soares, 358
Alair Ferreira, 436
Albano Franco, 245, 453
Albérico Cordeiro, 90, 147
Albérico Filho, 37, 91
Alberto Pasqualini, 412
Alceni Guerra, 39, 399
Alcides Mosconi, 109
Alexandre Lourenço, 440

Aliança Democrática, 19, 27, 455
Aliança Renovadora Nacional (Arena), 19, 23, 142, 166, 191, 198
Aliomar Baleeiro, 418
Almino Affonso, 234
Almir Gabriel, 39, 174, 208
Almir Pazzianotto, 394
Aloysio Nunes Ferreira, 258
Altair Mosselin, 440
Aluizio Chaves, 36
Alysson Paulinelli, 383
Amaral Netto, 212, 213, 405, 407
Amaury Soares Silveira, 440
Ângelo Barbosa Machado, 440
Aníbal Teixeira, 401
Antônio Britto, 16, 171, 199, 200, 211, 217, 301, 338, 339, 341, 342, 428, 450
Antônio Carlos Konder Reis, 157, 313
Antônio Carlos Lyra, 440
Antônio Carlos Magalhães, 16, 17, 24, 56, 59, 108, 124, 166, 176, 177, 189, 196, 223-228, 241, 242, 246, 249, 265, 266, 272, 310, 341, 344, 371, 401, 421, 424, 453
Antônio Claudio Mariz de Oliveira, 397
Antônio Ermírio de Moraes, 136, 294

Antônio Geraldo Cardoso, 130
Antônio Machado, 90, 91
Antonio Mariz, 36
Antônio Rogério Magri, 410
Antônio Sérgio da Silva Arouca, ver *Sérgio Arouca*
Aracy de Almeida, 424
Arimar Ferreira Bastos, 440
Arlindo Fábio Gomes de Souza, 440
Arolde de Oliveira, 40
Arquivo e Centro de Documentação da Câmara dos Deputados, 25
Articulação Nacional de Entidades, 29
Artur Costa e Silva, 58, 59, 128, 235
Artur da Távola, 39, 174, 210, 337, 343, 473
Assembleia Nacional Constituinte (ANC), 28
Assessoria Semprel, 19, 435
Associação Brasileira das Empresas de Rádio e Televisão (ABERT), 16, 335, 336, 345
Associação Nacional dos Jornais (ANJ), 345
Associação Parlamentar de Pilotos de Avião, 138
Augusto Carvalho, 356
Aureliano Chaves, 48, 55, 269, 404
Aurélio Vander Bastos, 470
Áureo Bringel de Melo, 481

Bancada de Economistas, 72, 73
Bancada do Batom, 195
Bancada do Nordeste, 156
Banco ABC, 71
Banco Bamerindus, 246
Banco Central, 87, 161, 243, 244

Banco do Brasil, 81, 305
Banco do Nordeste, 82
Banco Itamaraty, 71
Banco Nacional de Desenvolvimento Econômico e Social (BNDES) 158
Basílio Villani, 246, 456
Benedita da Silva, 217, 270, 354, 390, 436
Benito Gama, 25, 38, 223, 224, 453
Bernardo Cabral, 17, 18, 22, 23, 28, 35, 51, 52, 54-56, 64, 65, 83, 84, 91, 97, 99, 102, 103, 113, 115, 117, 118, 126, 130, 155, 157, 164, 213, 215, 217, 247, 251, 260, 302, 303, 312, 315, 316, 323, 338, 348, 357, 361, 364, 385, 404, 419, 422, 439, 440, 450, 466, 470
Bete Mendes, 358
Bocaiúva Cunha, 377, 411
Brandão Monteiro, 304

Câmara dos Deputados, 19, 25, 27, 28, 30, 54, 58, 89, 90, 113, 183, 185, 203, 202, 207, 231, 286, 301, 319, 321-323, 327, 370-372, 397, 445-447, 451, 455, 469
Camilo Cola, 245
Candido Mendes, 293, 495
Carlos Abe Petreluzzi, 440
Carlos Alberto Oliveira Roxo, 440
Carlos Alberto Ribeiro Xavier, 440
Carlos Ary Sundfeld, 25, 277, 430, 495
Carlos Chagas, 99, 454
Carlos Chiarelli, 197
Carlos Eduardo Moreira Ferreira, 444, 467
Carlos Eduardo Mosconi, 25, 105, 109, 353, 440, 495
Carlos Lacerda, 402, 427
Carlos Michiles, 467

Índice onomástico

Carlos Roberto Siqueira Castro, ver *Siqueira Castro*
Carlos Sant'Anna, 56, 92, 108, 120, 356, 377
Carlos Virgílio, 223, 453
Carta Magna, 16, 20, 28, 419
Cássio Cunha Lima, 359
Castelo Branco, 58, 110, 382
Cecília Pires, 119, 165, 442
Célia Chaves, 440
Celso Antunes, 197
Celso Furtado, 73, 91, 294
Central Única dos Trabalhadores, 25, 136, 323, 347-349, 409, 411, 415, 444
Centro de Estudos e Acompanhamento da Constituinte, 285
César Maia, 160, 385
Chagas Rodrigues, 36
Chico Humberto, 218
Cid Carvalho, 53, 54
Cid Sabóia, 38
Ciro Gomes, 178
Cláudio Abramo, 299
Clube do Congresso, 138, 496
Clube Rotary, 191
Colégio de Líderes, 211
Colégio dos Cardeais, 212
Colégio Pedro II, 296, 469
Comissão da Família, da Educação, Cultura e Esportes, da Ciência e Tecnologia e da Comunicação, 42
Comissão da Ordem Econômica, 40, 382, 383, 482
Comissão da Ordem Social, 42
Comissão da Organização do Estado, 36
Comissão da Organização dos Poderes e Sistema de Governo, 37, 391

Comissão da Soberania e dos Direitos e Garantias do Homem e da Mulher, 35, 257
Comissão de Oito Ilustres, 58, 59, 128
Comissão de Redação, 24, 31, 85, 127, 197, 198, 282, 327, 365, 373, 392, 393, 466
Comissão de Sistematização da Constituinte, 18, 97, 347
Comissão do Sistema Tributário, Orçamento e Finanças, 40, 239, 241, 244
Comissão dos Notáveis, 20, 48, 63, 80, 112, 145, 202, 259, 291, 293, 297, 298, 299, 303, 368
Comissão Nereu Ramos, 202
Companhia de Gás de São Paulo (Comgás), 278, 279
Companhia de Saneamento Básico do Estado de São Paulo (Sabesp), 83
Confederação Nacional da Indústria, 245
Confederação Nacional do Comércio, 103
Conferência Nacional das Classes Trabalhadoras (Conclat), 444
Conferência Nacional dos Bispos do Brasil (CNBB), 444
Congresso Constituinte, 15, 20, 19, 20, 50, 136, 286, 297, 298, 299, 300
Congresso Nacional, 28, 29, 30, 193, 342, 436, 439, 442, 443, 446, 451, 452, 453, 455, 469, 475
Conselho de Comunicação Social, 339, 342, 475
Conselho Nacional de Justiça, 283
Conselho Regional de Corretores de Imóveis (Creci), 407
Constituição de 1946, 112, 200, 203, 292, 365, 438

Constituição de 1988, 27, 49, 70, 86, 197, 253, 278, 295, 393, 427, 429, 430, 432, 433, 459, 472
Cora M. B. Montoro, 440
Correio Braziliense, 420, 433, 439, 450, 458, 460, 487, 488
Cristina Albuquerque, 440
Cristina Tavares, 271, 272, 335, 337, 343, 344, 402, 406, 412
Cristovam Buarque, 285, 287, 294

Dalmo de Abreu Dallari, 444, 467
Dalva Gasparian, 160
Darcy Pozza, 36
Delfim Netto, 26, 38, 88, 159, 184, 231–233, 236, 237, 342, 383, 403, 406, 450, 454
Deodoro da Fonseca, 202
Dernival da Silva Brandão, 440
Destaque de Votação em Separado (DVS), 86, 207, 287, 330
Diário Oficial da União, 20
Dilson Funaro, 69 –71, 82, 164
Dirce Tutu Quadros, 269, 436
Dirceu Carneiro, 38
Domingos Leonelli, 177

Editora Abril, 345
Edme Tavares, 39
Edmilson Valentim, 356
Edmundo Castilho, 440
Edson Lobão, 39, 182, 486
Eduardo Campos, 191
Eduardo Jorge, 12, 25, 107, 330, 353, 476
Eduardo Jorge Caldas Pereira, 108, 382
Eduardo Suplicy, 138
Egídio Ferreira Lima, 36

Eleutério Gomes Neto, 107
Elio Gaspari, 162
Encontro Nacional do MDB, 27
Epitácio Cafeteira, 361
Eraldo Tinoco, 40
Eric Rosas, 440
Ernane Galvêas, 83
Ernesto Geisel, 17, 46, 47, 128, 156, 235, 382, 383
Escola Superior de Guerra, 63, 294, 300
Euclides Scalco, 15, 52, 121, 122, 133, 176, 179, 206, 217, 301, 305, 450, 451
Euler Bentes Monteiro, 131
Eurico Gaspar Dutra, 45, 46
Evencia Brito, 191
Ézio Cordeiro, 107, 440
Ézio Ferreira, 104, 192, 229, 251

Fábio Feldmann, 106, 271
Fábio Konder Comparato, 197, 271, 354, 383, 428, 444, 450, 467, 477
Fábio Lucena, 19, 20, 120, 369
Fabíola Sant'Anna, 108, 357
Família Sirotsky, 336
Fausto Fernandes, 37
Fazenda Nacional, 83, 85
Federação das Indústrias do Estado de São Paulo, 177
Felipe González, 118
Felipe Patury, 161
Feres Nader, 384
Fernanda Colagrossi, 440
Fernando Alberto Campos de Lemos, 442
Fernando Bezerra Coelho, 223, 224, 228, Fernando Collor de Mello, 70, 76, 117, 226, 454

Índice onomástico

Fernando Ernesto Corrêa, 16, 25, 335, 428, 473
Fernando Gasparian, 38, 85-87, 159, 160, 225, 246, 300, 372, 429
Fernando Henrique Cardoso, 15-17, 20-22, 48, 50, 57, 60, 65, 70, 72, 74, 76, 97-99, 111, 113, 117, 120, 132, 149, 151, 152, 154, 155, 159, 162, 165, 166, 178, 184-186, 203, 207-210, 213-217, 238, 258, 260, 261, 288, 302, 303, 312, 314, 328, 330, 338, 341, 345, 353, 355, 362, 364, 382, 385, 397, 398, 417, 428, 442, 450
Fernando Lyra, 117, 171, 200, 201, 203
Fernando Salino Côrte, 440
Fernando Santana, 54, 356, 357
Ferreira Netto, 271
Ferrovia Paulista S. A. (Fepasa), 83
Flávio Bierrenbach, 19, 25, 50, 135, 285, 286, 297, 298, 300, 345, 360, 427, 444, 467
Florestan Fernandes, 355, 418, 428
Folha de S. Paulo, 18, 19, 59, 115, 121, 149, 299, 324, 345, 438, 439, 444, 446, 447, 451, 458, 467, 468, 477
Força Aérea Brasileira (FAB), 180
Forças Armadas, 47, 50, 51, 53, 63-66, 117, 118, 214, 215, 250, 282, 299, 438, 452, 467
Forte Apache, 51
Francisco Álvaro Barbosa Costa, 440
Francisco Benjamim, 251
Francisco Dornelles, 16, 38, 151, 161, 174, 224, 241, 455
Francisco dos Santos, 440
Francisco Rossi, 26, 37, 141, 445
Franco Montoro, 70, 71, 74, 129, 131, 152, 153, 159, 165, 225, 232, 300, 394, 395, 398, 399, 435

Frente Liberal, 89, 251, 368
Frente Liberal da Bahia, 251
Frente Parlamentar do Índio, 30
Frente Única contra o Erário, 166
Fundação Getulio Vargas, 25, 71, 82
Fundo de Amparo ao Trabalhador (FAT), 158
Fundo de Participação de Estados e Municípios, 156, 447
Fundo Monetário Internacional, 84

Gastone Righi, 21, 56, 160, 205-207, 209, 392, 406, 410, 413, 414
Geraldo Alckmin, 106, 403
Geraldo Ataliba, 444, 467
Geraldo Campos, 39
Geraldo Justo, 440
Gerson Camata, 453
Getúlio Vargas, 20, 71, 72, 202
Gilmar Mendes, 97, 330, 332, 391
Giocondo Dias, 60
Golbery do Couto e Silva, 166
Grupo dos 32, 304, 417
Grupo Objetivo, 228
Grupo Pão de Açúcar, 72
Guilherme Palmeira, 368
Gumercindo Milhomem, 355

Haroldo Lima, 210, 214
Hélio Costa, 109
Hélvio Jobim, 198
Henrique Alves, 146
Henrique Sabóia, 53
Henry Maksoud, 444, 467
Heráclito Cid de Queiroz, 85
Heráclito Fortes, 26, 228, 359, 477
Hermann Assis Baeta, 444, 467

Hermes Zanetti, 39, 177
Hosana Garcez Moreira, 440
Hospital de Base de Brasília, 102, 395
Hospital Sírio-Libanês 448
Hotel Eron, 313
Hotel Glória, 292
Hotel Nacional, 116, 178, 241, 436
Humberto de Alencar Castelo Branco, ver *Castelo Branco*
Humberto Lucena, 100, 309, 314
Humberto Souto, 85

Ibsen Pinheiro, 26, 363, 477
Ida Malani de Almeida (dona Mora), 66, 307, 320
Igreja Católica, 127, 285
Imposto de Circulação de Mercadorias (ICM), 159, 245, 246
Instituto do Coração (São Paulo), 102
Instituto dos Advogados Brasileiros, 54
Instituto Israel Pinheiro, 158, 216
Instituto Nacional de Assistência Médica da Previdência Social (INAMPS), 106, 142, 144
Irajá Rodrigues, 223
Israel Pinheiro Filho, 37, 304, 417, 445
Itamar Franco, 17
Ivan de Souza Mendes, 46, 117, 132, 164, 229, 241, 253
Ives Gandra, 65
Ivo Lech, 390
IX Conferência Nacional da OAB, 98

Jacinta Luiza dos Santos Diz y Alvarez, 25
Jaime Rosembjom, 440
Jair Meneguelli, 25, 136, 297, 347, 348, 444, 475

Jânio Quadros, 64, 442, 446
Jaqueline Pitangui, 440
Jarbas Passarinho, 37, 125, 132, 174, 210, 282, 466, 467
Jayme Paliarin, 349
Jean-Paul Sartre, 402
João Alves, 38, 229
João Amazonas, 60, 123
João Baptista Figueiredo, 51, 53, 269, 286, 287
João Calmon, 39
João Carlos Di Gênio, 217, 228, 229, 251
João Cunha, 324
João Gilberto Lucas Coelho, 25, 285, 428, 467
João Goulart (Jango), 20, 110, 113, 191, 442
João Hermann Neto, 35
João José Cândido da Silva, 440
João Manoel Cardoso de Mello, 71, 310
João Paulo Pires Vasconcelos, 354
João Sayad, 224, 225, 309
Joaquim dos Santos Andrade, 444, 467
Joaquim Falcão, 25, 291, 468
Joaquim Levy, 243
Joaquim Mendonça, 336
Jofran Frejat, 36, 273
Jorge Amado, 293
Jorge Bornhausen, 17, 26, 367, 370, 406, 480, 481
Jorge Hage, 26, 375, 481
Jorge Kalil, 440
Jorge Uequed, 105, 412, 413
Jornal da Constituinte, 390, 486
Jornal do Brasil, 18, 103, 113, 119, 139, 165, 185, 215, 303, 348, 412, 420, 433, 435, 437, 440, 442, 452-454, 458, 469, 475, 477, 480, 487, 488, 490

Índice onomástico 497

Jornal Opinião, 159
José Afonso da Silva, 21, 314, 430, 470
José Alberto Hermógenes de Souza, 440
José Aparecido de Oliveira, 105
José Carlos Moreira Alves, ver *Moreira Alves*
José Costa, 37, 391
José da Rocha Cavalheiro, 440
José Elias Murad, 39, 353, 440
José Eudes, 358
José Fogaça, 26, 37, 145, 174, 313, 314, 341, 445
José Gregori, 300
José Hugo Castelo Branco, 46, 244,
José Ignácio Ferreira, 157, 214, 303, 436
José Jorge, 37, 377
José Linhares, 202
José Lins, 38, 382
José Lourenço, 23, 56, 89, 90, 141, 177, 181, 185, 206, 219, 227, 265, 273, 370, 371, 405, 406, 450, 453, 487
José Luiz Maia, 38
José Luiz Riani Costa, 440
José Maranhão, 138
José Nader, 384
José Olímpio, 245
José Paulo Bisol, 35
José Richa, 15, 36, 52, 53, 54, 56, 91, 115, 118, 121, 122, 155, 158, 163, 165, 216, 258, 304, 331, 417, 472
José Sarney, 15-20, 22-25, 27, 31, 45 -47, 49-61, 63, 69-72, 74-76, 79-83, 88, 91, 92, 99-101, 104, 108, 109, 114, 115, 117-124, 129, 132, 133, 135, 138, 141, 144, 147, 148, 153, 163-167, 171, 176, 177, 179, 180, 183-186, 188, 189, 191, 195, 197, 201, 202, 204, 205, 213, 215, 216, 224-228, 234, 235, 237, 241-244, 246, 247, 249, 250, 253, 259, 261, 262, 265, 266, 272, 273, 285, 286, 288, 291, 293, 294, 297-301, 303, 308-310, 315, 329, 335, 344, 356-363, 367, 368, 370, 373, 375-377, 381, 384, 393-395, 401, 406, 415, 420, 421, 423, 424, 437, 438, 442, 455, 456, 469, 486, 490
José Serra, 15, 16, 38, 54, 70-74, 84, 87, 88, 91, 92, 97, 99, 117, 133, 151, 174, 224, 225, 244-247, 300, 372, 391, 392, 398, 418, 435, 444, 446, 447, 450, 486
José Tavares da Silva Neto, 37
José Thomaz Nonô, 36, 371
José Ulisses de Oliveira, 38
Juscelino Kubitschek, 110
Jutahy Júnior, 453
Jutahy Magalhães, 453

Laércio Moreira Valença, 440
Leonel Brizola, 48, 241, 242, 358, 381, 384, 402, 406
Leônidas Pires Gonçalves, 18, 47, 51-53, 63, 101, 121, 130, 190, 213, 215, 235, 246, 247, 300, 395, 421, 438, 444
Lila (esposa de Covas), 416
Lincoln Noronha, 432, 445, 485
Lisâneas Maciel, 36
Lúcia Braga, 270
Lucia Vânia, 436
Luciano Coutinho, 73
Luciano Mendes de Almeida, 444, 467
Luís Roberto Ponte, 56, 206, 265, 457, 459
Luís Viana Filho, 58, 453
Luiz Alberto Rodrigues, 36
Luiz Alfredo Salomão, 26, 381, 384, 414, 482

Luiz Carlos Bresser-Pereira, 25, 69, 73, 76, 82-84, 91, 92, 164, 165, 429, 438
Luiz Carlos Piva, 161
Luiz Eduardo Borgheth, 335, 336
Luiz Eduardo Magalhães, 217, 219, 242, 322, 360, 370, 402, 450
Luiz Gonzaga Belluzzo, 71
Luiz Gushiken, 160, 355, 448
Luiz Gutemberg, 58, 128, 129, 429
Luiz Henrique da Silveira, 22, 54, 113, 114, 137, 175, 176, 205, 321, 364
Luiz Inácio Lula da Silva, 17, 48, 57, 61, 164, 192, 230, 233, 244, 251, 253, 258, 262, 268, 354-356, 363, 379, 450, 451
Luiz Viana Netto, 453
Luiza Brunet, 55

Maguito Vilela, 230
Maílson da Nóbrega, 25, 52, 72, 79, 82, 89-92, 224, 228, 429, 438, 439
Maluly Netto, 188, 189, 218
Manoel Carneiro da Fontoura, 25
Mansueto de Lavor, 90
Marcelo Cordeiro, 18, 387, 390, 486
Márcia Kubitscheck, 269, 436
Márcio Thomaz Bastos, 24
Marco Maciel, 158, 184, 368, 371, 395
Marcondes Gadelha, 39, 473
Maria Aladilce de Souza, 440
Maria Conceição Tavares, 73
Maria de Lourdes Abadia, 269, 458, 460
Maria José dos Santos Rossi, 440
Maria Lúcia Mosconi, 109, 110
Maria Tereza Fleury, 71
Maria Vitória Benevides, 136, 297, 444, 467
Marília Gabriela, 320

Mario Assad, 35, 160
Mário Covas, 15, 16, 22, 47, 48, 52-54, 74, 97, 99, 105, 111-115, 117, 119, 121, 124, 125, 146, 147, 152, 154, 155, 160, 163-165, 174-177,179, 180, 182, 184-186, 205, 206, 208, 209, 211, 212, 215-217, 223-225, 234, 238, 251, 258, 260, 261, 266, 267, 301-303, 305, 307, 312, 320, 321, 324, 325, 331, 337, 338, 343, 345, 348, 358, 361-364, 372, 382, 383, 398, 405, 416, 417, 427, 429, 438, 450, 470, 487
Mário Henrique Simonsen, 382
Mário Lima, 39
Mário Rigatto, 440
Marisa Letícia Lula da Silva, 230
Marly Sarney, 370
Marta Nóbrega Martinez, 440
Maurício Correa, 112
Maurilio Ferreira Lima, 36
Mauro Benevides, 218
Mauro Campos, 384
Mauro Santayana, 295, 299
Michel Temer, 17, 303, 391, 392, 395, 398, 435, 445, 486
Miguel Arraes, 191, 361
Miguel Reale, 25, 153, 292, 293, 298, 299, 303, 304, 308
Miguel Reale Júnior, 25, 153, 292, 297, 299, 301, 308, 323, 469, 470
Miltinho (cantor), 228
Milton Santos, 294
Ministério Público de Contas, 365
Ministério Público Federal, 92, 102, 259, 277, 293, 304, 322, 363, 365, 375, 378, 379, 391, 409, 429, 453, 460, 462, 477-480

Índice onomástico

Moisés Goldbaum, 440
Moreira Alves, 18, 257
Moreira Franco, 225, 247, 313
Moreira Lima, 53
Mosteiro de São Bento, 216
Movimento de Unidade Progressista (MUP), 116, 177
Movimento Democrático Brasileiro, 98
Movimento Pró-Constituinte, 27
Movimento Pró-Participação Popular, 28
Mozart Vianna, 25, 327, 330, 471
Muro de Berlim, 128, 181, 268, 368
Museu do Ipiranga, 233
Myriam Portela, 269

Navarro de Andrade, 138
Nelson Aguiar, 40
Nelson Carneiro, 124
Nelson Friedrich, 37
Nelson Jobim, 15, 16, 21, 23, 121, 126, 157, 160, 174, 176, 197, 206, 209-211, 219, 239, 251, 266, 288, 301, 303, 304, 313, 323, 330, 331, 338, 341, 358, 404, 450, 451
Nelson Marchezan, 286
Nelson Proença, 440
Nelson Rodrigues dos Santos, 440
Nelson Saldanha, 444, 467
Newton Cardoso, 109, 218
Ney Prado, 63, 294, 299, 300, 429
Noel Rosa, 424
Norberto Schwantes, 436

O Estado de S. Paulo, 59, 123, 124, 139, 234-237, 345, 435, 442, 455, 457, 469, 486

O Globo, 20, 197, 234, 347, 348, 390, 412, 433, 440, 448, 451, 461, 472, 473, 475, 486
Obed Dornelles Vargas, 440
Ogari de Castro Pacheco, 440
Oliveira Brito, 191
Olívio Dutra, 217, 343, 355
Operação Patrícia, 100
Ordem dos Advogados de São Paulo, 397
Ordem dos Advogados do Brasil, 285, 312, 444, 480
Orestes Quércia, 109, 125, 177, 178, 247, 288, 303, 392, 399, 443
Organizações Globo, 16, 227, 246, 299, 335-340, 343-345
Oscar Corrêa, 36, 132, 250, 365, 453
Oscar Corrêa Júnior (Oscarzinho), 132, 249, 365, 453, 457
Osório Adriano, 272
Oswaldo Lima Filho, 39, 113, 182, 486
Oswaldo Manicardi, 130
Oswaldo Martins, 113, 114
Otto Von Bismarck, 48

Paes de Andrade, 322, 427
Palácio do Planalto, 20, 117, 123, 171, 176, 216, 227, 228, 244, 303
Partido Comunista Brasileiro, 86, 357, 468
Partido Comunista do Brasil, 384
Partido da Frente Liberal (PFL), 19, 21 23, 26, 48, 56, 85, 89, 90, 98, 141, 160, 177, 181, 182, 183, 185, 186, 188, 191, 195, 223, 227, 241, 243, 244, 249, 251, 265, 269, 272, 273, 365, 367, 370, 371, 377, 382, 401, 404-406, 417, 436, 451, 460, 486, 487

Partido Democrata Cristão (PDC), 19
Partido Democrático Trabalhista (PDT), 19, 26, 112, 218, 304, 377, 381, 384, 385, 406, 470
Partido do Movimento Democrático Brasileiro (PMDB), 15, 18, 19, 21, 22, 26, 47, 52, 54, 69, 70, 72, 74, 76, 81, 86, 90, 97, 98, 105, 109, 111–114, 116, 117, 121, 122, 124, 125, 135, 137, 138, 145–147, 151, 154, 155, 166, 171, 175, 177–179, 182, 183, 185, 186, 197, 199, 203, 205, 206, 215–217, 223, 235, 237, 257, 258, 260, 265, 285, 288, 297, 301, 305, 313, 321, 335, 337, 353, 358–360, 363, 364, 368, 372, 375, 381, 382, 384, 387, 390, 391, 398, 406, 411, 415, 419, 423, 436, 438, 445, 451, 454, 467, 473, 481, 486, 487
Partido dos Trabalhadores (PT), 19, 26, 47, 61, 107, 160, 192, 210, 214, 231, 268, 270, 304, 343, 353, 354, 356, 358, 365, 383, 391, 402, 414, 436, 477
Partido Liberal (PL), 19
Partido Progressista (PP), 166
Partido Social Democrático (PDS), 19, 25, 83, 185, 186, 191, 212, 223, 231, 436
Partido Socialista Brasileiro (PSB), 19
Partido Trabalhista Brasileiro (PTB), 19, 21, 25, 26, 130, 141, 142, 194, 246, 321, 392, 409, 410, 412, 414, 436, 440
Patury Aciolly, 161
Paulinho da Força, 410
Paulo Affonso Martins de Oliveira, 252, 253, 327, 430, 444, 457, 471
Paulo Bonavides, 197, 427
Paulo Brossard, 56, 58, 89, 199, 199, 444, 467

Paulo Coelho, 258
Paulo Delgado, 230, 355
Paulo Maluf, 157, 298
Paulo Mente, 440
Paulo Mincarone, 321, 322
Paulo Paim, 355
Paulo Ramos, 192, 193
Pedro Demitrof, 440
Pedro Simon, 119, 120, 199
Petrobrás, 245, 277–279, 305
Pimenta da Veiga, 22, 98, 99, 109, 113, 115, 135, 137, 154, 155, 203, 213, 258, 260, 261, 285, 302, 312, 364
Piquet Carneiro, 345
Plínio de Arruda Sampaio, 37, 117, 192, 210, 211, 304, 355, 365, 391
Plínio Martins, 453
Polícia Civil, 304, 397, 409
Polícia Federal, 348, 397, 409, 439
Polícia Militar, 127, 304, 397, 409
Pontifícia Universidade Católica (PUC), 277, 398, 444
Prisco Viana, 37
Procuradoria Federal, 83
Programa de Formação do Patrimônio do Servidor Público (Pasep), 158
Programa de Integração Social (PIS), 158
Projeto Hércules, 158, 216, 417
Projeto Sérgio Ferraz, 314

Raimundo Bezzera, 106
Ranieri Mazzilli, 110, 442
Raphael de Almeida Magalhães, 71, 440
Raquel Cândido, 26, 217, 383, 401, 404, 405, 486, 487
Raquel Capiberibe, 436
Raul Belém, 109

Índice onomástico

Raymundo Faoro, 201, 428, 444, 467
Receita Federal, 83, 224
Rede Brasil Sul (RBS), 336, 339
Rede Manchete, 341
Regina Senna, 440
Reinhold Stephanes, 440
Renato Archer, 121, 180, 360, 361
Renato Baruffaldi, 440
Revista Veja, 90-92, 119, 121, 123, 162, 196, 224, 324, 433, 439, 442, 450
Ricardo Fiuza, 37, 88, 206, 227, 329, 370
Ricardo Noblat, 119, 348, 452, 454, 475
Rita Furtado, 195, 453
Roberto Campos, 88, 226, 253, 360, 383, 403, 406, 428
Roberto Cardoso Alves (Robertão), 17, 56, 142, 187, 192, 206, 225, 253, 260, 324, 360, 370, 390, 405, 406, 410
Roberto Chabo, 440
Roberto D'Ávila, 35
Roberto Figueira Santos, 440
Roberto Freire, 86, 356, 450
Roberto Gusmão, 131
Roberto Jefferson, 25, 409, 487
Roberto Marinho, 16, 117, 227, 241, 246, 265, 344, 345, 387
Roberto Messias Franco, 440
Ronaldo Caiado, 272
Ronaldo César Coelho, 246
Ronaldo Costa Couto, 91, 117, 241, 244
Ronaldo Cunha Lima, 359
Roney Edmar Ribeiro, 440
Rose de Freitas, 436
Roseana Sarney, 54, 83, 176, 401, 421
Rubens Paiva, 130
Rubens Ricúpero, 164, 165

Saldanha Derzi, 182
Salvador Allende, 152
Samir Achoa, 218
Sandra Cavalcanti, 21, 26, 111, 158, 217, 241, 271, 272, 304, 402, 406, 417, 419, 420, 488
Saulo Ramos, 17, 52, 55, 58, 89, 99, 100, 118, 164, 213, 215, 228, 247, 293, 299, 315, 316, 329, 423, 430, 469
Sebastião Vital, 244
Secretaria de Articulação de Estados e Municípios (Sarem), 156
Secretaria Especial de Informática (Prodasen), 103, 214, 217, 320, 327
Senado Federal, 19, 27, 55, 83, 89, 91, 113, 115, 120, 124, 159, 197, 199, 207, 213, 252, 314, 321, 322, 327, 330, 361, 370, 372, 382, 433, 436, 455, 460, 478
Sepúlveda Pertence, 215, 292, 293, 312
Sérgio A. Draibe, 440
Sérgio Arouca, 107, 440
Sérgio Buarque de Holanda, 166
Sérgio Ferraz, 25, 311, 314, 315, 470
Sérgio Praça, 428, 432, 445, 485
Serviço Nacional de Aprendizagem Comercial (SENAC), 277
Serviço Nacional de Aprendizagem Industrial (SENAI), 280
Serviço Nacional de Informações (SNI), 46, 164, 229, 241, 253, 454
Serviço Social da Indústria (SESI), 280
Serviço Social do Comércio (SESC), 277
Severo Gomes, 38, 131, 218, 238, 268, 361, 382, 436
Sigmaringa Seixas, 36
Silio Andrade, 440
Silvio Caldas, 424

Sindicato dos Metalúrgicos de Osasco, 142
Sindicato dos Metalúrgicos de São Paulo, 192, 349
Siqueira Campos, 36, 149
Siqueira Castro, 315, 470
Sistema Único de Saúde (SUS), 77
Sólon (legislador grego), 66
Sônia Republicano, 440
Subcomissão da Ciência e Tecnologia e da Comunicação, 40, 337
Subcomissão da Educação, Cultura e Esportes, 39
Subcomissão da Família, do Menor e do Idoso, 40
Subcomissão da Nacionalidade, da Soberania e das Relações Internacionais, 35
Subcomissão da Política Agrícola e Fundiária e da Reforma Agrária, 39, 486
Subcomissão da Questão Urbana e Transporte, 38, 265
Subcomissão da União, Distrito Federal e Territórios, 36
Subcomissão de Defesa do Estado, da Sociedade e de sua Segurança, 37
Subcomissão de Garantia da Constituição, Reformas e Emendas, 37
Subcomissão de Orçamento e Fiscalização Financeira, 38
Subcomissão de Princípios Gerais, Intervenção do Estado, Regime da Propriedade do Subsolo e da Atividade Econômica, 38, 231, 232, 454
Subcomissão de Saúde, Seguridade e do Meio Ambiente, 39, 105, 269, 440, 458, 476
Subcomissão de Tributos, Participação e Distribuição das Receitas, 38, 223, 453
Subcomissão do Poder Executivo, 37, 145, 146
Subcomissão do Poder Judiciário e do Ministério Público, 37, 365, 391, 477
Subcomissão do Poder Legislativo, 37, 377, 481
Subcomissão do Sistema Eleitoral e Partidos Políticos, 37, 141, 445
Subcomissão do Sistema Financeiro, 38, 151, 159
Subcomissão dos Direitos dos Trabalhadores e Servidores Públicos, 39
Subcomissão dos Direitos e Garantias Individuais, 40, 271, 337
Subcomissão dos Direitos Políticos, dos Direitos Coletivos e das Garantias, 36
Subcomissão dos Estados, 36
Subcomissão dos Municípios e Regiões, 36
Superintendência do Desenvolvimento do Nordeste (Sudene), 82
Superior Tribunal de Justiça, 283, 378, 481
Supremo Tribunal Federal, 18, 46, 112, 132, 197, 233, 250, 257, 281, 365, 396, 439, 453, 469, 473, 481

Tancredo Neves, 16, 19, 20, 47, 48, 60, 72, 79, 105, 109, 110, 115, 123, 131, 153, 166, 171, 185, 191, 199, 202, 242, 257, 259, 261, 262, 286, 301, 309, 358, 360, 368, 394, 395, 455, 457, 467
Tasso Jereissati, 70, 71, 82

Índice onomástico

Telecomunicações Brasileiras S. A. (Telebrás), 277, 278
Tereza Cruvinel, 412
Tesouro Nacional, 83, 87
Themístocles Cavalcanti, 418
Theodoro Mendes, 26, 198, 423, 490
Tito Henrique Guimarães, 71
Triângulo Rosa, 289
Tribuna da Imprensa, 99, 427
Tribunal de Contas da União (TCU), 230
Tribunal Superior Eleitoral (TSE), 20, 481
TV Bandeirantes, 320
TV Câmara, 101
TV Globo, 25, 117, 177

Ueide Fernando Fontana, 440
Ulysses Guimarães, 15, 16, 18, 20-22, 31, 47-49, 52, 54-60, 65, 66, 70, 71, 73, 79-82, 84, 91, 100, 101, 109-111, 114-116, 118, 121-125, 128-133, 135, 137, 149, 153-155, 164, 165, 167, 171, 179, 180, 183, 185, 186, 190, 198, 200, 201, 203-205, 208-214, 216, 218, 219, 224, 232, 234-236, 239, 252, 261, 268, 270, 283, 286, 297, 298, 301-303, 305-309, 313, 320-325, 328, 329, 331, 332, 335, 347, 360-363, 368, 370, 373, 381, 387, 388, 394-396, 399, 404, 406, 407, 415, 419, 428-431, 436, 438, 443, 444, 454, 466, 470
União Democrática Nacional (UDN), 171, 306, 421
União Democrática Ruralista (UDR), 29, 89
União Nacional dos Estudantes (UNE), 159

Universidade de Brasília (UnB), 269, 285, 429, 430
Universidade de São Paulo (USP), 431

Valmir Campelo, 230, 244
Valmor Giavarina, 138, 139, 297
Vânia Ferraz, 313
Vânia Santana, 117
Viação Aérea Rio-Grandense (Varig), 81
Vicente Bogo, 177
Vicente Cascione, 470
Vicente Limongi Netto, 99, 428,
Victor Gomes Pinto, 440
VIII Conferência Nacional da OAB, 27
VIII Conferência Nacional de Saúde, 105, 107, 354, 440
Virgildásio de Senna, 38, 232
Virgílio Guimarães, 355
Virgílio Távora, 212, 213, 223, 436, 453
Vitor Buaiz, 355
Victor Civita, 196
Vladimir Palmeira, 383

Waldorf Astoria, 233
Walter Barelli, 294
Walter Leser, 354
Wilma Maia, 270
Wilson Aude Freua, 440
Wilson Martins, 214, 453
Wolney Garrafa, 440

Yoshiaki Nakano, 82, 83

Zequinha Sarney, 56, 183, 184, 453
Zuleica Portella Albuquerque, 440

Este livro foi composto na tipologia Minion Pro Regular, em corpo 11/16, e impresso em papel off-white no Sistema Cameron da Divisão Gráfica da Distribuidora Record.